麻将
从东方到西方

[美] 安妮莉丝·海因茨 著

马奏旦 译

上海大学出版社

说 明

本书是一本讲述麻将这一起源于中国的传统休闲娱乐游戏是如何起源、发展、传播，以至于是如何影响美国的底层文化的学术著作。作者安妮莉丝·海因茨是俄勒冈大学教授、历史学家，曾在云南大学任教。海因茨教授借助大量的历史档案、图片、广告、口述材料，为我们提供了一本扎实的、真实的消费史、物质文化史、流行文化史、跨文化研究著作。

值得注意的是，麻将作为一种传播广泛的娱乐游戏，也有其所阴暗的一面，如，其成瘾性可能与赌博、犯罪、性暴力等联系在一起；与此同时，麻将在20世纪20年代在美国风靡一时之时，又与美国对华的异域想象（如美国人误以为是孔子发明了麻将）以及美国文化阴暗的一面——排华——联系在一起（如将麻将与美国文化中臭名昭著的种族歧视形象傅满洲联系）。学术研究应当公正、客观地正视历史，作者本人的观点以及我们的观点都是反对这些极端错误的认识，在当下，我们决不可能认同这些文化糟粕。另一方面，我们也不能对历史加以粉饰，无视文化传播中存在过这些阴暗的阶段，为之避讳，这样的历史不能称为信史。请读者自鉴。

本书附有大量资料来源和注释，是作者写作本书的史料基础。因时代原因，史料中的某些表述在当下可能引起误解，其只是作者引述进行历史解读之用，并不代表作者与编辑的立场，不妥之处，请读者阅读时加以批判甄别。

编　者

序　言

麻将是骨牌博戏，而非纸牌游戏。但和纸牌类似，麻将牌也有花色。无论过去还是现在，中式骨牌都颇为"敦实"：长度超过一英寸，宽度约一英寸，厚度至少有半英寸，因此可以自行竖立。美式骨牌则相对轻薄，需要依靠支架才能竖置。玩家将骨牌码成一行置于自己面前，如同纸牌开扇，自忖如何出牌的同时，也防止他人窥视。

与纸牌类似，骨牌的背面也完全相同，以确保玩家们无法辨认他人的持牌。牌面上则有标记以区分出四种序数牌：筒（Circles）、条（Bamboo）和万（Characters，万牌包括中文数字，以及汉字"萬"）。这些设计起源于对于货币的风格化描绘。例如，中式方孔钱就是"筒"，贯钱则演化成"条"。[1] 在美式术语中，这些序数牌通常被称为"Dots""Bams"和"Craks"。每种序数牌从一至九排序，每种各4张，共36张。与麻将的玩法一样，麻将牌面的设计也颇为复杂精细。例如，"一条"的牌面绘的是一只鸟，而非一根孤竹。

此外，还有两组非序数牌："字牌"（honor tiles）和"花牌"（flowers）。字牌包括四方（"风牌"，winds）和三色（白、绿、红），后者在西方被称为"龙"（dragons）。每种字牌各有四张，共28张。花牌则通常带有各种景观图像，其名称来源于四季的花卉，这些是中式艺术中最常见的设计元素。有些花牌精雕细琢，若将其排成一列，可以再现某个标志性中国戏剧的场景，或描绘出一幅如画的风景。花牌上的图案通常阴刻在牌面上，因此，经验丰富的中国玩家在抓牌时，仅凭拇指感触雕刻的凹槽便能识别牌面，对此技艺他们引以为豪。

花牌向来极具争议，其数量也时有变化。但标准形式通常包括8张花牌，且每张花色各异。1960年后，全美麻将联盟（National Mah Jongg League）通过添加一组特定的小丑牌，从而改变了花牌的用法，以此区分以往将花牌作为百搭牌的玩法。中国台湾地区的麻将引入了类似于美式百搭牌的"百用牌"，而在其他地区的玩法中，花牌的数量则各有不同。除日本和越南麻将外，大多数没有百搭牌的麻将每副有144张牌；而加入了百搭牌的美式麻将共有152张牌。

全世界的麻将玩法各有不同，其中一些与最初的形式已经相去甚远。[2] 但仍然存在一些核心的历史共性，麻将玩法都有以下标准元素。

首先，四名玩家打乱骨牌，或者说"洗牌"，以此作为开局。麻将牌被置于一张方桌的中心，牌面朝下。牌与牌、牌与桌子相互撞击，叮当作响，因此桌面上常铺设桌布或毛毡以减轻噪声。接着，玩家们通力协作，迅速地将牌堆码成一个（粗略的）正方形。两张反扣的牌一上一下摞在一起，组成了四面双层的牌墙。打乱骨牌和码成牌墙的过程相结合，形成了一种高效的洗牌方式。

从牌墙的哪个位置开始抓牌由掷骰子决定。在首轮抓牌中，玩家轮流抓取四张牌。老手抓牌通常一气呵成，牌桌正中的牌墙迅速被拆分，每个玩家手中都有了13张牌。在美式玩法中，玩家会再次交换手中的牌，这个额外的步骤被称为"查尔斯顿"(the Charleston)。美式高手声称，游戏的胜负关键在于查尔斯顿，因为玩家此时需要决定哪手牌最有可能取胜。无论是中式还是美式麻将，其目标都是在抓到最后一张牌后完成一组由14张牌组成的特定牌型。

我们将在后续进一步了解美式麻将如何区别于中式打法，但简言之，中式麻将与金拉米牌（gin rummy）十分相似：大多数能够获胜的牌型组合包含四个顺子和一个对子。在 20 世纪 30 年代后期全美麻将联盟成立之前,大多数美国人也是如此打麻将的。联盟成立后,限制了和牌的牌型组合数量,同时增加了组合的变化。这些规定每年都会更新。对于麻将和金拉米牌而言,它们的规则都规定了如何从牌墙上抓牌、如何从弃牌堆中抢牌,以及如何给和牌计分。因弃牌而导致他人和牌的玩家将受到惩罚,这鼓励了防御性玩法:娴熟玩家的一大特点就是,无论打哪种麻将,他们都有能力追踪哪些牌已出、哪些牌未出,以及其他玩家可能的和牌。[3]

麻将本质上是一款技巧游戏,但运气成分始终存在。有关使用花牌或小丑牌的争论主要集中于这是否会增加运气成分的比例,以及是否会降低游戏的挑战性。学习这项传统游戏的基本规则并不费时——就像金拉米牌一样,一个下午就可以掌握。然而,精通上分技巧和策略则需要一生的时间。相比之下,美式麻将的学习曲线在初学阶段稍微陡峭一些,部分原因是其能够取胜的牌型较少,相应的策略也较少。不同流派的麻将都有其拥趸,他们维护各自游戏的优点,或强调脑力要求,或基于个人经验,强调麻将所促进的友好社交。因此,桥牌常常被拿来作比较,许多美国的麻将玩家也打桥牌。打桥牌要求持续的注意力(部分原因是它是一种合作游戏,一个玩家的表现会影响其搭档)。与桥牌不同,打麻将是玩家单打独斗,无论牌技优劣,大家都可以参与其中。所有形式的麻将都可以是竞争激烈、节奏快速、要求苛刻的比赛。大部分麻将也可以是社交游戏,根据个人喜好,形成固定的牌搭子。然而,在任何情况下,出牌时的闲聊、迟缓,或因心不在焉而耽搁下家的行为,都不能被轻饶。

麻将的每个要素——骨牌的外观和触感、打牌的节奏和韵律以及该游戏所带来的智识和社交满足感——都与特定的历史背景相交,从而创造出社会意义。本书所揭示的正是那段历史。

致　谢

此项目能够完成,得益于我的导师、同事、亲人和受访者的慷慨支持。许多人曾与我分享了无数的点滴故事。

能与埃斯特尔·弗里德曼共事并向她学习,是我莫大的幸运,对此我始终心存感激。在她的指导下,我获得了难能可贵的引导和能力提升。任何言语都无法表达她的教育、学问和友谊如何不断地充实着我的生活。

在此项目筹备阶段,苏珊·费伯以出色的专业能力和鼎力支持促成了它的出版。能与这样一位编辑合作,我深感荣幸。她投入了大量时间和精力,并提供了鞭辟入里的反馈意见,以改进我首部出版的作品。

在此期间,许多读者通过阅读本书的部分内容,分享了他们的时间和智慧。我有幸在惠特曼学院开始了我的学术训练。从那以后,妮娜·勒曼和林恩·夏普的真知灼见让我受益匪浅。在研究生阶段,章家敦、埃斯特尔·弗里德曼、阿莉森·霍布斯和墨磊宁在我论文写作过程中给予了建议、批评和支持,使我走上了一条硕果累累的道路。我的写作组伙伴娜塔莉·玛琳-斯特里特、凯瑟琳·马里诺和安迪·罗比肖提供了深刻的评论和不可或缺的友情。斯蒂芬妮·科尔、南希·科特和朱迪·子春·吴在我将博士论文修改成书的过程中慷慨地提供了重要反馈。博士毕业后,我在得克萨斯大学达拉斯分校找到了第一份工作。在那三年中,我最大的收获之一是与艾希莉·巴恩斯、艾琳·格里尔、查尔斯·

哈特菲尔德、娜塔莉·林、埃里克·施勒思、希莉·沃伦和丹·维克伯格组成的跨学科写作小组，他们每个人都使本书的手稿在多次修改中变得更好。我非常有幸让琳恩·杜梅尼尔阅读我的手稿，在整个修订过程中，她不断提出敏锐的见解。布伦达·弗林克、布莱娜·古德曼和瓦莱丽·松本为个别章节提供了专业知识。最近在俄勒冈大学，米歇尔·麦金利和社会女性研究中心的"进行中的作品"小组成员们在本书后期修订过程中提供了有益的反馈。最后，我要感谢来自《前沿：妇女研究杂志》《美国历史评论》和牛津大学出版社的匿名读者。

在我撰写有关麻将历史的十几年中，有四年时间我都在从事一个相关项目，即从全球视角重新审视家庭生活，成果发表于《美国历史评论》。安托瓦内特·伯顿、朱莉·哈德威克、维多利亚·哈斯金斯、伊丽莎白·拉库图尔、阿比盖尔·麦高恩和凯瑟琳·基什·斯克拉尔是我的合作者，与他们的对话以及他们提出的批评意见极大地改进了本书。琳达·凯尔伯、丽贝卡·乔·普兰特、纳扬·沙、艾琳·芬德利和亚历克斯·利希滕斯坦也与我分享了他们宝贵的评论。

六十多人与我分享了他们的回忆和家族故事。没有他们的慷慨和信任，我不可能写出这本书。我要特别感谢那些与我分享宝贵而短暂的记忆中的"东西"，并赠予我珍贵麻将牌、照片和纪念品的人，包括乔伊斯·陈、桃乐茜·托伊·方、丽塔·格林斯坦、凯瑟琳·哈特曼、布斯·赫什、希尔达·科纳、贝丝·利恩、金妮·罗、希尔达·沙弗和塞尔达·肖恩戈尔德。虽然我知道并不是每个接受我采访的人都会赞同我所写的历史，但我希望每一个把时间和记忆奉献给我的人都能在这个故事中看到自己，并觉得这有助于理解和欣赏他们的生活。遗憾的是，我的一些受访者已经去世；我希望能与他们分享这本书，也希望我的文字能缅怀他们的记忆。我还要感谢更广大的麻将社区，从熙熙攘攘的麻将收藏家协会和社交媒体上的群组到围坐在麻将桌边热情的玩家。

另有一些人的贡献因为篇幅过长无法逐一列举，但值得特别提及的有：奥黛丽·奥德曼、克里斯托弗·伯格、杰夫·卡鲁索、冯·迪亚兹、多丽·方、迈伦·吉特尔、玛丽·格林菲尔德、贝蒂·杜克、吉姆·海维亚、德斯汀·詹金斯、布鲁克斯·杰瑟普、艾尔·约翰斯顿和南希·约翰斯顿、艾米·乔·琼斯、詹娜·韦斯曼·约瑟利特、琳达·查尔斯·克劳斯、雷切尔·克兰森、艾伦·约翰斯顿·梁、伊丽莎白·拉森斯基、埃默里·李、约翰·莱文、莎拉·莱文、格罗宁萨特、贝丝·刘易斯·威廉姆斯、萨拉·利维·林登、朱迪丝·利特维奇、金妮·罗、莎伦·路易、艾尔·洛、艾莉森·卢斯塔巴德、戴安娜·马克、林恩·莫克、黛博拉·达什·摩尔、格雷格·莫里斯、帕梅拉·纳德尔、海姆·奥伯兰德、菲尔·奥尔巴内斯、斯泰西·雷维茨、马乔里·萨布罗、托比·索尔克、乔纳森·D.萨纳、沙隆·埃德尔曼和保罗·施赖伯、阿丽达·西尔弗曼、汤姆·斯洛珀、劳伦·利恩、迈克尔·斯坦威克、莫莉·泰勒·波莱斯基、露丝·昂格尔、戴维·昂格尔、娜塔莉·韦德、马林·沃茨、拉比·阿维·魏斯、梅丽莎·马滕斯·亚弗鲍姆、康妮·于、朱迪·容、莉安德拉·扎尔诺。如有遗漏，我深表歉意，并衷心感谢其他许多未在此列出的人的帮助。

对于档案管理员、图书馆员和策展人所做的工作，历史学家总是感激不尽。我直接受益于许多人的专业知识和周到关怀，其中包括上海图书馆的陈旭炎，加利福尼亚大学洛杉矶分校的程洪，加州奥罗维尔列圣宫博物馆的简·克莱，美国国家历史博物馆的南希·戴维斯和吉姆·罗恩，陆荣昌亚洲博物馆的鲍勃·费舍尔，亚太博物馆的加布里埃拉·卡施，南加州大学的肯·克莱因，斯坦福大学图书馆的扎卡里·贝克、安娜·莱维亚，特别是本·斯通，华美博物馆的乔尔·明茨，美国犹太历史国家博物馆的克莱尔·平格尔，施莱辛格图书馆的艾伦·谢伊，赖特－帕特森军官配偶俱乐部的艾米·乔·琼斯，以及纽约大学亚洲/太平洋/

美国研究所、旧金山公共图书馆和旧金山国家档案馆的工作人员。阿琳·巴尔坎斯基在美国国会图书馆热情接待了我，并帮助我更方便地查阅资料。帕克兄弟档案非正式的保管人乔治·伯奇真的为我打开了通向麻将工厂车间旁宝藏的大门。最后，马乔里·梅耶尔森·特鲁姆决定了谁可以查阅她母亲丰富的个人文件，我非常感谢她与我分享这些文件。

我的工作还得益于其他导师和同事的慷慨帮助。在我所在的俄勒冈大学历史系中，莱斯利·亚历山大、布莱娜·古德曼、艾莉森·马达尔、布雷特·拉什福斯和朱莉·韦斯给予了我特别的支持。得克萨斯大学达拉斯分校的艺术与人文学科群体不仅加深了我的学识，还带来了温暖的友谊。我感谢斯坦福大学历史系教师和研究生对我的个别和集体批评以及慷慨支持。此外，我还要感谢斯坦福大学的教职员工阿里·凯尔曼、吉姆·坎贝尔、马特·索默、卡罗琳·温特、理查德·怀特和阿尔·卡马里奥。一路以来，张宇、安德鲁·埃尔莫尔、墨磊宁、王弋文和约翰内斯·沃尔茨在翻译方面提供了大量帮助。特别是，卢克·哈伯斯塔德贡献了专业的翻译。

除了对日常生活支出的资助以外，我能够访问档案馆、参加会议，还得益于以下资助：俄勒冈大学历史系的布拉什和恩德沃教职员研究奖金、米歇尔·R.克莱门性别研究研究所研究生博士论文奖学金、梅隆基金会博士论文奖学金、陶布犹太研究中心会议资助、多样性博士论文研究机会奖学金、拉德克利夫研究所施莱辛格图书馆论文资助，以及斯坦福大学贝尔家族奖学金。

在更泛的学术圈层中，我想感谢与我一同参加以下会议的专题讨论小组成员以及听众：美国历史学会年会、亚洲研究协会年会、伯克希尔女性历史学家会议、女性历史学者西部协会年会，以及在葡萄牙科学与技术历史中心举行的塑料遗产研讨会。我还要感谢参加我在旧金山的当代犹太人博物馆和社区组织举办的讲座的听众。我很感激在斯坦福大学的美国历史工作坊和性别研究工作坊上结识的同行,以及达拉斯地区历史学家协会的成员们。在俄勒冈大学、得克萨斯大学达拉斯分校和斯坦福大学,我的本科生和研究生们始终都在为我研究历史的方法注入新的活力。

被我视为家人的朋友们极大地丰富了我的生活。他们不仅经常滋养我的灵魂、满足我的胃口,还贡献了他们的智慧、洞察力和好奇心。衷心感谢艾琳·布雷和埃里克·马什,梅根·邓和马尔科姆·邓,丹妮尔·克劳斯和托马斯·博特,凯瑟琳·马里诺,安娜·马基和珍·惠普尔,墨磊宁和奇亚拉·韦尔纳里·穆莱尼,克里斯蒂娜·穆斯塔奇奇和格伦·凯斯勒,杰西·施莱伯和罗里·亨内克,莎拉·斯坦·格林伯格,维多利亚·孙,杰玛·特克,以及西蒙·魏斯。在此项目研究过程中来到这个世界上的孩子们,艾丽斯·博特和莉拉·博特,雷米·布雷马什和图拉·布雷马什,西蒙·邓和埃莉诺·邓,安娜·露西亚·海因茨,罗斯·施莱伯·亨内克,莫里斯·凯斯勒和查理·穆斯塔奇奇·凯斯勒,米莉·克鲁梅克,奥菲欧·韦尔纳里·穆莱尼,阿尔西娅·特克韦斯和阿洛·特克韦斯,以及蒂姆·惠普尔,每个人都以他们充满快乐的好奇心为此项目增添了光彩。

我的大家庭,包括海因茨家族和我伴侣的家庭,见证了我们、这个项目和我个人经历的许多曲折,对他们每个人我都心存感激。我那启发我灵感的祖母诺玛·海因茨不仅带我去了麻将茶室,还在那里赢得了她的第一场牌局。特别感谢苏珊·魏斯,她对我的研究充满兴趣。我还要感谢迈克·毕比的鼓励。此外,丹尼斯·范·霍恩也在此项目进展的每一步都给予了支持。

我一生都要感谢我的父亲汤姆·海因茨,他给予我坚定不移的爱;还有我的妹妹卡罗尔·海因茨,她一直对我充满信心。我深切地希望能从我母亲佩吉·海因茨的支持和见解中获益,这个项目是对她永恒的爱和她对历史热情的见证。

如果没有如下这两个人，这本书就不会存在。在许多方面，凯蒂·克鲁梅克的聪明才智和不断的鼓舞支撑着这个项目，就像她二十多年来照亮了我生活的方方面面一样。从中国西南到旧金山、达拉斯和波特兰，麻将渗透了我们的生活。她不仅容忍它，还以令人惊讶的幽默感欢迎它。十多年前，我的姑姑简·海因茨来中国拜访我们时激发了一个非传统的研究思路，凯蒂鼓励我继续这项研究。简提出了一个看似简单的问题：为什么她的犹太朋友们会玩这个显然是中国的游戏？而我很快发现，这种非常有趣的联系的根源仍未得到解释。正如她在我一生中所做的那样，简热情地支持我的努力——从一个想法的萌芽到这本书的封面设计。不幸的是，在出版的最后阶段，简因癌症去世了。简和凯蒂都很倔强、宽厚待人，并相互欣赏，她们都希望我把这本书献给对方。事实上，她们都是本书故事中不可或缺的部分。鉴于这些书页都是我的赠予，我将它们一同献给凯蒂和简。

非常感谢那些提供口述历史和通信资料的人：

奥德丽·阿贝尔*（化名）、黛安·贝克、罗尼·贝切尔、多琳·贝勒、埃迪·伯曼-彼得森、琼·布莱德尼克、阿琳·布罗德曼、贾尼斯·布罗茨基、乔伊斯·(李)·陈、凯瑟琳·陈、格蕾丝·秦、纳塔莉·科恩、杰米·科尔温、巴巴拉·德隆、琳达·费恩斯坦、桃乐茜·托伊方、琳达·福斯*（化名）、希尔达·格兰德、丽塔·拉波波特·格林斯坦、史蒂芬妮·格罗斯曼、杰夫·古罗克、帕梅拉·古罗克、艾米·古威廉、布茨、"布茨"·赫什、约翰·霍姆、玛戈·霍恩、凯·亨特、安·以色列、朱迪·坎弗、凯莉·弗农·基尔哈姆、希尔达·科尔纳、查尔斯·克劳斯、琳达·克劳斯、南希·克劳斯、玛格丽特·郭、贝丝·林、戴维·李、贾内·李*（化名）、西尔维亚·利兹、戴维·梁、弗兰克·洛达托、泽尔达·卢巴特、玛莎·卢斯巴德、乔安·马普、玛格丽特·马斯特斯、朱迪·米歇尔森、罗达·佩尔西卡诺、瑞尼·普里蒂金、阿琳·瑞维茨、朱迪·全·里祖托、玛丽琳·罗宾逊、劳伦斯·罗斯、伊娃·鲁贝尔和理查德·鲁贝尔、玛乔丽·萨布洛、雷瓦·萨尔克、托比·萨尔克、伊莲·桑德伯格、希尔达·沙费尔、罗谢尔·"雪莉"·施赖伯、埃塞尔·沙皮罗、塞尔达·肖恩戈尔德、卡罗尔·沙特尔沃斯、苏珊·"苏"·希尔兹、阿丽达·西尔弗曼、西摩尔·西尔弗曼和伊迪丝·西尔弗曼、安吉丽娜·"安"·斯佩兰扎、玛丽莲·斯塔尔、玛丽·斯特里特、马乔里·梅耶尔森·特鲁姆、露丝·昂格尔、托比·维斯、丹尼斯·维斯纽斯基、西西·吴、阿尔·余*（化名）、艾米莉·余。

目 录

导 论 | 游戏中藏着什么？ …… 1

第一章 | **麻将风潮** …… 17

"吸引眼球，激发欲望，提供畅销商品" …… 18
"这次有点不同了" …… 25
奢侈、休闲和大众 …… 33
"聪明的女人" …… 42

第二章 | **上海：麻将国际化的起源** …… 50

起源 …… 51
上海与麻将热的爆发 …… 57

第三章 | **制造跨太平洋的游戏** …… 64

"文明从时尚中受益良多" …… 66
"一门非常难做的生意" …… 69
"手持铁凿的绅士们" …… 71
"象牙做的游戏"与工艺品的大众消费主义 …… 78

第四章 | 现代人和"满大人" …… 85

　　中国人的古老游戏 …… 88
　　文化权力 …… 95
　　"令人着迷的新旧融合的游戏" …… 98
　　真正的危险 …… 101

第五章 | 白人女性与中国游戏 …… 107

　　性别与麻将 …… 109
　　麻将化装舞会 …… 113
　　出售正宗 …… 119
　　麻将的危险 …… 123
　　舶来的危险 …… 132

第六章 | 美国华人社会内外 …… 136

　　游戏中的族裔 …… 140
　　中国的国民游戏 …… 150
　　零售唐人街 …… 155

第七章 | 排斥亚裔与强制休闲 …… 161

　　拘留所中的麻将 …… 164
　　监禁营中的麻将 …… 172

第八章 | 麻将的美国化 …… 181

　　联盟的诞生 …… 183

创造全美麻将 …… 186

正当的休闲 …… 190

同盟国的游戏 …… 194

来自中心地带 …… 196

制造一款美国游戏 …… 201

第九章 | **移居郊区与夏季别墅** …… 210

"我们的游戏" …… 213

在郊区打麻将 …… 217

度假别墅区与麻将之夏 …… 222

第十章 | **战后家庭生活的悖论** …… 229

悠闲的家庭生活 …… 234

一种共享的文化 …… 239

犹太母亲 …… 245

结　语 | **解读麻将牌** …… 249

注　释 …… 258

部分参考文献 …… 343

导论　游戏中藏着什么？

麻将牌在桌上哗啦作响。八只手来回推拉，将牌混在一起，然后将牌面倒扣，露出空白的背面。牌触感光滑、凉爽，大小适中，用拇指和食指便可轻松抓取。当手指快速地从牌桌中央抓牌时，声音穿透空气。灵巧的手指将一张张牌移至方桌的边缘，四面双层的牌墙迅速成形。一双手往牌桌中央掷出两骰，麻将牌局就此开始。

想象这些玩家身处1890年的上海。一名身着绣花绸衣的年轻女子撩开门帘，手中端着美酒，牌桌上的四个男人并未抬眼。辫子垂在长袍背后，他们正专注于牌局的计分。今晚的赢家将支付他们当晚酒水和女伴的一半费用。天花板上悬挂着一盏饰有流苏的灯笼。两名歌女，也被称为"花儿"，站在她们金主木椅的后面，小心谨慎地盯着那些用骨和竹制作的麻将牌，观察酒杯是否需要重新倒满，并随时准备轻声提供建议。[1]

1921年，在北京的一个美国家庭中，麻将桌摆放在一间传统胡同房子的客厅里。黑色沙发上摆放着亮色靠垫，近旁是一套深色的中式木桌椅。身着华服的两对夫妇打着麻将。尽管天气炎热，女士戴着束腰，男士则身穿西装。一袭白色长袍的中国仆人，懂英语，也深谙外国人的喜好，不断给他们斟满茶和鸡尾酒。纵使这名仆人会打麻将，他也不会告诉这两对夫妇。此时，他们正因懂一点麻将而沾沾自喜。这款中国游戏已经席卷了北京和上海的外国社交圈。[2]

这股新风尚传到了美国。一名摄影师摆拍了四名白人女性，她们留着时髦的波波头,身穿无袖长裙,坐在雕刻华丽的中式椅上,眼睛都盯着身前的麻将牌。这张游戏照片将和一些文字出现在一本1923年的说明书上,旨在帮助新手了解这款正在风靡美国的游戏。法国的读者最终也会在该说明书的翻译本中看到那些美国女人的肖像。该译本将和大量其他的麻将说明书和喋喋不休的媒体报道争夺读者。[3]

在大萧条初期的洛杉矶,一群身着系扣领衬衫的老人会在交易日,在华人杂货店柜台后的桌子上打麻将。这种情景已持续近十年,经年劳作并未减缓他们游戏的手速。靠近前门处,立着一只狭长的木制抽屉柜,里面放着干草药;其他架子上摆放着新到的邮件、当地客户的汇款和闲置的麻将牌。一个穿着粉色围裙的孩子注视着打牌的老人;到了月末,她会在春节假期里和自己的祖母一起打麻将。[4]

二十多年后,玩家们的手再次搓起了麻将牌,这次的牌是塑料制的。四个女人围坐在盖有绗缝织物的金属牌桌边,桌子摆在一块草坪上。不远处,一条小道通向度假别墅区,那里所有的别墅内都住着犹太裔家庭。一个零钱袋落在某个穿凉鞋的玩家脚边,她的手边放着一个香烟盒。女人们的孩子正在游泳和挖虫子——更重要的是,他们远离大人们的视线。像这样打麻将的午后将会日复一日地继续下去。当时正值纽约州北部卡茨基尔山区的夏天。[5]

* * *

麻将是一种感官游戏。麻将牌具有美感——无论是骨材和竹材的素色,还是陈年塑料发黄的奶油色,它们都有着独特的魅力。它们手感有分量,圆润的边缘相互摩擦,仿佛河边的卵石。拇指触碰麻将牌上的凹槽,那些凹槽来自极其复杂的雕刻或色彩鲜艳的浮雕图案。没有任何东西可以模仿麻将牌在坚硬桌面上相互摩擦时发出的声响；即使桌面上覆有毛毡，也无法完全减轻这种嘈杂。无论何时何地打麻将，这些体验始终不变。它们构成了麻将独一无二的一部分，也是其历史性吸引力的重要组成部分。麻将既是一种文化形式，同时也是一种可以制造、购买、传承的实物。在牌与牌之间的罅隙、局与局之间的间隔中，独特的社会文化得以繁荣。尽管麻将的打法具有普遍性，且体验相似，但麻将反映并表达了一系列意义，尤其是新兴的美国现代性、美国华人的传统和犹太裔美国女性文化。麻将从中国经由蒸汽船的货仓来到美国，并因其多样的表现形式而成为最具美国特色的游戏。麻将适应、融合、自我创造的历史为我们提供了关于现代美国文化中种族、性别、阶级和休闲的出人意料的洞见。

图 0.1　20世纪20年代的麻将牌主要由骨材和竹材制成。许多麻将牌配有带抽屉和滑动前盖的木盒。更受欢迎的麻将牌是中国制造的。如图所示，木盒的前盖上标注了产地。作者的收藏。

导论　游戏中藏着什么？　003

本书通过追溯一款游戏的历史，探讨个体如何在日常生活中创造并体验文化变革。对美国人来说，麻将是一款来自地球另一端异域文化的游戏，但打麻将曾经帮助美国人构建群体认同，同时也帮助解决了包容性与排他性的问题。和其他形式的休闲活动一样，麻将在20世纪的文化转型中起着重要作用。为什么这款游戏能在不同的环境中引起人们的共鸣，并激发出丰富多彩的游戏文化？对此，并没有唯一的答案。但麻将引起的共鸣与近代美国历史中的诸多重要主题息息相关。因此，有关麻将的故事成为我们观察20世纪美国在三个关键领域变化的窗口：在20世纪初期，成为"现代"意味着什么？在二战前后的岁月中，美国的各色族裔如何形成？在20世纪末的社会革命到来之前，美国中产阶级妇女如何体验并塑造她们不断变化的社会角色？最后，这些问题又是如何相互关联的？

麻将的历史促使我们进一步思考休闲的意义。虽然玩家们最初将麻将视为一款有趣且富有挑战性的游戏，但它在更大的社会范围内创造了多种特定的社交模式，其影响超出了人们的预期。麻将不仅反映了更大的社会变革，还使得各类群体塑造了他们的行为和思想，而这些行为和思想各自发挥着重要影响。例如，在20世纪20年代的麻将热潮中，白人女性穿着中式华服，尝试多种异域打扮。华裔麻将教练则充分利用了这场麻将热，抓住了其中的经济和文化机遇。麻将加速了白人女性和华裔群体的社会流动，批评者对此感到反感。每个群体与麻将的互动都是现代美国文化实践的重要部分，或者说是与之妥协的过程，这种文化包括新的性别规范和日益增长的种族多样性。

麻将也许比其他流行游戏经历了更为复杂的文化旅程。它的历史连接了在上海的美国侨民、爵士时代的美国白人、20世纪30年代城市中的华裔美国人、战时监禁营中的日裔美国人、美国郊区的犹太裔母亲以及战后时期的空军军官夫人们。随着时间的推移，麻将的材质也发生了变化——骨头和竹子模仿象牙；后来新的塑料材料则保留了麻将牌的重量和手感，而不再依赖于天然材料。同样，麻将的意义也影响了美国人对亚洲的理解、性别和种族的界限以及关于休闲的诸多观点。

鲜有人认为麻将是美国流行文化的一部分，但实际上，它作为一项全美范围内的娱乐活动已近一个世纪。麻将在美国的故事始于 1922 年，当时西海岸的报纸开始热议这一"新旧融合"的中国游戏。与其作为一种"古老游戏"的市场形象不同，麻将从 19 世纪中后期一项男子专属的赌博游戏发展而来，当时仅在几个中国城市中流行。在 20 世纪 10 年代末，中国新兴的精英买办们将麻将介绍给上海的美国人，后者的人数在当时正快速增长。促销员和旅客把麻将带到了美国。很快，从哈丁总统夫妇到好莱坞女星，那些最著名的美国精英们都开始玩起麻将。麻将进入美国仅仅两年后，美国人就将其列为上海对美国的第六大出口商品——美国国会甚至在 1924 年针对麻将颁布了一项税法。当美国市场对麻将的需求剧增时，中国和西方商人就在上海开办了大规模的麻将工厂，开展精工细作的标准化生产。麻将因此帮助开创了一个时尚时代——填字游戏、迷你高尔夫、坐旗杆和舞蹈马拉松都在 20 世纪 20 年代获得了热情的受众。尽管现在已被遗忘，但这股热潮在随后数十年里定义了那个时代。

在限制移民、本土主义和三 K 党在全美范围内卷土重来的鼎盛时期，麻将闯入了美国人的感官世界。具有讽刺意味的是，麻将的风行解释了美国消费主义、种族问题以及对中国文化的选择性接纳的复杂性。20 世纪 20 年代，美国人误以为他们正在玩一款儒家游戏，是中国古代王室和那些不可名状的"天人"的消遣。广告商和玩家们欢欣鼓舞地赞扬麻将为"伟大、刺激、具有百年历史的中国全民游戏，如今已成为美国的狂热之选"[6]。然而，麻将也揭示了西方文明的脆弱性：这一消遣带来了见不得人的欢愉，在这样的诱惑下，即使是有忠实拥众的桥牌也败下阵来。可以确定的是，20世纪20年代麻将风潮的核心是那些有关种族（而且往往涉及种族歧视）的问题。

在一个普遍仇外的时代，为什么一款中国游戏能够引起如此广泛的回响？麻将的流行不仅在于其吸引个人玩家和提供娱乐。它让普遍的适应性成为可能，这意味着各色人等都能以此为娱，同时也能出于文化的目的加以使用。在某种程度上，麻将帮助美国人应对现代性的冲突：怀旧的渴望与对进步的热切相拥，两者同时并存，成为20世纪20年代的时代印记。广告商承诺，麻将将让玩家体验古老的东方神秘、现代世界主义和爵士乐时代*的魅力。各大报刊的社会版面上专题报道了穿着中式服装的打麻将的主妇，有来自洛杉矶的俱乐部女会员，也有曼哈顿范德比尔特家族**。即使是在一些小型的麻将聚会中，人们也可以试穿奇装异服，品味异域美食。麻将将前现代的真实性与现代的创新具体化。麻将牌、麻将规则和打麻将的意义三者交织，创造了一个能够呈现那个时代诸多矛盾的场所。麻将也融入了当时更大的消费模式：对大多数美国人来说，与中国人实际接触变得越遥不可及，他们中的大多数越愿意消费中国产品——或者只是名义上的中国货——上自丝绸睡衣、中式台灯，下至"杂碎"***。同时，华裔们利用麻将的流行为自己在一个充满种族歧视的经济体系中攫取机会，因为新手们会雇佣华人教员帮助他们掌握打麻将的规则。麻将体现了中国文化的某些精髓，这种想法可以服务于多种目的。

中国的概念一直因其象征意义而影响深远。除了那个著名的"苦力"漫画形象，中国一直代表着一个高度文明的过去。然而，更广泛而

---

*　即20世纪20至30年代，因当时爵士乐在美国颇为流行而得名。——译者注

**　兴起于美国镀金时代的富裕家族，其声望一直持续到20世纪中叶。尽管其后衰败并遭受重大的财产损失，仍不乏后代在各领域取得杰出成就的族人。——译者注

***　一种盛行于北美的美式中餐，取材于肉丝和炒菜丝。——译者注

言,它展示了一个强大的抽象外来概念,对于现代美国人而言,这一概念与中国本身相去甚远。因此,在美国国内提到中国,可以用来代表包容和排外的社会边界。随着时间推移,纸牌游戏已经完全美国化。麻将则不同,由于其本身带有中国起源的物质符号和雕刻,它保留了与中国的联系,并能够唤起模糊的东方印象。这种始终同时连接美国与中国的跨界定位,使得麻将在塑造美国身份认同方面特别具有韧性和持久性。

在中国,这种由美国引领的全球热潮提高了麻将的知名度,使其开始以"国宝"闻名。对华裔美国人来说,麻将的意义也发生了改变。对大多数华裔而言,起源于城市夜生活的麻将已经演变为一种家庭娱乐,因为美国白人因其异国情调而热衷于这款游戏。在两次世界大战的间隔期,华人们发现麻将在应对美国化带来的冲突方面颇为有用。这些冲突包括融入美国的压力、如何在排华中幸免于难,以及培养中国文化的内部凝聚力。麻将可以成为跨越代际之间的共通点,因为它既是中国的,也是美国的——这是一款中国游戏,其文化意义因美国人的消费而被改变。

麻将"变成美国游戏"的历史,也是 20 世纪一些特定群体"成为美国人"的故事。麻将融入了一段曲折的历史:美国如何将自己视为一个多种族的民主国家,不同群体如何经受族群融合的可能性、限制,以及为了融合需付出的潜在成本。美国白人通过玩麻将暂时跳出了其固有的身份认同,这款中国游戏及其周边帮助他们在文化上适应一个变动中的美国。[7] 华人用这一跨越太平洋的消费品帮助自己应对有关他者和归属的问题。在美国(和其他一些国家),其他亚裔群体也接纳了这款游戏:日裔首先在麻将风潮中玩起了这款游戏,并在身陷所谓"监禁营"、亟须娱乐的时候重拾对麻将的兴趣。另外,更边缘的美国"白人"为麻将的复杂性做出了贡献,犹太家庭将麻将变成了他们自己的游戏。各色玩家创造的麻将文化强调了所谓的种族是不断被制造的、易变的,而不是天然形成的或不变的。[8]

到了 20 世纪 30 年代，麻将在全美范围内继续发展，出现了特定的打法和游戏形式，使其成为一种独特的美国游戏。在反犹主义盛行的 1937 年，全美麻将联盟成立。该组织从未强调其领导层是犹太人，且该联盟将麻将认定为"国家的"和"美式的"。然而，联盟与犹太妇女的联系，使得麻将发展成为现代美国犹太文化的重要组成部分。二战期间，该联盟强调打麻将是一种慈善活动，将其与当时为同盟的中国的文化联系起来，更重要的是宣传爱国筹款。与此同时，其他各种美式麻将也在持续发展，虽然其数量少于各种中式麻将和国家麻将联盟认定的全美麻将。自二战以来，空军军官夫人俱乐部也推广了被称为"赖特·帕特森规则"的麻将玩法。该法得名于赖特·帕特森空军基地，并流传到全球各地的美军基地，各基地的军官及其夫人们也因此在短暂的军旅生活中建立起了联系。

自 20 世纪 20 年代麻将盛行以来，美国的犹太妇女就一直在打麻将。然而，冷战时代孕育了一种蓬勃发展的性别化麻将文化，而这种文化与全美麻将联盟有着千丝万缕的联系。二战后，美国社会鼓励越来越多的家庭移居郊区，全职主妇也成为社会共识。因此，年轻的妈妈们时常经历孤独，亟须设法克服。中产阶级犹太妇女有一种独特的资源可资利用，即来自度假社区的特定文化形式。在度假别墅区特有的生活节奏中，她们为自己争取了时间和空间。这不仅是为了参与有益的工作（例如慈善活动或社区服务），这些时间和空间也并非全都在白天，她们也不总是与丈夫们在一起，也是为了通过这种方式重新构想家庭生活，这一点至关重要。她们把打麻将变成一种社区标志，也借此塑造了作为冷战期间美国中产阶级犹太妇女的意义。

这段历史充斥着形形色色的人物，包括典型的中国赌徒、犹太主妇以及一些有影响力的角色，如石油公司代表兼麻将企业家约瑟夫·巴布科克、华裔社会学家刘裔昌以及被遗忘的"美国麻将"创始人桃乐茜·梅耶尔森,他们不仅将麻将与其已有的文化含义联系在一起,还为这款游戏创造了独特的意义。因此,上述人物并不是麻将故事中的唯一角色。有时候,麻将可以作为一种观察用的透镜,有时则作为一种行为主体。采用这种方法有助于将诠释者的观点与麻将相关文化形态的意义区分开来:前者是麻将让我们看到的内容,后者则是麻将作为行为主体在世界上所做的"工作"。在某些时刻,例如日裔美国人遭到监禁的战时,或者塑料工业的发展期,麻将提供了一个观察宏大的政治经济故事的窗口。在其他情境下,人们将自己的想法寄托于实体游戏中,特别是关于"外来"与"差异"的看法,这些看法赋予了麻将塑造美国文化的能力。麻将的规则也带有特定的节奏和方式,以供人们互动,包括跨越几代人的交流。

也许还有其他游戏能够实现这些社会功能。然而,麻将是多项特质的特殊组合。它具有感官上的吸引力,包括麻将牌的美感和触感。除此之外,打麻将要求技巧和专注,而不仅仅依赖运气。在一个亲密的环境中,固定的四到五个人进行牌局。更重要的是,麻将牌局自有其节奏,促进了交流和对话。每十五到二十分钟进行一局后,就要重新洗牌、码牌,这样就创造了比打乱一副扑克牌更长的间歇。麻将的这些特质也是理解这款中国游戏成为战后女性文化重要组成部分的关键。在美国亚裔社区之外,麻将已经成为女性专属的活动,而不再是已婚夫妇的游戏。在那些牌局之间的间歇,女性建立起了社交纽带。一位玩家如是解释道:女人们会在麻将牌局中"让头发垂下来",而这在其他游戏中是鲜见的。[9]

麻将发展的历史轨迹描绘了美国文化中休闲与阶级、族裔和性别之间的紧张关系。能够打麻将的前提是拥有明确的、非生产性时间。经过工会数十年的努力、中产阶级的增长和大规模消费经济的发展,休闲和娱乐成为定义20世纪现代美式生活的重要方面，同时也被视为进步的标志。[10] 最显而易见的是，休闲一直与阶级特权联系在一起。在麻将风行的早期，广告商们经常以女仆和麻将为主题，因为两者都是人们梦寐以求的财富的象征。然而，休闲的问题比其首次出现时更为棘手。

追寻麻将的历史轨迹可以揭示一些令人惊讶且经常被忽视的休闲领域：心理生存、社区建设、文化创造。20世纪初的华人移民洗衣工与"有闲阶级"相去甚远。然而工作的疲惫并没有阻止他们将麻将列为每周例行的公事和晚间消遣。背井离乡的人处于新的环境中，例如，二战后城郊的住宅区和遍布全球的美国空军基地，他们对休闲活动的社交方面的体验最为深刻，因为这些活动提供了建立人际关系的机会。对于犹太裔美国人来说，专属女性的麻将创造了新的文化规范，并有助于标识一个与其他中产阶级共享的文化领域，这使犹太裔面临被同化入基督教美国的风险。休闲活动与劳动、教育、政治一样，一直以来都是族裔形成的基础。

然而，非自愿的休闲——监禁时的放风、焦虑无聊以及无尽的不确定等待——是一种可怕的负担。在美国限制移民的时代，包容与排外之间的冲突定义了亚裔美国人的经历。在20世纪二三十年代，被拘留在天使岛移民站的男性移民利用麻将在一个去人性化的环境中开辟社交空间。在一个截然不同的环境中，日裔美国人通过打麻将来缓解二战监禁营中的压力和焦虑，同时也有人试图阻止这种娱乐活动演变为恶性赌博。

赋闲无事常常让美国人感到不安。对于中国基督徒和传教士来说，麻将能够舒缓压力，是一种体面的赌博游戏，但又暗藏危险。实际上，麻将长久以来都属于赌博的范畴，不仅是为了争夺大笔钱财的博弈，也是适合家庭玩的用零钱下注的游戏。当麻将进入流行文化时，新教的道德家们和地方政府对麻将的批评日益加剧，认为它是对一个整齐有序、贤能统治的工业社会的威胁。这样的社会建立在日益强大的中产阶级之上，他们的道德观念围绕着个人储蓄和辛勤工作，而不是追捧运气。

如果摆脱这些道德框架来审视赌博，它也可以被理解为在一个不确定的世界中碰碰运气的一种心态。对于穷苦的劳动人民来说，掷骰子、玩纸牌或打麻将带来的预期回报，比一份没有出路的工作带来的报酬高得多。[11] 这种对高回报的期待激发了建立社群、刺激精神和消除不确定性的渴望，当然也可能引发赌博成瘾。作为一款来自中国的游戏，麻将似乎在危险的边缘摇摆不定。

面对这样的批判，麻将的支持者们强调要理解打麻将所涉及的技巧和资金，努力使这项休闲活动合法化。纵观麻将在美国的历史，玩家和评论家们就如何合理地将麻将中的技巧和运气结合起来展开辩论。桥牌专家们认为，相比打桥牌，打麻将对智力水平和理性逻辑的要求较低，因此竭力主张麻将玩家应减少碰运气的成分。针对这样的警告，大众对于麻将的要求则反其道而行之。随着时间的推移，尽管争议不断，各类麻将都纳入了更多的运气成分。在20世纪20年代，据其来自上层社会的"监护人"所言，麻将在社会各阶层的大众化险些损害了它的声誉，因为"乡巴佬"和劣质麻将牌加入了牌局。[12] 由贵妇们建立的全美麻将联盟成为了美式麻将的缔造者，并将其最终与中产阶级紧密相连。数十年以来，该联盟始终强调其作为一个慈善组织的性质。近来，一个现代东正教派的玩家感觉她们这些人对于犹太会堂的捐款，使得她们在聚会期间打麻将"更添品位"，而不是在进行一种铺张浪费的或不合时宜的消遣，拉比*夫人加入牌局亦为其增色不少。[13] 如此，麻将中的慈善

---

* 拉比是精通犹太教经典的精神领袖、宗教导师。虽然多有日常正职，但拉比负责主持犹太教的宗教仪式，其社会地位相当尊崇。——译者注

元素便与犹太女性娱乐的传统产生交集,且在为举行茶会和庆典筹集善款方面发挥作用。

许多针对麻将的批评都带有性别歧视的意味。随着麻将日益与女性相关,人们便经常透过母亲的视角,以及麻将如何影响育儿,使母亲分心或以自我为中心的角度,审视美国的麻将玩家。在 20 世纪 20 年代,打麻将的母亲因她们任性的子女违法犯罪而遭到谴责。在 60 年代,麻将和空虚且不断索取的母亲形象成为了"犹太母亲"刻板印象的一部分。麻将也可以被视为那些"没事干"的放荡女人的无聊消遣。[14] 传统上认为,更适合女性身份的是"妇女的家务事永远做不完"的理念。扑克牌也同样是一种性别化的游戏。但当男人们无事可做去打扑克时,它并没有因此名誉扫地,这与麻将形成了鲜明对比。

女性在跨国消费的各个阶段都有其角色,麻将的历史也修正了对这些角色的诠释。女性通常被视为最具代表性的消费者:从镀金时代*开始,年长的已婚妇女参与了美帝国主义的扩张,在近东和远东获得物品;到了二战后,家庭主妇就成为了消费的倡导者和消费者公民。[15] 通过揭示妇女对家庭以外活动的参与,妇女史专家挑战了有关女性生活范围有限的假设。[16] 从上海的社交俱乐部,到唐人街公寓,再到费城的联排别墅,麻将在家庭空间中既是一种游戏,也是社区参与的出发点,有关麻将的文化就在这些空间中传播、再造。

在指导和开发麻将各种玩法的同时,女性玩家将麻将牌的消费、制作和营销结合在一起。此外,她们还是家庭作坊在生产和分销方面不可或缺的成员。作为上海和美国麻将牌局的女主人,妇女们帮助创造了文化交流、社交互动和政治操弄的空间。作为麻将教练,她们建立了属于

---

* 在美国史中,大约指 19 世纪 70 年代至 20 世纪初,取名于马克·吐温的一篇小说。在此期间,美国经济突飞猛进,大量财富聚集到了北部和西部,南方则因南北战争的战败而经济持续低迷。——译者注

自己和家庭的业务。从 20 世纪 20 年代的曼哈顿，到 30 年代的旧金山，再到 50 年代的威奇塔*，妇女们用各种新的方式将家庭变成女性娱乐的场所。在 20 年代，通过穿搭"异国情调"的中式服装，白人女性试验了各种社交界限；华裔美国人获得了全新的体面的休闲方式；而犹太女性在二战后的家庭娱乐领域划出了女子专属区。这些改变是文化上协商女性家庭地位的部分结果。麻将的历史强调了该休闲活动提供了一个进行变革和论争的意义非凡的场所，也能将家庭空间带入看似公开的政治和商业世界。

* * *

揭示这段历史依赖于不同的原始材料，这些材料的复杂程度不亚于麻将牌的制造商、牌友和推销商。没有所谓的麻将档案。然而，纵观其历史，麻将游戏的制作人、玩家、批评家以及麻将故事的作者留下了一系列历史证据：20 世纪 20 年代上海麻将工厂的照片，爵士乐时代迷恋麻将的美国人的戏剧、绘画和歌曲，30 年代加州唐人街的社会学笔记，以及二战期间日裔美国人监禁营中的报纸和日记。在马萨诸塞州的一家桌游工厂内，有一间尘封的房间保存着美国麻将销售公司的商业文件的残件，正是该公司掀起了全球麻将热。此外，施莱辛格图书馆**的妇女历史档案保存了一位早期麻将教练的相关记录。这些原始材料展示了麻将所激发的各种言论、思想和情感，以及它连接的不同社会领域。

在两次世界大战之间的美国华人社会，以及 20 世纪中叶的犹太人

---

* 堪萨斯州中南部的一座城市。——译者注
** 位于哈佛大学内，保存了大量 19 世纪初以来有关美国女性的史料。——译者注

生活中，麻将都广为流布，但这两大社会中个人的日常生活却鲜有文字记录。有关他们故事的最丰富的资料来源是口述史，包括对20世纪二三十年代被拘留在天使岛移民中心的华人男女，以及70年代上了年纪的洛杉矶华人的采访转录。这些采访转录揭示了社群和个人生活的本质。我也进行了数十次采访，其中一次记录了一个制造麻将牌的小厂家的罕见视角。大部分访谈对象是打麻将的犹太裔美国人及其子女，共有五十余次。他们来自不同的地方，亦属于不同的社会阶层。样本集的大小对于提出特定范式的论点非常重要，所谓范式须允许各种差异，包括环境、记忆和可信度。此外，有些女性不打麻将，或者公然对其表示厌恶，我找到了她们对此的解释，从而减轻了那些急于讨论特定话题的人所带来的偏见。总的来说，这些采访揭示了有关麻将惊人的一致的范式。从亚特兰大，到费城，再到洛杉矶，全美各地的群体在并行的空间和时间中，享用着类似的小吃，玩着同一款游戏。这些共性创造了一种被广泛共享的文化，它在二战后美国的上升期发展到了顶峰，犹太裔美国人对此感受至深。

本书从麻将的中国起源谈起，论及太平洋两岸的麻将消费热潮，再到美国的唐人街和城郊。

本书的前半部分着重探讨麻将与消费主义的历史，对其经济和文化起源进行了细致的研究。这部分特别关注在太平洋两岸都有业务的企业家、穿着中式服装打麻将的白人女性以及那些声称与中国有实际联系的华裔。由此可以揭示全球范围内的大众消费主义如何帮助美国人以新的自我意识定义何为"现代"。第一章从20世纪20年代中期的麻将热潮开始。当时，麻将产业将新兴的商业模式、知名的购买"东方"商品的市场与家庭娱乐和社交模式联系起来。第二、第三章重点探讨了麻将在19、20世纪之交的上海国际大都市中的发展和生产情况。这些情况展示了华裔美国人所处的社会环境，这也是麻将生根之处，以及在中国工厂制造麻将牌的工人。与此同时,爆炸式增长的国际市场加速了麻将的传播。在第四、第五章中,麻将的故事再次回到太平洋的彼岸。20年代早期的大规模麻将热引起了文化的发展和变化,美国消费者利用这款游戏来应对全新的性别动态和种族意识形态。

本书的后半部分考察在不断变化的美国人定义中,麻将如何与有关包容和排斥的个人经历联系起来。第六章追溯了在两次世界大战间隔期,麻将在唐人街发展的历史,并描绘了麻将如何成为以身份建构为核心的包容的要点。第七章则考察了在排外浪潮中,麻将如何成为在天使岛拘留中心的华人移民和战时监禁营中的日裔的一种生存策略。第八章聚焦于特定美式麻将的产生,这些美式麻将为二战后美国犹太妇女创造的麻将文化奠定了基础。第九、第十章描绘了犹太裔美国人的族裔身份如何通过休闲、性别角色和居住的地理环境而发展。结语部分追溯了麻将最近的历史,这段历史与20世纪后期美国持续的多元化发展并行不悖,展现了当今麻将的日渐复兴。

麻将在美国的发展历程是一段关于一款往返于太平洋两岸的大众游戏的历史。在它最受欢迎的时候,麻将创造了多次经济浪潮,紧随其后的是其成为了一个强大的文化符号。麻将的美国历程展示了同化和文化传承之间的冲突,后者促进了清晰可辨的族群认同的产生。这一历程还揭示了女性如何利用麻将来获得体面的休闲活动——以及常常随之而来的反对。

由于麻将本身带有特定的中式视觉标识,即使在设计风格和游戏形式上已经美国化,它仍保留了些许的异国情调。无论是作为一种新奇的异国商品,还是作为一种与某一文化遗产相连的纽带,麻将与中国的联系都是其吸引力中不可或缺的一部分。随着玩家推动各种独特麻将种类的发展,麻将的适应性既制造了障碍,也架起了桥梁。麻将本质上不属于美国文化,但同时又深植于美国文化之内。它既与中国相关,也与在美国发展起来的各种麻将组织相连，但这两种联系存在差异。正因如此，这种情况为同步出现的美国身份认同提供了一条形成的途径，该身份认同既与中国相关，又完全独立于其中国祖先。麻将玩家、推广者、企业家讲述了一个关于美国现代性的宏大故事。麻将既是美国游戏，也是舶来品；既是现代产物，又被视为来自古代；既是家庭娱乐，又可能破坏家庭生活。这些显而易见的对立揭示了现代美国文化核心中的矛盾。

第一章　麻将风潮

男男女女匆忙地从汽车和有轨电车上下来,朝着灯火辉煌的旧金山格拉纳达剧院走去。那是1922年9月23日,"盛大的舞台剧演出《麻将布鲁斯》"即将开始。剧院中,身着中式服装的年轻白人女子在售卖彩券,幸运儿将有机会带回一套由麻将销售公司提供的麻将牌,原材料取自骨头和竹子,经上海工人雕刻制成。几个月来,这些观众们一直在阅读关于这种"奇特的中国游戏"席卷西海岸的报道。他们的期待值很高,这得益于麻将销售公司的广告活动,其中包括在演出前几周宣传的《麻将布鲁斯》歌词。歌词通过改编的"中国"意象突出了麻将的若干元素:"当我建造那道中国长城时／龙、凤和竹子／一切都让我感到兴奋——哇!"一些观众很可能已经有幸参加了诺布山*费尔蒙特酒店受麻将启发而精心策划的夏季盛典。而那些不熟悉这款新游戏的人也不必担心,剧院的楼厅里有教练提供教学,收取1美元,所有收益将捐给慈善事业。引座员把节目单递给热切的观众,节目单介绍了当晚的娱乐表演,包括以一部无声情节剧作为压轴。在帷幕升起之前,舞台上回荡着"中国幻想曲"。《麻将布鲁斯》首次亮相,带来了"以新的中国游戏为灵感"编排的音乐曲目。[1]

---

* 旧金山的一个街区。——译者注

这家位于旧金山的剧场正处于一股迅速风靡全美的热潮的前沿,这股热潮就是中国游戏:麻将。同年晚些时候,西雅图的哥伦比亚剧院上演了自制的《麻将布鲁斯》。麻将迷们无须依赖现场表演,因为很快他们就可以在家中聆听大西洋舞蹈乐团演奏的欢快的《布鲁斯》录音。[2]到了20世纪20年代初期,从得克萨斯州的西班牙语媒体和西北部的小城镇报纸,到全美上映的电影,再到以麻将命名的时尚鞋履和拉格泰姆音乐*,在美国的每一个角落,人们都在热议麻将。[3] 麻将究竟是如何在一夜之间引发轰动的呢?

无论打麻将多么令人愉快,当它首次被引入美国市场时,绝大多数美国人仍然对其感到极为陌生,是否会接受它也前途未卜。然而,美国的流行文化和经济发生了变化,最关键的是大众消费主义开始发展,"异域东方"商品的市场逐渐形成,这些变化为20世纪20年代的麻将热潮奠定了基础。与纸牌游戏不同,打麻将需要使用一套特殊的器具。这些器具,包括有分量且精雕细刻的麻将牌,是这款游戏吸引人的重要原因。然而,这些器具本身不会自我推销。企业家们利用最新的广告技巧、商店陈列以及电影等新式媒体来创造并垄断麻将市场。在这样的市场中,企业家们与零售商建立关系,同时通过专利和诉讼来扼杀竞争对手。麻将产业将新型的生产、分销和营销形式与"东方"商品的既有市场及家庭娱乐模式联系了起来。

"吸引眼球,激发欲望,提供畅销商品"

麻将最重要的早期推广者是约瑟夫·帕克·巴布科克(Joseph Park

---

* 起源于19世纪末非裔美国人群体的一种美国流行音乐风格,其主要特点是"切分音",多以钢琴弹奏,在20世纪初颇为普及。——译者注

Babcock）及其创立的美国麻将销售公司（Mah-Jongg Sales Company of America）。巴布科克来自印第安纳州，在20世纪10年代，他是标准石油公司的销售代表。他最终被派驻到中国苏州，并学会了足够的语言与当地人沟通——这对于一个外国人来说是不寻常的技能。[4] 正如他的妻子诺玛（Norma）所解释的那样："我们与有趣的中国人保持着密切的联系。在我们欧美人聚居的小社区内，几乎没有什么娱乐活动。我丈夫成了麻将的专业玩家，也是这款中国游戏的亲密学生。"[5] 在从熟人那里接触到麻将后，巴布科克声称，通过结合他从"与本地人的不断交往中学到的玩法"，他在某种程度上改进了这款游戏。[6] 他开始制作一套带有英文字母和数字的麻将牌，并编写了规则，帮助他的朋友们学会了这款他们曾经感到难以掌握的游戏。1920年，他印刷了英文版的麻将规则手册，简化了诸如如何计分之类的规则，这使得麻将在上海的英美社区中迅速传播开来。[7] 随后，在不到十年的时间里，巴布科克在美国建立起了一个麻将帝国。

美国本土的人们首次听说麻将是在1920年夏天。当时，巴布科克夫妇将其介绍给了正在南加州卡特琳岛度假的洛杉矶富翁们。[8] 巴布科克夫妇希望以此来测试麻将的潜在人气指数。他们的预感是对的。加州上流社会欣然接受了这款游戏后，巴布科克夫妇返回上海，开始执行他们雄心勃勃的创业计划。[9] 巴布科克致力于将他改进后的麻将推广给在上海的西方人，并希望建立一个出口市场。他的合作伙伴包括朋友安东·莱廷和莱廷在国际函授学校*的上司艾伯特·海格（Albert Hager），后者为"中国麻将公司"提供了财政支持。[10] 巴布科克与海格以及木材商威廉·A.哈蒙德（William A. Hammond）一起成立了新的"美国麻将销售公司"，公司总部设在旧金山渡轮大厦的港口附近，哈蒙德从

---

* 该校于1899年在宾夕法尼亚州成立，为美国第一家远程教育机构。——译者注

1922年初开始在那里收货。他们与公司副总裁兼总经理 J. M. 蒂斯（J. M. Tees）共同开展了一场声势浩大的全美营销活动。[11] 1922年夏天，他们在全美范围内张贴广告，诚聘高级专业人士担任销售代理商。应聘者须具备组织能力，能够培训新人并处理重要提案。他们计划迅速扩展业务，因此希望在至少十个城市聘用人员，包括纽约、波士顿、印第安纳波利斯、路易斯维尔、新奥尔良和埃尔帕索。[12]

当太平洋邮轮"胡斯州号"在1922年5月停靠旧金山时，当地媒体已经准备好迎接船上来自上流社会的乘客。这些乘客带来了一个令人兴奋的全新中国舶来品：麻将。虽然跨太平洋的通信已经透露麻将正在席卷中国的美国侨民圈子，但这款游戏抵达美国本土还不到"几个月"。[13] 在邮轮航行期间，船上举行了两场麻将锦标赛，许多乘客，包括来自纽约和亚特兰大的"游戏专家"，都在锦标赛中接受了考验。[14] 在为期三周的航行中，麻将风潮主导了邮轮联谊厅的活动。[15] 船上机智的理发师向乘客出售了七十套麻将牌，而船上的美国商店也将麻将牌特意标为"轮船礼品"进行销售。[16] 乘客们还额外携带了超过二十四套麻将牌，"将它介绍给自己家乡的朋友"，因为麻将正在西海岸积累人气。邮轮靠岸仅两天之后，一家百货商店就在《洛杉矶时报》上刊登了一则广告："那个令人着迷的新旧融合的游戏——麻将，正在风靡全美！"[17]

巴布科克和他的商业伙伴们知道，引领潮流的纽约市场对麻将能否进军全美至关重要。但直到1922年秋季，他们在美国东北地区仍未取得重大进展。《纽约时报》在该年9月刊登了一篇关于麻将在沪上返客中流行的文章，读者由此了解到这一"中国的迷人超级游戏"。然而，随后各大媒体并未争相报道。[18] 巴布科克的麻将公司亟须围绕他们的拳头产品制造热潮，同时激发那些时尚达人的攀比情绪。因此，巴布科克将他的高级麻将牌赠送给了在全美范围内具有影响力的好莱坞电影明星,例如道格拉斯·费尔班克斯。后者拍摄了一组打麻将的照片,使用的麻将牌装在一个雕刻精美的木柜中。[19]

图 1.1　约瑟夫·巴布科克(左)和道格拉斯·费尔班克斯与麻将销售公司早期的一套高定产品合影留念。照片中,费尔班克斯正在翻阅巴布科克的《麻将规则红皮书》。麻将牌装在一个细节精美的木盒中,上面有风景如画的雕刻。照片由克里斯托弗·伯格提供。

1922 年 11 月,麻将公司的副总裁 J. M. 蒂斯来到曼哈顿市中心的宾夕法尼亚大酒店,该酒店被称为"世界上最伟大的酒店中心"。[20] 他带来了"世界上最吸引人的游戏",在太平洋沿岸的社交场合中,从上海到旧金山迅速传播的消息。蒂斯没有提及他作为推销商所涉及的商业利益,而是将自己定位为一位正在旅行的专业麻将玩家,已经在西部打败了许多玩家,而在纽约简直找不到"与之匹敌的对手"。在酒店内部报纸的头版上,"他央求:'如果酒店里有任何人懂麻将的,把他们送到我这儿来吧,'"[21]。酒店的门童每天悄悄地将报纸送到那些富豪的房间里。

蒂斯巧妙地安排了一场与歌剧明星乔瓦尼·马丁内利及其妻子阿黛勒·普雷维塔利的牌局，他将其称之为"他在纽约唯一的对局"。他把宾夕法尼亚酒店牌局的视频片段寄给了中国麻将公司的合伙人艾伯特·海格，并附上一张便条："伯特*——这是你的朋友莫里斯**干的。他说：这还不算什么！"果然，几天后，《纽约太阳报》刊登了一张著名的马丁内利夫妇打麻将的照片，麻将销售公司的麻将牌被放在照片的中心位置，而普雷维塔利则在研读巴布科克版权所有的麻将规则书。[22] 文章称，马丁内利在最近一次亚洲的歌剧巡演中了解了这一"中国古老的游戏"，但这带有商标的商品被显眼地放置在照片中。一个月后，"来自纽约的雕版请柬"被发往华盛顿，商务部长赫伯特·胡佛的妻子卢·亨利·胡佛要为华盛顿军界的精英们"举办一场麻将派对"。[23]

麻将落入富人们度假的循环线路，沿着罗德岛的纽波特、马萨诸塞州的伯克希尔和佛罗里达州的棕榈滩一路传播开来。[24] 诺玛·巴布科克自豪地宣称，麻将不仅是第一种从美国传播到世界其他地方的好东西，而且还是从西海岸传播出去的。她断言，它的"广泛流行和国际社会声誉"已经"确凿地证明现在太平洋沿岸已经比大西洋沿岸更具优势。这打破了所有有价值的东西都必须首先引入东部大都市才能取得成功的观念"[25]。然而，正如他们的商业策略所显示的，麻将销售公司明白东海岸仍然具有强大的文化影响力。到1922年底，麻将正式成为一种"狂热"。在接下来的两年里，纽瓦克的非裔俱乐部女性、芝加哥的已婚夫妇、波士顿的青少年、西雅图的白人社交名流和亚特兰大的家庭主妇帮助在他们的社区传播这款游戏，而原先的沿海市场也在继续增加

---

* 指艾伯特·海格。——译者注

** 指蒂斯。——译者注

对麻将的消费。[26] 正如蒂斯在1923年解释的那样，"我们认为我们已经完成了我们的目标。吸引眼球，激发欲望，提供畅销商品"。[27]

对于美国麻将销售公司来说，这款游戏的爆炸性成功是一柄双刃剑。该公司一开始试图保持对麻将市场的控制和垄断地位。海格注册了商标，巴布科克申请了一项专利，使麻将被称为"Mah-Jongg"，用连字符和双"g"来防伪，但专利申请的进程较为缓慢。[28] 海格代表中国麻将公司又申请了其他专利，包括纹饰华丽的木制"游戏储物柜"和用于计分的部件。[29] 与此同时，上海和美国的其他制造商也大量生产并销售麻将，并使用了各种品牌名称，例如"牌禄""碰吃"等。在一次特别恶劣的试图侵占"Mah-Jongg"品牌的行为中，一家位于芝加哥的公司生产廉价纸板麻将，标榜其产品是"Muh-Jung"牌，并解释说其"发音为 Mew Yoonk"，因此暗示他们丝毫没有侵权。[30]

巴布科克的公司宣传他们的麻将牌在"授权商店和酒店"中有售，尽管他们很快就在争夺麻将——或者按照他们的想法，麻将类游戏——专售权的艰苦斗争中缴械投降。[31] 1922年，麻将销售公司试图通过起诉旧金山的"冈普"家居用品店以加强品牌忠诚度，该店知名度高，专营亚洲奢侈品。起诉的理由是冈普"销售中国多米诺游戏设备和规则手册，涉嫌违反专利权和版权"。[32] 旧金山的进口商 H. S. 克罗克公司和菲利普·纳夫塔利也在被告之列。[33] 巴布科克要求销毁它们的库存仿冒品，同时声称这样的公司是在不劳而获，而他自己则"多年来一直在勤奋地研究这款游戏"。[34] 对纳夫塔利来说，他继续撰写麻将规则手册以积攒声誉，但他出版的第二本书题为《麻雀》(Ma Cheuck)。[35] 两年后，当麻将流传到欧洲时，巴布科克试图阻止阿姆斯特丹和法兰克福的制造商，却以失败告终。[36] 当麻将销往海外后，尽管麻将销售公司尽了最大努力，但该公司再也没有成为唯一的主要经销商。

尽管巴布科克为他的"游戏改进"提交了专利申请，但麻将仍然通过其他各种途径传播。[37] 不是公司的销售代理，而是社交名媛卡罗琳·斯诺登·安德鲁斯·法恩斯托克于 1922 年 11 月在华盛顿特区向军政领导人介绍了这款游戏。[38] 据说，这位金融家吉布森·法恩斯托克的遗孀"在欧洲购买了她的一套麻将牌"，而其他人则从旧金山带回了几套牌。海军陆战队总司令乔治·巴尼特将军的夫人蕾莉娅·蒙塔格·巴尼特在陪同其丈夫出访亚洲后，从日本带回了麻将。圣路易斯的众议员哈里·霍斯进一步推广了这款游戏，他把麻将当作礼物送给了十几个在华盛顿的家庭，从而确保他可以找到牌友，以及，可以想见的是，在牌局中谈论政治。[39] 一篇有关麻将在"首都社会"的文章说明了麻将销售公司声称拥有麻将专利独占权的无效性，华盛顿特区出现了各式各样的麻将牌，这些麻将牌"由许多在中国的厂家制造，因为那里没有专利限制"。[40]

马萨诸塞州著名的玩具制造商帕克兄弟（Parker Brothers）最终加入了麻将销售公司的商业计划。乔治·帕克曾拒绝过巴布科克早期的合作提议，当时他的产品销售低迷，他在曼哈顿几家百货商店试销麻将，情况也不甚理想，因此他对合作持审慎态度。[41] 到了 1923 年春季，随着麻将热潮的全面展开，帕克向麻将销售公司递出了橄榄枝，购买了巴布科克的"商标、商誉和版权"。[42] 两名商人都有独霸市场的干劲。二十年前，帕克的竞争对手成功地将他的专有品牌"Ping-Pong"变成了通用的"table tennis"，帕克不想重蹈覆辙。[43] 在帕克兄弟的领导下，麻将销售公司选定了这样的口号："如果没有'Mah-Jongg'商标，那就不是正品！"但这样的口号也很快被盗版。[44] 似乎每个人都在打麻将，人们打麻将并不需要美国麻将销售公司的官方许可。麻将的中国起源、其广泛吸引力以及新的全美分销和大规模营销技术为该公司带来了巨额利润，同时也阻碍了它对麻将的控制。

"这次有点不同了"

麻将从早已风行的亚洲风格产品潮流中获益。正如《洛杉矶时报》一位记者所说："这款游戏的一半魅力在于它的'中国味儿'。"[45] 诸如范泰恩等纽约著名商场，其商品目录展示了各种用以填满"一间东方风格的房间、阳光房或某人家中的特殊角落"的商品，并专门设立了一个麻将部门。[46] 较小的进口商也将麻将纳入他们进口的亚洲货品中，这些货品在美国市场流通，成为混合了日本主义、中国风格和东方主义的美式近东和远东美学的一部分。[47] 广告商通过强调外来品的不合时宜和稀奇古怪，营造了所有东方来物的异域魅力。[48]

美国的东方主义将伊斯兰世界、南亚和东亚的物品与思想混为一谈，并强调它们与西方的不同。东方主义的思想和表述已经渗透到日常的物质和视觉文化中，包括将"东方"描绘为女性化、奢华和落后的概念。[49] 浪漫化和简化的想象将这些文化描绘为存在于西方现代性之外的古老社会。[50] 这些概念被广告商和各种文化及物质商品的生产者商品化，他们向顾客承诺，通过购买各种东方商品即可让他们的家中看上去海纳百川。[51] 随着中国工艺品——既有从中国进口的商品，也有受中国美学影响的西方制品——以及阿拉伯奢华绘画影响力的扩大，出现了所谓的"舒适角落"，例如在客厅的一角，美国人会悬挂绸缎，营造出一种闺房的美感。[52] 夸夸其谈的旅行家主持围绕全球和异域主题的聚会，题目从麻将牌局到日本茶道社交，以表现他们熟知世界上的时尚知识。[53]

东方主义式消费在 20 世纪初达到了高峰，但这是建立在欧美长期对茶和中国奢侈品（包括香料、瓷器、丝绸和家具）迷恋的基础之上。直到 19 世纪，中华帝国一直享有文明开化的全球声誉，但随着华南移民作为全球侨民的一部分进入美国,并引起诸多偏见,中国商品开始与廉价和劣质联系在一起。[54]回忆起自己在19世纪80年代于俄勒冈州波特兰市开办进口业务时,华裔移民安德鲁·甘记得他故意将其误称为"日本市场"。他解释说:"那个时候,每个人都喜欢买日本货——中国货不怎么值钱。"[55]这种态势在20世纪10年代,特别是在加利福尼亚州反日情绪蔓延时,再次翻转。到那时,中国商品已经完全融入一种亚洲产品的大杂烩中。安德鲁·甘在西雅图开办了一家成功的新商店——这次命名为"中国贸易公司",很快就开始销售麻将牌、丝绸和服、中式外套、香、午餐桌布和中式篮子。[56]

向东方借鉴和消费美学已经在美国流行文化中广泛传播,例如在电影院和衣饰方面,这两者的混杂又与麻将结合在了一起。1922年,也就是麻将热潮开始的同年,随着英国考古学家发现图坦卡蒙王陵墓的消息,大规模的东方主义式消费热潮迅速兴起。这个满藏贵金属和艺术品的非凡珍宝库激发了一系列时装和化妆品的出现,并推动了例如《沙漠情酋》(*The Sheik*)这类电影的流行。[57]现代主义和装饰艺术等艺术运动吸收了亚洲的设计和艺术风格,这些风格通过建筑、广告和家居物品渗透到了主流的西方审美中。[58]

东方主义的视觉文化在19世纪末传入美国流行文化。[59] 1893年在芝加哥举办的世界博览会极为成功,向参观者展示了一种高度可消费、简单化且常常被贬低的殖民地土著人形象。有关英美的文明进程在"白城"*的大会堂中展示,而那些高度异文化的生活实景模型展览则

---

* 为芝加哥城南部的一块休闲娱乐公园,1905年开园,随着20世纪50年代美国废除种族隔离,该园也随之关闭。——译者注

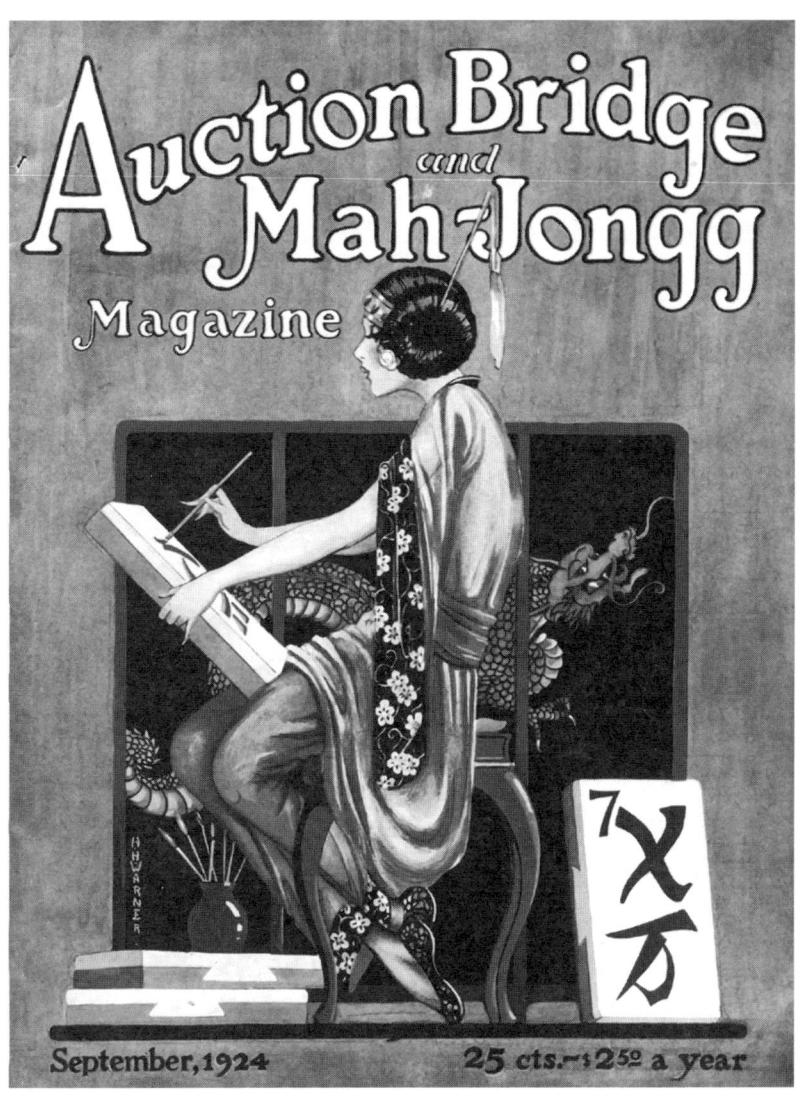

图 1.2 在《竞叫桥牌和麻将杂志》的封面上,一个穿着仿中式服装的白人女子正在一个大于实物的麻将牌上绘制图案。她身后的金色中国龙屏风散发出迷人而又不祥的光芒。这幅插图是受麻将影响的美国文化大量输出的一个例证,突出了这款中国游戏及其相应的穿着如何促使20世纪20年代"东方"美学的形成。美国国会图书馆。

是沿着"大道乐园"*进行规划,两者分列开来,泾渭分明。[60]

在这次博览会中,麻将首次在美国亮相,但这一点常常被人忽视。1892年,英国汉学家威廉·H. 威尔金森从宁波收集了一副"多米诺骨牌",并将其赠送给人类学家斯图尔特·库林以供展出。[61] 在芝加哥世界博览会的2 700万名参观者中,一定有许多人瞥见了展出的麻将。这样的展出可能毫无意义,但幸运的是,有麻将的使用说明,以及在麻将牌上增添了数字符号,从而减少了美国人认识这些陌生物品的障碍。这两项针对外国人的特点也使得麻将在二十年后全球大热。虽然这次博览会对于麻将本身并没有起到重要作用,但它有助于东方主义式消费的广泛传播。这种消费主义不再局限于高雅文化,而是扩展到诸如装饰品的大众消费。

当美国在太平洋的军事存在扩张至中国时,美国的消费趋向也随之而来。1900年,当欧美和日本的军队镇压了反帝国主义的义和团运动后,他们洗劫了紫禁城。英国士兵带回了中国宫廷的京巴犬,使该犬种在英美数量激增。[62] 美国人开始在太平洋地区发挥其军事和经济作用,与此同时,他们将自己视为一股影响西方文明的力量,认为自己正在推广现代资本主义和民主制度。[63] 在此过程中,美国人欣然接受了那些象征伟大帝国的消费品。

一家深受推崇的亚洲商品供应商展示了美国东方主义式消费的演变。在20世纪初,格蕾丝·尼克尔森因其位于洛杉矶附近帕萨迪纳的精美的"东方艺术宝库"而闻名全美。她宣传了自己设立的麻将奖项,以及由"五颜六色的中国古老刺绣"制成的新奇礼品,这些礼品都取材于对华贸易。[64] 尼克尔森最初通过销售美洲原住民的篮子开始了自己的生意,但随着美国人消费口味的改变,她开始迎合市场对亚洲审美的需求。[65]

---

* 为芝加哥南部的一个公园,东西狭长。——译者注

尽管麻将在吸引消费者方面深深根植于其异国情调的魅力，但它的外来属性也可能存在争议，特别是在与桥牌的关系上。在家庭娱乐的世界中，麻将恰好与桥牌旗鼓相当，后者一直是备受欢迎和推崇的消遣方式。两者都起到了标记身份地位的作用。桥牌与富翁们的社交俱乐部、家庭和慈善活动息息相关。与麻将一样，打好桥牌要求在接受指导和练习方面投入大量时间，当然，打牌本身也是费时的。

与麻将相比，桥牌有着悠久的历史。其历史与美国大众意识中的英国文化相联系。惠斯特桥牌是19世纪后期各类纸牌游戏的结合体，随后受到部分美国民众的欢迎，他们喜爱挑战智力，并在牌局中因时制宜。桥牌的中心在纽约，其传播依赖于社会精英。情侣和男女分开的团体尤其喜欢这一四人两两搭档的游戏，每逢饭后，他们总是与友人玩牌。桥牌使用的是美国人熟悉的纸牌，值得注意的是，它是通过欧洲传入美国的。[66] 相比之下，麻将则越过了太平洋，在与中国直接接触的情况下进入美国。麻将牌上刻有汉字和符号，其中国起源肉眼可见。

从桥牌的角度来看，麻将可以视为一位继承者、篡位者或者一名入侵者。起初，几乎每一篇报纸文章和评论都在辩论麻将是否会取代桥牌。[67] 与有关移民的辩论相呼应，一些人用种族主义的语言警告说，中国的麻将可能取代欧洲游戏。[68] 讽刺（且支持帝国主义的）杂志《法官》刊登了一幅图，描绘了挤成一团的桥牌玩家们抵御一队直冲而来的袭击者，后者以麻将牌作武器，穿着中式官服，还有一条吐着烟的中国龙助阵。[69] 图片标题"桥上的霍拉提乌斯"也在玩文字游戏，将古罗马的一场传奇保卫战与桥牌联系在了一起，这款纸牌游戏表面上植根于"西方文明"，如今正对麻将严阵以待。从社会科学家的研究到歌词中的表述，麻将的特点总是拿来与桥牌比较。[70] 最终，这两款游戏共存了下来，但在麻将热的最初几年，其玩家和推广者经常通过与桥牌支持者辩论来捍卫他们的游戏。

Horatius at the bridge.

图1.3 这一史诗般的战斗场面展现了桥牌守卫者与一队颇具威胁的麻将军之间的激战。该图占据了讽刺杂志《法官》的第一页，1924年的这一期是有关麻将幽默的专刊。该图在视觉上强化了桥牌与英美文化的关联，以及麻将与中国和受中国影响的入侵者之间的联系。哈蒂信托基金会数字图书馆。

尽管遭受了带有种族歧视的非议，麻将与桥牌的差异对有些人来说提供了一个受欢迎的改变。玩桥牌和打麻将都需要四个人，但关键的区别在于前者要求两两搭档，而后者则是单打独斗。在许多高压游戏中，唯有依赖搭档才能取得佳绩,而打麻将则并非如此。[71] 其他人声称,麻将比桥牌更具挑战性、更易学且更具策略性。[72] 麻将牌本身也特别令人愉悦。一位社交名媛如此描述它的感官魅力和新鲜感:"我们有点厌倦了一直玩纸牌、纸牌、纸牌。我喜欢玩这些小麻将牌,它们真是太漂亮了,把玩它们是一件乐事。"[73] 高端麻将牌的价格,以及能够知晓一般人不懂的外来语,也吸引了那些追求社会地位的人,因为"相对桥牌,麻将可以是特定人群独享的游戏"。[74]

接受麻将的人认为,相较于桥牌,麻将更受欢迎,因为它不仅是一款具有优点的游戏,也是社会地位的标志和美国现代化未来的象征。一篇《纽约时报》的专题报道称:"桥牌还驻足于过去,而麻将已来到当下。"桥牌代表着旧世界,而"美国则将目光投向了世界的另一面,选择了麻将"。[75] 在这一叙述中,美国开创了先河,其领导地位在一定程度上表现为在现代娱乐方面击败了竞争对手。一个双手拿着各式运动奖杯的卡通山姆大叔嘲讽地问一个茫然无措、双手空空的圆滚滚的英国人:"你会打'麻将'吗?"[76] 对于怀有民族主义情怀的麻将推崇者来说,美国不仅在地缘政治层面上夺取了英国的领导地位,而且在娱乐领域中也击败了他们。

1889 年,鲁迪亚德·吉卜林在其诗歌中断言,文化和种族之间存在着不可磨灭的鸿沟:"东方是东方,西方是西方,两者永远不会相遇。"这一句经常出现在其他诗歌、广告和文章中。[77] 营销商强调了华人作为无法改变的外国人的刻板印象,因而麻将成为一种体验中国文化的方式,别无他法,这进一步增强了麻将的吸引力。这样做的结果是强化了中国作为处在另一极的"他者"的观点。[78] 麻将推广者 L. L. 哈尔(L. L. Harr)写道:"东方人和他们的生活方式有一种神秘感,这挑战了人们的想象力。中国人的服饰、奇特的习俗、难懂的语言和似乎难以看透的面具脸吸引了人们的想象力,并给平凡的事物披上了神秘的面纱。"[79] 在这些描述中，麻将不可避免地成为东西方之间的交汇点，否定了两者之间存在不可逾越的分界线的想法。然而，这些描述依赖于美国人令人意外地接受了一款明显是外来的游戏，因此在将麻将描绘成中美文化桥梁的同时，也强化了两者之间存在本质区别的观点。

一位凤凰城的记者在写关于麻将热潮的文章时解释道："'东方是东方，西方是西方'，但是没有比西方人更喜欢将自己乔装打扮，假装自己片刻是东方人的了。"[80] 麻将与更大的消费"东方"的模式相吻合："我们在客厅里插上香，摆上漆器和瓷器，敲打铜锣。我们穿刺绣丝绸，戴上玉器和象牙发夹。但这次有点不同了。"[81] 通过创造可识别的外来符号，麻将及其美感将东方消费主义的一个分支围绕这款游戏统一了起来。

麻将牌以外，一系列标有该游戏形象的商品，以及像牌架和桌子这样的游戏用具，都被申请了专利并投入生产和销售。[82] 麻将牌通常刻有精美复杂的图案，这是其魅力的一部分，设计师们很快从中汲取灵感，并将其付诸潮流服饰和面料。[83] 一位评论家观察到："无论是麻将这个中国游戏的流行导致了纺织品中中国设计和色彩的出现，还是反之，事实就是两者都在同时发展。"[84] 1924 年，零售商宣传了一款名为"麻将"的丝袜，上面绣着模仿麻将牌图案的花朵。[85] 这些丝袜"按大众化的价格贩售"，却"暗示着精英女性穿着的昂贵中式和服的华美"，提供了一类与麻将相关的经济实惠的精致饰物。[86] 麻将凉鞋则借用了麻将的人气和东方主义在消费者中的共鸣。一篇介绍出现在马萨诸塞州商店里的"麻将鞋"的报道如是解释道："这些鞋子并不是中国鞋，只是虚有其名。然而单靠这个名字，鞋子近来大卖，其他商品也跟着沾光。"[87] 一些人甚至用麻将命名一些有名望的动物：《纽约时报》报道了一只获奖的京巴、一只松狮、一匹获胜的赛马和一只冠军公牛，它们都叫"麻将"。[88] 用麻将标记的物品之广泛，揭示了一个迅速膨胀的商品世界,面对这个执着于异国情调的大众市场,其中的商品都在待售。

让麻将牌在视觉上再现的方法有很多,可以将相关图案精心缝制在桌布上,以保护桌子并减少洗牌时的噪音,或者将其印刷在麻将派对的邀请函和记分卡上。与之同时存在的是简化的中国人形象,这些形象包括手拿雨伞和灯笼的女孩,以及中国男孩和成年男子夸张地在空中飘扬的辫子。[89] 纽约阿弗里尔公司出售的"麻将小孩"玩偶明显没有参考麻将,但它有一个柔软可挤压的身体、一件有扣子的夹克和一条长辫。[90] 它之所以被称为"麻将小孩",是因为它对中国文化进行了商品化的、不合时代的但又易于接受的想象。麻将既顺应了东方主义式消费的潮流,又进一步扩大了其影响范围。

奢侈、休闲和大众

麻将在20世纪20年代自发的大众消费主义狂热中获得了特殊的市场。商业领袖和政治家们认为,相对于生产,消费主义对现代美国经济来说是一个更积极和必要的经济引擎。[91] 特别是由于金融信贷系统和消费模式的变化,美国人在20年代能够以全新的规模购买耐用品,例如家用电器、汽车和收音机,以及成品时装和化妆品等消费品。[92] 越来越多的男性广告人开始将典型的顾客想象成中产阶级的白人主妇,家政学家克里斯汀·弗雷德里克将其称为"消费者夫人"。他们将精力都花在这一群体身上,后者作为消费者时刻都在考虑为家庭采购,充满着焦虑和购物欲望。[93] 家庭主妇兼消费者的镜像是崛起的青年文化的化身:摩登女郎。广告商力图吸引越来越多地进入工薪制度的年轻女性及其自由支配的购买力。这些女性多在快速增长的服务业工作,在展现时尚外表的同时,她们面临着各种发展潜力和压力。与此同时,好莱坞的女星通过新近被认可的化妆和脱毛来推广一种白人美女的性化形象。[94]

　　大众消费主义与广泛的休闲活动紧密相关，因为越来越多的——尽管并非所有——美国人能够购买现成的必需品，同时享有更多的时间去娱乐。体育文化也在这种环境中蓬勃发展；网球、棒球、橄榄球和高尔夫球都大受欢迎，它们同时宣扬了苗条、健康的人体审美标准。麻将与有闲阶级密切相关，因为无论是学习这款游戏，还是打麻将都需要投入大量时间。在麻将中，人的双手，许多带着美甲护理的痕迹，有着非常显耀的地位。[95] 在洗牌和拿牌时，手指是牌桌上的焦点。1925 年，颇具影响力的摄影师爱德华·斯泰肯拍摄了伊尔卡·蔡斯的双手特写，她是《时尚》杂志主编埃德娜·乌尔曼·蔡斯的女儿，"当她打麻将时：一串珍珠挂在一只手腕上；在另一只手臂上，戴着一条镶嵌绿宝石和钻石的手链（绿宝石里藏着一个计时器），以及一条钻石手链；她还戴着一枚祖母绿切割的钻戒；这些首饰都来自卡地亚。"[96] 照片中精心护理的双手，显然远离体力劳动或清洗碗碟，只是展示珠光宝气的财富和拨弄麻将牌的工具。麻将还将玩家与其他产品联系起来，让他们能够以从容不迫、知识渊博的消费者形象示人。《洛杉矶时报》的一位专栏作家认为："女士们可能会以麻将或高尔夫为消遣"，但是"它们只是一个展示新礼服或高尔夫秋装的重要工具"。[97] 在这种描述中，这些参加消遣活动的"女士们"大多受到时尚消费的驱动，每一项新活动都提供了去购物的机会。

　　麻将很快被视为一种富人游戏，并在全美范围内流行开来。然而，随着大众消费主义的发展，许多商品面向更广泛的顾客群体，麻将因此传播到了更多的社会阶层，而不仅仅如其形象所示专属于富人。大多数经销商会出售各种版本的麻将牌套装，价格从不到 10 美元到 300 美元以上不等，使各类买家都能购买一套麻将牌。普通的骨竹牌套装通常售价在 20 至 40 美元之间，大约相当于城市百货商店中的一件连衣裙的价格。这样的价格比多米诺骨牌昂贵得多,但比一个不错的收音机便宜。[98] 收入较低的美国人可能会购买一套劣质的麻将牌,但麻将在其初期的全盛时期主要吸引了美国的超级精英以及后来的努力跻身社会上层的玩家。[99]

受到报纸和广告商的影响,中产阶级玩家将麻将带入了他们的家庭和社交圈。到了20世纪10年代,中产阶级的男女社交俱乐部在社区生活中变得越来越重要,经常举办扑克派对和慈善筹款活动。[100] 麻将成为了社交必需品。一部名为《最内疚的感觉》的漫画夸张地描绘:一封去朋友家里打麻将的邀请会让一个大男人因为不会打麻将的"耻辱"而落泪。[101] 更富有的女主人可以在自家花园里举办精心策划的戏剧表演,如《麻将:百智之戏》,并让她们偏爱的友人担任主角。[102] 然而,大多数家庭娱乐活动实际上都是围绕着举办以玩游戏为中心的社交聚会而展开的。到了世纪之交,晚上打桥牌已成为中产阶级美国人的必备活动。"趁着冰淇淋还在冷冻,玩起来",一则自动真空冰淇淋机的广告这样催促着人们。《好家政》杂志的读者可以依靠这种机器为过来打桥牌或麻将的客人提供"几乎不带来任何麻烦的冰冻点心",而无需仆人帮助或亲手制作茶点。[103]

北部和中西部城市的非裔美国人社交俱乐部也接受了麻将。1924年2月,一位社交俱乐部的专栏作家在非裔美国人报纸《芝加哥捍卫者》上报道了纽瓦克的"第一家麻将俱乐部"。到了8月,"麻将社交俱乐部"在华盛顿成立,成为该市最新的精英俱乐部之一。[104]《芝加哥捍卫者》的全国版报道了各地城市黑人社区中的麻将俱乐部及其活动,地理范围涵盖堪萨斯州、密苏里州、华盛顿州、华盛顿特区、新泽西州和密歇根州。[105] 经销商们也没有错过向不断增长的黑人麻将爱好者推销麻将配件的机会,例如"时尚界人士佩戴的"刻有汉字的"麻将戒指"。该戒指仅售1.98美元,经销商们承诺佩戴者可以拥有"无形的力量、财富、健康、幸福和桃花运"。[106]

作为精英受尊重的象征,麻将的社会地位可能特别吸引了黑人上层社会中的某些群体。非裔美国人媒体几乎只在黑人妇女俱乐部的背景下提及麻将。在两次世界大战之间,白人和黑人妇女都是社交俱乐部的活跃成员,这些俱乐部推动社会事业,策划慈善活动,并赞助旨在提升会员素养的系列讲座。在吉姆·克罗法导致种族隔离和白人至上主义盛行的背景下,黑人妇女俱乐部具有特别的意义,它们既服务黑人社区的需求,又帮助管理和塑造了非裔美国人工人阶级可能带来的负面形象。对于"种族女性"而言,麻将俱乐部应为她们提供展示体面政治的机会。[107] 然而,当非裔美国妇女想要学习麻将时,她们可能无法获得或不愿接受由白人女性提供的私人指导,而当时大多数麻将教练都是白人女性。在新泽西州,有钱的非裔美国女性聘请了"土生土长的中国人N. 杨",她们认为这位教练帮助她们"在掌握这款复杂的中国麻将游戏方面取得了令人惊叹的进步"。[108] 这种说法与白人社会的报道形成对比,后者很少提到聘请华人教练,更不用说提及这些教练的名字。

在白人社会中,随着麻将成为"聪明人"的消遣,女性也开始利用这个游戏参与慈善活动。[109] 桥牌筹款活动早已司空见惯:参与者可以购买门票,并将任何获奖捐赠给慈善事业。到了1922年,麻将已经加入了筹款游戏的行列,并增加了"异国情调"的元素,如中式服装和有关麻将的表演。媒体也开始报道这类高调的活动。例如,1922年8月,世界艺术沙龙首次呈现"时装秀和麻将茶会","旧金山主要的女装经营商"跳舞并演唱中式歌曲,而其他人则"穿着全套东方装扮"在旧金山市中心精心装饰的费尔蒙特酒店内学习麻将。[110] 这场茶会的消息很快传遍全美。内布拉斯加州奥马哈的读者通过《世界先驱报》得知了麻将在当地的首次亮相,当时一位来自旧金山的游客正赶往纽约,途经当地,在晚餐时间打了麻将。[111] 次年,弗吉尼亚·费尔·范德比尔特在曼哈顿主持了一场名为"麻将园游会"的筹款活动,为天主教、基督教和犹太教大姊妹组织筹集资金。这次活动较之先前的茶会毫不逊色。[112]这场盛会在曼哈顿广场酒店内举行,包括一场由齐格菲富丽秀*的首席男舞者担任主角的芭蕾舞表演。同时,身着特制服装的富人和名流在百老汇舞台设计师内德·韦伯恩创作的布景中"缓慢地进行着一些复杂的动作",象征麻将是一款"华丽且几乎奇幻的东方"游戏。[113]当然,鲜有比费尔蒙特酒店的茶会和广场酒店的庆祝会更高调的麻将活动,但许多富裕的社交俱乐部女会员也都组织了麻将慈善活动。[114] 1922年冬季,一群"年轻的已婚妇女"在西雅图发起了第一批麻将茶会,"接受银质捐赠物,所得款项将用于各种慈善事业"。[115]在加利福尼亚州,中产阶级家庭主妇也举办麻将聚会,为当地的加州家政协会筹集会费。[116]

随着麻将的普及和易得,百货商店争相吸引顾客,将自己打造成消费者乐园的现代大商场。[117]利用"告白式"文本的新营销手段,梅西百货的一则夸张广告展现了一位"女士想着一死了之!"的悲惨故事。她过着令人难以置信的富豪生活,"已和三位丈夫离婚,其中包括一位公爵;她还在索马里兰射杀了非洲狮"。她也尽到了母亲的责任,让自己的儿子和一位千金小姐结婚。"生命对我来说还有什么意义?"她哭喊道。在这一百货商店自我推销的奇幻作品中,"这位女士来到了梅西百货,在那里她发现了——当您来到这里时,也会见到——一套极其迷人的麻将牌,陈列在我们出售中国游戏的专区"。该广告保证,顾客会找到不同价格的进口麻将牌,以及"中国娃娃,这是女主人的充满麻将味的饰品之一"。在广告商的消费主义幻想中,麻将和商场都承诺

---

* 1907年至1931年、1934年、1936年在纽约市百老汇上演的一系列戏剧作品。——译者注

图 1.4 1923 年的"麻将园游会"经过了精心策划。与其他上流社会成员一起,23 岁的穆里尔·范德比尔特扮演"莲花",代表麻将牌中的"花牌"。慈善晚宴设在曼哈顿广场酒店,每张桌子要价 100 美元。最富有的与会者因争夺稀有的象牙麻将牌而登上了报纸。照片由斯坦福大学图书馆特藏部提供。

了一种令人愉悦的异国情调体验,这本属于精英阶层,但现在中产阶级的群众也能获得这种体验,他们进而将自己想象成"重要人物"。[118]

正如梅西百货承诺的那样，百货商店通过精心设计的新型陈列室和专门展示麻将及其相关产品的橱窗，向购物者提供了一套完整的东方体验。在洛杉矶，梳着中式发型、身穿绣花礼服的白人女售货员热情欢迎布洛克百货的顾客，整个区域都在推销麻将。陈列柜中展示了来自各个制造商的麻将牌，以及更多的中国娃娃和麻将主题的装饰品。打折商品则被安置在中国灯笼、挂毯和铜锣的下面。这样的展示呼应了早期东方主义的"舒适角落"，吸引了顾客，并鼓励他们在家里创造自己的沉浸式"麻将房"。[119] 在更北的华盛顿州塔科马市，罗兹兄弟商店引起了轰动，《塔科马·莱杰报》报道称该商店的麻将橱窗展示了"实际上是一个微缩版的中国，代表了一个龙的幻想之地，绘图屏风、金色和紫色的丝绸"。人们聚集在橱窗前，争看"三个小巧玲珑的女孩"（穿着中式长袍的年轻白人女子）打麻将，周围是悬挂的灯笼和东方式样的地毯，以至于"整条11街和百老汇街西北角的氛围似乎都弥漫着古代中国的精神和麻将的神秘感"。[120] 各种百货商店经常在橱窗中展示麻将玩家，并雇用教练来教授顾客这款令人着迷的新游戏。[121]

由于许多推广麻将的大众营销技巧都是新兴的，行业文献便向从业者介绍了如何以最佳方式吸引消费者。1923年的《麻将销售公司目录》用四页篇幅专门介绍了华丽的商店陈列，例如洛杉矶的巴黎城及其整个"麻将部门"。帕克兄弟公司后来在《全美药品新闻》的专栏中指导潜在的麻将经销商，向药房供货时如何成功陈列产品，并且如何"像本地的中国专家一般演示麻将"。帕克兄弟公司也认识到了百货商店之外的受众，鼓励这些较小的零售商："在报纸上发布相关公告，一个比较朴素的商品陈列也能带来可观的销售利润。"[122]

一本行业杂志《电影世界》向读者介绍了电影院与百货商店联合促销的情况。例如，"一个戴着面具的狂欢者在百货商店橱窗中与三个

图1.5 洛杉矶布洛克百货商店的"麻将专区"展示了各种不同外盒的麻将牌套装。华丽的细节装饰显示了这些套装的整体质量和成本。展示区不仅陈列了中国制造及皮罗素公司在美国制造的麻将牌,还陈列了一系列东方消费品。这些商品由身着中式服装的年轻白人女性销售。布洛克百货商店影集。亨廷顿图书馆,圣马力诺,加利福尼亚州。

中国女孩对弈以宣传麻将",同时也宣传了1922年的电影《戴假面具的人》(*The Masquerader*)。该杂志刊登了一幅真人大小的橱窗展示照片,橱窗中一位戴着面具的绅士和三个穿着旗袍的白人女子传递麻将牌,周围摆放着中国风的小雕像和各色麻将牌套装。[123] 虽然麻将在电影中并未扮演重要角色,但这一橱窗展示利用麻将的时尚联想吸引购物者进入商店和电影院。当西雅图的哥伦比亚剧院效仿旧金山的格拉纳达剧院,为电影放映前准备了"一场极具艺术气息的《麻将布鲁斯》"短篇舞台表演时,《电影世界》详细介绍了剧院经理布置的"舞台场景设置十分有效，包括中国画的画板和用绿叶与鲜花装饰的凉亭"。[124] 一套麻将牌在"大厅的玻璃容器内展示"，与周围跳舞的女孩和唱歌的中国人相得益彰。这种促销方式借鉴自百货商店。

有创意的剧院老板利用麻将的流行，将自己与最新潮流联系在一起，同时也提高了剧院的上座率。至1924年，电影院面临来自其他娱乐产业的激烈竞争。剧院老板哀叹麻将和广播这两大威胁抢走了顾客的时间和注意力，他们竭力与之竞争。[125] 因此，为了放映电影《迈阿密》(*Miami*)，加利福尼亚的福克斯-奥克兰剧院在大堂里再现了一片海滩和一个旅馆阳台，还在舞台上布置了"时髦的女士们在争论麻将或沉迷于桥牌"的场景，所有这些都配有棕榈树。[126] "一笔极其巨大的生意"是他们努力的回报。纳什维尔的一家电影院通过将当地商家的兴趣与电影中的"诸多引人之处"联系起来，筹集到了足够的资金播放1924年的电影《流动的黄金》(*Flowing Gold*)。这是一种反向植入式广告的早期变体。例如，当地一位珠宝商鼓励潜在客户先去看电影明星在电影中打麻将，然后再从他的店里订购一套麻将牌。[127] 麻将的形象如此之多，让中产阶级的顾客应接不暇。尽管营销人员试图保留麻将与富裕精英的联系，以维持其吸引力和独特性，但他们仍然依赖于扩大客户基础来更好地贩售麻将。

实际上，玩家们也主动来打麻将，因为这实在是一件乐事。麻将既可以是一种轻松的娱乐方式，又能要求玩家高度集中注意力，互相竞争。玩家可以坐上几局，或玩上几个小时，培养策略和得分的技巧，听着麻将牌的声音，感受它们在手指间的光滑与凉爽。在禁酒令期间*，《洛杉矶时报》认可了麻将作为价格实惠的娱乐方式的价值，称"这是一个值得考虑的项目，因为房东咄咄逼人，私酒的价格又高得离

---

* 从1920年至1933年，美国推行全国性禁酒，禁止酿造、运输和销售酒精饮料。——译者注

谱"。[128]《华盛顿邮报》刊登了一首小诗,讲述了一个男人对麻将态度的转变。他的妻子"对他言之凿凿:麻将很有贵族派头",但"一个中国游戏"要价 30 美元,他因此犹豫。然而,多亏了他妻子的鼓励,麻将的魅力最终把他吸引了过来:"尽管我一直在抱怨,但我忘记了它的价钱,坐下来打麻将,就这样!"[129]

随着麻将成为"普通人"的消遣,至少一些社会等级制度的守护者开始担心麻将可能会失去其社会地位。在《纽约时报》的一篇长文中,专栏作家海伦·布利特·洛瑞写到了不恰当的消费方式和被认为不恰当的消费。[130]洛瑞认为,麻将的"实际普及化"是由商业利益驱动的,廉价麻将牌和草率教学的剧增对麻将的品质构成了"巨大的危险"。尽管该游戏的流行与商业利益密切相关,但在洛瑞看来,麻将的商业化带有粗俗无知的污点。她哀叹道,人们不再想象昔日的中国玩家在"乌木桌上使用象牙和珍珠制作的'牌',同时思绪转向孔子。上天保佑"。相比之下,没有文化的美国人"在厨房的桌边玩,用一些看起来像骨头、闻起来像赛璐珞的'小块儿'。它被称为'那个中国佬的游戏',赌注是每得一分赢十分之一美分,这点赌注连他们的全部赌注的零头都不到,而这些钱就摆在中式桌子上,触手可及,价值二十五万美元"。洛瑞对自我吹嘘的社会名流和普通消费者都持批评态度。她希望真正的麻将玩家能够让麻将与桥牌的"科学"技巧和高雅玩法保持一致。然而,麻将的流行早已使其摆脱了洛瑞所期望的"陪衬"地位。

"聪明的女人"

《华盛顿邮报》的诗人认为麻将既是身份标志,又是娱乐游戏,他将这种认识归功于他的妻子。与此类似，女性促使麻将走进全美各地的家庭。无论她们是否在家庭外工作，女性往往承担着男女社交的大部分任务：招待访客、维护人际关系、留神孩子的娱乐活动，以及维系她们自己的女性社交网络。加州的一位麻将"专家"和教练解释说："许多女性一学会这个游戏就会把麻将牌买回家，教全家人玩。"[131] 在这个过程中，女性不仅是家庭的主要采购者，也是社会风尚的创造者。

各种文章和广告告诉女性如何成为"聪明的女主人"，这个词组经常被重复使用。[132] 要变得"聪明"，就必须知道一些事情，并展示这样的知识，比如端上周围有中式主题装饰的"麻将蛋糕"。[133] 在20世纪20年代，这种无处不在的说辞表明，女性的"聪明"与智力关系不大，而更多地与温文尔雅、步步高升、迷人而轻浮的自我呈现相关。[134] 麻将作为社交名流的时尚休闲活动，正符合这种限定的自我呈现。同时，一些中产阶级主妇通过将这项新的消遣活动介绍给亲友，帮助创造了麻将市场。麻将传达了一种夸夸其谈的世故和可消费的世界主义，而对麻将一无所知则可能面临社会的谴责。[135] 其他人则将麻将教学视为获得自给自足收入的罕见途径，或者对于白人女性来说，视为进入不断壮大的百货商店零售业的机会。

与桥牌不同，麻将为女主人提供了一个机会来装饰家庭，并展示她们时尚的中式装饰品收藏。在社交领域中，像麻将这样的休闲活动需要付出大量的精力和家务劳动，这颇具讽刺意味。富家妇女的麻将午宴屡屡登上全美社交新闻专栏。一场典型的精心准备的"宴会在中式房间内举行，十八位客人围坐在一张长桌旁，桌中间摆着装满春花、精致中式名片和小礼物的巨大花篮"。[136] 这样的活动可能会涉及家庭佣人，就像在一张"吉露果冻"广告中，一场正式的麻将派对上有一位女佣。[137] 身着制服的佣人形象可以让那些收入较低的人们也感受到精英娱乐的氛围。报纸和家庭或时尚杂志教育中产阶级读者"社会"正在做什么，以及他们如何也可以这样做。《洛杉矶时报》的食谱栏目为一场四人的麻将午宴提供了建议,推荐了加州牛油果,并用橄榄油和姜填充,以更好地应对这场午宴。[138]《妇女家庭杂志》建议:"如果轮到你担任女主人,可以用一个宝塔蛋糕来装饰你的餐桌,并制作麻将三明治,这会给你的客人带来惊喜,足以取悦他们。"[139] 对于没有,或者几乎没有家庭佣人的主妇来说,这些建议是可行的,也可以在她们的餐桌上增添一些东方的魅力。

一位名叫弗洛伦斯·柯瑞尔(Floreuce Currier)的主妇深入探讨了个人如何创造麻将热潮,并将这项新的活动融入社交生活。1923 年 9 月,她的丈夫送给她一套麻将牌作为生日礼物后,弗洛伦斯便与亲友们一起在马萨诸塞州贝尔蒙特开始了这个游戏。[140] 虽然经济上比较宽裕,但他们远不及范德比尔特家族和阿斯特家族。他们的家庭度假地通常在附近的新罕布什尔州,弗洛伦斯和女儿佩吉会做家务,偶尔请一位"菲茨杰拉德夫人"帮忙。弗洛伦斯和她的丈夫弗兰克应该对麻将耳熟能详,因为各种报纸在前一年就已经预告了它的不断传播,附近的商店也在推广麻将。居住在波士顿附近的弗兰克·柯瑞尔可以很容易地从 R. H. 怀特或乔丹·马什等百货商店购买一套麻将牌,这些商店的广告称其为"迷人的游戏"。[141]

弗洛伦斯在她的日记中记录了麻将到来一周后她勤奋学习的情况。她的记录揭示了家庭劳动和休闲的模式,这些模式塑造了麻将的流行是如何传播的。在她"制作了六杯葡萄果酱,去了'学校街商店',给玛丽写信,并查看账单"之后,弗洛伦斯"读了一本麻将书"。[142] 她的书很可能是所有麻将公司的产品都附带的约瑟夫·巴布科克的《红皮书》。接下来的一年,麻将经常出现在她的日记中,暂时取代了纸牌,成为柯瑞尔家的主要社交活动。在自己和朋友的家中,弗洛伦斯和弗兰克与其他已婚夫妇一起打麻将作为晚间活动。一个星期五晚上,在打扫房子和制作甜点一整天之后,弗洛伦斯做东,与朋友们打麻将,"又玩到了 11 点 15 分!"[143] 女性朋友们偶尔会下午来打麻将,但弗洛伦斯白天通常很忙,忙于家务、社交俱乐部和教堂活动。经过"美好的一天",佩吉帮助打扫房间,下午晚些时候出去购物,弗洛伦斯做了会儿针线活,并"打麻将"。[144] 很快,十几岁的佩吉也开始打麻将,弗洛伦斯和佩吉可以一起打牌。1924 年 6 月,"佩吉剪了短发"*,她的母亲惊呼道。第二天,佩吉在朋友们面前首次展示了她时髦的新发型,她的朋友们是"过来打麻将"的。[145] 1924 年,麻将成为劳动和休闲日常节奏的一部分,既是年轻人的时尚,也是他们父母的时尚。

如果柯瑞尔夫妇认识玛丽安·安吉莉娜·豪利特(Marion Angeline Howlett),他们可能会感谢她。豪利特是住在附近的麻将企业家和旅行讲师,她将柯瑞尔夫妇的新消遣推向全美,并广受好评。越来越多的女性前往亚洲,或独自或结伴,寻求旅游和冒险的机会,而豪利特是这些女性的先锋。[146] 她来自马萨诸塞州坎布里奇市的一个知名中产阶级新英格兰家庭。在拉德克利夫学院仅上了一门大学课程后,她和姐姐一起前往加利福尼亚,口袋里只有 10 美元,然后继续一路向西穿过太平洋。[147] 她在洛杉矶、檀香山和马尼拉赚了些钱后,带着旅游经验抵达中国。豪利特后来回忆道,她在 1921 年作为一名巡回记者首次在北京附近的南口接触到麻将:"井儿饭店的官员加入了我们,教我们麻将。我们所有人围着桌子挤在一起,学着用中国人的方式,用中文、洋泾浜英语以及许多手势学习麻将。"[148] 她利用自己在中国的经历进入美国商界,作为一名麻将教练,事业有成,登上了《纽约时报》的社会版面,并开展了巡回演讲活动。

在很多方面,豪利特都是成功利用麻将建立事业、自力更生的理想

---

* 本书行文中的楷体系原书中的斜体或大写强调。

人选。身在其位,恰逢其时,她在美国麻将热潮爆发前不久接触了麻将。热潮一爆发,她便开始营销自己作为麻将教练的技能,穿着丝绸长袍,使用她在1921年于上海华界购买的骨竹麻将牌。[149] 豪利特与"正宗"麻将的联系对于她营销自己的信誉非常重要,但她肯定受教于在华外籍人士,因为她教授的游戏术语和玩法与西方麻将推广者所推广的完全相同。然而,外籍麻将教练的故事在市场销路上远不如豪利特的南口邂逅。[150]

在讲述她在异域的冒险经历时,豪利特向她的学生们展示了她对"中国正宗加上白人名望"的机会主义热情,这种组合在社会上得到了接受。她在夏威夷和菲律宾教授礼仪所积累的技能,很可能使她更善于满足上流社会麻将客户的需求。在伯克夏地区*的度假酒店中,她教授麻将,而美国东北部的富翁是那里的常客,因此她也巩固了麻将与悠闲富人阶级之间的联系。冬季时,她还在佛罗里达州的棕榈沙滩教学,那里被称为"百万富翁的游乐场"。[151] 她随身携带了一件过去出游时带回来的中式马褂。《波士顿环球报》解释道:"这件马褂提供了一点能够让人回想起孔子故土的现实主义,它混合了各种亮丽色彩,重新激发了有闲阶级略显乏味的想象力。"[152]

1924年在棕榈滩拍摄的一系列照片使豪利特成了"海滩麻将"的教练,并引起了全美范围内的关注。[153] 由于摄影师们自己需要有市场价值的照片,他们热情地让豪利特在沙滩上打麻将,甚至在橡皮筏上漂浮以供摆拍。[154] 尽管后来她声称自己从未在沙滩上教授过麻将,但这些照片已通过各种出版物广泛传播,而"水上麻将"也成为了"当季的新奇事物之一"。[155]

在麻将热潮的中心,豪利特帮助宣传麻将与富人的联系,同时通过

---

* 位于马萨诸塞州西。——译者注

图 1.6 玛丽安·安吉莉娜·豪利特教练在为一次棕榈滩照片拍摄摆姿势,搭配了象征她麻将权威的道具。在中国生活期间,她从上海购买了麻将牌,中式马褂则来自北京。一个由设计师赠送给豪利特的麻将娃娃背靠着麻将盒子。施莱辛格图书馆,莱德克利夫研究所,哈佛大学。

在百货商店和巡回活动中教学,将其引入中产阶级家庭。在 1923 年圣诞节后不久,圣诞老人分发了成千上万套麻将牌,马萨诸塞州东南部的《阿特尔伯勒太阳报》主办了一次由豪利特执教的大规模免费麻将课。[156] 三百张门票早已认领一空,来自罗得岛的百货商店和当地商会的代表热切地参与了此次活动。豪利特还通过在该地区提供私人课程获得了一些持续的商业机会。

像豪利特这样的公共讲师希望获得居家授课的推荐,这比在百货商店推广麻将报酬高要得多。在波士顿的 R. H. 怀特百货商店,顾客们会付给她每小时 75 美分的报酬,但如果在店内买一套新的麻将牌,这笔教学费就能被免除。[157] 然而在棕榈滩的富人区过冬时,她的私人课程赚取了"每小时 10 美元,也就是每晚 30 或 40 美元"。[158] 豪利特能够利用麻将帮助推动她的讲课事业,这项事业比麻将热潮持续的时间更长。在 1928 年去遥远的阿拉斯加村庄旅行后,她开始了全职巡回演讲。她讲述自己的冒险经历,宣传"国际上的善意",最终在 1931 年的苏联之旅后,她将焦点放在了共产主义俄国之上。[159] 和许多其他讲师一样,她主要来往于各种女子俱乐部,这些俱乐部赞助有国际视野的演讲者,以便中上阶层的女性听众能够陶冶情操、认识世界。[160]

无论是已婚还是单身女性,麻将都提供了一个赚取她们自己收入的机会。这款游戏的流行迅速为教练提供了机会。[161] 除了百货商店外,女性还在咖啡馆、舞会或私人住宅中教授麻将。麻将销售公司在全美范围内登广告,诚聘"专业男士"作为销售代理。与此同时,在曼哈顿,报纸刊载了聘请"女性助手"作为"麻将老师和专家"的分类广告。[162] 在麻将热潮初期,1922 年 9 月,《旧金山之声》报道:"女性的一种新的活动,同时也是一门生意,就是教授中国游戏,麻将。"[163] 不久之后,加利福尼亚州的报纸开始报道一位有事业心的"布朗夫人",她在加州北部和中部的商店和家庭中教授麻将。[164] 像布朗和豪利特这样的旅行教练,在把打麻将的知识传递到加州的默塞德、圣罗莎以及马萨诸塞州的阿特尔伯勒等地时,发挥了重要作用;这些地方的麻将热潮已经引起了人们的兴趣,但积极的新玩家亟须指导。不需要额外收入的女性仍然可以通过在慈善麻将盛会上担任教练来提升她们的社会形象。[165] 一些教练可以宣传与"正宗"麻将的联系,就像豪利特用她的中国麻将牌和中国故事一样。[166] 然而,大多数教练是白人女性,她们与中国没有联系,但由于种族和性别的关系,能够毫不避讳地进入其他女性的家庭和聚会。

这些教练所经历的成功,取决于麻将爆炸式的流行。巴布科克与他身后的许多营销人员成功地推广了这款游戏的形象,将其与社会精英联系在一起,使其能够乘着媒体对富人名流活动的关注而获得成功。然而，无论是作为一种游戏，还是作为一种渴望阶级跃迁的形式，麻将的吸引力跨越了阶级、种族和地区的界限，其多样的形式使大众都能参与到游戏中来。

根据经济史的普遍看法，男性被视为起催化作用的企业家，而女性则作为消费者参与其中，通常与商业运营分开。这样的概括有一定的真实性。然而，麻将市场的形成模糊了这些区别，因为个人通常同时充当购买者和经销商。在男性主导的商业世界中，无数女性个体在创造麻将风潮方面扮演着至关重要但容易被忽视的角色，例如非正规的进口商、创业型的导师，或在其丈夫家族企业中幕后参与的女商人。在社会层面上，精英和中产阶级妇女在家中担任女主人，并策划大型公共活动，她们在推广麻将方面起着至关重要的作用。她们的角色，以及在东方主义消费观中蕴含的文化矛盾，从麻将在中国受到美国人欢迎的初期就已经存在。

第二章　上海：麻将国际化的起源

1921年，讽刺作家埃尔西·麦考密克（Elsie McCormick）在上海的《大陆报》上撰文："在上海的游客途经任何一家俱乐部时"都会听到一种奇怪的咔嗒声。她继续用带有种族和阶级偏见的幽默口吻写道：但这种声音并非来自"茶水间阿玲日常洗碗时笨拙的动作，以及随之而来的易碎瓷器的碰撞声"。游客们听到的是"中国象牙制品快速移动的声音"，这是上海外国人社区的日常，"声声不息，每天长达十六个小时"。因此，麦考密克向读者们介绍了日益增长的外籍人士与麻将的爱情故事。在一则广为流传的讽刺中，麦考密克甚至戏谑地提出了令人难以想象的情景：桥牌，这个受人尊敬的游戏未来可能会不为人知。"也许在不久的将来，一个天真的小女孩会悄悄走到妈妈身边，手里拿着一张满是灰尘的纸牌，问这到底是什么。'那是过去人们在一个叫桥牌的游戏中记分的东西'，妈妈会这样解释……'最好把那张牌藏起来，不然大家会以为我们老土。现在跑去找阿嬷。妈妈想打麻将了。'"[1]

一战结束不久，身处上海的美国人开始写信给家人，介绍一种在他们社交圈中风靡的新游戏——威胁到桥牌在西方人心中神圣地位的中式消遣。位于麻将起源地附近的长三角地区，上海汇聚了大量人口、各类社交圈和商业活动，使麻将成为一种国际现象。麻将的文化和地理根源为企业家们将这一中国游戏传播到美国创造了条件。

麻将在中国的城市中心传播了四十年之后，才开始传向世界的其他地方。虽然美国人后来将其视为一种古老的游戏，并与他们自己的现代身份相对立，但对于中国的文化评论者来说，麻将早已象征了现代社会的诸多可能性和危险。一个由中国中介人组成的新兴精英阶层最终将麻将引入美国，介绍给商人和旅行者。对后者而言，麻将服务于社区、娱乐和某些人的故作姿态，这一点对中国玩家同样适用。麻将迅速在侨民的家庭和社交俱乐部中占据了重要地位。[2] 尽管麻将在男性社交圈中最为显眼，但越来越多的美国女性和接受西方教育的中国女性帮助创造了新的麻将互动模式和场所。这种性别转向，即从男性玩家为主到女性玩家为主，起源于侨民世界。麻将在美国社交圈中的传播路径突显了休闲、家庭劳动和社会竞争的动态，这些动态构成了半殖民地中国中外国人生活模式的基础。

起　　源

麻将的故事始于清朝（1644—1911）的最后几十年，这是中国王朝统治的最后时代。麻将在中国的确切起源尚不清楚，但很可能是在19世纪中后期演变而成的一种赌博游戏，而非如美国营销商所宣传的那样源自孔子时代。麻将的创造者们结合了纸牌和骨牌游戏，将其统称为"牌"；它的花色很可能起源于纸牌上代表货币单位的标记。[3] 到了20世纪10年代初，这款游戏已在上海社会的各个阶层、北京的紫禁城、香港的赌徒群体以及西南城市成都广为人知。麻将的根源可以追溯到更广阔的长江三角洲地区，该地区有着悠久的游戏发展历史。作为明清帝国中最富裕的地区之一，长江三角洲多元而繁荣，通过贸易路线和印刷文化与北方的帝都北京相连。在上海于第一次鸦片战争后成为中国的主要港口之前，附近的苏州和杭州是中国财富和城市文化生产的中心。[4]

到了 20 世纪初，长三角地区的精英们开始玩一种已具雏形的麻将游戏，这种游戏属于诸多以男性玩家为主的赌博游戏之一。早在 19 世纪 70 年代初期，西方学者和政府雇员们就细致地记录了福州和宁波的一种"骨牌类"游戏，这种游戏被认为是麻将的前身。[5] 到 19 世纪 90 年代，麻将牌的基本要素、游戏规则和名称在宁波和上海一带基本定型，尽管该游戏随着时间的推移仍在不断演变。[6] 游戏的名称是"麻雀"，在上海话中发音为"moziang"。麻将的发明者们借鉴了纸牌的设计，包括一些早期麻雀纸牌中的元素，如四人同时游戏，并将纸牌与类似多米诺骨牌的游戏结合了起来。此外，一些对游戏过程的实质性改变也使麻将与其他游戏区分开来，尤其是个人游戏的安排，即每个玩家各自独立行动，而不是像在麻雀纸牌游戏中那样三个人联合起来对抗第四个"领导者"。这种个人游戏的方式成了麻将的核心特征，而运气与策略的独特结合也成为了其特色。

麻将很快就在长三角下游地区的城市中蔓延开来，向北传播至北京，然后扩散到内陆的成都和南部海岸的广州等主要贸易城市。1885 年，上海的《申报》报道了一种嘉兴的"全新"赌博游戏"moziang"，嘉兴北邻上海，大运河流经其地。在接下来的几十年里，麻将传播到了北京及其附近地区，该游戏在北方被称为"májiàng"，其名称最终也被写作"麻将"。[7] 到了 20 世纪 20 年代初，河北省的一名报纸编辑报告说："近年来，一种新的游戏从其他地区传入本地。这种游戏的常用名叫麻将。"这种游戏与城市生活相关，正如该文章所解释的："麻将在周边农村很少见，但在城市中逐渐流行。不久之后，它将在整个地区传播开来。"[8] 这款游戏早已在上海扎根。

上海独特的文化改变了麻将，并将其传播到中国其他地区和国外。麻将首次亮相时，上海是一个半殖民地的通商口岸城市；这座城市的结构根植于过去一个世纪对中国造成巨大变化的贸易和帝国主义历史之中。贸易和消费品长期以来推动着西方介入太平洋地区的事务，但19世纪标志着一个新时代。多年来，中国在贸易中占据优势，因为充满活力的欧洲市场渴望中国商品。[9] 到了19世纪40年代，欧洲希望通过控制贸易和减少竞争来实现利益最大化，以匹配其日益增长的军事实力。[10] 此时，中国政府正苦苦挣扎，面临人口压力和多种帝国主义的挑战，同时还致力于阻止来自英属印度的鸦片非法进口。[11] 中国一系列的军事失败导致其与法国、英国、俄罗斯、美国和日本等国签订了"不平等条约"，因为这些条约强调了中国单方面的义务。其中第一份这样的条约强制开放了上海和其他四个港口城市，使其成为对外贸易的通商口岸和外国人的聚居地。[12]

上海是中国最重要的国际贸易中心，人口和货物通过其港口和陆路通道进出。人们常用夸张的语言描绘这座城市，描述其迷人的夜生活、拥挤的街道以及极端的财富与贫穷。[13] 相对较少的外国人主要居住在单独的住宅和商业区中，特别是公共租界和法租界。公共租界由英国和美国的租界合并而成，居住着来自各国的人口，并由强有力的上海工部局管理，该局由地方选举产生，由英国人主导。[14] 到1920年，上海的日本居民人数已超过了其他外国人口的总和。[15] 中国居民在外国租界中缺乏平等的行政代表权，但其数量在每个租界中都远超其他任何群体。而在中国人中，来自各地的新移民则多于上海本地人。[16]

上海的多重辖区使其成为激进分子和黑社会的避风港。当局隔三差五地会执行禁赌法规，但当移动赌博公司被迫停业后，它们可以在营商环境更好的辖区内重新开张并继续获利。[17] 麻将主要作为一种赌博游戏进行，伴随着各种赌注，并且与妓院和茶馆等社交场所紧密结合。在这些场所中，"训练有素"的女子会鼓励客人在麻将上花钱。[18] 妓女早已融入旧上海的社会结构，影响着时尚，甚至发放被当地人当作货币使用的特殊代金券。她们促成了一种男性文化，而麻将与其相得益彰：客人们邀请朋友到客房参加晚间娱乐活动和宴席,除了供应酒食之外,妓院大厅里还会有麻将或纸牌局,以此展示他们的财富,并讨好鸨母,后者控制着被称作"花"的妓女。[19] 在1892年出版的连载小说《海上花列传》中,一位客人向朋友建议:"如果你请她们吃晚餐,一起打麻将,她们会对你百般讨好!"[20] 妓院并不像赌场那样抽成,但它们从客人打麻将输钱给妓女、支付与妓女交往的费用以及在食物和饮料上的花费中获利。《海上花列传》这一描绘晚清妓女文化的小说展现了多场麻将聚会,与会者各异,包括"美人厅"中的男女仆人,以及在被鸦片浸染的"歌舞会"上的客人和妓女。[21] 麻将为竞争、调侃和各种互为冲突的动机提供了舞台:男性客人试图在麻将局中将损失降到最低,然而"为了取悦妓女"而打牌,又因此备受压力。豪掷赌注有助于建立声誉,这对于在上海做生意至关重要。[22]

在清代的禁赌令中,麻将的地位处于模糊状态。[23] 打麻将可以不带金钱赌注,因此并不总被认为是违法的。虽然达到最大分值是游戏策略中的重要部分,但麻将也有更简单的玩法,比如将麻将牌搭配成一些特定的组合,或者用非常低的赌注来进行游戏。一位歌女的金主曾忠告他的朋友:"麻将牌局不能算是赌博。嗯,只要你不去赌博。"[24] 对于麻将是否构成赌博,人们的认识就是这样一种循环逻辑。尽管赌博被明令禁止,但在清朝以及其后的民国时期,节假日仍然被认为是合法赌博的时间。尤其是在节假日期间,麻将出现在各种场合。辛亥革命后不久,上海印刷工会——一个全由男性成员组成的团体——为庆祝中秋节举办了一场体面的活动,活动中吃的是全素宴,还有僧侣在旁诵经,而当晚的压轴节目正是几圈麻将。[25]

麻将吸引人的关键因素在其早期历史中就已经显现,这些因素帮助了这款游戏在中国内外的广泛流行。雕刻精美的麻将牌使其与其他骨牌游戏区别开来。与其他许多赌博游戏不同,麻将兼具运气和策略。麻将可以搭配一系列赌注进行游戏,并且每轮洗牌之间,牌友们还可以暂停休息,因此非常适合在各个阶层的社交活动中使用。麻将没有局限于妓院,而是上升到了精英阶层的领域,甚至进入了备受争议的中产阶级妇女的家中。[26] 这些"体面"的妇女也开始打起麻将来了。随着麻将的不断传播,其独特的游戏节奏——包括每轮之间的小憩和长休、玩家对峙时的互动张力——使得麻将局既能成为缔结友谊的场合,也可用于人际关系的经营,甚至成为展示战略布局与权力博弈的舞台。

在清朝的最后几年中,麻将席卷北京,男女皆为之风靡。20世纪初,慈禧太后也欣然接受了这款游戏,并经常要求女官作陪。[27] 作为一种追求娱乐和虚度光阴的象征,麻将也契合了慈禧时期腐败放纵的名声。中国史学家徐珂曾报告说,辛亥革命前不久,宫廷内外的官员、宦官、奴仆"都痴迷于这款游戏"。1917年,历史学家许指严写道:"这款游戏的风靡程度达到了顶峰。麻将打动了所有人,无论是宫人、显贵还是坐轿的行商,无人不乐在其中。"他还提到了这款游戏的标志性声音:"途经城市的窄巷,你总能听到麻将牌的叮当响。每当有庆祝活动后,凡有一点空闲,人们就会打麻将。在蜿蜒曲折的胡同和四合院内,众人日夜沉迷于此。"[28]

这款游戏也跨越了政治界限。革命派记者一方面琢磨麻将潜在的社会力量,同时公开谴责麻将背后的保守皇家拥趸。[29] 在有关现代化的辩论中,上海的一些西式改良派建议将麻将作为大众意识形态教育的工具。其中一位创新者将英文字母刻在麻将牌上,把打麻将变成了一种拼字游戏,使其"洋溢着更文明的理念"。[30] 1904年,另一位改良者希望"利用对这款游戏的常识来改善大众的无知",因此设想改变字牌上的文字,以教导牌友们在游戏中学习全球的政治风格和现代地缘政治。值得注意的是,在这些全新的麻将牌中,每张代表"共和主义"的牌的分值是代表"立宪主义"的两倍,而代表清政府的"专制主义"则赋分为零。花牌也进行了改造,不再雕刻儒家传统的花中四君子,而是改为描绘强大的新兴技术,如蒸汽船、铁路和热气球。每张"技术"牌以及其他象征商业和军事威力的牌,都必须与描绘大洲或大洋的牌相匹配,以便玩家在游戏中占据上风。[31]

在这个高度政治化的时代,改良者可能将麻将视为社会堕落的标志,甚至是诱因。这些关于哲学和政治的辩论在上海尤为激烈。部分原因在于麻将与茶馆、妓院紧密相关,评论家仍将麻将与寻欢的男人和低贱的女人联系在一起。麻将因此含有放纵和休闲的意味,而精于此道则被视为"青春虚度"的标志。[32] 更糟糕的是,自20世纪初,麻将开始进入中产阶级家庭。改良者们对那些被麻将腐蚀、分心的母亲对新生民国的影响感到忧虑。[33] 20世纪20年代,劳工组织抱怨麻将传播了怠惰,称"在节假日,工人们要么去市中心寻欢作乐,要么待在家里打麻将。只有极少数有觉悟的工人从事适当的消遣活动"[34]。1925年,一位反工会的官员利用留声机和麻将等现代珍宝贿赂上海工人,以期减少工会会员数。[35]

其他批评家将麻将与一个总体上混乱的社会联系在一起,这种混乱从清朝的腐败开始,延续至现代的各种危机。1912年后,知识分子将清王朝的倒台归咎于中国文化的因素,尤其是麻将。有人认为麻将的起源与嗜赌的太平军领袖有关,后者在19世纪中叶领导的太平天国运动动摇了清朝的统治,并摧毁了上海以南的地区。[36] 1914年,一位上海讽刺作家将麻将与破坏性力量联系在一起,认为"麻将大王"与其他虚构的"英雄土匪"一起终结了摇摇欲坠的清朝。这位作家的故事解释道:"清朝完全失控了,帝国堕入了混乱",因此需要性爱、金钱、铁路、卖淫和鸦片等"王"的联合眷顾,以终结清朝,统一帝国。每一个被幻想出的军阀都体现了现代性的陷阱和社会弊病,这些弊病散发着外国影响的臭气。作为一种融合了世界主义和堕落的中国创新,"麻将大王"在其他人无法做到的情况下,通过联合大众,打出了终结清朝的最后一击。打麻将因此成了具有讽刺意味的战斗,"各个阶层的人,包括男人、女人、老人和孩子,在白天的各个时刻都以大大小小的方式参与其中"。进步知识分子虽然赞美了腐败清朝的终结,但他们因麻将的流行而质疑中国是否会有一个现代的未来。[37] 麻将的文化意义远远超出了游戏本身,它反映了并有时促进了不同社会背景下的变革,这些背景可以是上海的妓院,也可以是改革派的提案。反过来,上海作为一个半殖民地城市,其社会隔离塑造了外国人对待这种游戏的态度。

上海与麻将热的爆发

1921 年,埃尔西·麦考密克报道了麻将的"日益流行"。她讽刺了这种狂热:"爱好者们"推荐"可以挂在脖子上并可以在人力车上练习打麻将的便携小桌";"还有人建议给每套麻将牌配备手电筒,以便在电影院里打麻将"。[38] 麻将席卷了外籍人士的社交圈,首先是在上海,很快又在北京兴起。大多数来华的外国人首先登陆的便是上海,而且随着美国旅居者数量的增加,上海成为了他们的最终目的地。[39] 在沪的商人即使被调往其他地方,他们在新的环境中逗留数周,也会从上海公共租界完善的社交网络和服务体系中获得指引。1921 年,当美国人珍妮特·沃尔辛从上海登岸时,她首次接触到了一种她称为"Maja"的新游戏。她和她的丈夫当时代表美国国家地理学会来华探险。[40] 沃尔辛在一位尼科尔斯夫人的家中首次了解到这个"中国赌博游戏"。沃尔辛夫妇很快离开上海去了北京,麻将也在圣诞节时进入了他们的社交圈。值得注意的是,珍妮特·沃尔辛来自美国东海岸的一个从事铁路事业的富有家庭,像她这样在社交上排外的人,竟会欣然接受这款中国游戏。许多在华的外国人致力于加强与中国文化之间一种等级制的、殖民主义式的隔离,因此麻将的传播是一个不同寻常的交叉点。

麻将塑造了20世纪20年代上海公共租界中三类西方人的世界。这些人包括长期在上海定居并主要为英国人的"上海侨民",数量迅速增长的欧洲和美国的新来者,包括商人和教育工作者,以及主要由美国人组成的传教士。[41] 富有的保守派英国殖民者把持了控制公共租界的工部局,并对新来的竞争者嗤之以鼻,但这两个群体都打麻将。相比之下,传教士们积极劝阻他们的信徒玩这个赌博游戏。正如一位美国妇女所观察到的,在这个地位意识极强的"上海白人"社会中,"传教士和商人根本不喜欢彼此"。[42] 随着传教士们更多地将注意力集中于中国内地,数量日益增长的美国商人塑造了在上海蓬勃发展的美国人圈子。[43] 在这些群体内外,各种各样的商人、冒险家、享乐主义者和激进分子也居住在这座城市。社会阶层、国籍和种族界限塑造了上海居民的生活,但主要的社会差异还是中国人与西方人之间的区别,而扎根已久的上海侨民则积极地强调这一点。[44]

麻将文化的传播中,数量日增的中国中介人和不以传教为目的的美国人扮演了关键角色,而麻将在上海和北京的中国玩家中继续积攒人气。到了20世纪二三十年代,许多新兴的中国政商精英在国外求学或接受美国传教士的教育,他们能说英语,并在上海发挥着重要作用。[45] 这一群体包括官员、中间人、买办、实业家、商人、骗子和党派人士。他们通过建立广泛的个人网络,维系了上海的社会结构,弥合了外国人和中国人之间的鸿沟,尽管这种互动在社交场合中仍不多见。[46] 虽然中国居民占了大多数,但对于外国人来说,汉语几乎不必要,他们与中国人的唯一固定互动通常是通过仆人,后者通常具备基本的英文沟通能力,或者能说洋泾浜英语。[47] 中国精英和在西方受教育的人开始向外国人介绍麻将,他们在汉字数字牌上刻上了阿拉伯数字,而麻将出口商约瑟夫·巴布科克后来将这一创新归功于自己。[48] 即使是只会一种语言的西方人或仅在中国圈子中活动的中国商人，也可能会受邀参加由中介人组织的晚宴。[49]

上海的公共租界为麻将的接受和转变为一种国际风潮提供了重要的环境。特别是美国人，他们很快将麻将作为主要社交活动融入他们的社交俱乐部和家庭生活中。也许这些不以传教为目的的美国人更快地掌握了麻将，因为他们中的许多人是相对较新的移民，对业已形成的、主要由英国人主导的与中国保持距离的作风少有投入。[50] 对于像珍妮特·沃尔辛这样的美国人来说，打麻将可能提供了一种消费中国文化的方式，同时还能保持阶级排他性，并让她炫耀自己懂得一种时尚的消遣。巴布科克的影响范围可能更多地体现在美国人身上，因为他致力于通过美国侨民社区传播他制定的麻将规则。然而，不久之后，麻将就在整个外国人社区中广泛流行，并独自挑战桥牌的霸主地位。

上海的外国人社区为麻将的传播提供了理想的环境。该社区建立在享受中国仆人提供的休闲活动基础之上，以男性社交俱乐部和外籍女性推动的家庭社交网络为中心。[51] 在精英阶层中，公共租界还促进了多元化的商业联系，企业家们可以利用这些联系获得优势。[52] 巴布科克和他的商业伙伴可能正是通过这些联系建立了他们的麻将生产和出口业务。

与中国人的同乡会类似，外国男性社交俱乐部为远离家乡的人们提供了一丝熟悉的社区氛围，并帮助建立起必不可少的人际关系。[53] 在这些俱乐部中，男人们结交朋友、喝酒、打牌、赌马。对于他们的本国社群来说，俱乐部也展现了这些社群在当地的声望和地缘政治实力。[54] 麻将在这些俱乐部中，尤其是在美国人的俱乐部中，迅速传播开来，主要得益于像巴布科克这样的推动者。巴布科克的商业伙伴安东·莱廷是美国哥伦比亚乡村俱乐部的成员，这为他们推广麻将提供了便利。从1919年起，他们看到了这款游戏中的商机。[55] 与合伙人艾伯特·海格一起，他们通过自己的公司在社交俱乐部中积极推广麻将。[56] 此外，游戏专家罗伯特·福斯特将1921年"麻将引入说英语的俱乐部"归功于"两个姓怀特的兄弟,他们很喜欢打麻将"。[57] 虽然有证据表明巴布科克、海格和莱廷在麻将推广的早期起到了领导作用,但毫无疑问,许多人都对麻将在有影响力的社交俱乐部中的传播做出了贡献。[58]

麻将可能早已出现在一个不同寻常的组织——联合俱乐部。该俱乐部成立于1919年,原名为"ABC俱乐部",其明确的成立目的是团结美国、英国和中国的精英。[59] 不久之后,巴布科克便开始传阅他首批印刷的麻将规则手册。到1925年,美国广告大肆宣扬"巴布科克受版权保护的麻将规则"是"上海所有主要俱乐部(包括美国上海联合俱乐部和乡村俱乐部)采用的公认标准规则"。这些俱乐部在太平洋两岸都享有声望,因此在海外消费者中也具有很高的影响力。[60]

大多数为精英上海侨民而设的社交俱乐部,尤其是为英国居民服务的著名的上海总会,为极少数人所专享,并且引以为荣:只有富有的男性才能申请入会,当然绝对不接受中国人。[61] 然而,在20世纪一二十年代,上海人口结构的显著变化以及越来越多的中国民族主义抵制,对在沪英国人在公共租界社交圈中的主导地位构成了挑战。尽管美国人相对较少,但从1914年至1921年,其数量增长了一倍以上,达到近3 000人;日本居民也有所增加;"白俄罗斯"沙俄流亡者则成为了新的下等欧洲人。[62] 在上海的城市景观中,涌现出美国学校、商人俱乐部、乡村俱乐部和教堂,同时,美国加强了作为中国主要贸易和外交伙伴的地位。

在其1925年的盛大开幕式上,耗资百万美元建成的美国总会大楼展现了文明的优雅,其中包括一个具有异国风情的中国麻将休息室。这座建筑帮助英裔美国人定义了他们独特的精英国际主义形象。实际上,其宏伟和奢华甚至让著名的上海总会相形见绌,它宣示了在沪美国人对权力和永恒的追求,他们为此陶醉其中。[63] 直到1929年,美国总会才接纳华人会员(在更开放的德国总会和法国总会之后,但远早于英国人的)。从餐厅到台球室,俱乐部雅致的房间传达着统一的20世纪20年代美式美学,唯一的例外是中式的"麻将室"。[64] 室内,深色的红木雕刻家具、灯笼和彩绘檐口呼应了中式审美风格,营造出一个会员们可以参与被视为"中国式"的游戏而又不失身份的地方。[65]

美国女性在社交俱乐部中居于次要地位,但她们在家中培育了麻将文化。她们的参与对于麻将在国际上的传播至关重要。[66] 对于上海的外国人来说,俱乐部是最引人注目的社交场所,但麻将也很好地融入了半殖民地中国的家庭生活中。就像有偿的家务劳动一样,社交晚宴和漫长的午餐提供了学习和打麻将的时间。随着美国在华商业利益的增长,商人们的妻子也随之而来,这被美国商务参赞朱利安·阿诺德称为"女性入侵",她

图 2.1 作为上海美国人社区的样板,美国总会大楼注定是宏伟而威严的。在其众多娱乐场所中,专门用于打麻将的房间因其传统的中式美学而显得与众不同,其天花板上绘有华丽的图案。《远东评论》。加利福尼亚大学洛杉矶分校。

第二章 上海:麻将国际化的起源 　061

们改变了美国人在上海的社交场。[67] 她们的出现和角色将社交和商业网络从俱乐部转移到了家庭。1922 年 1 月,珍妮特·沃尔辛向她的父母讲述了与戈登·威尔逊和他的妻子一起打"麻将,一款迷人的中国游戏"的经历。她提到威尔逊是中国最大的公司之一"安德森·梅耶公司的第二号人物"。[68] 外国人之间的相互交往旨在促进和巩固与位高权重者的关系。在信件中,他们告诉各自富有的家庭,麻将和精英联系在了一起。

妇女还利用个人网络和麻将聚会,跨过中外分野,与其他有影响力的女性建立起了罕见的关系。随着受过教育的中国女性越来越多地参与公共活动,特别是由接受美式教育的精英中国男子作陪时,她们促进了与外国社群的少量但不断增多的互动。[69] 罗达·坎宁安(Rhoda Cunningham)是一名进步女性,与她的保守的驻上海美国总领事埃德温·坎宁安相互对立。她发起了一些最早的没有种族隔离的社交聚会,当时她"邀请了几位杰出的中国人的妻子参加她著名的咖喱午餐会,并请她们留下来打麻将"。[70] 参加活动的人包括卫斯理学院毕业的宋美龄,她很快以蒋介石夫人而闻名国际。[71] 罗达·坎宁安巨大的社会影响力为与中国人交往的其他西方人提供了一些免于社会审查的保护。正如美国记者埃德娜·李·布克后来回忆道,她的努力开创了"上海社交生活的一个新时代"。[72] 布克从约瑟夫·巴布科克和艾伯特·海格传阅的规则手册中学会了打麻将。中国贵妇在她们上海的公寓内聚会,布克参与其中,与她们一块儿打麻将(后者允许布克赢牌,以示好客)。[73]

积极进取的单身女性和主妇们领导了美国对上海的"女性入侵",并将麻将融入她们的社区中。[74] 塞拉·佩德森(Thyra Pederson)前往中国时还是一位年轻女子。1923 年至 1924 年,她在杭州传教会的弘道女学校教中国学生以维持生计。尽管她在中国的主要社交圈是将麻将拒之门外的中西部浸信会传教士,而且致力于现代化的杭州政府也禁止打麻将以及其他赌博游戏,但这些限制并没有阻止佩德森和她的外国教师朋友小群体。佩德森在一封家信中解释道:"杭州市禁止打麻将,新春三天除外。"在传统上,春节期间总与好运和赌博联系在一起。"然而,我们平时也打麻将,但没有人会怀疑我们是打麻将的人,所以也没有人会进行调查。再说,我们也不赌钱,中国人打麻将赌钱真是罪大恶极。"[75] 自称为一名世俗之人,佩德森很可能是在她首次接触"恶魔般"的上海夜生活的时候接触到了麻将。或者,她可能是在其他没有种族隔离的聚会上打过麻将,例如留学归来的中国学生在新春期间举办的桥牌派对。[76]

在沪美国女性通过通信将她们新的消遣知识传播到太平洋对岸。轮船载着她们寄出的成百上千封信件横跨太平洋,这些信件描述了美国人在中国的日常生活。1921年冬天,沃尔辛欣然接受了她之前无意中发现的被她称之为"maja"的游戏。该年12月,她"每晚"都和丈夫以及在北京的同胞打麻将。她给家里写信,推崇"'majen'是一款你们会爱上的中国游戏"。[77] 在沃尔辛来到中国两年后,她在美国的家人也被卷入了这股热潮。到了1923年,沃尔辛可以抱怨她的外籍朋友"因为忙于打麻将和桥牌而无暇享受这些美好的晴天",至于麻将这一过去陌生的中国游戏,她已无需向她的读者提示。[78] 听说"爸爸是个蛮不错的麻将玩家"后,沃尔辛满怀希望地写道:"我们总有一天要全家一块儿打麻将。"[79]

到了20世纪20年代,全球麻将热潮席卷而来。从妓院到中产阶级家庭,麻将已经穿越了中外社会的多个社会空间。贵妇开始打麻将,这将改变它在美国的发展轨迹。对于中国和美国女性来说,打麻将仍然受到文化评论家的仔细审查。麻将与都市情色、国际都会魅力以及其灵活的游戏潜力联系在一起,这构成了该游戏早期的运作模式,为其在美国的转型奠定了基础模板。

第三章　制造跨太平洋的游戏

上海美伦工厂（Mei Ren Company）的一位麻将工人正俯身工作。这名15岁的工人刚从宁波过来，他与雇主达成了协议，不采用计件工资，以弥补可能产生的漏洞。他在一家新式的麻将工厂工作，该工厂结合了中式作坊的工艺技术和工作专业化与西方对标准化设计和流水线生产的期望。该工人只有一项任务，即在骨头的表面雕刻代表竹子形象的平行线条，因此得名"竹纹刻工"。雕刻完成后，一名工人会添加能够凸显刻槽的鲜艳颜料，在沟纹里抹上绿色、红色和蓝色的颜料，另一名工人则会擦去多余的颜料。根据技巧和经验，以及所面临的生产压力，那位竹纹刻工的同事们雕刻的图案可能从粗糙的刻槽到精致的线条画不等。荷包丰满的买家可以要求个性化雕刻。

在装饰之前，制作麻将牌的第一步是将竹片和牛胫骨加工成类似多米诺骨牌的长方形。其他工匠，年龄从童年末期到成年期不等，锯开骨头和陈年老竹，通过一个互锁的砧形凹口将这些部件拼接在一起，并打磨尖锐的部分，使其变成光滑、讨人喜欢的成品。经过制造、组装、雕刻和上色等各个阶段后，麻将牌被包装在纸板盒中，以便日后放入木质柜子中，这些柜子本身饰有黄铜包裹的边角和把手，抽屉上下叠放，每个抽屉都装满了不同花色的麻将。在穿越太平洋的汽船航行后，各行各业的美国人会迫不及待地抢购这些麻将牌。在营销人员的花言巧语中，这些牌似乎都不是用牛骨制成的，而是象牙制品。

图 3.1　中国麻将制造公司的工匠们正在对麻将牌进行最后的修饰。他们为雕花的骨牌表面上色,并擦去多余的颜料。多个悬挂的照射灯显示了光线对这项精细工作的重要性,并在室内产生了相当大的热量。帕克兄弟档案。

随着美国市场对麻将的需求日益旺盛,1923年,中国和西方商人在上海开办了一种新型的大规模工厂,通过手工工艺对麻将进行标准化生产。这些麻将工厂涵盖了多重悖论:在宣扬现代性的工厂模式中,运用了旧世界的审美和"原始"技术。这些工厂使用各种天然材料制作手工雕刻的麻将牌,但要求每块牌几乎完全相同,以便在牌面朝下时,玩家无法辨认。工厂要求机器般的精确度和一致性,但实际上,在劳资谈判中认可个人技术,并在市场营销中强调手工制作的"真实性"。结果是产生了一种工业化的商品,其价值因与手工艺人有关而增加。即使麻将牌失去了个性化的特征,工业化的生产能力仍然使利润最大化。

麻将热潮引发了这种混合生产形式的发展,并有助于塑造中美之间不断发展的经济和文化关系中的一个关键时期。对这一游戏的需求给寻找制造麻将牌的材料和劳动力带来了巨大压力。麻将产业主要基于上海，并涉及跨太平洋的原材料和资本流动，该产业建立在西方市场对东方商品的长期消费模式基础上。然而，麻将标志着美国人与中国之间日益直接的经济和文化交往中的一个显著变化。这是美国人首次自发地追逐中国商品，而不是为了迎合欧式时髦风尚的带头人。

麻将的物质性是其"新旧融合"的吸引力的基本组成部分，它象征着真实性、异国情调、感官满足以及与纸牌不同的令人兴奋之处。尽管大多数麻将消费者认识到他们与麻将牌的起源地相距甚远，但实际上，麻将牌的制造和消费是交织在一起的。制造麻将呈现了现代性的一个棘手挑战：如何在满足现代关于清洁、安全和效率的承诺的同时，传达手工艺品和天然材料所带来的感官和社会阶层上的满足感。

"文明从时尚中受益良多"

20 世纪 20 年代初，麻将在中国的消费市场迅速崛起，推动了上海对美出口产业的显著增长，为中国经济提供了迫切需要的助力。摇摇欲坠的银本位制、战争赔款以及愈加严重的贸易逆差构成了彼时中国经济的基础。[1] 中国政府的经济学家将上海对外埠出口的激增归功于"现代企业"，认为这些企业"创造了一种显然无法被满足的对麻将的需求，尤其是在美国"。[2] 麻将出口在 1922 年至 1924 年间出现了迅速增长。1921 年，上海的"杂项"类别出口，其中包括麻将，主要流向中国其他港口，外贸出口品的价值不到在中国国内运输货品的四分之一。次年，出口海外的杂项相比前一年暴增了 33 倍，并在 1923 年持续飙升。至 1923 年 10 月，仅向美国出口的上海杂项贸易额就比前一年的对外国出口贸易总额增加了 10 倍。美国的麻将市场使其他国家和地区相形见绌,中国香港地区远远排在第二,后者也在建设自己的麻将产业。[3]

麻将热潮势不可挡,为中国贸易总额带来了一个增长的峰值。《中国经济月刊》是由中国政府经济讨论处出版的英文期刊,麻将占据了 1924 年 1 月刊的所有版面;前一年的情况已经证明这款游戏不容忽视。[4] 美国国会很快通过了一项新的税法,专门对麻将牌征税,这是该年新增的两个税种之一,而当时整体上是在减少税收。[5] 1923 年,出口到美国的麻将牌数量激增,成为美国从上海进口的第六大商品,总价值为 150 万美元。[6] 中国对美国的总出口比 1922 年增长了约 22%,截至圣诞假期之前,1923 年的出口贸易总额达到了 4 750 万美元。[7] 尽管这一增长很大程度上是由美国市场对中国生丝的巨大需求推动的,但麻将成为了主要的单一消费品出口,尤其是在圣诞季节。《洛杉矶时报》于 1922 年宣称:"在圣诞购物者中,麻将牌比市场上的任何其他新奇商品都更受欢迎。"次年,全美的人们都互赠这一备受青睐的礼物,使麻将牌在年末三个月内的出口量几乎翻了一番。[8] 而这些只是记录在案的出口数量。《中国经济月刊》解释说,许多麻将牌随着"大量的旅游交通"穿越太平洋,"现在如果旅客只能将一样东西塞进他们的行李箱内",这一定是"一套麻将牌形状的中国纪念品"。[9]《波士顿环球日报》将麻将与中国畅销商品,如"柳树图案的瓷器和京巴犬"的悠久历史联系在一起,该报认为:"文明从时尚中受益良多,因为时尚,而不是那些必需品,首先给国际贸易带来了春天"。[10]

《密勒氏评论报》编辑、驻上海的美国人约翰·B. 鲍威尔(John B. Powell)戏谑地假想了一个虚构的因这种巨额贸易引起的帝国主义式的回应:"'就算麻将导致了外国干涉,甚至是《华盛顿公约》的废除,我们也必须拥有它',美国百货公司和新奇商店的采购员,以及高级时尚商品店的经销商这样说。"鲍威尔支持商业,但对西方的侵略持批评态度。鉴于麻将的诱惑,他讽刺了美国人的傲慢。[11]"美国一直是中国的朋友,卑微的中国人就像海滨的沙子一样多,他们能被提拔起来靠的是无私的山姆大叔的子孙的努力,"他笔下虚构的美国商人抱怨道,"但我们必须要有麻将牌,要有成千上万套。"尽管威胁着要侵略,但实则还要仰赖中国人的知识和技能,这位虚构的买家对麻将缺货无能为力。[12]

长期以来,美国人一直效仿欧洲,进口特定的象征高雅的中国商品,但这次是美国消费者引领了欧洲的麻将热潮。虽然这款游戏已经通过一些单独的途径和帝国主义的联系进入了各种欧洲市场,但在美国热潮之后,在英格兰和欧洲大陆,麻将才真正为大众所接受。[13] 在英格兰,相比于在美国,桥牌是麻将进入老牌富豪阶级的更大的壁垒。通常负责让美国人跟上欧洲时尚潮流的《时尚杂志》强调了富有的英国人对这款游戏的犹豫不决,他们将这款游戏视为"入侵者"。[14] 尽管如此,麻将还是在整个大英帝国范围内流行开来。[15] 一家以"始终在潮流第一线"为傲的澳大利亚商店广告了它的"特别努力"以获取麻将牌,并抱怨伦敦和美国对麻将的热度吸收了中国的产出。[16]

到了1924年,麻将已经进入了欧洲皇室、巴黎时尚界和时髦的伦敦人的圈子。[17] 一些欧洲精英在美国跟上了潮流。[18] 对于那些在一战后寻求创造新社会、抓住"突如其来的令人眼花缭乱的机会"的人来说,麻将具有特殊的吸引力。"游戏,就像女性的时尚一样,比法律和政治家更能揭示一个时代的线索",英国记者威廉·波利索写道,"今天,战后欧洲确定无疑的特征是女人的平顶短发和麻将……在相对主义、共产主义、赔款和荒废的交易所的一片混乱中,这是人们脑海中一幅生动的画面。其中,苗条、优雅的女人,头发剪得很短,在晦暗的电灯下玩着一款中国游戏,远离萨克斯管的喧嚣,在一战后的革命中消磨时间。"[19] 在欧洲,就如同在美国一样,麻将与时尚现代性的联系——体现在留着短发、化着妆、独具风格的年轻女性身上——推动了蓬勃发展的国际市场。[20]

"一门非常难做的生意"

几乎一夜之间，对麻将牌的需求远远超过了其生产的速度。这种国际热潮同时推动了麻将产业在中国本土的进一步增长。《经济月刊》报道："有一件事是确定无疑的，麻将在中国和国外几乎同时突然流行了起来。"[21] 1923 年，西雅图的进口商安德鲁·甘（Andrew Kaw）告诉《时代》杂志，他之前在中国下单订购了 50 万套麻将牌，但由于需求量巨大，最终只能获得其中的一小部分。他说："过去几个月里，麻将牌的价格已经上涨了 100%，除非美国公众停止购买，否则价格将继续上涨。"[22] 甘的遭遇并非个例。疯狂的购买者导致了无法交付的订单、劣质和质量不一的产品以及离谱的价格。[23] 观察力敏锐的经济学家对麻将泡沫表示担忧。[24] 然而，需求仍在继续增长。

这种狂热似乎让每个人都措手不及。在运输记录中，尽管麻将的影响力已超乎寻常，它仍被隐藏在"杂项"之中，这类物品通常被认为不重要，因此不值得单独列出。出口商不愿将资源投入这看似短暂的玩乐中，制造商也抵制改变现有的耗时制造方法。《经济月刊》解释道："麻将是一门非常难做的生意。如果要将其视为合法的贸易，就需要专业知识和长期经验。"[25] 到了 1924 年，麻将市场开始稳定，因为进口商们越来越相信它可以长盛不衰。出口商开始将制造纳入他们的业务中——通常从"批发商"那里购买粗加工的麻将牌，这些批发商会将竹子和骨头切割、拼接、组合，以便供制造商的工匠进行打磨、雕刻和上色。

资源短缺导致麻将牌生产出现了重大瓶颈。竹子和骨头，以及获取和加工这些组件所需的熟练劳动力都供应不足。制造商需要从特定的行家那里购买"经过脱水和风干"的竹子,因为竹子的质量对于成功的产品至关重要。[26] 有关竹子的专业知识可以追溯到采伐的那一刻,切割的时机必须掌握得恰到好处,以避免虫卵沉积。如果制造商和出口商因不能提供可靠的产品而丢了名声,那么他们与这个能赚钱的出口贸易的关系就可能会中断。1924年,在进口的麻将牌中确实发现了蠕动的"跳跃的幼虫",这成了旧金山的头版新闻。[27] 工匠们需要特殊的技巧来将主要来自上海周边长三角地区的竹子与美国牛的胫骨拼接在一起。

美国对麻将出口的需求为一种特定的美国出口物品创造了一个新的中国市场:牛骨。新兴的美国曾向中国输送人参和皮毛等原材料,以换取瓷器和丝绸等成品。与这种早期的贸易模式类似,20世纪20年代,美国船只载着用于手工制作麻将牌的牛骨,从而缩短了太平洋地区与美国内地的距离。[28] 牛骨是制作麻将牌的重要组成部分,而中国根本没有大量生产牛骨以满足一夜之间制作成千上万套麻将牌的需求。[29] 用于制作麻将牌的仅仅是骨头的一小部分,这加剧了牛骨的短缺:工匠只能使用从胫骨中取出的几英寸长的部分。能从前腿骨中取用的部分更少,但更厚实,也更有价值;骨头的厚度直接决定了麻将牌的价值和关税的成本。[30] 美国的肉类包装厂从骨头短缺中受益,像"帕特里克·亨利"号这样的汽船载着来自芝加哥屠宰场的牛骨到得克萨斯州的加尔维斯顿,航行到日本后,这些骨头将被重新出口至中国。[31] 牛骨价格的飙升与麻将出口的价值相呼应:1923年的牛骨价格比1922年高出两到四倍,而在中国,1923年的骨头进口价格比1921年增加了两千倍。[32] 美国已经享有了世界上最大的贸易顺差,商务部高兴地报告说,麻将牌进口刺激了牛骨出口,这产生了"对国内商业有益的影响"。[33]

不可预测的供应价格和快速变动的全球市场使得麻将成为一项吸引人但棘手的投资。像安德鲁·甘这样的美国经销商抱怨货物迟交,由于材料短缺和价格飙升,出口商很难按计划交付货物。[34] 然而,即使骨材成本高昂、竹材质量多变、熟练工人稀缺，麻将仍然能够带来可观的利润。

"手持铁凿的绅士们"

尽管上海及周边地区涌现了许多小作坊，但成千上万的美国消费者使用的麻将牌主要来自两座特定的大型工厂：美伦工厂和约瑟夫·巴布科克的中国麻将制造公司（Mah-Jongg Manufacturing Company of China）。[35]这两座工厂被广泛拍摄，它们之间有着惊人的相似之处。两者都展示了由庞大的麻将出口业推动的大规模工作环境和结构上的一致性。尽管存在差异，无论是在大型工厂还是小作坊，手工制作的基本步骤保持不变。对大规模生产过程的研究——尽管是手工制作——凸显了这些新兴跨国工厂中的悖论。工人的照片还展示了制作麻将过程中固有的复杂权力动态。

对于《密勒氏评论报》的编辑约翰·本杰明·鲍威尔来说，美伦工厂代表了一个鼓舞人心的例子，展示了"当西方创造力真正在中国发挥作用时，能够取得的成就"。该工厂始建于1923年，是美国和英国商人的合资企业。在最初的几个月内，该公司雇佣了来自长三角各省的400名工匠，每月生产2 500套麻将牌，每套包含148张牌，以及用于计分的小骨棍等配件。该公司在美国名为"美伦"，在英国则使用品牌名"碰和"，最终成为中国最大的麻将工厂，雇佣了1 100人。[36] 1923年6月，《密勒氏评论报》刊登了一篇专门介绍美伦工厂及其麻将制造业的插页，文章有八页并附有插图。这份在上海出版的刊物是美国在华利益的重要喉舌，且在国际上流通。那篇麻将专题报道被广泛摘引，并传播给了美国读者群体。[37]

对鲍威尔与其他实业家而言，美伦的例子鼓励了进一步的投资。其名字直译为"美国友谊"，象征着传统中国技术与资本主义西方监督之间不平等的伙伴关系，美国商业代表认为这种关系是非常有利的。[38]

作为上海的常驻居民，鲍威尔将自己定位为中西事务的权威。他坚信西方投资能够改善中国，同时也批评了上海工部局的歧视性政策和帝国主义国家对中国的粗暴对待。麻将激发了鲍威尔的灵感，他温和地嘲讽那些亟须麻将牌的"疯狂外国人"以及拒绝接受新方法的保守中国工匠。相比之下，鲍威尔赞扬了美伦的西方董事们的聪明才智，以及那些为他们工作的中国的"手持铁凿的绅士们"的智慧。

麻将工厂体现了各项西方早期工业技术在中国城市中的综合应用。在美伦工厂，工匠们在室外庭院或有三面墙的房间里劳作，各自在特定的区域完成相应任务。作为迈向垂直整合的一步，麻将"工厂"包含了在同一屋檐下的车间式人工劳动。砖砌的区域通过一扇高大的木门通向一条弄堂。[39] 麻将制造公司工厂的工人们挤在铺有地砖、采用混合建筑风格的房间里。在小作坊里，工匠们将麻将牌转售给其他作坊。与之不同，工厂将劳动和商业分离开来。在灯光明亮的麻将商务办公室和陈列室中，美国商人在深色木质桌子旁商议，一边对着口述录音机讲话，一边抽着雪茄。中国员工则负责整理文件、填写账簿。尽管在空间上存在细节差异，但两家工厂展现出的统一性远多于差异性。

在某些关键方面，工厂环境、工人和工艺与当时在美国兴起的"现代"工业方法形成了鲜明对比。与不久后将在中美两国开设的制造塑料麻将牌的工厂不同，美伦和中国麻将制造公司的骨竹牌完全依赖劳动密集型的手工操作。[40] 此外，上海有相当一部分普通劳动人口是儿童，其中许多人在工厂中担任学徒。[41]

然而，从鲍威尔和中国经济学家的角度来看，这些工厂的"现代化"是中国技艺、国际物资交流和西方资本涌入相结合的结果。美国的企业主们试图将"原始"的加工方式与流水线生产相结合，以实现产量和利润的最大化，并期望麻将市场能够长期增长。[42] 这些企业主基于西方模式设想了一种进步的现代化理念，但实际上，麻将工厂的实际情况，结合它们所处的混杂环境，创造了一种独特的、反常地以手工工艺制作麻将的工厂。

这些工厂既是中国工匠们的工作场所，也是他们的住所。工人们在房间里锯牛骨成片，室内还排列着放置个人物品的架子。卷好的铺盖和香烟盒杂乱地堆在一起，间或挂着衣物，有时还会有装裱的图片。房间和庭院里挂满了晾晒的衣物，而衣物的主人则在雕刻好的麻将牌上抹颜料。为牌上色的工人们在一张很可能也用于进餐的桌子旁工作，他们将画笔浸入小瓷碗中，附近的储物架上摞着装满汤匙的饭碗。

骨头、竹子和木头的碎片散落在地板上。工人们的穿戴——无论是鞋子、衬衫、织物还是帽子——都标志着他们在工厂中的地位。当美伦工厂的工人们聚集拍摄合影时，数百名工人从工厂的入口涌出。[43] 他们的服装与工厂的"高级管理人员"，包括监工和东家，明显不同。白色，特别是鞋子上的白色，以及织物的裁剪方式标志着高级管理层，并区分了西方人和中国的精英阶层。相反，每个工人都穿着宽松的编织布裤子，通过将裤腰翻折在系带上来束紧腰部。很少有工人系皮带，也没有工人穿系带皮鞋。

中国商业伙伴参与美伦和麻将工厂的案例揭示了中国和美国精英之间的互动以及他们备受争议的联盟。尽管这种互动和联盟的范围有限，但它们仍在不断扩大。西方和中国的精英都试图将底层人群如劳工和乞丐排除在精英的公共空间之外，但勤劳的工人们融入了城市的各个方面，包括麻将工厂。[44] 麻将牌经过赤膊工匠和穿衬衫的质检员之手，被装在木箱中，准备由一位"手推车夫"运输，或装船，或送往商店。他没有穿鞋，只用布条裹脚，这显示了他艰难的生活境况。[45] 在麻将销售公司工厂外的弄堂里，一名年轻男子驻足留影，保持着手推车的平衡，车上堆着的麻将牌准备出口到太平洋彼岸。[46] 大木箱被绑在手推车上，上面有英文标记，告知读者箱子里装有"中国制造"的"麻将"

第三章 制造跨太平洋的游戏　073

图 3.2 美伦/碰和工厂的宣传照片展示了他们的麻将工厂,标题为"我们的一些熟练工人",照片展示了从监工到工匠的工厂员工。美国国会图书馆图片部。

套装，因此收货人需"小心轻放"。这些箱子里通常装有 50 套麻将，包括用锡盒包装的麻将牌和配件，木质柜子则分开运输。[47] 推动这辆简易车辆的男子从箱子后面探出头来，敞开着衬衫，既为凉爽的空气进入，也稍微保护他的肩膀免受手推车平衡带的拉扯。他戴着一顶帽子，虽然不是工厂老板们时髦而纤巧的平顶硬草帽。几乎属于上海社会底层的这位手推车夫，嘴角上翘，微微一笑。

图 3.3　一名推着独轮车的工人在途中驻足，他正从中国麻将制造公司上海工厂赶往装货码头，车上装着即将要出口到美国的装有麻将牌套装的板条箱。帕克兄弟档案。

这些照片不仅捕捉到了机器般精密的线条和工人们裸露的身体，还展现了推车夫和工厂工人执着不懈的个性。在一张照片中，五名光着上身的工人排成一排，小心翼翼地将麻将牌放在原木制成的工作台上，用木槌和凿子敲打它们，将表面刮平。[48] 他们的脚边堆满了成品麻将牌。

第三章　制造跨太平洋的游戏　　075

在另一张充满种族主义权力象征的经典照片中,两位白人工厂主俯身在工人们上方监制产品。工匠们光着上身,双手作业,展示出他们的二头肌;他们各自不同的发型和体型打破了单调的统一形象。白人男子穿着西装,头上抹了发油,对着镜头摆出一副勤勉的经理人姿态;虽然他们自己免于劳作,但仍然在辛勤工作。然而,使画面更加复杂的是,身后一群工人停下手头的工作,回过身来,盯着相机。在这张照片以及其他几张照片中,正在休息的工人们盯着相机,传达出一种好奇之情。

尽管权力平衡明显倾向于雇主和投资者,尤其是具有地缘政治优势的西方商人,麻将制造并不能简单地被视为单方面的剥削。那些熟练运用实体工具的工匠能够将他们的技能作为一种谈判工具。麻将制造本质上是一项技术活,制造商重视工艺,因为这会使麻将的销售价格相应提高。此外,由于缺少熟练的麻将工人,工匠们具有一定的议价能力。美伦工厂从上海周边地区招募了大部分最初的400名工人,并同意了他们的要求,以吸引他们加入大型西式工厂。[49] 工人们不必承担变幻莫测的计件工资的风险,他们获得了一份有保障的基本收入、丰厚的奖金、往返上海的铁路车费以及在工厂的食宿。[50]《密勒氏评论报》的编辑 J. B. 鲍威尔赞许地指出,与工人的成功谈判意味着"这座现代的麻将工厂已经成为现实,尽管有些反对者抱怨说这是不可能的"。[51] 尽管麻将工匠的平均工资不详,但美国商务部的商务参赞引用的报告显示,上海的专业麻将工人每月可以赚到70至100美元。[52] 相比之下,大多数城市熟练工人,如雕刻、制帽或制作黏土人像的工人,每天的工资相当于10到20美分,包含伙食费。[53] 麻将商人们确信,迫切想购买"雕刻着古雅的、色彩鲜艳的汉字和符号"的麻将牌的美国公众将会回报他们的投资。[54]

工匠同时为外国和中国客户制作麻将。对讲英语的顾客来说,麻将牌边角的小数字和字母并非必要,但对中国玩家来说,这些并不繁琐,因此制造商不需要严格区分出口产品。到了 20 世纪 20 年代,最华美的麻将牌是广泛使用的八块"花"牌。[55] 花牌有两组,每组各四张,各套麻将牌在艺术性上的差异主要体现在这些花牌上。它们的名称来源于四种花(传统上与其相关联的四季汉字名称也刻在花牌上)。[56] 即使是最便宜、相对朴素的麻将牌套装,也需要在花牌上绘制图案。这些牌凸显了麻将在太平洋两岸受众中的美学吸引力,尽管其意义在不同层次上有所不同。大多数美国人对这些图案的理解仍较肤浅,常见的雕刻图案,如花卉、中式交通方式(手推车、轿子、人力车、船)和建筑物(桥、门、亭、宝塔),与中国风设计和东方主义的中国文化观念相契合。在美国和欧洲生产的麻将牌经常在压制塑料或冲压木材上复制这些图像。

对于中国玩家而言,这些图像参考了广为人知的深厚文化。他们会认出另一组常见的四张花牌上的标志性工具,代表传统的"四业":渔民、木匠、农民和学者。许多中国制造的麻将牌,无论供应国内还是国外,均采用相同的统一标准设计,但其他麻将牌则展示了各种各样的广告、图像和文字。这些相同的审美可能性,使改革者们能够将麻将视为教育大众的工具。[57] 雕刻精美的麻将牌通常描绘成语、民间故事和流行戏剧中的场景,因此当这些牌排成一排时,它们再现了完整的情境。[58] 除了花牌,其他麻将牌的花色也提供了额外的雕刻图案:筒子中的第一张牌的花色是一个大圆圈,圆圈的中心通常刻有更多汉字。[59] 那些不太注重文学的制造商会修改牌上的图案和麻将盒木质盖子,以推广他们的商号。[60] 最初的麻将制造公司生产的花牌上就刻有"本公司监制"的字样。[61] 即使麻将在美国的普及是建立在大量广告的新模式基础之上,麻将牌面也是向中国读者推销的平台。

麻将牌丰富的视觉文化,以及玩家对图案的解读,帮助这款游戏适应了各种不同的环境。牌面上的雕刻图案是其多层次感官吸引力的重要

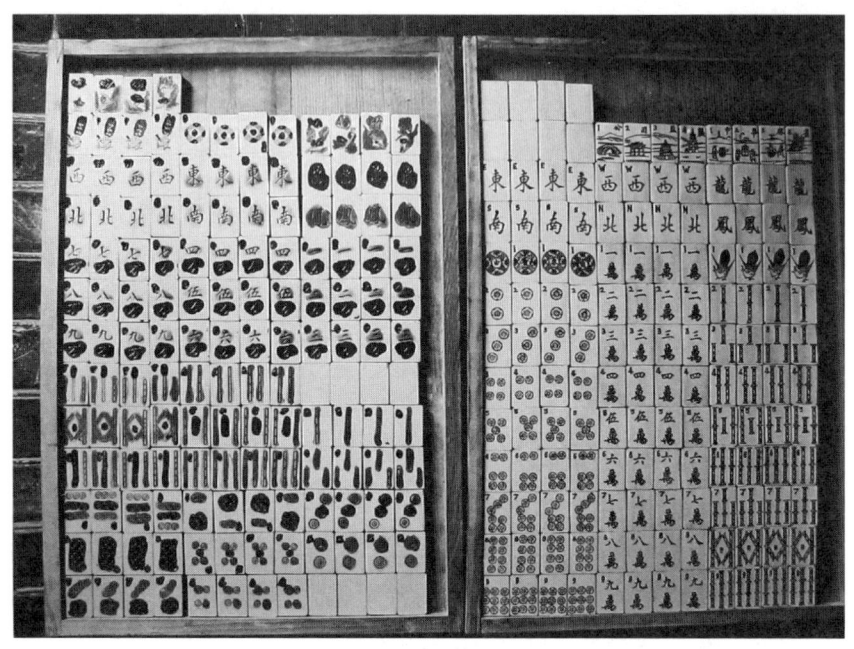

图 3.4 这两个托盘展示了中国麻将制造公司在麻将牌上色和抛光的最后步骤。右边的托盘中展示了一套 20 世纪 20 年代的标准麻将牌。托盘顶部是一排八块有图画的"花"牌。它们下方是代表主要方位和颜色的字牌,也被称为"龙"牌。左上方的四块牌是备用牌,牌面空白,以防需要替换某块牌,而剩下的四块是"白龙"牌。在托盘下方,主要的花色牌排成三列:筒牌在左,万牌居中,条牌在右。帕克兄弟档案。

组成部分。对美国公众而言,中国的意象和文字为这款游戏增添了神秘感,创造出一种全新的体验。

"象牙做的游戏"与工艺品的大众消费主义

尽管麻将使用了牛骨,但它却与象牙紧密联系在一起,然而象牙是一种珍贵的自然材料,实际上很少用于制作麻将。正如一位美国作家若有所思地说:"有一件令人愉快的事,那就是这是一套昂贵的小装备,有着竹子和象牙制成的部件,它那装饰华丽的盒子,通常具有东方风格和神秘感。"[62] 麻将热潮在很大程度上是通过将其与精英地位和异域材料联系在一起而创造出来的。"象牙和竹子"成了这款游戏的代名词。[63]

实际上,高端麻将牌可能确实是由象牙制成的,但它们非常罕见,是令人羡慕和竞争的对象。[64] 亚洲象的象牙通过南亚进入中国,而日本则将东非象牙分销至世界各地。[65] 象牙的流行导致大象数量锐减,贸易商们开始前往"西伯利亚海岸和阿拉斯加北极水域"寻找新的资源。1924年,《波士顿环球日报》发出警告:"海象可能会灭绝:对象牙制麻将和烟嘴的巨大需求激励着猎人",买家向"海象猎人、土著和捕鲸者"开出了"前所未有的高价"。[66] 幸运的是,尽管人们普遍相信象牙是主要的麻将材料,事实并非如此,这对全世界的大象和海象来说是个好消息。

消费者常常将牛骨误认为象牙,可能是因为它们外观相似,都与奢华和阶级有关,再加上营销者故意模糊两者的区别。牛骨和象牙都有光滑且具纹理的表面,非常适合精细雕刻,并且都具有温暖的自然乳白色外观。它们在玩家手中的触感几乎完全相同。麻将在美国流行之前,麻将工匠可能选择牛骨来唤起中国顾客对象牙雕刻的精英传统的记忆。到了20世纪,象牙与阶级的关联已经成为全世界的共识。

麻将的声誉很快将其与象牙紧密联系在一起,并似乎为其高昂的价格提供了理由。[67] 约瑟夫·帕克·巴布科克在推销他公司生产的牛骨麻将牌时,巧妙地将其与象牙混淆在一起,他鼓励顾客"确保购买一套彩色图案刻在象牙白牌面上的真正美感的麻将牌",并声称这些牌是由专业的"中国象牙雕刻师"制作的。[68] 一些评论者揶揄地指出了其中的矛盾。当巴布科克乘坐一艘装有"170吨麻将牌套装,'全部由象牙和竹子制成'"的轮船抵达洛杉矶时,一位记者问道:"象牙?是的,从某种意义上来说,它可以被称为象牙。但这就是所有那些[牛]胫骨的去处——它们被用来制作'象牙'麻将牌。"[69] 许多购买了麻将的人可能更愿意相信巴布科克关于高档象牙的暗示,而不是这种直指平凡无奇的牛骨的讽刺性评论,他们乐意相信自己以牛骨的价格购买了"象牙"麻将牌。

那些有助于打造麻将魅力的天然材料也给制造商带来了挑战,一些制造商因此转而寻求替代品。到1923年春季,美国东北部及上海周边的工厂开始生产可以加盖印花或雕花的赛璐珞和塑料麻将牌。所使用的塑料是一种在19世纪后期开发的价格低廉的象牙替代品,通常被称为"法国象牙"。[70] 在麻将热潮初期,大多数麻将牌仍然是中国制造的竹、骨制品,但塑料工厂填补了供应短缺,并使美国本土制造商能够使用更廉价、技术水平更低的美国劳动力。[71] 1923年,一家生产新奇赛璐珞产品的美国公司皮罗洛克斯产品公司以"满大人的古老游戏"这一响亮的商号,"将其庞大的工厂转用于制造麻将"。该公司使用了一种现代与传统融合的广告手法,声称"这是一座现代的防火建筑,配备有能够进行大批量生产的美国机械和大规模雕刻的工艺流程。迄今为止,麻将一直是中国手工艺的独家产品,而这是通过机器生产麻将的最新尝试,并增添了一点旧世界的味道"。[72] 在这样的描述中,手工艺制作被转变为机械化大规模生产,这部分归功于其与"古代满大人"的联系。

1923年,在帕克兄弟公司收购了麻将公司的商标和版权后不久,他们宣布推出一系列新的"低价和中等价位的国产麻将牌套装,以补充中国麻将公司生产的麻将产品"。[73] 这些廉价套装中的麻将牌采用机器切割的木材,牌面加盖印花或彩绘图案,一些更漂亮的牌则覆盖了光滑的"象牙般的"白色塑料面板。[74] 该公司"乡村俱乐部套装"的广告将象牙、中国设计和现代生活方式相结合,售价仅为10美元,而进口的骨、竹牌套装则要价40美元及以上。[75] 到1924年,更廉价的麻将牌占据了市场。帕克兄弟放弃了巴布科克的"中国艺术工匠"以及位于上海的中国麻将制造公司工厂，转而推出美国产麻将牌套装，以打入主流市场。

美国评论者们假定"廉价而耐心的中国劳工"阻止了来自美国的竞争，却忽视了中国麻将实际上是由稀缺的熟练工人制作的，并且零售价格远高于美国制造的麻将。[76] 机器制造而非手工制作，使用的材料是木头和塑料而非骨材和竹材，因此美国麻将的生产实际上更加简单，也更便宜。类似的经济因素也导致了在财政困难的欧洲，麻将制造业的兴起。[77] 一些公司甚至用硬纸板（需要购买者将"牌"分割开）和薄木条制作低端麻将，而帕克兄弟公司则继续推销他们的扑克牌版麻将。[78] 无论是手工雕刻还是机器制造的麻将牌，其美感和工艺都随着价格的降低而每况愈下。一些在美国和欧洲制造的麻将牌以粗劣模仿的汉字为特色；虽然保留哪怕一丝一毫的中国文化对于这款游戏在海外的吸引力至关重要，但与其他中国风商品一样，大多数外国人无法察觉其中的失实之处。[79] 随着麻将风潮的兴起，"颂扬东方的风吹进了简陋的小屋，也进入了上流社会的宅邸"。替代材料使得麻将牌更为易得，但其手工艺程度也相应降低。即便如此，"象牙和竹子"仍然是这款游戏的代名词。[80]

一旦采用了美国制造的塑料和压印木材，帕克兄弟公司和其他美国麻将制造商就面临着一个营销上的困境，即他们的产品是否能被认为是真材实料的。在为各条产品线命名时，帕克兄弟选择强调麻将两个不太被察觉的社会性元素："纽波特""晚礼服"和"乡村俱乐部"象征着精英社交圈，而"宁波"则暗示了中国的起源。[81] 塑料麻将牌制造商使用了"象牙塑料"，涂饰木材的制造商则使用了"象牙状物"，这些词汇帮助制造商们构建了麻将与象牙之间的联想。这不仅避免了骨材和竹材供应不足的问题，还使他们能够开拓低成本市场。[82]

与其他 20 世纪 20 年代旨在宣传机器制造和工厂生产的产品为科学和现代的大众广告不同，大多数麻将广告侧重于将麻将宣传为一种手工艺品。尽管即使是手工制作的麻将也仍然大量生产，但广告商努力避免任何工业生产的迹象。在一则针对个人消费者和批发商的广告中，一家芝加哥商店直接引用了麻将销售公司目录中的文字，宣称："麻将——带有奇异的文字、美丽的象牙、手工雕刻和上色的牌、计分器、圈风器、骰子和储藏箱，皆由中国巧匠在中国手工制作"，并补充道"打麻将的快节奏，迷惑众人，激发购买欲望"。[83] 值得注意的是，该广告删去了原文中提及的美国人监督的"高效率"的中国工厂的内容。

营销中国制造的麻将的人员面临着不同的挑战。他们努力突出产品的手工艺美感和东方特色，同时试图消除对中国劳工的种族化污名，而这种负面联想正是他们的美国竞争对手希望强调的。自 19 世纪晚期以来，美国人就为中国劳工贴上了低技能和被剥削的标签。在加利福尼亚州，劳工领袖谴责中国工人在恶劣的生活条件下生存，这使白人工人的工资水平下降。[84] 政客和大众媒体将中国人的身体视为天生携带病毒，对公共健康构成威胁。[85] 美国制造商 L. L. 哈尔试图利用这些恐惧情绪，将竞争对手的中国作坊诋毁为没有技术的"一群苦力集结在一起，相较于我们过去的'血汗工厂'，简直是干净的天堂"，这与他自己制造塑料麻将牌的美国工厂形成鲜明对比。[86]

从漫画到报纸的流行幽默早已将麻将与中国劳工的刻板形象，特别是洗衣工联系在一起。麻将牌上的中文字样是区分不同花色必不可少的，也是颇为显眼的部分，却唤起了一种特定的被丑化的中国劳工形象。大多数美国人只有通过洗衣票接触到中文，因此他们迅速将中国文化与洗衣店联系在一起。正如一位马萨诸塞州的作家在一篇全部都是麻将笑话的专栏中所说："我们唯一了解的中国赌博游戏就是拿着一张粉色票据去洗衣店，然后让晶晶猜出哪一捆是我们的。"[87] 尽管有关洗衣服务的交流是用英语进行的,但语言障碍以及对汉字的陌生感为幽默作家提供了唾手可得的素材。[88]

因此,营销人员面临着一个挑战,即将麻将仅与中国文化中严格筛选的、精英的那些方面捆绑在一起。尽管经济评论家对麻将公司的"现代"大规模生产表示赞赏,广告却强调了"熟练的象牙雕刻师"和作坊工匠。[89] 唯一一次有关麻将制造和个体工匠的描绘是"王良忠(Wong Liang Zung)——第一套麻将的制造者",并附有王良忠和一群中国男子及男孩在乡村环境中的照片。在一次采访中,诺玛·巴布科克描述王良忠是约瑟夫·巴布科克的第一位工匠,他说服了王良忠在麻将牌上添上"奇怪的英文字母和数字"。[90] 广告中的一切,从工人的服装到他们的工作环境,都与上海麻将工厂的现代化生产形成鲜明对比,正如广告中描述的缓慢工匠与工厂的"现代"效率之间的对比一样。尽管广告赞美了约瑟夫·巴布科克的领导才能和他使游戏更适用于现代使用的愿景,但广告文本却强调了王良忠在制作"古老的中国游戏"时的"细致工作"。事实上,在广告发布时,巴布科克依赖上海的麻将工厂,而帕克兄弟公司已经收购了麻将销售公司,并开始转向在美国生产机器制造的木质麻将牌。[91] 突出王良忠等工匠,无论是真实的还是虚构的,强调了麻将牌的手工工艺,并劝告消费者,珍贵的手工制作骨竹牌与价格更实惠的美国产木质麻将牌实际上并无区别。

中国工匠的真实影像虽然在麻将营销中并不突出,但在麻将的生产过程中依然存在。工匠们的个人品位和技艺不可磨灭地塑造了他们雕刻的麻将牌,尽管其工作有规范,且产品都趋于一致。即使在标准化的大规模西方工厂中,工人们也不是完全匿名的。在每个成品麻将牌的托盘旁边,有一张双语的"工作传票",记录了完成最后的抛光、雕刻和上色阶段的工人的姓名,以及监督每个阶段的工头的姓名。[92]

然而,市场营销人员的策略是成功的。尽管强调了麻将牌的手工制作特点，但中国工人并不是与这款游戏相关的流行意象的一部分。报纸上刊登的照片和插图展示的是白人玩家，而漫画中则描绘了中国古代官员和洗衣工人，但实际制作麻将牌的工匠几乎没有出现。在有限的关于麻将制造的视觉表达中，如果有的话，那些表达描绘的是作为麻将艺术家的白人女性。[93] 这与上海工厂中半裸男工的辛勤劳动形成了鲜明对比，那些虚构的艺术家则散发出从容的创造力。在一张照片中，艺术家兼作家玛丽埃塔·米尼戈尔德·安德鲁斯穿着长礼服。[94] 比实际麻将牌大得多的彩绘复制品散落在地板上，挂在她四周的墙上。这张照片完全打破了这款游戏与前现代物质性和中国文化的联系，但它与精英奢侈品、女性美以及美国白人的联系，成为了麻将在美国的价值和魅力的关键部分。

麻将的物质性，从其各部件的起源到麻将牌的制作，阐明了感官和感知在理解这款游戏如何取得如此共鸣中的重要性。麻将牌的外观、玩家手中的触感以及在游戏桌上发出的声音对其吸引力至关重要。尽管游戏规则完全一致，纸牌版的麻将从未找到坚实的受众。从最基本的方面来看，实体麻将牌以及可以兑换一副牌的金钱是可量化的。然而，对麻将牌的诠释为其相关的想象和游戏设置增添了多层次的意义，使图像和游戏玩法都富有层次感，并使麻将进入了一个东方主义的国际市场和同时代的中国政治辩论中。特定的实体唤起了文化的意义。即使是像麻将牌的组合这样看似客观、可视的东西，也始终是经过人类认知层层筛选的结果。

考察麻将牌的生产经济及其制造工厂的历史，揭示了传统与现代之间的矛盾——这种矛盾正是20世纪20年代文化活力的重要源泉。在美国对美中关系不断扩展的认识中，西方既代表现代性又渴望东方所象征的传统。通过将快速增长的低端麻将套装制造业转移到美国本土，美国企业试图解决麻将生产面临的某些经济挑战的同时，保留商品化的本真性、工艺美学与天然材质的理念。

第四章　现代人和"满大人"[*]

在上海的美伦麻将工厂，四位中国男性老少摆好姿势合照，这张照片后来取名为"'在中国打'麻将"。他们穿着精致的丝绸长袍，立领挺括，这是20世纪20年代许多富有的中国男子的传统穿着，美伦工厂的中方合伙人亦是如此。这组人使用的麻将牌产自一家以"现代化"大规模生产和得到英裔美国人支持而闻名的工厂，他们的形象经过夸张的重塑，出现在"初级碰和"的外盒封面上。"初级碰和"是一款廉价的竹制麻将牌套装，在金贝尔百货公司售价6美元。在这款游戏的硬纸板外盒上，一张麻将玩家的着色图位于正中央，其上写有文字"在孔子故里进行千年的中国皇家游戏"。图中的男子不再是现代商人，而是变成了古代皇家宫廷中的官员，赋予了纸盒中的麻将以前现代的高贵。[1]

被用来代言麻将的中国人中，最广泛使用的形象不是制造麻将牌的劳工和工匠，而是古代中国宫廷中的人物。从规则手册到短篇故事，麻将的起源故事在有关麻将的文献中随处可见。制造商和进口商不断依赖东方主义元素来创造一种文化正宗的印象：将孔子和古代中国的"满大人"游戏、手工雕刻在天然材料上的图像，以及对假定的中国文化特征的引用结合起来的神话。

正宗，或者说中国国粹的概念，是美国麻将文化的核心。表面上，

---

[*] "满大人"，Mandarin，系美国对华人种族歧视，丑化华人形象的产物。——编者

图 4.1 麻将制造商经常生产较为廉价的"初级"麻将牌套装，这些牌采用印花或绘制的木材，而不是由骨材和竹材拼接而成。这块硬纸板外盒的封面展示了模仿手工雕刻麻将牌的设计，其商标"Pung Wo/碰和"的字体酷似竞争对手麻将销售公司所用的字体。照片由詹姆斯·香克斯摄影公司拍摄，由犹太遗产博物馆——大屠杀的活纪念碑——提供。

"正宗"意味着真实的或非伪造的。然而,是否正宗很少是中立或客观的。对某个特定地点和时代的"正宗"的定义是创造和传承的产物,通常基于传统、现代性和进步的等级观念。正宗建立在一种稳定的文化起源的理念上,另外被认为有着停滞的传统文化的群体通常与真实性紧密相连。正如众多学术文献所论述的那样,"正宗"被认为与"原始"相连,并与工业化现代社会中已失去的东西相关。[2] 现代西方对正宗的想象尤其受到殖民主义遗产的影响。在美国,美洲原住民经常被提及,要么作为正宗的美国性和自由的正面象征,要么作为一种野蛮的陪衬,与白人文明相对立。无论哪种情况,他们都与过去不可分割地联系在一起。[3] 东方主义与一种更大的模式重叠:欧洲的殖民主义影响了对伊斯兰世界和亚洲的理解,将东方定义为与西方对立的概念。[4] 东方被描绘为消极、传统和专制,与西方相对立,后者则被描述为积极、现代和开明。其中一些对立是吸引人的——毕竟,"正宗"也是令人向往的——尤其是当它意味着与现代世界中大概已丧失的更加神秘或自然的过去建立某种联系时。

在美国对正宗的追求中,中国处于一个独特的位置。与美洲原住民不同,中国文化并未成为美国国家本质的核心象征。长期以来,对中国的理解描绘了其与美国根本对立的国民性格:守旧落后和深奥难测。在某种程度上,中国是那个终极的"他者"。然而,美国人对中国也持有矛盾的观点。中国人同时象征着古代的进步和现代的停滞,天真和阴险,顺从和狡诈。与被认为真正未开化的被殖民民族不同,中国古代一直被赞赏为一个先进的文明。通过强调麻将与古代中国的联系,麻将销售商突出了"当我们自己的祖先还住在洞穴中的时候",中国早期的先进地位。[5] 尽管麻将的实际起源于现代中国,但现代中国在这一观念中无关紧要。[6]

麻将风潮不断唤起神秘的中国过去,它反映了20世纪20年代对变革的更大反应。在这十年里，美国人自觉地以新的、一致的方式谈论自己，称自己为"现代人"。美国的现代性源于快速而通常令人不知所措的变革：更多元的文化；面对城市化、官僚国家和日益增长的企业权力，个人和社区的紊乱；工作的重组；嵌入全球经济趋势的大众消费文化；以及不断变化的社会价值观。[7] 许多美国人对日益增长的官僚作风和城市匿名性带来的变化感到矛盾，他们寻求与一丝古老的正宗建立联系。需要明确的是，人们打麻将既是为了迎接挑战和享受游戏本身，也为了体验它带来的感官满足。但美国人是在经销商宣称麻将与神秘的中国精英人士的过去有某种联系的背景下接触到麻将的，这也有助于解释为什么这款游戏传播得如此迅速。

将麻将作为一种真正的古老中国游戏进行推销，其利害关系为许多人所熟知。特别是，营销人员塑造了麻将的形象，并就其产品是否正宗进行竞争。在这一群体中——在本例中，他们都是华裔美国人——有一部分人被描述为"正宗的"或"假冒的"，表达了他们对何谓中国正宗的看法。虽然他们的声音经常被他人压制，但他们仍然塑造了麻将的文化意义。[8] 一些尝试是有意识的，一些可能不是，但所有的尝试都参与了对麻将的主导认知的创造，即它是一种古代的、宫廷的（因而是正宗的）中国游戏。麻将与中国古代宫廷的紧密联系影响了人们对它是赌博游戏还是体面休闲方式的理解，这些理解可能对被警方视为潜在赌徒的群体产生实质性后果。种族和阶级是上述发展的核心，正如它们在有关真实性的更为宏大的历史中一般。

中国人的古老游戏

在流传于报纸文章和广告中的伪传轶事中，出现了两个主要主题：

一是麻将是中国官员之间独有的游戏,二是在1911年的辛亥革命(或一些不确定的早期起义)之前,麻将一直专属于这些精英人士,直到它最近在西方激增。[9] 在某种程度上,麻将的历史似乎证实了这一叙事:麻将确实在19世纪中叶的太平天国起义后出现,打麻将始于清朝末期,并在第一次世界大战后出现在国际舞台上。然而,这些起源神话将麻将最新的发展用有关中国落后、消极和专制的东方主义假设予以解释,却忽视了麻将风尚实际上起源于十分现代化和国际化的上海。[10]

一位中国宫廷官员——是出现在麻将营销中最普遍的形象。这位典型的宫廷官员穿着奢华的袍服和顶戴,一眼可辨;他通常留着长指甲和傅满洲式的胡须。傅满洲是小说家萨克斯·罗默在20世纪10年代创造的邪恶天才,因此成为数十年来困扰华裔美国人的影响深远的漫画形象。[11] 一家麻将公司直接用"傅满洲古老中国游戏"这样的标题。[12]

一次又一次,营销人员和评论家们通过将傅满洲式的官员形象与孔子——即美国人所熟知的中国人形象——相结合,创造了古老而永恒的感觉。[13]《如何打麻将:2200年前孔子的游戏,今天的热潮》(*How to Play MaJong: Played by Confucius 2200 Years Ago the Rage of Today*)封面上的形象展示了一位身着盛装、打扮成清朝官员模样的孔子:佩戴朝珠,身着蟒袍,头戴帽子,面有胡须。他正在打麻将,身后有几座宝塔,长城横亘在前,与一桌穿着优雅的西方玩家隔着时空相望。[14] 孔子本人常常被用来代表中国文化中的等级制度和不变的传统。1923年,专栏作家安妮·里滕豪斯断言:"这款游戏来自中国,这一事实赋予了它魅力。据说它和孔子一样古老。无论如何,它在中国已经有数千年的历史,但是只有皇帝和他的宠臣才能打麻将。"[15] 附图中是一位大胡子正在打开一套麻将,并突出显示了他的长指甲。通过不断强调孔子的形象,有关麻将的营销混合了美国对中国传统、美学和特点的观念,使麻将成为了一种商品化的、可消费的中国象征。与东方主义式的描绘一致,有关中国最重要的以及最正宗的东西并非其当代政治实验和知识型辩论,而是其不变的传统。

这些描述将中国宫廷描绘成大约"三十个世纪"前的专制社会。[16]在《时尚》杂志对麻将的介绍文章中,一个虚构的中国宫廷成为了焦点。在声称游戏的确切起源仍然"迷失在东方宫廷历史的藏红花雾中"之后,《时尚》理直气壮地描述了"几个世纪前,只有皇室或文官出身的人被允许用他们苍白的戴满宝石的手指触摸那些用竹子和鹿角制成的牌"。[17]当推广者坚称"任何不属于这个阶层的人玩这款游戏都会被斩首"时,他们的说法融合了长期以来西方对古代东方传统、残酷惩罚以及不可捉摸的统治者之间的联系。[18]几位美国作家解释说,麻将后来流传到广大民众中,这是中华晚期帝国安抚不安分民众的策略。[19]

在美国的营销话语中,中国古代的停滞不前与权力的严重滥用相结合,将中国置于现代化之外,同时强调了麻将的独占性,从而突出了它的精英属性的魅力。现代中国游戏玩家制定了规则,并参与到上海这一完全资本主义的国际大都市的各项活动中,但大多数美国人对此一无所知。正因为麻将被认为在古代就已经存在,帕克兄弟公司的乔治·帕克最初根本不愿意投资麻将公司,因为他认为任何有市场价值的中国创新早在几个世纪之前就已经被美国进口商发现了。[20]在一种自我强化的循环假设中,《华盛顿邮报》的幽默作家将麻将的古老起源与普遍被认为逆来顺受的中国联系在一起:"现在我们理解了为什么中国人从未建立过强大的国家。他们所有的智慧都集中在学习如何打麻将上了。"[21]类似的文章反复解释说,麻将在中国孤立存在了数千年,与"寻求娱乐"和"机敏"的美国人相对,资本主义时代以前的中国人端坐在麻将这座金矿上,"一如既往地保持冷静和坚定,未曾意识到其商业价值"[22]。

相比之下,中国的麻将起源故事(也许同样是虚构的)则涉及近代的发明。中国广泛流传的一个故事讲述了一名挨饿的学者在19世纪末出售了他关于这款游戏的创意。中国经济信息局对此解释道:"这是一个在国外不太受欢迎的故事版本。即使在现在这样的民国时代,这个故事也很难说服广大消费者,特别是那些来自远东的产品,缺乏古老年代的标签和引人入胜的传奇故事。"[23]

人们对正宗事物的追求给市场营销人员带来了挑战和机遇。碰吃公司面临着一个特别严峻的市场困境。该公司与杜邦公司合作,后者是早期硝化纤维塑料的制造商。碰吃公司需要说服顾客购买他们在美国东海岸工厂生产,并以"碰吃"这个陌生品牌名称销售的塑料麻将牌。简而言之,他们缺少有关麻将是否正宗的地理和材料标识,而这样的标识通常在麻将广告和相关文章中被强调。尽管如此,碰吃公司的创始人卢·莱尔斯·哈尔却大力宣传他的产品比中国制造的竞品更为正宗,以此来主导市场。

为增强其可信度,碰吃公司依靠一套标准化的图像和参考资料,强调其产品是中国精英的真品。然而,这些图像和资料并不包含麻将的生产过程。在绘有令人敬畏的金龙的书皮之下,哈尔通过宫廷联系、孔子和少数人专享等元素介绍了碰吃游戏。他编造了一个起源神话,围绕着"公元前472年,现称宁波的吴王的宫廷中的"慵懒艺伎。为了让读者认识到这个奇怪而具体的年份的重要性,哈尔补充说:"这大约是孔子时代。"碰吃的设计加入了带有中国文化元素的实物标识,尽管这些标识已经美国化。在美国麻将中广为人知的"龙"牌上,刻有蛇形生物,尽管它们与中国游戏中的龙毫无关系。然后,碰吃公司将他们的宣传添油加醋为"拥有真龙的麻将牌套装"。标记地理方向的牌上刻有简单的"满大人"形象,而不是标识东、西方向的汉字。"花牌"上的图案与麻将公司产品上的宝塔和桥梁图案一致,但压印的汉字明显只是在样式上进行模仿,制作者显然没有正确书写汉字的知识。[24]

碰吃公司还寻求那些能够为其产品正宗性背书的人士的认可。该公司迅速抓住机会聘请了玛丽安·安吉莉娜·豪利特作为他们新英格兰地区的总经理和碰吃的推广教练。豪利特早已公开过她早期在中国接触到麻将并且很早就精通该游戏的故事。她的新名片上特别标有"上海，中国"，直接印在她名字的下方，尽管她只是在那个城市短暂停留。[25] 即使在她离开碰吃后，豪利特仍然是该公司的一笔财富，或许因为她真心相信哈尔虚构的正宗麻将业已不复存在的故事。例如，在马萨诸塞州为300名与会者举办的大型麻将课上，豪利特并未明确为碰吃公司做销售推广。与此相反，她只是简单重述了哈尔关于麻将起源的说法，并对现今的"麻将"表示不屑，认为它只是该游戏商标化、现代化和退化的版本。她对外宣传自己是中国事务的权威，这进一步支持了她的故事。[26]

外派到中国的教师和营销人员标榜自己拥有关于中国的独家知识，讽刺的是，这些外国群体本身却深受跨太平洋的信息和虚假信息循环的影响。杭州的教师塞拉·佩德森就以她在中国的居住经历，向美国读者兜售她关于麻将的权威描述。她使用哈尔虚构的、广为流传的吴国宫廷故事，来解释"麻将：中国的高级游戏"。[27] 事实上，她在中国的主要社交圈子几乎全是其他外国人。这些故事的快速传播在人们心目中确立了麻将神话的关键修辞，尤其是其起源于宫廷的说法。

强调夸张的正宗性并不足以击败竞争对手，后者也在用类似的说辞进行吹嘘。哈尔意识到，许多人普遍认为现代中国并不是真正的中国。评论家如路易丝·乔丹·米尔恩对中国的过去和现在进行了鲜明且分层的区分，声称当代中国的城市并非真正的"中国"，而是现代化改革的产物。[28] 相反，真正的中国文化可以追溯到迷雾重重的过去，据说"在一些未曾改变的中国角落，人们仍然打着一种更接近原始形态的麻将"。

通过强调与当代中国的负面联想，哈尔巧妙地将美国制造的塑料麻将的潜在问题转化为优势,这颇具讽刺意味。在哈尔的虚构故事中,古老的麻将在成为大众游戏后,可悲地失去了原有的方向。麻将因此被视为许多"堕落"现象之一,其名称本身也带有低俗赌博游戏的含义。哈尔坚称,尽管碰吃是在美国制造,但它才是"真正的、最早的中国游戏"。[29] 他甚至断言,碰吃工厂的产品比来自"现代苦力"来源的中国麻将更为优越。碰吃凭借其所谓的纯正贵族血统,比竞争对手更具正宗性,而现代塑料和美国制造则使其"洁净、耐用,且能预防疾病"。[30] 哈尔一边宣称其产品与古老的中国有关,一边又强调现代性,虽然这一点自相矛盾,但他对此毫不在意,坚称:"碰吃是真正的中国游戏,结合了经典设计与最好的美国工艺。"[31]

想象中的古代学者和官员构建了一个精英化的异国情调和中国文化的领域,美国人可以在其中冒险,而不必与"苦力"的可憎形象联系在一起。"苦力"这一带有强烈政治意涵的称谓,最初指的是南美和加勒比地区的半奴隶化中国劳工,后来成为对美国境内中国劳工的泛指且贬义的称呼。[32] 到19世纪末,苦力已成为美国流行文化和政治话语中占主导地位的中国人刻板印象,代表着美国白人工人阶级对无特别技能的中国劳工带来的竞争的恐惧,尤其是在太平洋沿岸地区。在类似于旧金山出版的《黄蜂》杂志中,19世纪70年代发表的刻薄言论中,苦力被描绘成几乎低于人类的生物。[33] 即使没有这些极端情况,几十年来,美国人普遍认为苦力是低智商、低阶层的苦工。他们常常将这种联想应用到更广泛的中国移民身上,尽管这些移民的财富、教育和职业大相径庭。美国本土的人倾向于寻求那些在国外生活过的人来验证并确认他们的假设。上海和其他通商口岸的等级社会强化了对苦力的刻板印象。在这些地方,帝国主义结构加剧了欧洲、美国、日本外籍居民与中国"本地人"之间的种族界限,以及中国精英与数以千计贫困劳工之间的阶级界限。

随着 1923 年夏季竞争的白热化，碰吃公司和麻将公司采取了激进的营销手段，通过印刷媒体和广播展开正面交锋。各种碰吃协会纷纷出现，宣称碰吃起源于中国精英阶层，远胜于麻将公司生产的"苦力"麻将，并向广播听众推广碰吃。[34] 在《波士顿先驱报》的一幅十分夸张但贴切的漫画中，一位警察冲向一场凶猛的斗殴，斗殴的参与者是一群戴着圆顶礼帽的白人男子，警察大喊："哦，又是麻将和碰吃派系之间的堂斗！"这幅漫画拙劣地模仿了唐人街臭名昭著的帮派战争。[35] 与此同时，麻将公司试图将碰吃完全排除在大众话语之外。当报纸上开始出现有关"碰吃"玩家的卡通形象时，巴布科克立即采取行动，游说将这些看似无伤大雅的连环画进行编辑，把哈尔的品牌名称"碰吃"仅仅视作麻将游戏中的两个动作"碰"和"吃"，而"麻将"则是巴布科克的游戏。[36]

约瑟夫·帕克·巴布科克面临着一个严重的市场营销困境，这涉及他的产品"麻将"是否正宗的问题。他的产品能否成功，取决于公众是否认为它象征着异国情调的中国文化。然而，这正是这个两难问题所在。没有任何一个商标能够完全代表中国文化。许多竞争者都利用"正宗"的力量来推销他们的产品。巴布科克试图在营销中平衡两个既有重叠又截然不同的方面：麻将不仅是真正的中国游戏，而且只有"麻将"品牌的产品才是正宗的麻将。他的产品目录承诺，正品"麻将"品牌的游戏套装散发着"东方的灵魂，其中隐藏着只能由巴布科克的《麻将规则红宝书》解锁的神秘游戏"。[37] 1923 年 10 月，巴布科克决定采取大胆的策略，将"正宗"与他自己联系在一起。他宣称麻将实际上"与中国无关"，并声称自己才是这款游戏的唯一发明者。[38] 他冒着"杀死"麻将这只为他下金蛋的鹅的风险，试图切断这款游戏与其古老文化光环之间的联系。他可能期望，麻将公司的营销攻势已经在公众心目中确立了他与这款游戏之间的联系，并且这款游戏已经深深扎根于美国社会。如果他的判断正确,游戏将继续流行,而玩家将会真正需要麻将公司的"正品"游戏套装。然而,这一尝试并未取得成功,不久后他又恢复原来的营销策略,微妙地强调了他对麻将的改进,称他的产品为"具有中国古老神秘色彩的唯一真正来源"。[39] 然而,他确实成功激怒了一些年轻的华裔美国人,这些人对正宗的中国文化有着他们自己的认识,这种认识在不断演化,他们对此投入了不少心血。

文化权力

当哈尔和巴布科克过分夸大他们的主张时,他们遭到了华裔美国人的愤怒回应。哈尔的言论尤其令人恼火。在一场横跨太平洋的公开争论中,《中国评论》发表了一篇专门揭穿哈尔观点的社论。哈尔声称当代中国人只知道"现代苦力"游戏,并宣称自己拥有唯一的古老贵族版本的麻将。对此,《中国评论》——由总部位于纽约的中国贸易局出版的期刊——愤怒地驳斥道:"在这个国家里,歪曲中国及其相关事物,尤其是为了某种自私的商业目的,这是所有公正的美国人应当强烈反对并义正辞严地谴责的事情。"此外,社论还坚称:"这是中国人有权反感,并且有特权去纠正的事情。"[40]《中国评论》利用这场麻将争议探讨了一个更为宏大的问题,即中国文化同时被商品化和被诋毁的问题。它还直接呼吁美国人珍视"公正"的自我认知,同时为华裔美国人提供了一个独特的权威平台。

有政治意识的华裔美国人意识到,麻将是一个改善中国形象和提升华人在美国地位的机会。由于美国人将其视为中国文化的正宗代表,麻将有潜力以积极的方式展现中国文化。华裔美国人倡导组织"金州本土之子"将麻将作为文化外交的手段。这个为加利福尼亚出生的华裔美国男性设立的兄弟会,有意识地挪用了一个与其名称相似的、颇具影响力的反亚裔组织"金色西部本土之子"的名字。1923年,当哈定总统和第一夫人访问旧金山时,"金州本土之子"向他们赠送了一套产自上海的手工雕刻的精美麻将牌。[41] 麻将恰好符合该组织"促进两个种族之间友谊"的既定目标。[42] 1934年,上海《申报》的一篇文章认为,"除了梅兰芳,或许我们用来推广中国文明最好的东西,非麻将莫属",因为它"包含了中国人的人生哲学"。[43] 梅兰芳可能会同意这样的比较,因为他已经是一套定制麻将牌的自豪主人。[44]

埃莉诺·陈(Eleanor Chan)是南加州大学中国学生俱乐部的"短发代言人"。当巴布科克声称自己是麻将的唯一发明者时,她公开与他辩论。陈反驳道:"早在巴布科克先生访问中国多年之前,我们就已经在打麻将了,而且我们的中国祖先也玩过同样的游戏。"她直接借用了麻将的神秘性,继续说道:"此外,这款游戏在1 100年前就已为中国皇室提供娱乐。"[45] 在麻将这一领域,年轻的华裔美国女性能够直接挑战富有的白人商人,并且她的专业知识也能被主流媒体认真对待,而这样的领域并不多。

陈对古代中国的援引与该游戏的营销者相呼应,这也可能反映了她个人对一种备受尊敬的中国文化的信仰和情感依恋。与美国白人类似,华裔美国人可能也持有许多浪漫的东方主义观念。毕竟,他们身处与白人相同的美国话语环境,并且有他们自己的理由坚持对亚洲的正面描述,尽管这样的描绘可能过于简化。[46] 例如,女演员黄柳霜在去中国旅行之前,也曾对永恒不变的东方朴素和精神气质抱有先入之见,直到她被中国现代城市的面貌所震惊。[47]

在麻将规则手册大量涌现的背景下,许多手册回应了广告商所宣扬的东方主义愿景,描绘了一个中国文化的"美妙魔幻世界"。与此相对,一些著名的华裔美国人则试图在现代跨太平洋话语中主张麻将的正宗性并确立自己的权威。[48] 华裔美国人通常避免使用"苦力"这样的贬义词。一位规则手册的作者甚至明确批评了围绕朝廷与苦力的争论，认为这不过是一种营销策略。[49] 相反，他们强调了中国现代化的可能性，并寄希望于通过一种基于社会阶层的魅力来提升麻将这一"经典"游戏的声望。与大多数白人规则手册作者不同，这些华人作者在内页列出了自己的资历和学位，以确立自己为受过良好教育的专家。纽约中国总领事馆的秘书屠汝涑（Julius Su Tow）在撰写一本麻将教学手册时，已经致力于向美国人介绍中国文化并减轻反华偏见。在《麻将概述：如何玩，如何赢，真正的中国方法》中，屠坚称这款游戏起源于中国，并否定了美国人创造"麻将"这一名称的说法。他通过引用中国出版物和"来自中国不同地区的朋友"的信息，确立自己为权威知识的来源。[50]

美国华裔评论家一贯将麻将与正宗的中国文化联系起来，并将其置于现代社会的背景中。在此过程中，他们反驳了像哈尔这样的人所持的观点，后者将正宗的古代中国与一个堕落的现代中国截然分隔。相反，通过麻将，这些评论家强调中国已经融入了一种现代性，这种现代性与西方一样，以理性和权力为特征，同时保留了中国特色和历史。一种现代的中国正宗性融合了哲学智慧和古老根源，既展现了中国对世界的积极贡献，也彰显了美国华裔的特定权威地位。当桑李雨（Ly Yu Sang）撰写他的《麻雀》（*Sparrow*）时，他将麻将与古老的卜筮之书《易经》中的哲学象征联系在一起。[51] 他还强调了游戏中的理性和数学元素。尽管他的论点在历史和哲学的准确性方面有所欠缺，但通过强化高雅的中国文化，他的观点引起了白人和华裔读者的共鸣。[52] 当《纽约时报》暗示这款游戏实际上并非起源于中国时，一位华裔读者写信抗议，并引用了桑李雨畅销的规则手册来支持自己的立场。[53]

桑李雨并不是唯一一个将中国传统与现代性相结合的人。自称为"1924年戴维斯杯网球队队长"的韦荣洛（W. Lock Wei），在哥伦比亚大学林炳良(Lam Ping Leung)的帮助下,撰写了《麻将理论》(The Theory of Mah Jong)。作者的资历表明,他们是受过良好教育的英美精英圈成员。[54]《麻将理论》中有一章专门探讨"麻将心理学"。在这一章中,韦断言中国经典麻将玩法优于美式玩法。他的观点并未基于前现代的可靠性,而是通过现代知识范畴,如心理学,来作出此断言。进口商安德鲁·甘也利用中国商人参与麻将贸易来对抗刻板印象。他对《时代》杂志表示:"中国经常被称为一个沉睡的民族,或者说已经沉睡了几百年,但这里有一个例外,他们并没有沉睡。相反,他们清醒地认识到麻将可能带来的利润,而且现在他们正从中获益颇丰。"[55]

"令人着迷的新旧融合的游戏"

麻将这一被认为是古老的游戏与现代性的诸多观念密切相关。"新旧融合"这样的说法经常出现在对麻将的描述中。[56] 一家洛杉矶商店的广告中写道:"麻将,那款令人着迷的新旧融合的游戏,正席卷全美!它就像香港的雨季和长江浑浊的水域一样古老。在西方,它就像收音机一样新颖而受欢迎,同样散发着诱人的起源之谜的气息。"[57] 评论家们经常将麻将与收音机相比,后者是现代技术的典范,但又融合了古老的神秘色彩。新技术也以类似的方式显得神秘莫测,而麻将则将这两种对时间的幻想结合在一起:古代与未来。西电,一家位于英国的美国公司,生产了一套麻将游戏卡片,作为1924年英国帝国博览会的纪念品,上面印有从电话到灯泡和电缆等现代技术的符号。[58] 麻将、电力和国际公司将世界连接在一起。

在某种程度上,中国充当了陪衬的角色,用以展现美国人如何充分利用麻将并使其现代化。中国麻将公司的合伙人艾伯特·海格多次重复解释道:"那些小黄种人一如既往地固执己见,不屑于传播这种据说有着古老起源的本土游戏",需要"像约瑟夫·巴布科克这样聪明的美国人"在上海的社交俱乐部中用英语传播游戏规则。[59] 迷恋东方主义式想象的玩家们抵制了"一些聪明的[西方]现代主义者将这一切拼凑在一起"的"幻想"。[60] 然而,似乎很自然的是,需要一个美国人来简化这一游戏,并将其带入现代西方世界,使其一跃而起,取得利润可观的成功。

因此,麻将进入西方代表了东方的落后与美国企业家的聪明才智。麻将公司将其创始人与美国的军事和经济利益联系起来,声称:"当美国经过多年的努力打开了中国的商业大门时,约瑟夫·巴布科克也意识到,热爱游戏的美国人将以何等热切的心情来掌握这种有趣的技巧游戏。"[61] 根据该公司的说法,与英国和欧洲在华事务的参与相比,美帝国主义不仅占据了中心位置,而且还是与中国互利交流的一部分。美国人并不认为自己是帝国主义者,反而视自己为开明的领袖,保护中国免受外国侵略势力和自身愚昧的影响。[62] 无论是像巴布科克那样提倡"现代化"的美国版本麻将,还是像哈尔那样声称恢复了所谓的古老版本,营销者都可以将美国玩家描绘成将麻将从当代中国的堕落中拯救出来的潜在救世主。[63] 露易丝·乔丹·米尔恩以创作中国风故事而闻名,其中包括一则关于麻将起源的特别离奇的故事。她向一位记者解释说:"虽然麻将是中国的,但为适应西方市场,对其做了很大的改动。可以说,英国人已经解开了它的小脚,剪断了它的辫子。"[64] 西方现代性的价值观以技术进步、提高物质享受和民主的个人主义为标志,这种价值观的信仰为美国的强权和对中国政治经济的干预提供了正当理由。消费者可以两全其美:想象中国古代皇家奢华的辉煌,同时赞美他们自己是"现代人"。[65]

对中国古代宫廷的迷恋也与反现代主义有关。在反现代主义中,美国人寻求摆脱工业化带来的社会和经济变革。然而,这种消费主义下的逃避现实,与追求自然体验的反现代主义探索,例如尼亚加拉大瀑布旅游，或艺术上转向中世纪意象的趋势相去甚远。[66] 麻将作为过去时光的象征，帮助美国人适应快速变革的节奏，而不是帮助他们选择退出现代化的种种结果。具有讽刺意味的是，像汽车这样的现代装置，如果与麻将结合起来，就会成为前现代想象的载体。一位"麻将汽车"的推广者写道："事实上，麻将似乎又给我们的生活带来了一点浪漫和想象力，而我们的现代商业趋势已经尽力扼杀了这一点。"[67] 从一辆为一位东印度王子定制的"具有浓郁东方风情"的豪华汽车中汲取灵感，一辆想象中的美国麻将车可能会有"中式设计的内饰和地毯，外部漆上精心挑选的色调，让人联想到一些多彩的麻将牌"。在色彩斑斓的豪华车厢内，乘客们不仅可以在折叠桌上享受游戏，而且"为了增加最后一丝真实感"，车上还配备了"中国司机和男仆"。公开展示财富和信赖仆人是20世纪20年代魅力的一部分，东方王室的奢华亦是如此。

美国是现代性的先锋，而中国则被视为毫无希望的前现代，这种有关现代性的想象有助于保护美国人免受其社会中令人不安的反民主矛盾。《时尚礼仪手册》特别提到"麻将只有被选中的人才能玩"，旨在将过去只有精英才能享受的娱乐时代与现在进行对比。《时尚礼仪手册》解释说，如今，每个人都需要知道如何在"牌局中表现出良好的教养、气质和品格"。[68] 这种修辞手法将当代中国人和美国华裔劳工与备受推崇的中国古代朝廷区分开来，缓解了美国人对典型中国游戏的普遍迷恋与反移民情绪之间的潜在冲突。正如一位作者所假设的那样，"当然，一个中国洗衣工并不真正懂麻将。如果他年轻时在老家打过麻将，他的脑袋早就被砍掉了。"[69]

中国古代朝廷与当代苦力之间的区别有助于解释为什么美国白人一方面接受中国传统文化在"精英"游戏中被商品化的观点，另一方面却主张加强针对"亚洲人"的移民限制。甚至连《黄蜂》杂志和反亚裔组织"金色西部的土著之女"也将麻将作为白人"社会"的新潮流

(*au courant*) 加以推广。[70] 如果说华裔美国工人阶级在概念上只是洗衣工、厨师和佣人，他们不可能了解麻将，因为据说这游戏是"满大人"的专属，他们也就无权要求获得麻将所带来的基于阶级的体面。因此，美国人可以同时支持麻将和反对移民，民主与帝国主义并存。中国古代宫廷神话与美国企业家神话在现代的"自我"与时代错位的"他者"之间拉开了距离。

麻将体现的是支持中国文化却排斥与之相关的人群，两者矛盾地共存。这样的情况在 20 世纪早期的美国文化中既不是首次也不是唯一一次出现。至少在过去的二十年中，中餐——特别是那道经过美式改良的著名"炒杂碎"——已逐渐融入美国文化，并受到各种不同食客的喜爱，中国菜被视为廉价的慰藉食物。20 世纪 50 年代，有名的华裔餐馆老板，例如旧金山的约翰尼·冠（Johnny Kan）和江孙芸（Cecilia Chiang），提升了中餐的形象。在此之前，美国消费者只期望中餐厅（或称为"杂碎馆"）收取最低廉的价格。通过打麻将或吃炒杂碎来接触中国文化，在很大程度上可能会沦为肤浅的异国情调或感官享受，而无法与中国文化或个人进行有意义的接触。然而，去中餐馆吃饭或在唐人街"贫民窟游览"，与穿上想象中尊贵而遥远的皇室服饰相比，对中国文化的定位是不同的。麻将和中餐的流行反映了 20 世纪初华人社会地位的缓慢变化，对于中国移民"入侵"的担忧已明显降温。文化融合为有条件、有选择地接纳华裔美国人奠定了基础，但这在很大程度上仍然停留在消费主义和刻板印象的范围内。[71]

真正的危险

随着麻将在美国疯狂流行的消息传遍世界，1924 年，在中国的传教士开始愈发坚定地作书面请愿，要求美国人停止树立一个坏榜样，因为美国本应是一个基督教国家，却充斥着麻将玩家。对这些传教士来说，文化真实性问题并不是他们首要关心的问题；相反，他们致力于改变中国文化，使其符合新教的价值观。美国传教士韦茨·O.派博士描述了席卷中国北方内陆的社会变革中的三种社会弊端，这些弊端随着他所认为的商业和宗教的积极西化而蔓延。他将麻将与吸烟和酗酒混为一谈，抱怨道："令人堕落的麻将赌博游戏正被西方接管。中国的基督徒对于西方基督徒打麻将感到困惑。"[72] 与此同时，广州基督教学院要求其教职员工不得在校园内打麻将，北京基督教青年会也禁止麻将，将其视作为赌博游戏。[73] 取而代之的是，他们希望中国的赞助者能从墙上的海报中领会如下信息："没有工作，就没有钱"，"靠人力车的收入无法满足你对汽车的爱好。"[74] 对于那些认为西方影响应该专注于基督教和资本主义的人来说，英裔美国人对麻将的消费可能带来相反的有害影响。

从《纽约时报》到《基督教科学箴言报》等全国性刊物，都在争论麻将是一种"无害和饱受磨难"的消遣，还是一种危险的"疾病"。争论的焦点在于麻将是古老的贵族游戏，还是现代的败坏之物。对于一些人来说，哈尔捏造的体面的"碰吃"和堕落的巴布科克的"麻将"之间的区别提供了一种有用的辩护，因为他们认为"碰吃"是一个不容许赌博的正派游戏。[75] 捍卫"麻将"的人声称，在美国的环境中，麻将的现代化已经改变了它，将其备受尊敬的古老根源与现代家庭娱乐结合在了一起。这场争论从美国中部地区开始，通过来往于大西洋和太平洋两岸的专栏和信件展开激烈交锋。[76]

尽管白人美国传教士的声音在美国和跨太平洋媒体上占主导地位，但华裔美国人也大声疾呼，表达了自己的观点。在麻将是否是赌博的争论中，双方都提到了中国文化，并像往常一样，提及了麻将的所谓儒家渊源。中国评论家和华裔评论家也再次运用文化权威参与辩论。麻将进口商桑李雨在其颇具影响力的规则手册中敦促读者不要将麻将与赌博联系在一起。他还认为赌博在中国已经泛滥成灾，因此请求"美国的玩家们要忠于自己的崇高理想，牢记麻将的历史和宗旨，让这一美丽而充满智慧的游戏不受腐败的玷污，不受滥用的损害"[77]。与哈尔不同的是，桑的说法中，麻将古老的核心特征仍然保留在其当代版本中，并且尤其适合现代美国环境。

报纸特别关注了中国基督徒和反对麻将与中国文化以及赌博有着令人难堪关联的美国华裔。哥伦比亚大学新闻学院的华人学生 Y. P. 王（Y. P. Wang）在《纽约论坛报》上撰写了一篇反对麻将的冗长檄文。[78] 王将中国的赌博与美国私酒贩子的腐败治安问题相提并论，担心美国人打麻将的"习惯"会促使麻将在中国被用作高额赌注游戏，并强化美国人将中国文化与赌博联系在一起的印象。尤其让他担忧的是，关于孔子可能发明麻将的说法，他认为这种说法是"难以容忍的"。在微妙地挑战美国的道德优越性时，王发表了自己的观点："许多美国作家认为中国人天生带有赌博的本能，这对中国人来说是非常不幸的。如果我们的美国朋友通过参与这种在中国被禁止而在美国却被容许的倒霉游戏，因而染上这种恶习，那就更不幸了。"

尽管有建立"致力于基督教的美国"的呼吁，反对麻将的道德论点大多被置若罔闻。[79] 虽然这种比较很少出现在大众话语中，但美国文化也有其悠久而丰富的赌博史；此外，尽管充满冲突和争议，现代美国经济毕竟建立在股市投机的基础上。[80] 紧随20世纪10年代的进步主义改革，包括打击赌博和通过禁酒法的运动，20年代有关赌博的流行话语经常自相矛盾。[81] 那时，一夜暴富的心态充斥着大众文化。[82] 禁酒令时代的变通手段，从城市地下酒吧到富人远航古巴，意味着赌博从未被彻底消除。[83]

不仅传统上被认为有违法嫌疑的娱乐活动的文化风尚正在迅速改变，

而且美国版的麻将作为一种高赌注的赌博游戏也并不普遍。当然,有些人打麻将是为了赚钱,尤其是在1922年麻将风潮的早期,当时麻将在例如"驼鹿旅馆"的中产阶级男性俱乐部中取代了扑克。[84] 然而,麻将很快就变成了一种主要由男女混玩、以女性玩家为主的室内游戏,玩家的赌注很少或没有赌注。[85] 与在中国打麻将一样,美国玩家可以选择按积分计分,积分可以兑换成金钱,也可以选择不赌博的版本,只需胡牌即可。麻将作为一种社交游戏,意味着它更适合于体面的现代会客厅,而不是美国人想象中的狂野西部酒吧和唐人街活动室,也更不适合当代的非法地下酒吧。简而言之,麻将在美国很快变得更像桥牌,而不是扑克牌或骰子游戏。正如一位幽默作家在1923年所解释的那样:"麻将和骰子不同。如果你愿意,你可以花100美元买一套麻将牌,然后不再损失一分钱。如果你愿意,你可以不花一分钱买一副骰子,然后损失100美元。"[86]

至少同样重要的是,对大多数美国人来说,他们根本无法理解通过鼓励赌博可能会损害中国社会进步,更不用说通过一个表面上正宗的中国游戏来实现这一点。长期以来,美国人对中国人的看法是他们是"天生的赌徒"。[87] 赌博主导了美国人对当代唐人街的刻板印象,他们认为那里充斥着罪恶。[88] 对大多数美国人来说,因为麻将是中国的,所以在中国打麻将就被自动推定为赌博,且赌注巨大。他们既不了解中国有反对赌博的改革者,也不了解麻将自身的演变。虽然中国文化有着悠久而丰富的游戏发展历史,麻将作为一种男性赌博游戏确实扎根于城市中心,但在中国,也有其他声音认为赌博总体上不利于社会进步,而且长期以来打麻将的赌注也高低不一。

然而,美国人的言论,无论是传教士的还是在美国本土的,都未能涉及中国各种麻将之间的细微差别。对于美国的麻将爱好者来说,这意味着遥远的中国的麻将迷与他们没有任何关系。[89]《纽约论坛报》回应了Y. P. 王的批评:"当它在家庭炉边占据一席之地时,必定已经摆脱了本土的粗俗。"[90] "否则，如果传教士是对的，那么现在肯定会有一个反麻将协会。"《纽约论坛报》接着影射了禁酒令，"建议麻将迷碰牌时'小心谨慎'，并且宪法修正案也应准备好。在没有这些堕落腐化的确切症状的情况下，我们必须拒绝将王先生视为美国的道德专家，而对他描绘的美国国内的麻将的黑暗形象，我们即使没有充满热情，也是对其赞赏有加。"《纽约论坛报》与许多美国白人的看法相呼应，虽然认为麻将赌博在中国是一个重大的社会问题，但根本不同意将管制饮酒的必要性（尤其是在工人阶级和移民社区中）与管制麻将相提并论，因为最引人注目的麻将玩家是精英阶层和中产阶级的白人妇女。

种族和阶层决定了哪些玩家会被怀疑参与麻将作为赌博的非法活动，因此非裔和华裔的工人阶级玩家偶尔会遭到逮捕。对黑人和华人的刻板印象认为，他们玩的麻将绝对不属于白人和中产阶级与桥牌相关的体面休闲活动，而更接近于容易引发冲动的博弈游戏。这种倒行逆施的假设使工人阶级和少数族裔社区受到更严格的审查，同时也影响了执法部门对其赌博行为的看法。警方在午夜突袭匹兹堡的"一家黑人赌场"时，发现"一群黑人正在聚精会神地摆弄印有古怪东方图案的长方形牌。"[91] 尽管"据警察所知，麻将牌不在赌博工具之列"，这些人还是被逮捕并处以罚款。1924 年，警方在费城唐人街禁止了"麻将赌博"。[92] 侦探队长阿尔弗雷德·索德引用了一些案例，声称"已经注意到有些华人因为这个游戏而被骗光了所有财产"，因此拒绝了一个"华人代表团"的请求，解除禁令。与此同时，在亚特兰大，一群华人洗衣工因害怕被逮捕，遭到"两个蒙面白匪"的攻击。当休息的工人们坐在麻将桌旁时，两名持枪男子冒充警察发动了突袭。劫匪在出示假警徽并挥舞武器后，骗走了他们的钱，同时"谴责他们赌博"。[93] 种族因素深刻地影响了麻将玩家与麻将作为一项体面、合法活动的实际关系。

然而，麻将作为一种体面的活动，有时可能会跨越种族界限。在纽约被捕的一群中国留学生玩家很幸运地在法庭上遇到了一位麻将迷的法官。约瑟夫·科里根法官主持审判时,无视了将中国人与道德败坏联系在一起的普遍看法,宣称:"打麻将不是犯罪,几乎每个人都在打麻将。"[94] 报道这一判决的文章标题中透露出一丝诧异:"裁定打麻将不是犯罪,即使是中国人在打。"尽管种族歧视很可能加剧了对亚洲人的监视,东方文化的融合几乎保护了一群在华盛顿州打扑克牌的日本人。警察起初认为他们"在打麻将,这种新的社交游戏",因为他们周围弥漫着被警察形容为"烧焦的炒杂碎"的香气,警察们"一度聆听着这些皮肤黝黑的日本人轻柔的东方谈话。"[95] 打麻将本来并没有什么问题,但当"神秘的东方氛围"被"'阎王,阎王'*。三张J和一对Q'这种非常美式的表达方式戳破时",一切都完了。扑克也许是美式的,但它仍然是一种非法的赌博游戏,尤其是当因其非法行为而被警方针对的非白人开始打扑克的时候。

在其全美范围内的鼎盛时期,麻将有助于将现代化的进步与想象中的过去转化为美国的未来。玩家可以与范德比尔特家的豪宅和"满大人"的幽灵共享一种消遣方式——这两者对大多数美国人来说同样遥远,也同样具有不可思议的吸引力。麻将的神话呈现了一个古老的朝廷,在美国人的干预下,它从"苦力"手中得到了改善,并且变得触手可及。麻将帮助构建一种自觉的现代身份,这种身份的特点是全球性的世俗化以及对阶级和种族的排斥。美国人将麻将视作一种象征,不是为了抵制现代性,而是为了实现现代美国的文化变革,使其成为全球大国,同时保留一丝正宗和原始手工艺的感觉:使其城市变为先进的资本主义大都市,并赋予其特权、美感和神秘感。

---

* 原文为"Yama Yama",指的是 1908 年百老汇歌剧《三对双胞胎》(The Three Twins) 中的轰动一时的歌曲《阎王爷》(The Yama Yama Man)。——译者注

第五章　白人女性与中国游戏

1922年11月，在旧金山格拉纳达电影院上演盛大的麻将布鲁斯"幻想曲"两个月后，洛杉矶精英女子埃贝尔俱乐部举办了一场高调的慈善麻将派对。俱乐部成员事先在《洛杉矶时报》和《洛杉矶审查者报》上刊登了肖像照，她们穿上整套"中式戏服"，戴着精致的串珠头饰，身着绣花丝绸长袍。在一篇题为《麻将局中的龙的冲突》的文章中，埃贝尔俱乐部的女性专场晚会被誉为"一次伟大的活动，洛杉矶麻将的官方首秀，这座城市的精英将齐聚一堂，摇动调皮的骰子，以赞助埃贝尔休养院奖学基金"。媒体观察到，女性与会者"决心在行动和着装上拼命中国化"，因此"密谋把丈夫的睡衣拿出来以配合这个场合"。[1] 有些人购买了精美的绣花"中式"长袍，有些人则干脆用睡衣模仿美国人熟悉的中式宽松丝绸长裤。

部分归功于这些身着异服的俱乐部成员，麻将亮相后不久，这款游戏逐渐与女性，特别是富裕的中产阶级白人女性联系在一起。将麻将性别化为一种女性游戏的过程并非一蹴而就。尽管游戏专家和商业领袖，其中男性占比高得不成比例，仍在公开场合打麻将，并持续推广和讨论这款游戏，但到了20世纪20年代中期，这股风潮已经使麻将在美国文化中彻底女性化。

有关中国的东方主义观念影响了白人女性为何会欣然接受麻将，以及她们如何利用麻将来处理自我呈现的边界。在中国人的身体被异化、

图 5.1 埃贝尔俱乐部"麻将茶会"的与会者以其"东方服饰"登上了洛杉矶各大报纸的社会版。哈里斯·罗伯逊夫人(如图所示)等俱乐部成员展示了华丽的刺绣丝绸长袍和头饰,令人联想到中国戏曲演员及其华丽的刺绣丝绸戏袍。《洛杉矶审查者报》。帕克兄弟档案。

异域化和性化的时代,麻将显然是中国的特产,甚至被刻意认为是中国的。在 20 世纪 20 年代,麻将由身着制服的售货小姐售卖,常常盛装打扮的社交名流参与牌局,这让美国中产阶级和白人精英在保持自身体面的同时,可以想象、接受或拒绝异国情调的亚洲故事。有关种族的性别化观念,特别是将亚洲文化视为女性化的观念,也鼓励美国人将麻将视为一种女性的消遣。然而,东方主义式消费并不是单向的。当白人女性开始探索新的体面女性特质的边界时,华裔美国人则利用麻将的流行来寻求经济机会。然而,这种选择充满了陷阱,并助长了麻将的吸引力和华裔教练性化的刻板印象。

一方面,麻将与时尚的"聪明女人"的关联推动了这股风潮。另一方面,白人女性成为这款中国游戏的标志性消费者,这引发了多个令人不安的后果。其中一个主要影响了游戏专家,他们希望麻将继续被视为一种受人尊敬的智力活动,而不是所谓的女性无聊游戏。在社会层面上,专注于麻将的主妇象征着颠覆传统父权制家庭观念的社会变革。

随着麻将在全美的传播,它引发了对中国影响力和女性休闲方式的批评,这些批评将女性麻将玩家与漫不经心、以自我为中心的家庭生活联系在一起。在东方主义的种族和性别观念的推动下,麻将象征着现代美国文化的方式,使这款游戏成为了关于白人女性气质的辩论的代名词。打麻将不仅是对异国情调的短暂尝试,还代表了 20 世纪 20 年代不断变化的性别、性与种族规范所带来的挑战。

性别与麻将

1923 年,一幅副标题为"唯一能迫使你的丈夫学打麻将的方法"的漫画描绘了一个疯狂的男人被绑在拷问器具上,而他那穿着典雅的妻子则冷静地解释麻将那看似无穷无尽的游戏规则。[2] 这幅漫画的幽默基于一个普遍的假设，即只有女性才会想要学习这样一个复杂的游戏，游戏中充满了奇怪的符号和术语。最初被大肆宣传的吸引人的麻将已经演变成一种愚蠢的、女性化的活动，不恰当地展示了妻子强加在受苦丈夫头上的权力。

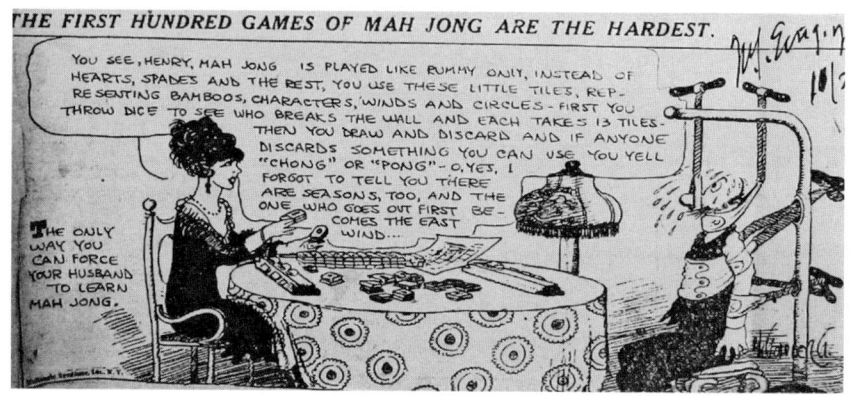

图 5.2　正如这幅漫画所示，1923 年麻将热潮兴起时，美国人越来越将其视为一种女性游戏。除了关于妻子强迫丈夫学习麻将的显而易见的幽默之外，这幅漫画还包含了更为微妙的笑点，因为这位女士的解释充满了各种错误和复杂的迂回说辞。《纽约晚报》。帕克兄弟档案。

随着麻将的发展，将女性与麻将"花色"美学联系在一起的文化关联鼓励了更多女性加入麻将玩家的行列。在中国，梅花和菊花传统上与男性相连，但西方人忽视了这一点，反而将花牌与女性联系起来。[3] 美国玩家将花牌用作百搭牌，增加了麻将局中的运气成分，并使麻将成为一种快节奏、高分值的游戏，从而引发了激烈的争议。不久之后，以男性专家为主导的批评者指责社交俱乐部和女性玩家贬低了麻将作为一种技巧游戏的声誉。[4] 埃尔默·德维金斯（E Flmer Dwiggins）在他那本轻松愉快的规则手册《白龙狂野：麻将制胜之道》（*White Dragons Wild and How to Win at Ma Jong*）中，专门讨论了"专家与花牌"。[5] 尽管花牌"对游戏技巧没有任何帮助",他写道:"女士们喜欢抽到花牌。她们觉得这些牌的设计相当美丽;当她们抽到花牌时,别人会对她们赞赏有加,而当男性抽到花牌时,她们会理所当然地感到嫉妒。"在美国女性获得宪法选举权后不久,德维金斯认为,男性对女性的绅士风度应当结束,因为"女士们在获得平等权利时放弃了这一点",但他承认,在麻将中,"花牌将一直存在"。在他的描写中,典型的白人男性专家撞入了日益强大的女性花牌世界,这个世界点缀着各种东方饰品。

由于麻将成为中国文化的象征,支持美国人对"东方人"看法的性别和两性刻板印象也影响了他们对麻将的理解。对中国男性的刻板印象基于东方主义概念框架,将女性化特征投射到"东方人"身上,同时也受到 19 世纪反亚裔情绪的推动,这些刻板印象将中国男性描述为缺乏阳刚之气。[6] 值得注意的是,有大量身着中式服装的上流社会白人女性写真,而与之形成对比的是,白人男性穿着中式服装的照片很少见诸报刊。[7] 为数不多的例外包括一位摔跤明星、一位世界重量级拳王和一位国际知名的职业台球选手,他们都是白人男子气概的代表。[8] 约瑟夫·巴布科克的一本规则手册中有一幅他的整版肖像,展示了一套与女士们的中式服装不同的服装。他戴着一顶探险帽,穿着一套让人联想到殖民地时期英属印度的服装,既展现了他无畏的帝国主义精神,又显示了他对异国他乡的专业知识。[9]

最为张扬的麻将玩家和以组织、举办麻将慈善舞会为己任的慈善家多为女性,但男性也在同性聚会和混合性别的聚会中打麻将,并以自诩为专家和规则制定者的身份占据主导地位。[10] 纽波特的精英单身俱乐部用麻将牌装饰墙壁,而"游戏专家们则非常喜欢研究玩家手中的各种牌,思考它们在游戏中的价值"[11]。麻将的日益普及催生了大量相关书籍,这些书籍声称解释真正或"正宗"的游戏规则,而这些规则略有不同,彼此竞争。[12] 1924 年,包括 J. P. 巴布科克在内的五位著名麻将"专家"成立了美国官方麻将规则标准化委员会,试图将美国版的麻将标准化。委员会认为他们的规则"应该是合乎逻辑的",并且"符合美国人的观念"。[13] 这些观念更接近桥牌的理性策略特征,而不是实际上在美国发展起来的、与女性有关的能带来高分的"幸运"花牌玩法。极少数出版麻将教程的女性通常也与男性专家互为唱和,一同谴责美国化了的麻将。然而,桥牌专家弗洛伦斯·欧文不仅拒绝了所有表面上的官方改革,包括标准化委员会推行的规则,还拒绝了由玩家推动的规则改变。[14]

由白人妇女和华人男子组成的一个独特群体试图重塑美国麻将,但他们遇到了白人男子的抵制,后者声称自己拥有对麻将的命名权和专业知识。1923 年秋,麻将传播者伊丽莎白·戈迪·科尔(Flisabeth Godey Kohl)和桑·M.何(Sang M. Ho)在曼哈顿的财富殿堂——丽思·卡尔顿和华尔道夫酒店,召集了数十名麻将教练。[15] 他们聚集在一起,创建了一个官方机构,用于规范打麻将的规则和其名称,"国际麻将玩家协会"因此应运而生,以遏制各种麻将玩法泛滥的趋势。[16] 麻将文本的白人女性作者和中国男性作者结合了各自所能获得的权威形式:作为桥牌高手而已成名的富有女性宣传她们的团体"能够接触到最真实的中国信息源"。[17] 两名牛津大学的中国毕业生以及一名斯坦福大学的校友 W. C. 梅(W. C. Meh,他在大学期间曾是中国学生俱乐部的成员),加入了科尔和何,共同参加了"国际麻将玩家协会"的首次会议。[18] 报纸对这次会议的报道揭示了该协会在麻将命名过程背后激烈的争论。作为商人,科尔与何出于实际考虑主张使用"mah jong"一词,因为"mah jongg 这个名字目前已在全美范围内广为使用,人们永远不会接受 ma chiang 这个名字"。然而,两位客座专家(均为白人男性),R. F. 福斯特和英国驻中国外交官 C. G. 安德森,凭借他们的权威,主张"ma chiang"更接近北京人所说的"纯正中文"。[19] 麻将玩家协会成功地让曼哈顿的梅西百货公司短暂地将相关商品更名为"Ma Chiang",但正如科尔所预见的,全美其他地方仍然普遍使用"mah jongg"作为通用名称,尽管帕克兄弟公司试图坚持其"Mah-Jongg"商标名。[20] 作为另一个麻将标准化委员会的成员,米尔顿·C.沃克(Milton C. Work)出版了自己的游戏规则手册,该手册对"Ma Chiang"一词不屑一顾,认为这一名字是"由在纽约举办命名仪式的美国女士和中国绅士组成的委员会发明的"。[21] 与沃克的描述不同的是,麻将标准化委员会认为自己才是"权威",并且当然不会举办所谓"命名典礼"那样充满女性气息的活动。[22]

麻将化装舞会

越来越多的女性继续打麻将,并借此机会采用一种沉浸式表演的方式来对待这款游戏,而对此不赞成的专家几乎无能为力。在全美各大城市,精英们纷纷涌向麻将晚会,其中甚至包括富家小姐们表演的麻将牌芭蕾舞。[23] 富有的女主人们在草地上举办精心策划的麻将花园派对。[24] 虽然舞台并非总是必需的,但对于社交名媛来说,表演通常体现在精心设计的服装上。就像埃贝尔俱乐部会员穿的那些服装一样,这些服装虽然与实际的中国时尚不符,却让人联想到中国戏曲的服饰:饰有羽毛、刺绣或珠饰的头饰,绣花短上装、灯笼裤和拖鞋。中产阶级的白人妇女穿着中式马褂,并为小型麻将聚会准备了中国主题的点心。[25] 1922年秋,一张四位时髦的西雅图年轻女性围坐在麻将桌旁的照片在西北太平洋地区的报纸上广泛传播,从俄勒冈州波特兰到华盛顿州瓦拉瓦拉都有她们的身影。[26] 她们并未按照惯例穿上直筒低腰连衣裙,而是身着各种精致的"中式"服装。

白人妇女和少数身着中式服装的男性进行的带有种族色彩的表演,

图 5.3 这张照片的原标题为:"这些西雅图女孩正在享受这款引人入胜的游戏,中式服装和东方背景使游戏更加迷人。"她们的双髻发型也让人联想到中国妇女的形象。《西雅图时报》。帕克兄弟档案。

与白人演员装扮成被滑稽化的美国非裔、亚裔和美洲原住民的影响恶劣的漫长历史有关。[27] 在过去的几十年里,这些表演吸引了美国白人,成为他们与被诋毁的群体保持距离的一种方式——这对爱尔兰人等被边缘化的欧洲群体尤其具有吸引力——同时仍然能够接触到表面上未开化的自由、原始的真实性,或英裔美国人社会规范所不鼓励的越界行为。到了 20 世纪 20 年代,扮演黑人表演已经超越了其早期的工人阶级和移民杂耍演员的形象,成为无处不在的主流娱乐形式和一种轻松的笑料。与此同时,东方学家们头戴头巾,身着阿拉伯服饰,摆出各种姿势拍摄肖像照，而像"圣地兄弟会"这样的组织则精心打造了一个规模宏大的伪阿拉伯世界。[28] 虽然中国装扮在美国文化中并不那么普及，但"黄面"*仍然是好莱坞的常见做法。在麻将派对上装扮成中国人通常不会涉及通过化妆品改变外貌，但这种装扮与其他形式的种族表演一样，能让表演者获得一种奇异的放肆感，这也正是它吸引人的原因。

麻将派对上的中式打扮还借鉴了另外两股潮流：女装的"东方"风格和20世纪20年代流行的化装舞会风潮。在20世纪初，对于更加独立并且公开参与派对的"新女性"来说，从"东方"，尤其是日本，汲取灵感的宽松面料为她们提供了摆脱紧身胸衣的机会。[29] 在公共场合穿着和服导致了新的两性边界，部分原因是东方主义的观念认为东方是阴柔而性感的。很快，中式马褂与和服——以及麻将牌套装——一起出现在进口商店里。化装妆舞会大受欢迎，美国人装扮成了从荷兰农民到哈莱姆**，即各种各样想象中的远离现代世界的人物。[30]

穿着中国服装，品尝"东方"小吃，观看舞台上以麻将为灵感的舞蹈节目，这些都是个人——尤其是中产阶级和精英白人妇女——将麻将转化为一种尝试不同角色和展示现代物欲的手段。[31] 在麻将爱好者中，乔装成中国人的，如果不全是，也主要是白人。在美国北部和中西部的都市中，美国非裔女性俱乐部成员创建了"最新的精英俱乐部"来打麻将，但没有提到身着特定服装或特别的东方氛围。[32] 处于白人族群边缘的群体，如向上流动的德裔犹太人，则更多地融入了主流白人麻将文化。[33] 范德比尔特家族精心策划的"麻将园游会"和芭蕾舞会是为天主教、新教和犹太教的大姐会筹款的活动。[34] 在非常有限的有关身着特定民族服饰的活动的记录中，这些活动与更广义的美国白人文化活

---

* 指非亚洲演员化妆成亚洲人角色。——译者注
** 旧时某些穆斯林社会中富人的女眷。——译者注

动几乎没有区别。[35]对于白人女性来说,带有种族主义色彩的表演始终是一种明显的化装舞会。在时尚杂志经常刊登原始人的面具的时代,白人女模特鼓励读者消费化妆品和充满亚洲风情的服装等产品,这些化妆品和服饰让她们能够戴上一副种族面具,并在必要时摘下这面具。[36]

家庭主妇和现代女孩都参与了这一东方主义式表演。20世纪20年代的杂志、电影和通俗小说提倡"现代女孩"的自我表达——她们的特点是"波波头、涂口红、挑逗的服装、修长的身材和开朗、轻松的微笑"——也制造了对麻将性化的描绘,以供大众消费。[37]当城市青年参加爱抚派对、去爵士俱乐部跳舞时,他们的父母辈及其社会精英同辈则通过麻将这种更体面的方式进行两性和性别的颠覆。[38]《洛杉矶先驱报》描述道:"许多胆小的女士",一想到要进入"中国游戏的虚幻氛围","还是会有些颤抖"。[39]纽约的精英们可以在广场酒店参加一场精心安排的上流社会麻将芭蕾舞会,然后去观看那场有伤风化的"麻将",后者是1924年"乔治·怀特的丑闻"百老汇系列歌舞剧之一。知名装饰艺术家埃尔泰为扮演麻将牌的舞者设计了奢华、暴露的服装。[40]他的布景设计采用了红色、金色和黑色的光泽印花布,设想出一扇高耸的龙形折叠屏风,屏风前是一位跳舞的"麻将",她身披珠网,翩翩起舞,其动作象征着在牌局中胜出。

麻将语言本身也成为一种撩人的越界方式。玩家们"在说出吃和碰的时候",可以感受到"有趣的东方情调",而"吃""碰"是抢夺弃牌和完成和牌时必须说的字眼。[41]对于一些像罗伯特·福斯特和弗洛伦斯·欧文这样专注于游戏方法的桥牌和麻将专家来说,围绕麻将的异国情调和普遍的轻佻举止是粗俗且令人分心的,但他们毕竟是少数。"为什么我们一定要对这样的美好事物施暴呢?"欧文如此恳求道,接着恼羞成怒地炮轰形容各种麻将牌的俚语的泛滥。[42]她所描述的"低级趣味"的语言,是诸多玩家享受内幕消息,并津津乐道于像"红娘子"

(Red Lady)之于"红中"(red dragon tile)这种含沙射影的绰号的结果。在爵士时代的标志性艺术家小约翰·赫尔德的题为"现代人眼中的中国古代游戏"的漫画中，一对美国白人夫妇兴致勃勃地介绍了麻将术语。一场以"'碰'就是亲脸颊"为开始的游戏，最终以紧紧拥抱而告终："啊，我的朋友们，打麻将就是打麻将。"[43] 在游戏术语中，"碰"是指抓取一张弃牌来完成一手和牌，而"麻将"则意味着成功，一路过关斩将，赢得牌局。正如漫画中所描绘的那样，"现代一代"赋予这款游戏的名称以色情的意味。《纽约时报》在向读者介绍麻将时，将其名称比作带有"情绪化鼻音"的"一种新颖的脏话"。[44]

赫尔德的漫画揭示了麻将所激发的一系列消费品，如服装和珠宝，以及种族、性别和性在麻将文化中的联系。在一幅插图中，一位梳着妹妹头的金发飞来波女郎*斜睨着似乎出现在她更衣室里的一位留着长指甲、身着精致盔甲的中国武官。[45] 漫画问道，"他对新的麻将内衣会有何反应？"裸露香肩的飞来波女郎向这位武官，以及杂志读者展示了她以麻将为灵感的内衣，内衣的下摆上还贴着仿汉字。[46] 其他人物则展示了身着龙纹泳衣的浴女与一名年轻男子分享香烟的场景，明显带有性暗示。

有关麻将的全新文化被注入了与种族相关的内涵，这些内涵本身又建立在性别和两性观念的基础之上。当麻将相关的作家和营销人员创造出以"麻将"为名的角色时，这些角色始终如一地全是女性，这简直就是在物化中国女性。《纽约时报》专门撰写了一篇长文，将年轻的华裔飞来波女郎称为"麻将小姐"，并描绘了她们所体现的一种全新的女性特质。[47] "她充满魅力、吸引力。世界上再也找不到比她更俏丽的存

---

* 指20世纪20年代西方新一代的女性。她们穿短裙，梳妹妹头，即一种一战后流行的短发发型，听爵士乐，张扬地表达她们对社会旧习俗的蔑视。——译者注

在"，该文章继续写道，"美国出生的中国飞来波女郎是东方和西方的合二为一，而且她有着如此永恒的异国情调。"就连乔治·格什温（Gegorge Gershwin）也创作了一首名为《麻将》（*Mah-Jongg*）的曲子，其中充满了让外国听众联想到中式音乐的音乐元素［比如著名钢琴小调《筷子》（*Chopsticks*）中高亢急促的和弦］。[48] 在这首幽默歌曲中，相思成病的绅士"碰"和"吃"为"名叫麻将的迷人少女"而歌唱。歌词作者 B. G. 德西尔瓦（B. G. DeSylva）以"来自狡猾的中国佬，公元前许多年"为开头，引用了古老的麻将起源神话作为故事的开端。与其他麻将描述一样，例如布雷特·哈特（Bret Harte）1870 年的长诗《异教徒中国人》（*the Heathen Chinee*），他重复了人们对中国人诡计多端、高深莫测的普遍看法。[49] 恳切的"碰"和"吃"向"麻将"哀求，他们最后对她说："可爱的东方小女巫，在艾伯克伦比和菲奇的箱子里！麻将！麻将！来自西藏山脊的你，和桥牌一样漂亮，我的麻将！"就这样，"麻将"这位想象中的中国女性被直接商品化为游戏，待价而售，以供大众消费。

从逆来顺受的"莲花"到精英人士的姜室和唐人街的妓女，对中国女性的刻板印象建立在对可资利用的性事的假设之上。[50] 随着白人女性的性观念日益公开化、被广告化并走向独立，中国女性在性方面的脆弱性和可获得性的形象可能具有特殊的吸引力。不管是白人女性把自己想象成"芬芳的东方人"，还是仅仅是男性作家作此假设，身着中式服装可能已经使麻将主妇对情色的探索正常化了。体面的消费者无需明确参与这些肮脏的事情；在这些事情的背景下，一点诱惑就足够了。

这种将边缘行为纳入主流的过程发生在特定的场所，通常是麻将本身帮助融入新式行为并使新的界限得到尊重的地方。洛杉矶市中心的"马赛尔咖啡馆"就是这样一个地方。在标题"某个女孩—某个游戏！"的上方，有一张异常吸引人的照片，展示了年轻的白人麻将"女教练"

爱丽丝·特克斯勒在马赛尔咖啡馆宣传麻将，该咖啡馆"聘请了华人指导其他顾客"。[51] 这家咖啡馆处于麻将热潮的前沿，将"麻将茶"引入洛杉矶，"深受当地社交人士的青睐"，每周三和周六下午，他们都会蜂拥而至。[52] 这家咖啡馆位于汉堡百货公司附近，后者宣传"千奇百怪的游戏"，该咖啡馆也曾是禁酒时期警方突袭的目标，后来咖啡馆老板因在午夜后参与跳舞而被捕——这是明令禁止咖啡馆业主做的事情。[53] 这家咖啡馆本身并不是一个声名狼藉的地方，因为它犯的都是相对较轻的违法行为，但这凸显了社会的变化：好交际的酒徒、深夜狂欢的舞女和迷人的麻将教练都在中产阶级的环境中摩肩接踵。[54] 扫黄条例不再"与时俱进"。与过时的法律形成鲜明对比的是，麻将是世界性消费主义现代性的标志，这种现代性在很大程度上以公共领域中的性别开放作为特征。在这一转变过程中，女性扮演着重要角色，她们是麻将的玩家、传播者和教师。

出售正宗

1922年7月，洛杉矶的白人居民涌入"巴黎都会"百货商店，观看、学习如何打麻将，并购买成套麻将牌。《洛杉矶先驱晚报》描述了越来越多的顾客前来观看"威廉·王（William Wong），一位教洛杉矶女孩打麻将的中国专家"在商店地下室的教学，同时每天都有"人潮"聚集在商店的橱窗前，"观看三个满脸皱纹的中国人玩他们小时候在中国就开始热衷的游戏"。[55] 麻将玩家简直就像待售的商品一样在橱窗里展示，他们与麻将一样成为商品化的对象，两者都融入了中式风格的消费中。在商店内，王穿着西服，而他来自"远东"的教学伙伴则穿着"工作服"，包括饰有盘纽的帽子和大衣。

在麻将风潮之中，教授和演示麻将曾短暂地为华裔美国人提供了名副其实的经济机会。随着1923年麻将狂热的兴起，《纽约时报》报道说："教导社交界人士如何玩'麻将'有助于哥伦比亚大学的中国学生支付大学费用。"正如该报解释的那样，"这款迅速取代桥牌的中国游戏对一些学生来说简直是及时雨"。当其他学生"通过许多其他途径"找到工作时，美国华裔学生却很少有机会获得向白人开放的工作，而麻将教学则使他们能够在这股风潮期间赚取学费。[56]

许多演示和教授麻将的美籍华裔都是20世纪20年代成年的第二代华人。19世纪末，严厉的反华移民限制最初针对的是华人女性，后来又禁止中国劳工入境，但豁免了商人和在美国出生的公民的近亲。[57]到了1920年，大多数华裔青年都在美国出生。[58]当这些年轻的华裔试图摆脱种族化的低下地位和劳动密集型职业时，流行小说中的刻板形象一直困扰着他们。他人假定他们的麻将技巧比他们在美国大学里磨练出来的个人学术和专业技能更有市场，正如他们被假定的真实自我仍然是刻板的典型中国人形象：来自异域，且千人一面。[59]

被标记为亚洲人和外国人既是一种负担，也是在有限的选择范围内，在服务业和旨在吸引白人客户群的娱乐业中的一种可能的优势。[60]个人欲利用文化的商品化，那势必要走过一条湿滑且往往令人痛苦的道路。非华裔美国人很少雇用华裔毕业生，后者随后被迫从事与其父母几乎相同的低薪职业，例如在家庭经营的餐馆或洗衣店工作，或供职于唐人街的古玩店。夏威夷的一名社会工作者描述年轻华裔女性缺乏机会；她们不得不"在美国社区中寻找这些女孩她们自己称之为'傀儡'的职位，在那里她们要穿上中式服装。哦，她们是多么讨厌穿这些服装！但她们知道，如果不穿着这身装束，就不会有人要她们。"另一名在美国本土的年轻华裔女性严正声明："作为一名大四学生，我无意去古玩店当店员，或是在某个自诩东方风情的场所做装点，并不是因为我觉得自己高于这些工作,而是因为大学教育的优势也带来了义务……我必须有所成就;我必须在这个世界上找到一个有价值的位置。"[61] 尽管接受了教育,精通英语,并有职业目标,但第二代华裔大学毕业生面临着严峻的经济形势。[62]

与"满脸皱纹"的男性相比,中国女性更多地被展示为麻将中东方美人和异国情调的象征。《洛杉矶审查报》刊登了三名穿着"东方装束"的亚裔年轻女性的照片,聚集在她们身边的是一位向她们学习麻将的意大利摔跤手,该照片有一个具有性暗示的标题"摔跤训练!"。[63] 在旧金山的一张报纸上,两位"华人区的美人"在商店里担任麻将教练,她们在照片中身着精美的丝绸袍子,戴着翡翠手镯。[64] 她们的照片后面,该报纸的版面设计师还加上了灯笼和樱花的剪纸图案。不过,与通常的匿名或"中国佬约翰"或"莲花"等滑稽的名称相比,这张照片中的教练赢得了更多尊重,她们被尊称为"孙潭(Tue Tom)小姐"和"徐夏(Tsuey Ha)小姐"。值得注意的是,白人女售货员如果穿着得体的中国服装,仍然可以营销异国情调,不过她们的吸引力可能要小一些。[65] 相比之下,华裔美国人无法宣传标准的美国或西方特质。白人和华裔美国人都可以表演"中国特色",但只有白人可以重新获得白人特权。

通过将"正宗"的中国元素与西方时尚或美国言论在当时当下结合在一起,华裔美国人在本质上挑战了东方传统主义和西方现代性的二元对立。[66] 因此,他们占据了文化商品化和文化抵制的灰色地带。[67] 在美国的语境中,中国正宗被定义为处在西方现代性之外,要么是堕落的现在,要么是受人尊敬的过去。因此,对于"巴黎都会"百货商店的麻将教练威廉·王来说,身着西装却以中国游戏专家自居,这就成了一个重要的选择。值得注意的是,他的那位尚不知名的同事教练更像"正宗"的中国人,穿着长袍,戴着扣帽。无论他们的配对展示多么有策

图5.4 孙潭和徐夏在旧金山的"阿拉丁工作室-蒂芬茶室"餐厅教顾客打麻将。这两名年轻女子来自该市的唐人街,可能是当地招募的众多华裔大学生中的一员,负责教授麻将。她们所穿的服装与茶室里的中式灯笼、龙和精雕细琢的表演舞台等装饰相得益彰。《旧金山之声》。帕克兄弟档案。

略,两人肯定都知道白人顾客对他们展示正宗中国的期望。他们能否颠覆这种期望,取决于他们自身的经济脆弱性,以及他们是否有能力通过其他手段宣称自己具有权威且代表正宗。[68] 此外,融入西方服饰可能对白人顾客有一定的吸引力,这是一种跨越界线的方式,而不是抹除界线。[69]

尽管大众媒体将他们描述为古怪的外国人，但实际上，华人教练与美国市场关系密切，直接促进了麻将的营销和发行。对于白人顾客来说，华人教练可以证明麻将是正宗且具有吸引力，但仍然在商店中与他们保持安全距离。然而，美国人仍然对那些破坏整齐划一的分类的人持怀疑态度，尤其是对那些进入，或被想象为进入美国白人家庭的华人男性。实际上，教练们经常在公共场合教学：百货商店、庆典和大型活动，但另一个主要的学习场所——在家中进行个别指导——也是流行文化中经常关注的焦点。[70]

麻将的危险

实际上，绝大多数独立的麻将教练是白人女性，但新出现的虚构人物典型将麻将教练塑造成以中国人为主的形象。当与白人男性接触"东方"女性有关时，对麻将的性化描写可能显得诱人或轻松，但中国男性却成为了典型的麻将教练。由于白人女性是麻将最密切相关的消费者，在通俗小说和评论中，麻将教学成为了中国文化入侵——也可能是性侵犯——的现场。

随着麻将教练的文化影响力不断扩大，人们对中国男性越界行为的恐惧，以及对白人女性欣然接受非家用事务的反感，共同造就了对麻将更为阴暗的描述。在这一过程中，出现了一种新的刻板印象，即假装融入美国的中国江湖骗子。同时，也出现了有关东方主义式消费的新描述，认为其具有威胁性，即文化诱惑。与其戴上种族面具，比如可以随意玩弄、消费和丢弃的服装，暴露于文化诱惑之下的女性面临着彻底转变的风险，这种改变建立在更亲密、更持久，也更多的有关肉体的基础之上。如果没有更强大的白人男子进行外部干预，白人女性可能会失去去除东方特征的能力。这样，那副种族面具将从根本上带来转变。[71]

当一个中国女性遇到一个白人男性时，麻将的越轨行为会显得既幽默又吸引人。小约翰·赫尔德的系列漫画颠覆了鲁德亚德·吉卜林常被引用的"东方是东方，西方是西方，两者永不相遇"的观点。赫尔德的一幅插画《……两者将相遇》描绘了一位极为性感的麻将教练。她戴着头饰，用典型的漫画语言对她的白人男学生说："是的，我，梅花小姐，很乐意教笃信基督的绅士们玩尊贵的中国游戏。我会教您四季牌。"她边说边手拿一块牌，诱使她的白人男学生从麻将桌旁探过身来。[72]她拥抱了这位毫无戒备的年轻人，并与赫尔德笔下标志性的飞来波女郎一起露出了吊袜带。与此同时，1924 年流行的教育短片《麻将之谜》也提供了一个诱人的警示。[73]影片中解释了这种稍显非正统的二人游戏方式的浪漫可能性，展示了一对年轻夫妇的场景，"中间的双手握住弃牌，用手指打牌"。无声电影中的文字警告道："如果您喜欢这种双手操作的游戏，不要轻举妄动，请不要冒险与真正的中国飞来波对局。"在亚欧混血演员"赖太太公主"眨眼的场景间隙，该影片解释道："在古老的抛媚眼游戏中，东方专家会给对方以有利条件，然后获胜。"[74]这些描绘不仅强化了亚裔女性的性化形象，也表明白人男性对亚裔女性的调情行为相对缺乏关注。

相比之下，美国人长期以来对中国男性的看法是，他们会构成各种性别和性方面的威胁。[75]华裔男性劳动力在洗衣和家政等女性化的经济领域占据主导地位，他们往往生活在传统家庭结构之外的男性主导的唐人街，并与非西方的男性服饰和食物联系在一起，因此华裔男性的存在游离于美国主流的文明性别角色框架之外。[76]到 20 世纪 20 年代，随着第二代华裔成年以及中华民国努力进行西式现代化，美国华人社会在很大程度上显得更美国化，但与其相关的刻板印象几乎没有改变。19

世纪末的恐华刻板印象常以华人进行恐怖屠杀和斗殴的激烈措辞出现，而 20 年代的刻板印象虽然少有这种暴力描述，但却结合了邪恶的傅满洲博士等形象，后者擅长绑架白人妇女。[77]

麻将凸显了一种新的中国刻板印象的形成，重点关注中国人潜在的流动性。对文化诱惑的担忧与早期对通过肢体接触传播疫病的担忧类似，但前者更多地关注社会流动性，而非身体的流动性。[78] 主要的担忧集中在鸦片上。政治漫画、哗众取宠的明信片以及对鸦片的通俗描绘通常以白人妇女为主角，她们麻木不仁地吸着鸦片烟枪。[79] 当这种影响与特定的城市地理环境联系在一起时，白人妇女也会被警告远离或被积极阻止进入唐人街。[80] 然而，到了 20 世纪 20 年代初，第二代华裔人口的不断增长打破了对他们的简单限制和分类。事实上，相当一部分人是混血儿，因为华裔男子与其他族裔的妇女，通常是欧洲移民，结成伴侣，并在法律允许的情况下成婚。[81] 与此同时，越来越多的白人女性以"贫民窟居民"和游客的身份进入唐人街，寻找刺激。她们还把麻将和与之相关的人带进了自己的家庭。[82]

麻将为中国文化和男性教练进入女性化的美国白人家庭空间提供了一个新的入口。作为回应，流行文学试图通过将男性麻将教练描绘成骗子来维持种族界限。他们无论是造成他人伤害，还是仅仅为了榨取钱财，都被描绘成草丛中的蛇，即奸诈之人。[83] 在容易受骗的白人精英中，中国仆人的形象十分荒诞，如《哈泼》杂志中的一位时髦主妇邀请一位漫画化的洗衣工到她家"加入我们玩游戏"。[84] 在一篇副标题为《厨子们已被诱离厨房来教授这个带来财富的本土游戏》的文章中，作者描述道："某些步履轻盈、眼角上斜的厨房常客在他们留美职业生涯中第一次被引入客厅，在那里，他们身着锦缎，作为教练，掌管着游戏。""高昂的学费"只会增加"这款古老游戏的受欢迎程度"。在一则短篇故事中，甚至有一位白人男性麻将教练利用一种制造出来的东方神秘主义来引诱一位被描述为"最可爱的傻瓜"的女性。表面上敏感、肤浅的女性在用麻将作幌子的男人面前不堪一击。[85]

在受麻将启发创作的通俗小说中，如在加利福尼亚高中上演的神秘剧《青龙翡翠》(The Green Dragon Emerald)，以及《周六晚报》的漫画故事《低俗桥牌和流氓麻将》(Low Bridge and Punk Pungs) 中，中国恶棍因其流利的英语而被标记为危险人物。[86] 将西化的中国男子描绘成邪恶的骗子，与20世纪10年代对所谓基督教化的中国男人引诱、谋杀或以其他方式毁掉天真的女传教士的恐惧如出一辙。[87] 中国男性融入美国的迹象被视为危险的伪装。

麻将从未引发过任何有记载的真实暴力事件，但大众媒体在描述中国麻将教练时经常使用黑色幽默。有时，这些黑色幽默以虚构的反华暴力收场，表面上却因为幽默或彰显正义感而显得无伤大雅。在《低俗桥牌和流氓麻将》中，种族暴力被合理化为对中国麻将教练的正当防卫，因为他试图勾引白人叙述者的妻子。[88] 该小说用伪造的城市工人阶级方言和蹩脚的谚语写成，描写了丁克·奥戴和他的妻子凯特学习桥牌，通过桥牌参与家庭权力斗争，然后几乎放弃桥牌转而打麻将的故事。麻将通过凯特的女性朋友进入了他们的生活，后者欣喜地说："所有的时髦人物都在打麻将，我们也一样。"[89] 尽管丁克抗拒学习这种新的娱乐，但他还是被任性的妻子拉了进来。丁克了解唐人街的恶习，他抱怨学习"异教徒中国佬发明的东西……他们很狡猾。首先，他们会让每个人都去打这个麻将，然后他们会穿上其他中国服装……"[90] 丁克接着表明，他需要陪妻子去上由真正的"曼陀林"（即普通话）教授的麻将课，因为"我不是那种会让自己的女人独自去有中国佬的地方的人"。[91]

最后，狡猾的中国教练李胜海（Sing High Lee）试图引诱凯特，从而证实了丁克的担心是正确的。凯特和她的朋友对这位教练所谓的精英血统深信不疑，因为他的自命不凡和磕头谄媚突破了白人女性——但未能突破白人男性——的防线。实际上,"大爷"李胜海就是查理·冯（Charlie Bang），一个出生于旧金山唐人街底层的赌徒。他华丽而文绉绉的英语最终暴露出他更真实、更地道的洋泾浜英语，他解释说："小气的中国佬每小时挣十美元。会说官话的曼陀林二十美元。"查理·冯身上体现了无数对中国人的刻板印象：卑躬屈膝的苦力、写诗的"满大人"、暴力的恶霸，以及最重要的，阴险的性威胁。丁克说服查理假装勾引凯特的朋友，但查理实际上同时开始勾引两个白人女性——凯特是真正的目标，而勾引凯特的朋友则是另一种形式的诡计。查理之所以危险，是因为他表现出西化、毫无威胁的精英形象，但讽刺的是，尽管他出生在美国，他的"真实"自我却更像一个外国人。他的诡计依赖于融入美国的外表，掩盖了其永远异化的内核。在追求凯特的过程中，查理骗过了狡猾的丁克，却最终在另一位丈夫的手中得到了"应有的报应"。在《低俗桥牌和流氓麻将》的结尾中，嫉妒的丈夫直接介入，并留下了打斗的痕迹。"'那个中国佬'，他说，'再也不会违背白人妇女的意愿来打扰她们了。'""吉姆是不是很勇敢?"他的妻子滔滔不绝地说。[92]

并不是每一个出现在美国白人家庭中的中国人都具有威胁性。相反，这种威胁性取决于是否符合既定的经济和文化等级制度。换句话说，一个无能的中国仆人在道德上可能被认为是好的。美国人对当时真实的中国社会的看法，基于对工人阶级洗衣工、厨师或仆人的漫画形象的描绘；因此，与这些形象不同的，尤其是有权有势或西化的形象，事实上被视为一种恶毒的诡计。[93] 在《青龙翡翠》中，忠诚的仆人们通过夸张的方言、不谙世事、谦恭的举止以及反现代化的态度，展示了他们的"真实"面目。仆人们不具威胁性的性特征仅表现为泰·李（Ty Lee）和他的"甜心"之间纯真的感情，以及一个咯咯笑着的女仆在舞台上"脱下她的中国小裤子"试穿"美利肯"（Melican，美国）"飞来波小裙子"时所表现出的孩子般的脆弱。[94]

《青龙翡翠》概括了中国文化通过中国男人和麻将牌进入美国家庭所带来的刺激与危险的异国情调。[95] 这部惊悚剧讲述了一个生活在20世纪20年代末北京的美国家庭的故事。这个家庭不情愿地拥有一套被诅咒的古老麻将牌，牌中的幽灵幻影不断引诱父亲去触摸一块有毒的翡翠牌"青龙"，让整个家庭笼罩在阴影之下。女儿科琳已经与一位年轻美国男子订婚，却差点被一个文雅且西化的邪恶天才吴成（Sang Wu）所诱惑。吴成最终将她俘虏，并试图将她改造成一位"满洲公主"。在与吴成一起进入中国城并可能吸食鸦片后，科琳喝下了一剂魔药，从而揭示了她作为美国白人父亲与已故中国母亲的后代的秘密血统。这一药剂反映了将生物与文化混为一谈的种族观念，唤醒了她的潜质，使她在身体和精神上都变成了东方人。她感觉到有一个"黄色的魔鬼正在吞噬我的灵魂"，她的眼睛变得狭长，她变得隐秘、狡猾和残忍。

毫不奇怪，吴成是这一切令人毛骨悚然事件的幕后主使。戏剧性的结局揭示了他通过"一些非常巧妙的电学实验"、无线电技术以及他自己对科学的奇异贡献，即投射"思维振动"来操控麻将的科学能力。一名哈佛大学的心理学家兼科学家最终拯救了局势，而坚毅的年轻未婚夫也赢得了悔过自新、重新变白的科琳。吴成在赞美"我杰出的祖先，还有青龙麻将"后，紧握着有毒的麻将牌自杀了。虽然两名忠诚的中国仆人在这场混乱中丧生，但他们的牺牲成为了大团圆结局的一部分。心理学家在剧终时对他的父亲说，"麻将游戏结束了"，"你赢了！"[96]

吴成这一人物形象是东方力量所带来的风险的缩影，这种力量用有吸引力的人或商品为幌子，向不谨慎的白人消费者，尤其是女性，许诺奢华和享乐。白人女性成为东方人意味着"堕落"。科琳喝下魔药后，吴成吟唱道："今晚，我的可人儿，你完全是东方人。是的，你就像我的满族祖先一样美丽；绿色的眼睛像毒蛇一样闪闪发光；红润的嘴唇放荡不羁，乞求亲吻。"[97] 作为变身的最终标志，科琳允许吴成亲吻她。在《青龙翡翠》中，一名中国男子与一位白人女性的结合暗示了一种性开放，这远比科琳父母的异族联姻更具威胁性。

不过，麻将对美国女性构成威胁并不需要中国男人的在场。长期以来与东方奢华和堕落相联系的印象赋予了东方商品本身以象征性的力量。[98] 媒体用涉及鸦片的术语描述了大批中了麻将的毒的"瘾君子"。[99] 白人妇女参与游戏的方式，她们注重服装、中国风味的食物，以及通过雕花家具和悬挂的灯笼营造的"中国风"氛围，凸显了女性居家奢华的奇观。[100] 这些东方商品使女性能够展示其消费主义、感性和非生产性劳动。

麻将本身具有诱惑力，再加上东方的奢华，可以从根本上改变白人女性，从而破坏麻将玩家家庭的稳定。对白人女性受中国文化诱惑的尖锐批评不仅针对中国人的流动性，也针对白人女性的休闲方式：中国文化作为媒介，其结果则是扰乱了白人美国家庭。正如大众媒体中所描绘的，当女性出现"麻将炎"或对这款游戏表现出"过度偏好"时，她们通过某些想象中的方式变得"中国化"，忽视了家庭职责从而扰乱家庭。[101] 社会各阶层的报纸文章将麻将与女性的轻浮和过度消费联系起来，强调女性缺乏自制力是由于"天生懒惰"。[102] 尽管这些文章常以幽默的歌词或散文形式表达看似多余的话题，但对麻将的焦虑反映了对性别角色变化、移民和种族问题的更普遍担忧。

由演员埃迪·坎托尔演唱的热门歌曲《自从妈在打麻将》（Since Ma Is Playing Mah Jong）描绘了母亲对麻将的痴迷如何夸张地扰乱了家庭。[103] 这首歌的叙事重点是因性别角色错乱而导致的家庭动荡，以及父亲试图消除麻将的外来威胁，并使用了当时常见的种族蔑称。

与其他通俗文学作品一样，这首歌的喜剧框架将困扰华裔美国人的真实暴力转化为白人父权的一种令人安心的幽默表演，从而平息了这种暴力。[104]

在文化诱惑中，与东方相关的奢侈品消费利用了白人女性对消费品的假定欲望。在与麻将和它的配件过于亲近之后，女性实际上可能会摆脱某些白人的性别化特征——尤其是与家务相关的特征。与通过游览贫民窟或临时装扮来跨越城市地域中的种族界限（这种行为再次确认了个人的白人身份）不同，这些发生在家庭内部的越界行为冒着更为永久（且不可避免地具有灾难性）的跨越种族界限的风险。[105]与白人麻将玩家身着中式服装参加化装舞会的情况类似，《妈穿了一件和服［原文如此］》这首歌的乐谱封面上也有一位女子手拿木质麻将盒，穿着类似的衣服。该女子的形象明显借鉴了日本传统的肖像画；不清楚她是否应该是一个"东方"女子（无论如何都不会是中国人），还是"妈"实际上已经变成了东方人，她甚至画上卡通般的上斜眼线。这首歌描绘了采纳有关外国人特征的成见的结果，从烹饪炒杂碎到留长指甲，这些特征都具有潜在的危险，并以性别化的方式呈现。正如埃迪·坎托尔所唱："中国，你是我的毒药，／你拆散了我的整个家庭"，因为"妈"屈服于麻将的诱惑。[106]

不同政治派别的文化评论家都谴责妇女专注于麻将而忽视家庭责任。社会改革家米里亚姆·范·沃特斯批评了妇女心不在焉的自我陶醉，她将青少年犯罪归咎于"一群妇女在打桥牌和麻将，而一群男孩和女孩则参加'爱抚派对'或冒险偷汽车的现代现象"，并对这些现象予以严厉斥责。[107]她的担忧在媒体对一群温哥华男子的报道中得到了诙谐的回应，这些男子主张成立一个"丈夫保护联盟"，认为这是"保护自己，并维护对公平伴侣的权威的手段"，因为"麻将聚会严重侵占了妻子的时间"。该报道抱怨说，辛勤工作的可怜丈夫们"期待着一顿热气腾腾的晚餐和一点人与人之间的陪伴"，结果却看到迟迟未归的妻子仍沉浸在麻将牌局中，自己只能吃冷冰冰的方便食品，并不得不与另一对夫妇打麻将。在麻将风潮的早期,女性将麻将带入家庭可以被视为驯服丈夫的积极手段,正如加利福尼亚州的一位男子所描述的那样:"这简直是我所知道的最好的方法,可以让父亲和他的儿子们在家里度过夜晚。"然而,在其鼎盛时期,越来越多的妇女开始打麻将,这可能将她们的注意力从家庭转移到享乐和以同伴为导向的非生产性休闲上。[108]

对女性以自我为中心的业余爱好和欲望的批判,反映了对女性日益独立以及更广义的个人主义社会伦理的不满。友伴式婚姻的新理念试图将个人追求性满足的权利限制在异性婚姻之内。然而,友伴式婚姻也涉及在婚姻中重新谈判权力动态。在 20 世纪 20 年代的大众媒体中,男性经常将自己描述为受制于自己强势的妻子。1923 年,《旧金山纪事报》的一则头条新闻写道:"离婚在一年内毁掉了 148 554 个家庭!渴望'自我表达'给文明制度带来威胁。"与此同时,有关麻将的幽默经常取笑那些不负责任地花丈夫的钱买麻将牌或强迫他们打麻将的女性。[109]

幽默作家经常将麻将描绘为破坏美国白人家庭及其父权特权的东西,而中国人则被视为麻将狡诈的创造者。广受欢迎的专栏作家詹姆斯·蒙塔古将这些观点写成诗,称中国人成功地布下了一个陷阱:"因为日以继夜打麻将的人/正在迅速发疯!"[110] "保护丈夫联盟"的倡导者警告说,"邪恶的发明家完善了名为麻将的恶魔装置,并将其推向世界,永远困惑和迷惑男性。这个发明家将会带来一次彻底的黑暗。"[111] 这样的指责呼应了那些支持暴力驱逐的声音,后者责怪中国洗衣工和仆人让白人妇女忘记了如何"做她们自己的家务"。[112] 在一个非常相似但更为诙谐的警告中,连环画《冈普一家》(*The Gumps*)讽刺道,麻将的流行可能意味着"所有中国人都会关闭他们的洗衣店,然后开设麻将学校。到那时,我们就都得自己洗衬衫了。"[113]

舶来的危险

文化的诱惑可以触发身体和生理上的变化，导致麻将玩家以某些刻板的方式变得"东方化"。然而，无论是在严肃还是在幽默的语境中，这种现象本身似乎也构成了一种直接的身体威胁。身体上的不适加剧了人们对性别混乱、女性对家庭和种族的义务的焦虑。在强调种族差异的同时，与麻将相关的潜在危险主题也反映了对中国人的流动性以及美国家庭文化变革的担忧。上海的英文报纸半开玩笑地谣传"麻将脖"是一种能够"弯腰在桌子上玩一个小时或更长时间"的特殊力量，这种说法后来在美国报刊上转变为更有害的影响。[114] 麻将热潮通常被视为一种入侵或上瘾，相关讨论带有足够的病理学色彩，以至于让一位被误导的女子相信麻将是一种"细菌"。[115] 广告商宣传麻将带来的近乎危险的刺激。一家百货公司以整版篇幅讽刺性地歌颂了"这种美妙的游戏"，将其描述为"不是一种游戏——它是一种疾病"，这同时显示了麻将风潮的诱惑力和不祥氛围。[116]

1924 年，《旧金山审查者报》在头版头条上提醒读者注意"麻将眼"这一"新的美国疾病"。[117] 不久之后，《洛杉矶时报》在其头版上报道了加利福尼亚州验光师协会委员会对"扰乱成千上万中国游戏爱好者平静生活的'晨起头痛'"进行调查的情况。[118] 《洛杉矶时报》承认了据说是麻将引起的心理危险，称"麻将或多或少会扰乱那些狂热者的思维能力，使他们无法从事任何其他职业"，但作者愤愤不平地补充道，"它本不应该造成身体伤害。"[119] 萨克拉门托的一位验光师报告说，"这种新的疾病已经变得如此普遍"，"已经设计出了特殊的眼镜"。造成"麻将眼"的原因显然是美国人看不懂中文，这迫使玩家依赖于为西方消费者添加到麻将牌光亮表面上的小数字。《让旧金山人议论纷纷》在《旧金山纪事报》发表之后，后续的一篇幽默文章通过一个独特又怪异（且双关语极多）的起源神话，对"麻将眼"提出了不同的解释。[120] 作者总结道，由于"麻将起源于一个拥有强大光源的中国佬，其不可磨灭的折射效应已留存在每副牌中，[它将]，根据推论，使人失明"。作者总结道，这种明亮程度仍然不能照亮计分时的黑暗混乱。

尽管许多关于麻将的负面新闻报道都以幽默的方式呈现，但它们表达了对中国影响的真正潜在焦虑。《旧金山审查者报》再次以头版故事的形式报道了麻将带来的意外后果，其中一篇文章谈到"被卡在麻将牌上的敏捷中国昆虫"，这些昆虫"需要州植物检疫官员的介入管理"。[121] 西海岸的媒体比其他地区更强调麻将带来的危险，这并不奇怪。作为一个拥有海港的边境地区，亚洲人和货物首先在此登陆，太平洋沿岸地区一直保持着一种前线思维，并对出现的亚洲人和物品抱有敌意的怀疑。

医学界对麻将引发皮炎的担忧更为严重。医学界的恐慌，无论是事实还是捏造，都表明麻将对美国白人的眼睛和皮肤有危害，而对中国人没有影响，这强化了两者在文化和生理上存在差异的逻辑。由于急于为似乎永不满足的美国市场生产麻将盒，伪劣麻将作坊将未充分干燥的盒子提前打包。《美国医学会杂志》和《英国医学杂志》将"皮疹流行病"归咎于日本和中国麻将盒制造商使用的不同漆料，两本杂志在大西洋两岸一同警告说："对于涂有日本漆料的精美进口麻将盒，应持怀疑态度。"[122] 中国湖南省的一位医学传教士写信确认了这一担忧，她指出"著名的宁波漆"是"困扰当地外国人的一个重大问题源"。[123] 而中国人，她解释道，早已获得了免疫力。

尽管有各种严肃或轻率的喧哗和警告，美国人还是迫不及待地购买了成千上万套麻将牌，并在许多夜晚与朋友和配偶一起打麻将。麻将的前卫性、它与假象的危险吸引力的紧密关系以及其异国情调的表演性帮助美国人在爵士时代经历了深刻的社会变革。如果痴迷麻将的女性没有像埃迪·坎托尔歌中的"妈"那样成为"东方人",那么这首歌或许至少在幽默地宣传其危险性的同时,也帮助人们释放了焦虑,并使种族上越轨的娱乐形式得到了正常化。

尽管麻将激发了多种文化形式,但其热潮只持续了几年。早在1924年,报纸就开始报道热潮的消亡。[124] 尽管这些报道言过其实且言之过早,但大致准确地描绘了一个繁荣与萧条并存的故事。L. L. 哈尔的"碰吃公司"于1925年宣告破产,曾经引发激烈争论的产品库存被拍卖。[125] 在帕克兄弟公司转而销售更便宜的美国制造的麻将,以及麻将风潮逐渐减退之后,约瑟夫·巴布科克悄然离开了麻将产业,与妻子诺玛离婚,转而投身法律事业。[126] 麻将的疯狂销售为帕克兄弟公司放缓的销售额提供了急需的支持,乔治·帕克将利润用于航海度假,以及投资其公司的工厂和下一代新产品。[127] 随着美国麻将市场的崩溃,中国麻将进口商店先是降价促销,然后库存过剩。[128] 到1928年,中国的麻将业已萎缩至1923年高峰时期的三分之一,仅靠国内订单和对日本及欧洲的少量出口维持。[129]

麻将风潮的衰落没有单一或简单的原因,尽管评论家们经常将其归咎于矛盾且貌似权威的规则不断增多——以及由此引发的冲突。[130] 巴布科克早期为控制麻将游戏所做的努力可能具有讽刺意味,因为这些努力鼓励了表面上的差异化,以避免商标侵权,这可能加速了麻将的衰败。[131] 此外,麻将还面临其他游戏的竞争。定约桥牌、填字游戏和猜字谜游戏如雨后春笋般出现,取代了麻将在晚间客厅中的位置。[132] 美国的麻将热潮早在1929年股市崩盘前就已结束。

文化原因也可能解释了麻将流行程度的下降。20世纪20年代初,麻将让美国白人妇女尝试了另类的"东方"人物形象,从而获得了新的跨越界限的自我呈现方式。然而，一旦这种新的文化领域被正常化，这样的尝试就不再具有刺激性，与麻将相关的装扮也失去了许多文化效用。此外，时尚风潮的本质就是随着时间的推移而消退。就麻将而言，随着这款游戏成为美国日常生活的一部分，麻将的闪耀新鲜感和迷人异国情调也逐渐消失，这曾经承载了刺激、社会地位和世界主义的现代性。麻将不再是社会专栏的头条新闻。[133]

尽管20世纪20年代初麻将热潮的炽热光芒逐渐黯淡，但它从未完全熄灭。对许多热衷者来说，麻将仍保持着持久的吸引力，提供了感官满足、精神刺激和不拘小节的游戏节奏。在30年代不断恶化的经济危机中，一小部分精英玩家在不同的社区——包括华盛顿特区的政治圈和芝加哥的非裔女子俱乐部——经常打麻将，这与打桥牌并行不悖，但没有明确的模式。[134] 美国华裔工人和中产阶级也继续在商店、家庭和宗亲会的会堂内打麻将。[135] 虽然麻将的存在感减弱，但它终未退场。它逐渐与舒适的美国家庭文化联系在一起。当提及麻将时，人们最终也从对古代中国的幻想转向了对共有的美国往事的想象。[136]

第六章　美国华人社会内外

在大萧条的末期，年轻的弗兰克·吴（Frank Eng）和他的九个兄弟姐妹挤在旧金山唐人街家庭商店楼上的一个临时搭建的阁楼里。每晚，他们都会在麻将桌上传来的麻将牌声、笑声和说话声中入睡。弗兰克一家在一幢大楼内租赁了这间店铺。父亲经过白天的长时间工作后，会招待来店里帮忙打发时间的亲戚朋友。晚上，他们喝酒、打麻将。孩子们在人来人往的喧闹声中入睡，有时只睡几个小时就又开始漫长的一天。几年后，弗兰克和他的朋友们加入了唐人街基督教青年会，在那里打篮球和踢足球，否则他们就在家庭商店柜台后的麻将桌上打牌。[1]

从20世纪20年代开始，在全美各地唐人街的公寓、会馆和综合商店的密室里，洗麻将牌的隆隆声随处可闻，麻将已成为华人社区的固定游戏。麻将的文化意义在20年代全球麻将热潮的背景下逐渐形成；到了30年代，麻将在中国国内外都被视为"中国的国民游戏"。在随后的十年里，麻将逐渐融入唐人街的建筑景观，这些景观具有双重功能——既面向白人消费者，也面向华裔美国人。在这一过程中，麻将在包容与排斥的紧张关系中确立了其地位，而这种紧张关系正是20世纪初美国华裔族群所经历的。

对于华裔美国人和其他玩家来说，麻将是一种聚在一起享受乐趣和刺激的游戏方式。然而，麻将作为一款中国游戏在美国的特殊流行历史赋予了它独特的意义。许多华人欣然接受麻将，正是因为它兼具中国和美国的特色，这也有助于麻将的普及。美籍华人与麻将的互动实际上有助于缓解与美国化相关的紧张关系。唐人街的居民参与了麻将的商品化，将其作为中国文化的一部分推广给外界，同时也利用麻将为华人之间的交往创造独立的族群空间。麻将的存在——通过麻将牌的声响和游戏语言，以及它在公共场所和私人住宅中的视觉呈现——有助于标识各族群的地理空间。对于华人来说，打麻将并非为了融入美国社会，也并非单纯为了文化的延续。相反，它是一种多功能的消遣方式，有助于为华裔美国人的共同经历创造空间。

在 20 世纪二三十年代，麻将可以成为不同世代之间的共同点，因为它既是中国的，也是美国的：一种中国游戏的文化内涵因美国的消费而发生了变化。它既是男子在同乡会馆中的赌博游戏，也是妇女在家中玩的小赌注客厅游戏。相比于白人社会，麻将在华裔美国人中与赌博的联系持续的时间更长。在美国对多样性，尤其是对华人态度转变的时代，华裔美国人在特定的建成环境中通过这些环境培养了社交关系。

在两次世界大战的间隔期，华人移民和第二代华裔美国人在融入美国社会的道路上艰难前行。由于劳工移民被合法排除在外，他们的人数不再被视为对美国白人工人或基督教社会的威胁。美国人对中国的同情日益增加，因为中国正面临饥荒和日本的入侵，此外，国民政府也赢得了美国官员和媒体的好感。[2] 反亚裔的论调越来越多地集中在潜在的日本威胁上，尤其是在加利福尼亚州强大的农业利益集团和地主中间。然而，华裔美国人——这一术语在此既包括出生在美国的公民，也包括长居美国的居民——仍然被排斥在平等权利之外。[3] 他们被视为永远的外国人，即使第二代中的许多人接受了高等教育，他们仍被禁止从事大多数职业，也无法获得向上流动的机会。在 20 世纪 30 年代，中国遭受饥荒、战争和入侵时，美国社会对华人的排斥促使包括第二代华裔在内的华人对亟须帮助的祖国产生了更强的忠诚感。作为"中国的国民游戏",麻将在跨太平洋的有关中国国家认同及其未来的辩论中充当了一种象征。

到20世纪初,唐人街的推动者向白人游客宣传其商店和建筑。许多人前来购买麻将,但麻将从来不仅仅是一种外来者的游戏,唐人街也不只是主要面向外部游客的目的地。对于内部的人来说,唐人街是家,或者是一个可以再次回归的文化和经济中心。麻将提供了一种联系的仪式,其独特之处在于这种仪式能够跨越性别和世代的界限,进入多元(非基督教)的空间。麻将也是华裔美国人面对中国、跨越中美、在太平洋两岸建立联系的复杂动态的一部分。

人们可能很容易认为,华裔美国人在美国麻将风潮爆发之前就已经熟悉麻将,但事实恰恰相反。20世纪20年代,许多华裔美国人与广大美国民众一起开始接触并玩起了麻将。当美国白人注意到麻将并不是"旧唐人街"劳工赌博游戏中的一部分时,他们错误地断言麻将的缺席证明它不是工人阶级"苦力"的游戏。实际上,麻将之所以不在其中,并不是因为它仅仅是朝廷上"满大人们"的特权,而是因为在20世纪初之前,它还不是中国文化中的广泛流行的一部分。[4] 对于当时的大多数华裔美国人玩家来说,麻将尚未扎根于家庭传统或祖国的记忆之中。尽管如此,它仍然代表着与中国传统的联系,并且在中国也迅速流行开来。正如一位观察家所指出的,在20年代,麻将热潮"迷住了整个唐人街"。[5]

华裔美国人通常从为"各行各业的美国人"广告销售的同一批发货物中购买他们的麻将牌,这些牌上带有阿拉伯数字和英文字母。[6] 不管他们是通过何种途径了解到麻将的——无论是通过麻将出口热潮在中国日益增长的知名度、有关中国麻将教练需求的传言,还是通过其他已经了解麻将的中国朋友和来访学生——麻将在全美范围内的热潮中迅速在华裔美国人中传播开来。[7] 在接下来的几十年内，中国移民会继续将不同地区的麻将玩法带到美国。在 20 世纪 60 年代移民改革增加和扩大中国移民范围之前，许多唐人街居民的麻将玩法反映了他们的广东血统。

具有讽刺意味的是，尽管营销人员宣称麻将是皇家宫廷专属的消遣，但在麻将热潮初期，如果中国移民听说过麻将，他们通常带有一些怀疑，认为它是与声名不佳的女人的赌博游戏有关。[8] 然而，在 20 世纪 20 年代，突如其来的巨大美国市场刺激了麻将在中国的传播，并改变了其在中国和美国的形象。[9] 很快，甚至体面且相对富裕的商人家庭也开始欢迎麻将进入他们的家庭。社会学家刘裔昌（Pardee Lowe）在其 1943 年出版的开创性家族传记《虎父犬子》（*Father and Glorious Descendaut*）中解释说："全美都在热衷于这一风尚，这也给该游戏披上了受人尊敬的光环。"[10] 对于大多数华裔美国人来说，麻将从城市夜生活的根部进化而来，并且变得更为家庭化，而美国人却因其异国情调而打麻将，这一点颇具讽刺意味。

在中国，随着麻将游戏的传播和普及，以及中国人对美国麻将情结的认识，也发生了一场类似的转变。到了 20 世纪 30 年代，中国社会各阶层的男性——更值得注意的是女性——都在打麻将，且赌注范围甚广。[11] 蒋介石国民政府时期，对公开赌博的打击意味着当局不得不解决一个重大问题，即在什么情况下麻将应被视为一种恶习，但解决这一问题并非易事。1936 年，中国报刊上流传着这样一则消息，"当在家中打麻将，而不是在公共场所"或店铺内，"中国著名的麻将游戏已被宣布为一种合法的娱乐形式"。[12] 这样的法令进一步鼓励了体面的麻将游戏，并使其融入家庭和家居生活。与美国的情况一样，享受隐私的特权最容易被那些有经济能力和特定家庭结构的人所获得，他们能够建立明确为私人所有的住宅，而不是临时工或单身劳工的居住空间。

游戏中的族裔

唐人街的象征性表征包括弯曲的宝塔屋顶轮廓、鲜艳的色彩以及霓虹招牌上的"炒杂碎"字样。然而,在这些面向外部的商业外墙背后和周围,是私人生活空间和华裔美国人的公共生活空间。作为经济和文化中心,唐人街也吸引了来自周边地区的移民和华人。唐人街作为文化节点的重要性超越了其地理范围。尽管各地有区域性差异,但沿着西海岸、芝加哥和纽约的唐人街也共享一些核心共同点。旧金山的唐人街一直是主要的进口中心,并在全美范围内具有影响力。1906年旧金山大地震和大火之后,湾区的华裔人口日益分散,但与全美各地的华人一样,大多数人仍留在城市中。[13] 许多华人居民搬到了旧金山的南部和东部,因为带有偏见的救济政策使旧金山华人的复苏更加困难,他们还遭遇了住房歧视。[14] 不过,他们的经济机会主要还是在唐人街。那些经常往返于唐人街的人完全融入了当地的个人、经济和政治网络。[15]

在全美反亚裔情绪最严重的旧金山,华裔居民面临严重的住房隔离和限制性契约。唐人街实际上是一个贫民区,因此这里居住着各种各样的人,他们都生活在狭小的空间内。单身男子挤在拥挤的房间里,租来的床铺由上夜班或上白班的人轮流使用。[16] 在纽约的唐人街,工人阶级男性也面临着同样严重的住房拥挤问题。"会员每月只需支付一美元,就可以睡在'房'的小床上",这里的"房"指的是宗亲会的总部,这些会馆通常位于公寓楼内。"周六晚上,睡客和打麻将的人轮流占床。"[17] 虽然麻将是一项休闲活动,但它也出现在那些生活艰难的人群中。对于劳工来说，游戏可以让人放松、增进男性之间的感情，或者让人沉溺于赌博以逃避现实。

在某些方面，麻将的功能与其他文化联系类似，例如多米诺骨牌赌博、使用中药或观看粤剧。然而，打麻将的策略和节奏，以及其四人为一组的游戏形式，创造了独特而连贯的文化模式。此外，作为一种同时具备美国和中国特色的游戏，麻将跨越性别和代际鸿沟、弥合多种社会空间的非凡能力，使它在营造更广泛的华人族群意识方面发挥着独特的作用。唐人街的住宅、商铺和会馆成为了打麻将的公共空间。麻将牌创造了一种关于中国文化空间的强烈共鸣。当玩家洗牌时，"哗啦哗啦"的声音会在小巷里回荡。有位观察家曾指出，走在唐人街的人行道上，访客可以从窗户中听到"骨牌和麻将部件清脆的碰撞声以及兴奋的玩家喋喋不休的对话声"。[18]

与此相反，将麻将带出唐人街会增加唐人街居民遭受种族歧视的风险。第一位在美国主流日报工作的华裔记者路易斯·梁·拉尔森（Louise Leung Larson）写道，她的父亲是一位成功的洛杉矶中医，曾带着一副麻将牌和全家一起去海滩。虽然路易丝热衷于和朋友们打麻将，但她后来解释说："我们不想玩——我们不用在公共场合打麻将，就已经被人盯得够紧了。"[19] 她的担忧是有根据的：《芝加哥论坛报》曾刊登了在唐人街外发现"真正的中国人在打麻将"的消息。[20] 作为一个以居住其中的被种族化人群为标志的地区，唐人街是一个社会构建的空间。[21] 在其安全空间内，麻将有助于建立社区，而在安全空间外，麻将则可能被视为强化了差异感和排斥感。

综合商店是华裔美国人交汇碰面的地方，因此成为打麻将的核心场所。[22] 这些商店在大大小小的社区中兼营邮局、移民汇款银行、进口商店和杂货店。[23] 周日集市日，商店里热闹非凡，人们从四面八方赶来进行政治讨论,"在茶馆里吃午饭,会见亲朋好友,购物,赌博,然后回家"。[24] 赌博和讲故事为孤独提供了急需的解药。[25] 在更偏远的华人社区中,随着人口萎缩和老龄化,麻将也为年长居民提供了庇护所,并为商铺带来了少量收入。[26]

店主们通常将麻将放在店铺后面,以保持商业环境的对外形象。[27] 1930 年,《洛杉矶时报》的一篇文章鼓励唐人街的游客"在夜幕降临后,从商店门口往里看。在店铺的后面,总会有八到十个中国人围着一张桌子。意料之中,麻将或多米诺骨牌游戏正在进行"[28]。"中国佬"在他们自己的地盘上打麻将成了外来游客用来消费的另一种异国体验,但这也是一种真正的社区体验。这种体验基于在唐人街店铺后面赌博的老传统,赌徒们可以迅速从警察缉捕队手中逃脱。[29] 麻将被放在店铺后面,这说明它与旧习俗有着持久的联系,但麻将作为"新社交游戏"的地位,以及它作为一种低赌注的非对抗性游戏与非法赌博的距离,又使人们产生了新的联想,有时还能保护麻将玩家免遭警察逮捕。[30]

在公共空间中,男性是麻将的主要玩家,但综合商店通常是家庭企业。[31] 奥克兰的艾玛·胡·邓(Emma Hoo Tom)与家人住在自家店铺的后面,他们既是洗衣店的经营者,也是华裔美国人政治权利的倡导者。她的儿子记得,"她总是在店里",商店里有一个小房间,"人们过来打麻将。许多单身男性进来,我母亲为他们做饭和缝补衣物。她尽可能帮助他们"[32]。就像这些综合商店本身一样,麻将在这些商店中的存在很可能凸显了华人在美国的共同经历。[33] 尽管家庭和朋友在男女混合的环境中打麻将,但男性和女性也发展出各自的麻将文化,并根据他们所占据的空间和社会角色而呈现差异。

男人们在唐人街另一个重要的社会机构中打麻将——为有共同华南祖籍地的男性而设立的宗亲会馆。这些会馆贯穿了美籍华人的历史,提

图 6.1 拍摄于 1942 年的纽约唐人街,这家综合商店以及许多其他商店,提供各种商品、服务和社交机会。在这里看不到麻将牌,但很可能在相机镜头之外,在柜台后面或商铺后面放着一套麻将牌。照片由马乔里·柯林斯拍摄。美国国会图书馆。

供了多样化的社会功能。它们是高度性别化的机构,主要由男性经营,并为男性服务,其建筑提供了安全的聚会场所。[34] 19 世纪末,针对华人的极端暴力司空见惯,这些空间因此弥足珍贵。在压迫和不稳定的环境下(无论是在中国还是美国),赌博在社会上长期占据着一席之地,它预示了运气、娱乐和男子情谊。在宗亲会馆中打麻将延续了这种古老的赌博游戏的历史。[35] 番摊（玩家押注隐藏的衣纽或硬币数量）和牌九（一种多米诺骨牌计分游戏）是与麻将并存的两种主要赌博游戏。[36] 与许多严重依赖运气和猜测的赌博游戏不同，麻将也因其高级策略和技巧的重要性而具有知识性吸引力，当然手气同样重要。

图 6.2　一个重建的宗亲会馆展示了麻将桌。在西雅图国际区，数十年来，这些麻将桌旁坐满了打麻将的男子。直到 20 世纪 30 年代，这座建筑一直是"至孝笃亲公所"（Gee How Oak Tin）的所在地，然后变成了"台山宁阳会馆"（Hoy Sun Ning Young），一直持续到 70 年代。陆荣昌亚洲博物馆。

尽管麻将的地位有所提高，并融入了各种社区空间，但在华人社区中，它仍然是一种赌博游戏，并且可能具有破坏性。男子在赌馆和宗亲会馆进行社交活动是可以接受的。与宗亲会馆不同，唐人街的赌馆仅用于赌博，其令人上瘾的吸引力跨越了亲属群体和堂会成员的社会界限。尽管如此，在表面上更具社区色彩的宗亲会馆中，男人仍然可能会遭受重大的经济损失。在20世纪50年代的旧金山唐人街长大，乔伊斯·李（Joyce Lee）记得她的母亲偶然发现继父再一次在宗亲会馆打麻将，由于继父经常在麻将桌上输掉大笔钱财，[37] 母亲一怒之下，把麻将桌掀飞了。当时，李对母亲明显的虚伪感到困惑，因为她也打麻将。不过，与她的丈夫相比，李的母亲在亲朋好友家中打麻将时下的赌注微不足道。

妇女主要在女性聚会中打麻将，赌注很小，麻将为她们提供了重要的联系纽带。部分原因是许多年长的移民妇女大多时间都居家，从而保持了传统的体面标准，所以唐人街的年长妇女会在彼此的公寓里与亲戚或其他妇女一起，在共享而拥挤的家庭空间中打麻将。[38] 麻将也传播到了唐人街以外那些拥有更多私密和娱乐空间的住宅中。[39] 这些游戏为传播社区信息提供了另一个网络。对于年长妇女来说，麻将是"客厅谈话和八卦的一种媒介。它不仅有助于促进友谊"，刘裔昌解释说，"还包括各种各样的小吃"，从瓜子、香料干果到甜甜圈和爆米花，不一而足。[40] 麻将牌局经常在深夜的"宵夜"中圆满结束，"食物从餐馆送来，通常是炸面条、炸馄饨和华夫饼"[41]。这些例行公事对于寡妇和其他孤寡老人，无论是男是女，都可能是救命稻草。[42]

对于女性来说，性别隔离但年龄整合的游戏成为了年轻一代社交的重要机会。虽然乔伊丝·李的第一个记忆是她的母亲打麻将时照看她的兄弟姐妹，但年轻女性有时也会与年长的女性一起打麻将。正如刘裔昌所描述的，"麻将桌成了培训学校，老一辈的妇女口口相传，将传统技艺传授给年轻的美国化的女性"。[43] 谭恩美（Amy Tan）1989年出版的小说《喜福会》(*The Joy Luck Club*)也描绘了类似的动态变化,其中一个女儿取代了她母亲在麻将桌上的位置。[44]

麻将的结构和节奏还提供了一个社交机会,可以绕过不同代际之间的语言障碍或冲突点。与许多其他游戏相比,麻将在每个回合之间加入了自然的停顿,使得在竞争不那么激烈的牌局中,人们可以轮流打牌,并间歇性地聊天。由于打麻将的节奏为简短的对话提供了舒适的空间,因此麻将成为了一项历久弥新的跨代际活动。[45] 当今中国的家庭在农历新年期间聚集在一起打麻将,这是一种无需广泛交谈的团聚形式。刘裔昌的父亲最初不赞成家里的年轻人打麻将,但"最后,连父亲也同意,赌博游戏有其社会价值。他承认,这是一项能让我们一家人团聚在一起的活动,对年轻人和老年人都有同样的吸引力"。[46] 这样的活动来之不易。

为生计奔波的成年人以及在美国和中国学校之间穿梭的孩子们都缺乏闲暇时间,这加剧了跨世代娱乐和休闲的匮乏。年轻人由于没有工作的压力,通常在课余时间参加各种俱乐部和活动,包括基督教青年会和基督教女青年会等基督教组织举办的活动,以及运动队和社区服务团体。[47] 老一代人更倾向于去中式剧院、赌博、边聊天边进行其他有益活动,以及打麻将。正如社会学家谭金美(Rose Hum Lee)所发现的那样,"除了聚餐之外,旅居者最常见的娱乐方式就是打麻将"。打麻将可以在下班后进行,"只要有四名玩家聚集在一起,就能迅速组织起来,或者在'三缺一'时,一个电话就能带来'第四条腿'。根据洗衣工的工作日程安排打麻将的时间",例如,在洗涤、晾晒和熨烫了一整天后,或是在周六晚上完成一周的工作后,便可以享受打麻将。[48] 虽然中产阶级家庭成员有一些课外娱乐时间,但有家族生意的孩子们后来回忆道,"只有到了晚上,当亲戚或朋友来串门,长聊并打麻将时,一家人才会放下生意"。[49]

在 20 世纪二三十年代，华人社区面临着痛苦的变革。由于移民政策导致的人口结构变化，大批华裔美国人家庭经历了这一时期社会上普遍存在的代际冲突。到 1920 年，由于排华法案的长期影响，老年人口开始减少，出生在美国的青壮年在社区中占据了更大的比例。[50] 除了 20 年代更广泛的美国青年叛逆现象外，在太平洋彼岸，年轻的渐进改良派也在试图重塑中国社会。在美国，作为华人，无论是年轻人还是老年人，都面临着相互冲突的压力，他们的应对方式多种多样，包括和解、抵制和谈判。与此同时，融入美国社会似乎要求同化。许多人，特别是 20 年代的年轻人，感到被迫在成为中国人或美国人之间做出选择。[51]

作为一种时髦的游戏，麻将与同样在开拓新领域的青年文化相得益彰。尤其是年轻的华裔女性，她们通过体育运动、工作和在公共场所自由行动，挑战了有关体面的极限。刘裔昌在 1915 年之后写道，少女的自由发生了"革命性的变化"。最令人愤慨的是，"女孩们现在在家里招待男朋友们［原文如此］，甚至是正在上高中的女孩也会如此。一些男孩也会这样做。麻将派对和桥牌聚会总是一时兴起的安排"。[52]《纽约时报》的一篇文章描述了一位绰号为"麻将小姐"的有悖于传统的旧金山华裔飞来波女郎。虽然这篇文章显然是从白人的视角出发，将这位"俏皮"的年轻女性物化为一种"东西方合二为一，永远充满异国情调"的时尚印刷品上的幻想人物，但"麻将小姐"在现实生活中确有其对应的人。自诩为"飞来波女郎"的弗洛拉·贝尔·郑（Flora Belle Jan），在她加利福尼亚中部的成长过程中，曾在报纸上发表文章，同时讽刺了美国主流文化和美国华人文化。[53] 这种令人震惊的行为，尽管与同时在中国发生的"争取男女平等"的呼声相一致，却往往被老一辈人鄙视为堕落的美国影响。[54] 年轻女性发现自己在唐人街外始终受到种族限制，而在唐人街内则受到性别限制。[55]

麻将作为时髦的现代性和中国身份的象征,深深吸引了年轻的华裔美国人。它并没有将美国和中国的生活方式置于冲突之中。刘裔昌形容"一小撮中国人的缩影,他们认为同化就是在实际行动中高喊'我们是美国人'"的一位年轻男性,却毫不犹豫地打起了麻将。在他的社会学笔记中,刘将这位男子的描述命名为"同化:可悲之处:过度同化,1934年",并列举了他的生活习惯:"抽雪茄,酗酒,热衷于钓鱼,打扑克和打麻将,开着中等价位、造型时髦的汽车。"[56] 作为该男子生活习惯中唯一的中国消遣项目,麻将尽管起源于中国,却因其被视为"过度同化"的标志而脱颖而出。大学生们也与朋友一起打麻将,游戏场合包括为未来活动筹款的派对,以及旨在建立华裔学生之间的社会联系和中国爱国主义意识的会议。[57]

年轻人和老年人都迅速接受了麻将。然而,麻将玩家的年龄仍然具有特定的关联。正如麻将作为家庭娱乐的新地位并不妨碍其作为赌博游戏的持续使用一样,麻将的不同代际文化也形成了一个共存的维恩图*。路易斯·梁认为,"我们这些美国出生的华人"明显不同于那些"与他的唐人街朋友一起打麻将"的老年男子。[58] 在这里,麻将的含义取决于"老唐人街"的语境,尽管梁自己早些时候曾与大学朋友们一起疯狂地"没日没夜"打麻将。[59]

新年庆祝活动提供了一个特别明显的例子,说明麻将既可以具有代际特点,又可能成为代际之间的桥梁。春节期间,赌博传统上被认为会带来好运。作为一种家庭游戏,同时也是一种赌博游戏,麻将在每年的这个时候遍布各个家庭,不同世代的人都在打麻将。春节也是一个返乡的日子,散居全美各地的华人纷纷来到唐人街探亲。对于那些在严格的

---

* 英国逻辑学家维恩制定的一种类逻辑图解,用于显示元素集合的重叠区域。——译者注

中文学校和传统庆祝仪式中挣扎的年轻华人来说,中国新年是"我们存在的中国人那一面中唯一吸引我们这些孩子的东西"。[60] 每逢春节,各地年长的男性都会聚集在一起,"有些是从乡下过来的——在唐人街,旧金山以外的任何地方都被称为乡下。到处都在打麻将"。[61]

相比之下,美国的新年是同龄人庆祝的日子。虽然对于华裔美国人来说,这些派对往往不那么注重家庭,但它们通常仍然以唐人街为中心。[62] 成年的第二代华人会举办麻将派对和舞会,刘裔昌描述了这些派对的情景:"谈话几乎只用英语进行,通常是最低级的俚语。如果打麻将,下注往往很高。酒水畅饮,总有男人会喝醉,派对热闹非凡,直到天亮才结束。"[63] 年长的唐人街居民则去看中国戏剧,或者待在家里玩麻将或中国骨牌——这些游戏通常会持续整晚。[64] 这些关于美国新年的代际差异和相似性的场景,清晰地展示了唐人街如何同时成为美国化和创造华裔种族特点的地方。[65]

然而,并非所有华裔社区成员都能在麻将游戏中找到共同点。虽然麻将成功地转变成了一种以社会阶层为基础的体面游戏,但它并没有被基督徒认可为一种道德活动。尽管美国人先入为主地认为反对赌博的华人是矛盾的说法,但 20 世纪 20 年代麻将的流行并没有成功渗透进坚守基督教信仰的华裔美国人社区,他们的娱乐活动也仅限于棒球、篮球等美式体育运动、慈善活动,或西方人一直推崇的桥牌。[66]

基督徒对麻将作为一种不道德赌博游戏的担忧并没有阻止它在华人社区中的传播,部分原因是到了 20 世纪二三十年代,世俗的中国民族主义和日益增强的华人群体认同感提供了另一种组织基础。1922 年,主张改良的中国五四运动中的学生和知识分子发起了一场反宗教(也被称为反基督教)运动。尽管中国基督教青年会和基督教青年女会仍然是华人社区中至关重要的社会服务组织,但一些反传教士情绪也影响了它们。[67]

反传教士情绪转移了基督教对麻将作为赌博活动的批评,因为这种批评可能被解读为帝国主义的证据。宗教对赌博以及对麻将的排斥,完全源于基督教的西方起源及其长期以来将赌博与道德败坏联系在一起的观念。[68] 随着麻将的社会流动性增强,它作为中国文化标志的力量也在增强。中国民族主义者将传教士对麻将的警告与外国沙文主义和误导性的"现代化"联系起来,认为这种"现代化"试图抹杀中国文化,转而采用西方模式。一位作家在《中国学生月刊》上批评传教士"生活在中央之国,却没有意识到中国和其他地方一样都是20世纪。他们希望中国人喝咖啡而不是喝茶,打桥牌而不是打麻将"。[69] 换句话说,中国民族主义者认为,麻将应被视为同时具有现代性和永恒中国性的象征。

中国的国民游戏

在20世纪二三十年代,紧随着一股颇具凝聚力的现代中国民族主义潮流的形成,麻将成为了"中国的国民游戏"。它成为中国内部关于"中国"定义的辩论的象征,这些争论试图界定何谓中国人。[70] 民族主义者设想将国家从传统的自我转变为一个强大的现代化国家,同时保留基本的中国特征。自20世纪初以来,一场最初由中国城市知识分子领导的运动逐渐发展起来,他们用超越本土的国家术语来定义中国,并将外国列强对中国的压迫置于跨国背景之下。[71] 1911年,孙中山在海外华人的财力物力支持下发动革命,五年后,新生的中华民国陷入地方军阀统治。20世纪20年代,中国共产党人与蒋介石领导的国民党人之间的暴力冲突日益加剧。30年代初,日本军方首先侵占了中国北方领土,并建立了伪满洲国政府,从而使战争的阴云笼罩中国。1937年,日本对中国发动了全面侵略,迅速攻占了北平和上海华界。日本的侵华使华裔美国人——学生、基督徒、老人和年轻人——迅速团结起来,并使一种华人共有的民族主义得到了重视。[72] 然而,基础早在之前就已经打下。正如历史学家陈勇所指出的,中国人的跨国主义"体现在华裔美国人过去和现在所生活的日常物质世界中"。[73] 尽管公开的政治讨论和行动定义了中国的民族主义,但麻将是众多强化了关于何谓中国人的共同意识的物品之一。

即使在麻将作为"中国的国民游戏"的声誉得到巩固的同时,中国人的言论也表明,他们敏锐地意识到麻将在西方的高度受欢迎程度,以及如何将营销人员眼中的本质上是中国的游戏与古雅而神秘的中国文化等同起来。[74] 然而,在中国国内,与中国文化的联系并不总是需要古老的起源和永恒的中国宫廷故事。中国评论家在谈论麻将的"古老根源"时,可以将其置于麻将的前身背景下,而不是美国人认为的一成不变的前现代中国文化中。[75]

寻找古老的根源以建立现代国家认同,与中国民族主义话语相契合。后者将真正的中华民族与汉族身份结合在一起,并将中国的积弱归咎于近三百年的清朝统治者。[76] 中国知识分子迫切希望抓住中国"特点"的象征,同时在激烈辩论中思考中国为何沦为"亚洲病夫",如何摆脱困境,以及如何在此过程中保持中国身份认同。对他们来说,麻将象征着古代中国智慧在全球舞台上的发展壮大。[77] 许多中国评论家欣然接受了麻将的"国宝"形象,尤其是在全球麻将热潮之后。[78]

对于一些评论家来说,麻将作为一种国民运动的地位更为负面——但他们也认为,麻将仍然体现了一些关于中国"精粹"的有意义的东西。20世纪20年代,一些杰出的知识分子将中华民国的垮台归咎于中国传统文化,认为麻将体现了所谓的负面民族特征,如沉溺于休闲和"一切为我"的态度。[79] 有人批评麻将为一种堕落的现象。1932年,日本傀儡政权伪满洲国将麻将用于赌博，作为瓦解中国人士气的手段，同时在日本人居住的区域禁止赌博和卖淫。[80]

归根结底，对麻将的批判根源在于麻将强调个人利益而非群体进步，它带有民国前中国的"封建"色彩，从而伤害了正在苦苦挣扎的国家。[81] 这种批评既针对男性，也针对女性。[82] 然而，对于女性来说，这种批评具有特殊的意义，因为中国保守民族主义社会改革者将女性描绘为中国传统的捍卫者，同时她们又参与了通过"将自我牺牲的美德重新导向国家"的现代改革。[83] 在美国，针对女性麻将玩家的批评涉及了基督教华人社区，以及对女性公民行动的不断推动。罗伯塔·张（Roberta Chang）从上海给西方人和华人基督徒写信，阐述了她所观察到的妇女问题。[84] 张是蒋介石及其夫人的新生活运动的支持者，该运动将儒家思想与新教和民族主义融合在一起，制定了一套关于自我完善、忠诚、整洁、教育以及最重要的，为国家服务的规则。在对中产阶级女性的强烈批判中，张认为，无论是注重享乐的女性麻将玩家，还是以家庭为重的主妇，都忽视了她们作为民族主义者的最高职责。如果精心选择娱乐活动可以提高妇女的智力和社会参与度，那么它可能是"最有力的治疗措施之一"。[85] 她认为麻将只能满足对娱乐的琐碎欲望或巩固狭隘的地方性纽带，因此她斥责打麻将的女性。

罗伯塔·张表达了关于妇女和休闲的新旧观念。正如历史学家季家珍（Joan Judge）所论述的，在各种形式的中国民族主义中，"新女性"具有讽刺意味地重塑了"'女子无才便是德'这一古老成语，并以不言而喻的口吻说，只有不放纵自己个人才能的女性才是爱国的"。[86] 受过教育的女性要通过服从"具有爱国美德的道德主义制度"来表明她们对个人主义的摒弃。[87] 然而，张也表达了妇女作为合法政治行为者以及需要通过教育和旅行更广泛了解外部世界的全新大胆主张。[88] 新生活运动是一项具有保守主义色彩的努力，旨在通过妇女的爱国活动证明她们应享有平等权利。正如新生活运动洛杉矶分部主席莉莉·陈（Lily Chan）所解释的那样，他们的目标是"推动进步的车轮，而不损害家庭"。[89] 因此，自私地打麻将不仅削弱了妇女对国家大家庭的义务，还进一步将她们排除在社会进步和公民参与之外。

随着麻将在中国人生活中变得越来越根深蒂固，它也被纳入了民族主义话语和日益强烈的要求中华民族自决的呼声中。上海的半殖民地社会成为中国民族主义者的主要目标。1925年5月，一名中国工会领袖在上海外国租界罢工抗议一家日本工厂时被杀害，5月30日，在一场大规模抗议中，英国警察屠杀了中国人，此后反抗活动愈演愈烈。1933年，在一名身着外国服装的中国人陪同下，工部局警务处的两名警官非法没收了一套麻将和4美元现款，上海居民对此极力反对，将麻将与日益高涨的反抗外国统治的浪潮联系在一起。[90] 提出投诉的是一名商人和一名工人，他们一起在家中赌博，这表明了麻将跨越阶级的可能性。在军阀混战的年代，麻将牌本身通过在由骨、竹制成的"花"牌上雕刻图案，传达了"统一国土"和"文明世界"的民族主义信息。这些麻将牌描绘的不是菊花，而是诸如电线杆等能够使国家现代化和进步的场景。[91] 到了20世纪30年代晚期，麻将工匠们推出了带有精雕细琢的战斗机飞行员和荷枪实弹士兵图案的早期塑料麻将牌，以歌颂军事抗日。[92]

"团结"的呼声也响彻了美国华人学生团体。这些学生组织使中国国民和美国华人学生融合在一起，共同致力于支持中国的爱国事业。[93] 20世纪20年代末和30年代成长起来的华裔美国人经历了中国民族主义的诸多推拉因素。对于在成长过程中强烈认同自己是美国人的年轻人来说，进入充斥着歧视性的大学招生、经济障碍和永久外国人身份的成人世界，感觉就像是对美国承诺的背叛。[94] 种族主义可能促使他们转而认同自己是中国人，甚至可能移居中国，"回归"他们中许多人从未见过的国家。[95] 在20世纪20年代麻将热潮期间，年轻的华人大学毕业生对被迫在古玩店穿着服装以谋生感到愤怒。[96] 当大萧条在 30 年代来临时，种族歧视加剧了华人的经济边缘化，导致许多人陷入严重贫困。同时，中国陷入困境，需要工程师和在美国受过培训的专业人士，这为受过教育的华人提供了有意义且有报酬的未来。[97] 在 30 年代，美国对于华人来说希望最为渺茫，而他们的"故土"似乎最需要他们。到 30 年代末，大约有 20% 在美出生的华人"回到"了中国。[98]

学生们日益增长的民族主义情怀激励他们迎接建立一种侨居华人身份的挑战。面对自然灾害和饥荒、派系纷争以及外国帝国主义造成的中国困境，学生们热切地呼吁团结和支持。在共同经历了作为华裔美国人的成长之后，土生华人敦促各个分裂的中国学生团体（这些团体之间的敌意反映了在中国肆虐的地区敌对情绪）走到一起。学生会依靠麻将和其他形式的娱乐，在非正式和有组织的场合将年轻人聚集在一起，从而在这些群体内部建立起团结。路易斯·梁回忆说，在 20 世纪 20 年代初的麻将风潮时期，这种游戏"在南加州大学的华人学生中风靡；他们没日没夜地在我们家打麻将"。[99] 随着学生民族主义的发展，麻将也以更官方的身份融入他们的生活中。1936 年，中国与日本的战争迫在眉睫，旧金山湾区中国学生联合会召开会议，旨在"为我们的救国活动奠定基础"，并为华裔美国人关心的中国国内问题制定行动计划。社交活动是计划的一部分，因为"我们迫切希望使湾区每所学校的华人学生有更密切的接触，以便我们能更好地相互了解"。麻将是 1936 年会议的活动之一，旨在让学生们"在这场神圣的国家存亡斗争中"团结起来。[100] 在广大美国民众将麻将束之高阁很久之后，麻将作为中国的国民游戏，继续在太平洋两岸受到追捧。

华裔美国人和中国学生会等跨太平洋社群就民族主义和身份认同问题展开了辩论，但大多数美国人仍然未能察觉这些对话。相反，东方主义式消费影响着唐人街居民和外来者在不断变化的经济环境中的互动。

零售唐人街

20世纪30年代初,"三人麻将"歌舞三人组在洛杉矶演出。这个小团体身着锦缎中式袍服和阔腿裤,引领了一波比他们更大胆的夜总会表演。这些俱乐部利用刚刚废除的禁酒令,将美国白人的资金引入华人社区,并成为一个文化热点。"三人麻将"由两位美国日裔姐妹桃乐茜和海伦·托伊(Dorothy and Helen Toy)以及华人保罗·维英(Paul Wing)组成。在随后的十年中,随着华人社区的反日情绪,特别是在珍珠港事件之后,美国白人中的反日情绪达到白热化,这种团体变得越来越罕见。桃乐茜和海伦已将她们较长的日本姓氏"高桥"改成了更"简单"、更不带有种族特征的"托伊"。[101] 不久后,姐妹俩分道扬镳,桃乐茜加入了保罗,组成了"托伊和维英"*。保罗后来回忆说,"组合名字本身就意味着我们是中国人,服装全部是中国风格,音乐也是中国风格"。这些夜总会完全是美式风格,但通过对亚洲女性身体的性化展示,以及让人联想到20年代打麻将的主妇所穿的中国戏剧风格的服装,展现了仿中式美学,营销了一种异国情调。[102]

许多社区成员反对唐人街的夜总会,并拒绝接受在那里跳舞的女性。然而,像旧金山著名的"紫禁城"夜总会的推广者刘英培(Charlie Low)却辩称,"老派的"礼仪是"落后的"。他认为,在他的夜总会里展示的暴露舞蹈表演表明,"我们是平等的。为什么?中国人的肢体

---

* "Toy"(托伊)作为中国姓氏,一般为"蔡"的音译,Wing(维英)作为中国姓氏,可译作余。——译者注

图 6.3 20世纪30年代,桃乐茜·[高桥]·托伊、保罗·维英和海伦·[高桥]·托伊以"三人麻将"歌舞组合的身份亮相。他们的刺绣服装和盘纽帽呼应了在美国长期存在的传统中式服装形象,而他们的发型、妆容和歌舞表演则使他们完全融入了现代美国文化。桃乐茜·托伊·方的遗产。

和其他人一样漂亮!"[103] 这些夜总会主张将华人纳入现代美国文化中日益增多的公共性行为中,同时也利用了差异的新奇感和对亚裔女性的长期性化。尽管最初有所抵制,但到了20世纪40年代中期,许多中产阶级华人与成千上万的白人一道加入了夜总会顾客的行列。[104] 20世纪30年代末，报纸还报道了年轻的华人女性敦促读者抵制日本丝袜，以防止利润丰厚的丝绸贸易将美国消费者的美元输送给对中国平民犯下暴行的日本军队。[105] 她们摆出艳舞女郎的姿势，展示穿着美国制造的莱尔线*棉袜的美腿。无论是出于个人利益还是消费者政治，通过营销中国文化同时属于现代西方和异域东方，中国女性的身体吸引了美国白人的钱袋子。经济生存策略和促进融入美国的策略都涉及与美国白人接触，因此两者之间的界限往往模糊不清。[106]

长期以来，唐人街一直是与非华裔外来者互动的场所。在大众想象中，它们是充满异国情调的地区。这种想象力可以成为一种经济和文化资产，同时也强化了对华裔美国人的刻板印象，将他们视为永远的外来者或与美国人天生不同的人，这些观念促使了在社会、法律和经济上的排斥。贫民窟观光，即中产阶级的外来者穿越例如唐人街等以非法行为著称并被标记为非白人种族的城市区域，自19世纪末以来已发展成为一种产业。[107] 1926年出版的一本纽约唐人街贫民窟观光客指南描述了供出售的纪念品："让斯卡尼阿特勒斯**或萨吉诺市***的乡亲们相信，纪念品的拥有者确实去过曼哈顿天府之国的神庙和鸦片馆。"[108] 游客甚至可以瞥见"在一个地方，这些毫无表情的面孔极为认真地打麻将或牌九"。虽然白人观光客可能已经知道麻将是美国社会的一种消遣，但被过分炒作的唐人街环境使得麻将成为一种外国游戏，并且希望观光客的世故能给"家乡人"留下深刻印象。

在商人和市民领袖的领导下，唐人街通过吸引外来顾客，优化了其有利有弊的异国情调。这种努力首先是一种经济生存策略，随着日本侵

---

* 一种用于制作紧身衣和长筒袜的精细光滑的棉线。——译者注
** 纽约州的一个镇。——译者注
*** 密歇根州的一个市。——译者注

略的升级,也逐渐成为一种为中国赈灾的呼吁。作为一种体面的中国游戏,麻将是唐人街吸引白人购物者的众多进口商品之一,因此受到欢迎。尽管大部分麻将牌通过大型百货商店分销,但像安德鲁·甘和南洋兄弟这样的重要华裔美国人和跨太平洋进口商会利用他们的国际联系,将麻将牌作为大宗中国商品的一部分进行销售。[109] 当华盛顿社交界在1922年冬季迷恋上这款热门新游戏时,他们不仅从中国订购麻将牌,还从旧金山和纽约的古玩商那里订购,并报告称"正在仔细搜索唐人街以获得麻将记分器"。[110] 麻将销售公司还希望通过在旧金山主要的中文报纸《中西日报》上刊登批发价格和一名中国代表的广告,将市场拓展到美国华人零售商。[111] 麻将既可以是美国人熟悉的,也可以是异国情调的,有助于通过一种吸引人的、商品化的差异感,而不是同化,来促进融入美国社会的巨大努力。

20 世纪 30 年代,唐人街的商家希望通过"风景如画"的重建来促进更有利可图和积极的旅游业。对"东方氛围"的推动建立在更早期的唐人街重建运动之上。[112] 1906 年旧金山大地震和火灾夷平了"老唐人街",重建后的唐人街结合了城市规划对该地区的"清理",并增加了受 1904 年圣路易斯世界博览会上首次展出的中国村宝塔启发的建筑元素。[113] 本地商人们所拥有的集市很快聘请了白人建筑师来设计"明显是东方"的建筑,在唐人街的主要商业街上树立起顶部有宝塔的路灯,以显示异国情调的消费主义。[114] 后来,陷入大萧条的唐人街将 1939 年旧金山国际博览会视为吸引亟须的旅游收入的机会。在洛杉矶,重新开发意味着拆除衰落的"老唐人街",为新的联合车站让路,唐人街的居民遭到驱逐,商业被迁至"新唐人街",那里有霓虹灯入口标志、宝塔式样的屋顶轮廓,还有举办麻将和鸡尾酒派对的餐馆。[115] 虽然"新唐人街"是为游客量身定制的,但它也旨在成为华人的居住地。

随着大萧条的延续和日本海外侵略的加剧，华裔美国人民间公民领袖和市民们感到有必要以体面的方式对抗歧视，并促进包容。一个适合家庭的唐人街环境也促进了旅游业和购物者，为华人在美国的生存提供了资金，同时为中国的家庭和政治事业提供了急需的汇款。[116]《中国文摘》编辑李清华（Chingwah Lee）提醒唐人街商家："对于一些人来说，唐人街拥有远东的所有魅力、神秘感和异国情调，那些来的人会想要记住唐人街，并且会想要购物。"[117]

麻将体现了华裔美国人引以为豪的与中国的联系，他们试图以美国白人消费者熟悉和对其有吸引力的形式来宣传这种联系。1936年，进步的哈蒙基金会和太平洋关系研究所美国理事会制作了一部短片，宣传一种非威胁性的跨种族友谊愿景。[118] 在短片中，一个华人男孩进入一个白人男孩的家，向他讲述了"许多事情"的历史。旁白告诉观众，"有些我们如此熟悉，以至于它们的起源被遗忘了。在你自己的家中，你每天都在使用和享受中国的礼物"。其中包括"中国打的牌、现代扑克牌的古老祖先、多米诺骨牌和麻将"。这部影片在十年后仍然被用来促进学校中的"跨文化理解"，将"中国的礼物"描绘成非常熟悉的日常用品，将打麻将与美国人打纸牌混为一谈。[119] 这种快乐融合和纯真童年的愿景与十年前麻将作为破坏性中国影响的入口点的表述形成了鲜明对比。

20世纪30年代，对中国的描绘反映了一种重新定位，转向了历史学家凯伦·梁（Karen Leong）所称的"中国神秘"，即对坚忍不拔的古朴民族的浪漫幻想，这种幻想后来通过美国和中国在战时结成抗日联盟而获得了力量。[120] 赛珍珠在1931年获得普利策奖的小说《大地》大受欢迎，六年后该小说被搬上银幕，这些都促进并体现了这一重新定位。

与此同时，傅满洲作为诱拐白人妇女的恶魔，在虚构的侦探陈查理*身上找到了更仁慈的对应。然而，对中国的新描绘仍然涉及毫无深度的刻板印象和女性化的"东方人"。白人演员在后来被称为"黄面"的角色中扮演了关键的电影角色。尽管如此，这种转变是明确的，它承诺了美国作为一个多种族民主国家日益重要的愿景，即包容，尽管不是平等。[121] 麻将是华裔美国人通过商品化的文化推广，促进包容和经济生存的更大努力的一部分。[122]

---

* 美国作家厄尔·德尔·比格斯在 20 世纪 20 年代创作的华人探长角色，后来被拍成多部影视作品，使其闻名全美。——译者注

第七章　排斥亚裔与强制休闲

男人们挤在麻将桌周围，牌局正如火如荼；其他人则聚在正播放着粤剧的留声机旁。附近多米诺骨牌的玩家打乱了中国硬币的顺序；麻将玩家也用这些钱币做赌注，只是数额较小。这里曾经是一间浴室，高高的窗户透进足够的光线，让人打麻将，但窗外并没有海景。不过也罢，因为这些男人被无限期地关押在旧金山离岸的天使岛移民拘留中心，无法越过窗外的围栏。他们在此等待着审讯的开始、结束或判决，时间漫长，每周都会有新人到来，接受审讯的老少则穿过拘留中心紧锁的大门。谣言满天飞：有人被遣送出境，有一场关乎食物的暴动，还有一个女人在盥洗室上吊。在拘留营中，木板墙壁上刻满了关于渴望和沮丧的诗歌。而此刻，玩家们的注意力全都集中在麻将上。那是1930年。

12年后，一位父亲和他十几岁的女儿坐在一张朴素的木桌前打麻将。他们邀请了最近教他们打麻将的邻居夫妇；昨晚，他们隔着薄木墙听到了那对夫妇的争吵。他们所在的房间位于坦福兰赛马场*仓促建造的营房里，与他们在20世纪20年代伯克利的平房住宅相去甚远。他们害怕使用公共厕所，但觉得自己比那些不得不搬进由马厩改建而成的臭气熏天、肮脏不堪地方的数百个日裔家庭要幸运。女孩的母亲正在监禁营的菜园工作，她仔细清扫了门槛，把锅挂在墙上，拉上了玻璃窗前的

---

* 位于加利福尼亚州旧金山湾区。——译者注

窗帘。麻将游戏中没有使用硬币。在每局牌的间隙,他们讨论着集中营内棒球比赛的结果、由于食堂晚餐引发的接连不断的腹泻和因此死亡的老妇人的情况,以及官员们下一步将何时转移他们和目的地的最新消息。而此刻,玩家们的注意力全都集中在麻将上。那是1942年。

20世纪上半叶,美国的亚裔面临着包容与排斥之间的尖锐矛盾。无论是通过移民定居还是在美国出生的华裔和日裔个体,都经历过隔离和监禁。美国与中国或日本之间地缘政治的曲折变化,以及围绕美国白人所感受到或担心的经济竞争的国内政治,深深地形塑了他们的处境。地缘政治关系对针对某个族群的政策产生了深远的影响,特别是那些以人口迁移——无论是跨境迁移还是战时居留——为重点的政策。美国关于种族和族裔的概念时而分裂、时而固化——有时会强化华裔和日裔血统含义之间的区别,对其中一方给予更多包容;有时则将两者统一在一种种族认识之下,认为他们与其他族裔存在本质区别,因而永远不能被同化。华裔和日裔美国人,以及中、日移民也由于美国政治以外的原因彼此对立,这些原因尤其涉及中国在面对西方和日本侵犯时的相对弱小和脆弱,以及日本日益高涨的军国主义和对中国的侵略。

华裔美国人在太平洋边境被拘留,日裔美国人在二战集中营被监禁,这些都是排斥的具体表现。最初主要针对中国劳工的移民排斥政策强化了国家边界,使中国移民在美国的地位岌岌可危。这些移民政策及其实施使得这些劳工对融入美国的诉求本质上都是可疑的。天使岛是美国在太平洋沿岸执行针对大多数潜在移民的政策的地方。20世纪初,数以千计申请入境的华人在那里被拘留和审讯。被拘留的男性移民通过打麻将在非人道的环境中开拓社交空间,而女性移民可选择的休闲活动则少得多。追溯天使岛移民站中有关麻将的故事,揭示了被忽视的中国移民各种各样的生存策略。具有讽刺意味的是,他们的经历重新定义了休闲活动所带来的一些特定困难。打麻将远非是一种放松或轻松的消遭，而是在国境间被拘留时被迫进行的活动，是源于焦虑和无聊的痛苦心理体验。

相比于摇摇欲坠的中华帝国的臣民而言，日本现代化国家的力量保护了日本移民。然而，20世纪初，对日本日益增长的军事威胁的恐惧与加利福尼亚农学家对外来日本农民及其在美国出生的子女的怨恨结合在一起。日裔美国人成为了新的移民排斥法的目标，并在法律上处于不利地位。1941年珍珠港事件爆发后，美日之间爆发战争，美国人早已对日本帝国主义下的中国受害者表现出同情。日裔美国人最深切地感受到了被排斥的痛苦。当时，美国政府将所有有日本血统的西海岸居民——其中三分之二是美国出生的公民——加以驱逐，并将他们关押在被错误地称为"拘留营"的监禁设施中。[1] 与过去几十年被拘留在天使岛的中国人的经历如出一辙，遭受监禁的第一代和第二代日裔美国人在战争期间通过打麻将来缓解混乱和焦虑带来的压力，同时也为了建立社区，当然还有赌博。后两者并不总是容易共存，因为社区对赌博的担忧有时会导致限制打麻将的尝试。

尽管存在差异，中国和日本移民及其美国出生的子女在美国的种族框架中占据了一个共同的位置，这一框架将他们排除在通过文化和政治同化融入美国社会的可能性之外，无论他们是否长期居住或出生在美国。即使社会科学家对早先关于文化和生物融合的恐惧提出了质疑，大多数美国人仍然将亚洲人视为与生俱来的异类，并且常常带有威胁性。在天使岛和监禁营施行的拘留是一种国防措施，将被拘留者与工作、家庭和社交规范隔离开来。即使美国对工人阶级移民进行筛选，以防他们成为"公共负担"，政府也强制要求被监禁者参与休闲活动。因此，非自愿的休闲活动成为一个需要应对的问题。

拘留所中的麻将

天使岛移民站位于旧金山湾区，其设计凸显了移民在美国的边缘地位。在行政大楼里，申请者被缓慢地推搡着接受半公开的体检，然后被送入铁笼包围的区域，等待入境申请。移民们被分配到挤满了一排排金属床铺的房间里；每排都是由两三层狭窄的床铺堆叠而成，两张铺并排放置。在这里，移民们只能忐忑不安地等待，同时还要接受官僚主义的口头盘问。正如历史学家亚当·麦基翁（Adam Mckeown）所描述的那样，拘留将移民推入了"一种悬而未决的时期，他们被忽视、彼此陌生，正常的关系和责任被中断"。[2] 麦基翁认为，这是一个孤立期，通常没有"放松或游戏"。然而，麻将的历史表明，令人难以忍受的条件实际上可能促成了游戏，而游戏可能成为生存的一个要素。此外，关注谁能获得这种策略揭示了他们的社会地位，不同的社会地位使得他们共同被拘留的经历产生了差异。

在移民站的整个历史时期，从1910年到1940年，大约有10万人在此度过了被拘留的生活，他们中绝大多数是中国成年男子和男童。这一数字代表了在同一三十年内以"新移民、回国居民和美国公民"身份获准进入美国的华裔人口的近三分之二。[3] 该站的创建源于特定的行政机构，而这些机构最初是为执行一系列针对中国移民的法律而设立的。[4] 19世纪末，美国通过了一系列严厉的反华移民限制法案，其中最早的是1882年签署的联邦法律，该法律对中国劳工实施了为期十年的禁令。这些法案使大部分中国移民几乎不可能合法移民到美国。

然而，禁令从未像表面上看起来那样密不透风。在"排斥时代"的七十余年间，进入美国的中国移民数量比排华法案实施前的四十年还要多。[5] 最初的禁令对"豁免阶层"中的商人和美国公民的近亲作出了例外规定。许多决心移民的人通过成为商人（例如购买餐馆股份）或通过真实或伪造的家庭关系，继续设法进入美国。[6] 当然，没有移民是作为一个抽象的"阶层"入境的。相反，他们是以个人身份入境，并受到官方的严格审查，以确保他们被准确地归属于各自的阶层。[7] 然而，1924年的《约翰逊-里德法案》剥夺了包括中国人在内的所有"亚洲人"合法移民的权利，先前被豁免的阶层也未能幸免。该法案还试图减少来自墨西哥和俄罗斯（尤其是犹太人）的移民数量，但其中有一条款仅适用于亚洲人，即明确加强了对不具备入籍资格的外国人的限制。

地缘政治和阶层决定了移民的待遇。这些移民来自不同种族和世界各地，有时在天使岛上监狱般的营房里一住就是几个月。拘留中心的设计和管理重点依然是维持亚洲人和白人之间的种族隔离。营房按国籍和性别分隔居民，日本、南亚和朝鲜男子被安置在一起，而华人男性则被单独关押。日本和华人女性（人数远少于男性）很快被安置在一栋单独的建筑里，由一名女舍监监管。华人组成了最大的单一群体，也可能是被拘留时间最长、遭受最严格审查的群体。尽管同样受到种族偏见和隔离，日本移民因与强大的军国主义政府紧密相连，通常能够更快地离开天使岛。日本政府发放的身份证明文件帮助他们顺利通过拘留审查。[8]

在被拘留的华人中，有在国外生活一段时间后寻求返美的美国出生的公民、（1924年移民限制增加之前的）美国公民的外国出生的妻子和商人、已经在美国站稳脚跟的移民的孩子，以及移民官最担心的"纸儿子"——这些人通过购买文件和假冒身份的复杂程序，冒充美国公民的亲属。1906年旧金山地震和大火烧毁了包括出生记录在内的公共文件，使伪造变得更为可行。许多常住移民声称自己出生在旧金山，因而是美国公民；而"纸儿子"则通过购买与美国公民相关的家庭身份越过边境。1924年的移民法案排除了其他合法移民的可能性，这迫使更多移民冒充美国出生公民的直系亲属。

一种排斥的逻辑主导了天使岛上的移民程序，但事实上，大多数移民最终还是能够顺利进入美国。移民大厅的灰泥墙壁承载着一个复杂的现实：每个人都经历了令人抓狂的神秘审讯和检查。审查结果与被拘留者的实际身份关系不大，而更多地取决于他应对例行审讯和与官方互动的能力。因此，个人最大的希望就是依靠信息网络为面谈做准备，然后忍受一场使人灵魂死寂的等待，等待一个不确定的结果。[9] 1923年，在麻将迅速传播的过程中，一位熟悉天使岛移民程序的华裔美国商人提醒一名亲戚："我听说移民站有了新的设备。有一些木块，像麻将牌一样，官员会要求你用它们来展示你的村庄布局和你的房子是什么样的。"[10] 被拘留者需要提供其住所和家人的细节：通往大门的台阶有几级，大门朝向哪个方位。[11] 准确性无法衡量，因此也无关紧要——只有一致性才重要。这一切的不确定性和明显的反复无常加剧了等待的焦虑。

从天使岛诞生之初，男人们就把赌博当作无聊时的消遣。赌博的方式千变万化，可以包括各种赌注和游戏。大多数移民囊中羞涩，经济上的困窘和移民的经济动机使得一些人根本不会去赌博。[12] 然而，一些靠运气和技巧的游戏也可以以小赌注进行，它们成为用来打发时间并建立华人男性社交纽带的固定活动。人口的动态变化意味着社会群体从来都不是一成不变的。一位被拘留者回忆道："你用你所拥有的一切去赌博，哪怕你只有一美分。"[13] 在20世纪20年代之前，天使岛上主要的赌博游戏是使用骨牌、硬币和其他小物件的牌九和番摊。[14] 然而，到了1921年，麻将的突然流行也将这股风潮带进了天使岛的男监区。驻扎在天使岛的官员主要做的是防止接受面试的人接触"辅导笔记"，并确保被拘留者安安静静地按照规定的时间表进餐。他们一般不干预赌博的人。[15]

这些移民拥有麻将牌这一事实表明，即使在不断变化的环境中，被拘留的男性也建立了人际关系网和组织。移民的财物都装在拘留所分配的包中，很少有人有足够的钱或意愿从中拿出一部分来购买一套笨重的麻将牌。他们通过天使岛自由协会，向岸上的联系人转移资金来购买麻将牌套装。该协会是一个自治组织，由于被拘留者对低于标准和不公平待遇的生活条件不满，于1922年成立。[16] 他们通过谈判成功地让官方为被拘留的华人提供卫生纸和肥皂，而这些物品早就已向其他群体供应。[17] 此外，协会官员在传递指导笔记方面发挥了关键作用，这些笔记通常通过厨房工作人员提供的食物被偷偷带入。这种自治会起源于一个更悠久的性别化公共领导传统，在这一传统中，同胞们通过建立友谊、秩序和强制力来维系彼此。[18]

在一间由浴室改建而成的娱乐室中，除了麻将之外，还有其他可供男性消遣的资源，包括旧金山的中文报纸和粤剧黑胶唱片。[19] 1937年，时年18岁的麦先生（Mock）正在被拘留。近五十年后，他告诉一名采访者："在天使岛上……我们都非常沮丧和担忧。"当被问及他如何试图"忘记一些挫折和沮丧"时，麦回忆道："嗯，那里有音乐、图书馆，而且我们还玩麻将。"[20] 尽管资料有限，但似乎在20世纪20年代早期，一些男性可能是在天使岛上第一次接触到麻将，尽管这款游戏当时也正在中国迅速传播。

协作未必意味着能够就什么样的活动能被广为接受达成共识。尽管像牌九这样的赌博游戏在20世纪30年代初曾受到天使岛自由协会的谴责，麻将也可以是一种非赌博游戏，这取决于其玩法。1932年，该协会的主席回忆道："[天使岛的]条件非常糟糕，许多华人移民赌博——番摊、牌九。作为主席，我不喜欢这种情况，因为很多人都输得精光，导致各种不利后果。我们讨论了一下，决定禁止赌博。不允许玩番摊或牌九，但打麻将还是可以的。即便如此，麻将也有它的局限性。"[21] 麻将能够降低准入门槛，因为"我们大多数人都没钱，我们打麻将是为了娱乐或为了花很少的钱"，另一名移民解释道。[22] 由于被拘留者领导层的流动性，该协会没有一以贯之的政策。

图 7.1　在天使岛移民中心博物馆的展览中，重建的娱乐室里摆放着各种娱乐设施，被拘留的男子依靠这些设施打发焦虑等待的日子。一台留声机暗示着被拘留者在听音乐，与此同时，他在阅读、抽烟和玩游戏。桌子上摆放着围棋盘和多米诺骨牌，旁边还有麻将牌。天使岛州立公园，加利福尼亚州。

正如麻将被列于受管制的赌博游戏之外，它发展出了独特的能力，使其能够被视为一种体面的游戏。尽管麻将仍然是一种依靠运气和技巧的游戏，可能会消耗玩家的宝贵资源，但至少对于男性来说，麻将有可能被视为体面的游戏（年轻男孩通常不被欢迎进入烟雾弥漫的房间和赌博麻将占据的灰色地带[23]）。然而，女性在天使岛上无法接触到麻将。1940 年，时年24岁的李培优（Lee Puey You）被驱逐出境，在此之前，她被拘留了将近两年。她后来描述说："日复一日，吃饭睡觉。很多人都在哭。那里的每个人至少都哭过一次。"当被问及女性是否可以像男性那样选择赌博和听音乐等活动时，李的回答很明确："不，没有麻将，没有娱乐。"[24]

由于其物理空间、移民限制的性质以及相关审讯，被拘留既是一种种族化的经历，也是一种性别化的经历。[25] 男女被严格隔离。官方不希望丈夫和妻子在拘留和审讯期间进行交流。即使是和母亲一起旅行的大男孩也可能被拆散。居住限制和严格的日程安排创造了一种怪异的、监狱般的生活。[26] 被拘留者获准在运动场活动的时间受到严格控制，每组人都要在警卫的看护下前往就餐区。妇女和儿童偶尔可以在有人看管的情况下在岛上散步，但华人男子绝对不能越过围栏。男性可以进入一个（按种族隔离的）娱乐场所，但华人女性不得在那里逗留。

女性的身份影响了她们与移民过程的整个关系。[27] 当时的华人女性普遍缺乏教育和职业身份，无法以商人或学生的身份申请移民，而这两种身份在1924年前属于移民排斥中的豁免类别。因此，她们的移民权利依赖于男性亲属。1924年《约翰逊-里德法案》颁布后，她们的移民机会进一步减少。[28] 移民障碍与中国的经济和文化模式相结合，导致移民中的女性远远少于男性。她们需要说服审讯者，证明她们声称的人际关系是真实的，以及她们口中的男性是合法的（在美国出生的）公民或商人。审讯者将男性视为潜在的劳工和假儿子，而女性则被视为假妻子，甚至可能被认为是妓女。[29] 严酷的移民审问可能持续数小时，甚至数天，审讯内容主要基于她们所谓丈夫的家庭细节，而不是她们自己的情况。[30]

也许在天使岛的日常生活中，最大的挑战是心理上的，这些挑战带来了痛苦而隐秘的负担。被拘留者一次又一次地强调，仅仅打发时间就已困难重重。对于女性而言，她们在等待和担忧的折磨中，没有娱乐活动来解忧。与其他许多人一样，朱太太（Jew）回忆说，1922年，女人们"什么都没有。无论如何,你都得让自己忙起来"。[31] 造成这种差异的部分原因是符合逻辑的。妇女中没有自治协会,这是因为她们发展领导技能的机会较少,以及在获取必要资源方面存在障碍。传统上,女性不参与家庭或家乡协会。男性自治会通过向移民募集资金来维持运转。虽然许多人捐得很少,但熟悉天使岛的回流移民往往能够捐得更多,并认识到协会的重要性。[32] 协会能发挥重要功能,包括联系律师、协助递送审讯辅导笔记,以及通过在旧金山的联系人从唐人街获取物品和消息。[33] 女性移民通常无法直接获得协会成功所固有的资金和社会资本,她们仅仅是安杰尔岛移民中的一小部分。女性参与赌博的文化障碍也与缺乏资金重叠。尽管许多移民太穷,无法参与真正的赌博,但在天使岛上,一些男性带来了他们在墨西哥工作时积攒的财富,而另一些则有美国亲戚和族人寄来的"茶钱"。[34]

此外,新教关于妇女道德娱乐的理念并不包括游戏,因此将一些不符合其理念的资源拒之门外。除了家人,女性被拘留者还可以通过提供人道主义援助和基督教教义的美国白人妇女与天使岛外的人接触。无论是在华人还是美国基督教传统的社会或道德价值观中,女性娱乐都不占重要地位。中国有句古话说,不能绣花的女人不适合结婚,因为"如果贫穷,她无法为家庭提供支持;如果富有,她不知道如何度过闲暇时间"。[35] 同样,美国中产阶级和新教徒都认为,妇女将时间用于手工艺品等生产性劳动是必要且重要的。[36] 缝纫和编织符合基督教的体面观念,并且在稀缺材料可获得的情况下,能促进人际关系。[37] 麻将不符合生产性和淑女行为的标准。基督教徒将麻将与赌博联系在一起的时间比美国社会更长;新教传教士自然不会引入任何道德上有疑问的东西,比如赌博游戏。当被问及1928年妇女们是否有"麻将之类的游戏"时,梁太太难以置信地回答:"你在开玩笑吗?"接着,她强调了她们打发时间的选择是多么有限。[38]

在整个20世纪20年代，麻将都没有在女监区出现，这也反映了女性在天使岛上对体面要求的更高需求。体面与否对她们有着巨大的影响，影响了她们在华人移民社区中的社会地位以及在美国政府眼中的法律地位。[39] 任何国籍的工薪阶层妇女都会受到移民检查官对其是否"道德败坏"的审查，而被怀疑不道德的妇女则会被问及一系列极其隐私的问题。对华人卖淫的深刻怀疑使华人妇女面临的问题更加复杂，她们"仅凭外表"就可能被怀疑是妓女。[40] 移民专员可以直接询问天使岛的员工和审讯口译员，是否观察到一名移民妇女在岛上逗留期间的"行为举止可能让你相信她是一名体面的家庭妇女"。[41] 在移民之间，体面也意味着阶级地位和社会权力。美国和中国的精英有关移民的假设强化了这样的逻辑，即合法地穿越国界的能力蕴含在个人固有的特质中，并通过这些特质表现出来。[42] 1924年美国限制移民之前，商人们抱怨他们的妻子和子女被安置在与妓女相同的宿舍房间里，这凸显了他们在移民排斥法案中的特权地位。[43] 由于麻将与中国城市中心的歌妓文化有着密切的联系，它的非法名声在天使岛的保守环境中可能会持续更长时间。[44]

华人男性也会因他们的声誉而面临社会后果，但其声誉更多是建立在商业交往的可靠性和履行孝道的基础上，而不是建立在性或社会礼仪的基础上。[45] 赌博在男性的体面性方面处于模糊的地位，它是一种历史悠久的男性社交活动。在天使岛上，这意味着男性与极端或鲁莽的赌徒交往的社会风险较低，而女性则可能因与可疑人物交往而感到内疚。

直到20世纪30年代末，一些女性才开始在天使岛上打麻将，比男性晚了十多年。这里永远不会像男性被拘留者那样有一个禁止儿童进入的烟雾弥漫的赌博室。相反，麻将进入了女性共享的拥挤的综合用途空间。在天使岛作为拘留中心的角色结束前的几年，妇女们终于可以打麻将，也可以收到一份中文报纸，但即便如此，这两样东西也仍然是零星的、不连贯的。[46] 尽管在争取妇女权利和参与现代世界的跨太平洋运动中，中国妇女的角色正在迅速发生变化,但在天使岛上,由于相对较少的数量以及迫切需要传达保守的体面以获得进入美国的权利,她们仍然被边缘化。

1940 年,大火摧毁了天使岛拘留中心的一部分,政府随即将这些设施迁往旧金山内陆。[47] 到那时,中国移民所面临的美国人对华人的成见已不同于 20 世纪 20 年代,敌意也减少了,但他们合法入境的能力仍然受到了限制。几年后,在与中国结成新的战时联盟之际,富兰克林·罗斯福签署了 1943 年《排华法案废止议案》。该议案具有重要的象征意义。虽然根据配额允许的华人移民人数极少,但新法允许华人移民归化入籍。[48] 对于华裔美国人来说,曾经支撑天使岛错综复杂的拘留和审讯的排斥与有条件的包容规则有所松动。[49] 然而,即使在面对战时的中国盟友和日本敌人时,亚洲人的同质化观念开始瓦解,但驱使这种观念继续存在的种族观念仍然存在。

监禁营中的麻将

二战期间,华裔美国人的地位不断提高,这与战时地缘政治对日裔美国人的影响形成了鲜明对比。1941 年 12 月 7 日日本轰炸珍珠港后,日裔美国人陷入了对未来的巨大不确定性和焦虑中,经历了时断时续的稳定时期以及在监禁中的临时社区生活。1942 年,几乎所有居住在西海岸的日裔——占日裔美国人的 80% 以上——都被强行驱逐出"潜在军事区"。这一决定基于长期以来对亚洲人天生不可同化的看法。正如战争安置管理局(War Relocation Authority,WRA)的一本公共宣传册所解释的那样,"出于军事考虑,我们不能冒险让未被同化或部分被同化的人民在遭受其同族军队入侵时经受不可预测的考验"。[50] WRA 先将居民区、日裔家庭和个人集中到临时集结中心,在那里关押数月,然后送往匆忙搭建的长期监禁"营地"（当局更愿意称之为"安置中心"），并在不同的营地之间流动。在这一切发生的同时，麻将在多种娱乐活动中扮演着相对次要但独特的角色。

麻将是日裔美国人在焦虑和强制休闲时打发时间的一种方式。在面临大规模混乱的情况下，打麻将有助于在家庭内部、被迫形成的社区以及营地之间建立凝聚力。在短期集结中心和长期监禁营中，官方定期开展运动，没收可能具有颠覆性的物品，但麻将并没有被列为重点。对美国政府来说，首要任务是评估和限制被视为政治性的活动和材料，目的是防止支持日本或颠覆活动。他们的判断往往反复无常，通常会针对带有日语的物品，并在由"二世"（Nisei），即第二代日裔美国人担任翻译的帮助下进行筛选。[51] 在这种背景下，麻将被视为一种非政治性的游戏，坚定地融入了具有中美文化背景的同盟国文化景观之中。[52] 美国人并没有把麻将与日本文化联系在一起，尽管麻将早在20世纪初就已在日本出现。[53]

战时并不是日裔美国人第一次打麻将。理查德·西本（Richard Nishimoto）是少数作为亲历者研究其被囚禁群体的研究者之一，他记录了麻将在洛杉矶大型日裔美国人社区早期的兴衰。[54] 他描述了20世纪20年代末，在美国大范围的麻将风潮减退之后，麻将作为中产阶级的客厅游戏，在"一世"（Issei），即第一代移居北美的日本人中尤为流行。然后，在大萧条初期，麻将"退化为"麻将俱乐部中的"'流浪汉'和'二世'的赌博工具"，最后，麻将作为一种低赌注游戏回归中产阶级，尽管其受欢迎程度有所下降。[55] 因此在战前，美国的日裔麻将玩家已经形成了将麻将游戏嵌入特定美国背景的模式。在大洋彼岸的日本，尽管麻将文化从20世纪20年代起在当地发展，但一些日本民族主义者，如相泽三郎上校，认为"麻将风潮"是"正在'腐蚀国家青年'的西方主义"的一部分。[56] 有趣的是，相泽将麻将与西方的堕落联系起来，而不是与其帝国主义扩张的目标——中国——联系起来。

监禁激发了日裔美国人重拾麻将的热情。在匆忙收拾行李准备被迫迁移的过程中，日裔美国人拂去了麻将牌上的灰尘，并清空了小东京*商店里的库存。西本写道："在军队护送出发的前夕，日本人收拾好了'围棋'、'将棋'、麻将、扑克和花牌的用具。""他们当时就知道，到达这些集结地或安置中心后要做什么。"[57] 然而，他们的深谋远虑最终可能都白费了。由于几乎在一夜之间需要运送和安置成千上万的被迫迁徙者，空间非常有限，因此只允许个人携带他们能够搬动的物品前往集结中心。[58] 尽管如此，一些人还是想方设法获得了麻将牌。至少有一名玩家在阿肯色州的罗威尔**煞费苦心地自己雕刻了麻将牌。[59] 其他人则从其他营地的亲戚那里收到了寄来的麻将牌。[60]

那些之前不了解麻将的人通常在营地里学会了它。多丽丝·林（Doris Hayashi）的家人"在撤离前的整个时期一直与日本社区隔绝"，他们主要选择与加利福尼亚州伯克利的白人邻居交往。[61] 在被关进附近坦福兰赛马场集结中心的马厩和临时营房等待命运安排后，林的父母开始结交新的教会群体，并通过诸如麻将等活动进行社交。值得注意的是，作为第二代移民，林的母亲对中国人（以及犹太人和非裔美国人）抱有偏见，但似乎毫不在意地与其他日裔美国人打麻将。[62] 她的父亲，一位来自日本的精英移民，从邻居那里学会了打麻将，最终还帮助他们孩子的朋友们学习这项游戏。[63] 在被迫"重新安置"的社区中，麻将跨越了社会阶层的界限。

因犯和 WRA 当局都认为有组织的娱乐是使营地生活"宜居"的一种方式，他们鼓励和平的社区建设，同时，惯常的家庭和社会控制在经历巨变。[64] 一旦到达营地，紧张的生活条件和混乱的环境要求他们付

---

* 位于洛杉矶市区的日本人街。——译者注
** 即罗威尔战争安置中心（Rohwer War Relocation Center）。——译者注

出大量努力。例如，在亚利桑那州的波斯顿，灰尘不断困扰着居民；而在阿肯色州的罗威尔，雨季带来了泥浆和蚊子。[65] 与天使岛上的被拘留者不同，被监禁的日裔美国人有许多事务需要处理，从种植花园到创办报纸，再到教学和竞选公职。营地的大部分工作都是为了养活成千上万的人，而政府的预算非常紧张，每天的拨款低于士兵的 45 美分。[66] 因此，需要成立各种委员会，准备土地，种植农产品。这些委员会的一项任务是解决闲暇时间的问题。

麻将提供了一个答案。在加利福尼亚州的坦福兰和图勒湖、阿肯色州的杰罗姆和罗威尔以及科罗拉多州的格拉纳达*，那里的娱乐部门都赞助了官方锦标赛，男女都参与其中。[67] 这些比赛没有赌注，但有少量奖金或奖品，延续了十年前在日裔美国社区中蓬勃发展的锦标赛文化。在锦标赛之外，营地报纸中的日文版面为图勒湖的"麻将聚会"打广告，托帕斯**的"一世"娱乐小组则在讨论是否要举办"谈话活动和才艺表演"，还是"仅仅进行游戏，如跳棋、麻将、纸牌、乒乓球、棒球等"。[68] 1943 年，在资金削减的情况下，"二世"主张保留吉拉***的麻将俱乐部，因为他们"意识到了娱乐对安置中心生活中的'一世'的重要性"。[69] 由于狭小的住房不利于家庭团聚，同龄人社交成为常态。[70] 青年组织还寻求通过"纸牌游戏、麻将和两人密谈"来"建立友谊"。[71] 怀俄明州哈特山****的青年佛教协会组织了一次包括麻将等游戏的"聚会和联谊"，而麻将也逗乐了吉拉的"工作女孩"组织。[72]

尽管观察家们经常将麻将描述为主要是年老的"一世"男子的游戏，但包括日记以及锦标赛和会议记录在内的资料却描绘了一个更加多

---

* 以上都是二战时监禁日裔的"安置中心"。——译者注
** 即位于犹他州的托帕斯战争安置中心（Topaz War Relocation Center）。——译者注
*** 即亚利桑那州的吉拉河战争安置中心（Gila River War Relocation Center）。——译者注
**** 即怀俄明哈特山战争安置中心（Heart Mountain War Relocation Center）。——译者注

样化的麻将拥护者群体。科罗拉多州阿马奇营地的一本宣传册以一种经典的表达方式，将麻将列为"老年男子"的活动，同列的有日式游戏和阅读。据该宣传册的描述，妇女则忙于缝纫和编织等生产性休闲活动。[73] 当然，在锦标赛和赌场中，女性可能是少数。然而，就在此监禁营中，一位女性却跻身麻将锦标赛前五名。[74] 在食堂就餐和居住面积狭小的情况下，"一世"女性发现她们的家务活越来越少，因此，除了创造新生活和新社区的诸多任务外，她们还转向成人教育和各种形式的娱乐活动。[75] 在进入营地前不会打麻将的人，无论老幼，都会在被监禁期间学会打麻将。尤其是在美国出生的较为年轻的"二世"中，麻将成为了一种受人尊敬的社交技巧。托帕斯营地的报纸将一位年轻女性描述为"无与伦比的妻子、伴侣和母亲"。[76] 她在"麻将、商业、歌牌[一种日本纸牌游戏]、骑马、舞蹈、家政、手工艺和家政艺术"方面的成就，以及"一世"辈所珍视的流利日语，都体现了她的"社交风度和优雅"。在这种诠释中，麻将是现代日裔美国人精神特质的一部分。在这种精神特质中，甚至是受人尊敬的年轻女性也能将美国和日本的价值观结合起来，赢得移民和美国出生的两代人的钦佩。

在监禁营中，麻将既是社区建设的工具，又是赌博的游戏，这两种共存的角色有时会引发紧张关系。珍珠港事件之后，日裔美国人面临着财产损失、失去工作和财富、骚扰，以及关于谋杀和强奸的可怕谣言。在这个充满不确定性和动荡的时期，他们首次经历了一段持续的巨大焦虑期。麻将成了打发时间的娱乐方式，有时还会重回令人肾上腺素激增的赌桌上。西本解释道："实际上，赌博的复兴一方面是一种逃避，另一方面是一种'打发时间'的手段。"[77] 在像坦福兰这样临时（且条件尤其糟糕）的集结中心，高赌注的麻将游戏和卷土重来的赌博老板越来越多。在亚利桑那州的波斯顿，这个人口最多的营地之一，在其争议不断的第一年，赌博再次兴起。

坦福兰和波斯顿的营地社区对他们所目睹的赌博激增做出了回应。从规定的食堂餐食到共用晾衣绳的使用,居民们感到对自己的生活几乎没有控制权,社区内部也在讨论应建立何种规范以及如何执行这些规范。[78] 在坦福兰,尽管警察局长没有对任何游戏进行管制,但居民委员会主张禁止"某些助长赌博的游戏",包括麻将和扑克。[79] 在与共用的军营和营地区域相对应的事实上的监管结构内,"一世"和"二世"的领导层能够制定一些内部规定。然而,尽管有这些地方性禁令,家人和朋友们仍然毫不犹豫地继续打麻将,赌注很少或没有。[80]

在波斯顿,对赌博的担忧与营地内爆发的暴力事件同时发生,尤其是一起疑似告密者被同牢囚犯严重殴打的事件。怀疑、恐惧、家庭生活的崩溃,以及先前参与黑社会活动者的重新安置,这些因素结合在一起,助长了一个黑暗的地下社会,其中包括通过麻将进行赌博的活动。袭击发生后,当选的波斯顿临时社区委员会制定了一部刑法,重点打击赌博、袭击、勒索、伪造和卖淫。该法律禁止了麻将和一系列赌博游戏。西本写道:"非常重要的是,最终草案的第一页就以赌博章节开头,这表明委员会最关心的问题是什么,以及他们对未来赌博问题的深切担忧。"[81] 麻将既是赌博文化的一部分,也是社交游戏的一部分,但具体情况因当地背景而有所不同。

如果赌博扰乱了现状,营地官员就会更多地介入。WRA 的管理人员在反对赌博方面支持了波斯顿社区的领导层。[82] 更普遍的是,营地官员们推广美国和基督教组织,如基督教青年会,以及棒球等体育活动,将其作为美国化的工具,优先于任何种类的室内游戏。[83] 然而,在日裔美国人中,基督徒身份的认同或许不像在华裔基督徒中那样会激发对麻将的排斥。像多丽丝·林这样的家庭会去教堂,并在同一天晚些时候打麻将,这并不奇怪。[84]

尽管麻将与赌博有关,但作为一种消磨时间的方式,它超越了金钱赌注。在营地后期的一个极端例子中，一位"二世"囚犯回忆起在军事拘留所里开始打麻将。这是他在加利福尼亚州图勒湖被监禁期间，为数不多的慰藉方式之一，他因抵抗战争安置管理局的管理制度而遭受了残酷对待。[85] 在不那么苛刻的情况下，"一世"和"二世"依靠多种娱乐形式来构建社区生活。

在监禁营发生各种激变的背景下，麻将传播开来，因为它促进了不同世代之间以及那些被反复投入新环境和社区的个体之间的联系。除了被迫从家中搬到集结中心的马厩和露天场地，再到在偏远恶劣环境中快速搭建的安置营地的简易营房外，一些个体还根据管理者的安排在营地之间迁移。麻将成为各个营地之间共享的一条纽带。

在营地生活结束后的漫长"重新安置"过程中，找到共同点对于那些原有地理环境被彻底打乱和重组的人群同样重要。在1944年夏天，费城的"安置旅社"由人道主义团体和反对政府行动的人赞助，为正为如何在营地外开始新生活而困扰的日裔美国人提供了社区空间。[86] 面对针对潜在日本裔美国居民的广泛敌意，有些照片宣传了一幅愉快而和平的新费城人的愿景，他们来这里打麻将，"见朋友，赶上报刊阅读的进度"。[87] 聚集在麻将桌旁的是来自各个营地的男女，从加利福尼亚州到犹他州和阿肯色州。这些照片是展示日裔美国人能够融入城市中产阶级社会的唯一范例。虽然这种聚会很少见，但它反映了更广泛的趋势。一种连贯的麻将文化有助于为试图在持续的社区分裂中生存下来的人们之间建立新的联系。

另一张照片则捕捉到了更为常见的场景。在监禁营中，照相机非常罕见且受到管制，但摄影师沃尔特·村本（Walter Muramoto）借用了一位佛教僧侣的相机，拍摄了阿肯色州罗威尔的日常生活瞬间。[88] 照片中，四个男人，很可能是"二世"，在秋日的炎热中坐在一张方桌旁，随意地抽烟和打麻将。就像在费城的旅社一样，与其他美式麻将牌类似,但与中国和日本的情况相反,玩家们将牌放在木架子上。他们在一栋粗糙的木结构建筑内,靠近一扇标有"供应室"的门。牌桌上没有钱或筹码。那是 1944 年,罗威尔还将存续一年。自 1942 年以来,日裔美国人的生活永远改变了。麻将在创造和重塑社会生活方面发挥了作用,尽管它的角色微不足道,却无处不在。

图 7.2 在这张"安置旅社"拍摄的麻将牌局照片中,大多数玩家在不久前都曾被关押在战时营地。从左到右依次是:矢吹真央、阿诺德·中岛夫人、坂口直美、琼·天本和阿诺德·中岛。中岛夫妇住在新泽西,其他人曾在犹他州、阿肯色州和加利福尼亚州被监禁。珍妮特·C. 沃克在他们身后看着,她受雇于战争安置管理局。在日裔美国人被监禁后寻找新家园的过程中,类似这样的图片宣扬了日裔美国人不具威胁性的形象。这些照片由战争安置管理局提供,记录了日裔美国人撤离和重新安置的情况。班克罗夫特图书馆,加利福尼亚大学伯克利分校。

麻将以一种意想不到的方式,让我们理解被监禁者的苦难和生存。不得不进行的休闲活动凸显了那些外人看来不明显,但对亲历者来说显而易见的事：无限期等待一个几乎无法控制的不确定结果所带来的痛苦负担。在命运最为风雨飘摇时，幸运和那些承诺能驾驭幸运的游戏显得格外吸引人。这些亲历者的监禁情况有很大不同——被拘留的中国移民主要是跨越国界的在外国出生的男性，而被监禁的日裔美国人则主要是与家人一起在美国被监禁、且在美国出生的公民——但种族排斥和临时包容的逻辑是二者共同的基础。

在移民拘留所和战时监禁营中被迫从事休闲活动所带来的挑战也揭示了性别的影响。然而，休闲活动，尤其是麻将的诸多性别意义并不一致。拘留加剧了华人社会中对待女性的不平等，美国官员在她们试图跨越边境时以性化的视角审视她们。她们迫切希望表现得体，但由于缺乏相关机构的资源，她们无法享受大多数形式的娱乐活动。对于日裔女性来说，情况则恰恰相反。在战时监禁营中，尽管被监禁的女性与社会脱节，这在许多方面都是有害的，但也重新安排了她们的家庭责任，并增加了她们参与（受监管的）娱乐活动的机会。

在这些背景下，麻将为那些能够接触到它的人提供了一种减轻焦虑以及在新的和不断变化的社区中建立关系的活动。尽管在这些不确定和充满压力的环境中，麻将作为赌博游戏的一面可能会被放大，但它仍然是一种技巧游戏，其赌注通常较小，几乎可以忽略不计。在天使岛和战时监禁营中，试图约束赌博的并非官员，而是社区领袖；他们通常会根据麻将的玩法和打麻将的场所，设法将其免于严格管制。尽管麻将在这段有关监禁的历史中扮演了次要角色，但它提供了一个透视强制休闲的有力视角。

第八章　麻将的美国化

1937 年秋天，近四百名妇女（人数比预期多了一倍）挤在艾塞克斯豪斯酒店豪华的大厅里。酒店装饰艺术风格的镀金大门直通中央公园，枝叶明亮。[1] 来自纽约各地的女士们响应了新成立的全美麻将联盟主席、艾塞克斯豪斯酒店住客维奥拉·塞西尔（Viola Cecil）的号召，齐聚一堂，为的是统一麻将的规则。包括塞西尔在内的许多人，尽管不是全部，都是犹太人。她们中较富有的人来自名门望族，住在酒店附近，紧邻哥伦布环岛*，或住在中城区和上东区。其他人则来自布鲁克林、布朗克斯或长岛的一些较为普通但前景光明的社区。

会场座无虚席，与会者激动不已，她们敦促联盟做出决定，以统一麻将的规则。她们认为这款游戏因为不同人的玩法而已变得分裂。一位慷慨激昂的发言者针对某些牌局收取小额投注金的情况，呼喊道："如果你们不给水涨船高的'猫咪'** 立个标准，这就会成为你们的把柄，被人逮个正着！"[2] 联盟的决定迈出了创造一种独特版本麻将的第一步，即所谓的"全美麻将"（National Mah Jongg），它将与中式麻将分道扬镳。在此过程中，联盟创造了一个消费者群体，后者将在未来的数十年

---

*　纽约曼哈顿的地标之一，自 1905 年建成后一直是主要的交通枢纽。——译者注
**　原文为'kitty'，即一个麻将群组积攒的全部投注金，另见第 10 章，第　页。——译者注

内推动麻将制造的美国化。

1937年，创立全美麻将联盟（NMJL）的女性们旨在对该游戏进行标准化，从而重新激发其热度。对麻将的热情从未完全熄灭，但到了20世纪30年代，麻将在美国的受欢迎程度与十年前相比则相形见绌。然而，在大萧条、二战和战后扩张的年代里，麻将在美国和海外都有所演变，不同的国家、地区和社群形成了各自独特的游戏形式。[3] 20世纪40年代，空军军官的妻子们创造了她们自己的麻将版本，战后，这种麻将继续在各军事基地传播。迄今为止，对麻将在社群层面最具影响力的改造是由全美麻将联盟推动的。尽管联盟的目标是在普适层面上获得成功，但经其改造的新游戏主要通过犹太女性的社交网络传播。和其他版本的麻将一样，它也为其受众设定了新的社群边界。至1941年，联盟的会员人数迅速膨胀到35 000多人。[4] 在随后的几十年内，有数十万玩家，主要是但不仅限于美国犹太女性，参与了这一"国家"版本的国际化中国游戏。

在创造全美麻将的过程中，联盟从麻将在美国的历史中选取了一个共同的参照点，并将其转化为新的形式。20世纪30年代，联盟首创了独具美国特色的麻将玩法，标志着该游戏在文化和物质层面上的美国化——这一过程在随后的几十年里继续发展，美式麻将在规则和形式上日益独特。到了60年代，该游戏几经变化，以至于需要一套不同的麻将牌。联盟能够推动麻将变革，得益于他们与麻将牌制造的小工厂关系密切，这如同一种美国化促成了另一种美国化。二战后，供应美国市场的麻将制造中心从中国转移到了纽约市的塑料加工厂。麻将的物质性反映了其社会意义的变化。尽管塑料麻将牌保留了源自中国的明显美学标记，但这些牌已失去了曾受热议的"异国情调"和手工艺材料的质感。

联盟的诞生

全美麻将联盟创造的游戏借鉴了早期美式麻将的规则,最初以"简化、更快、更诱人"而闻名。[5] 新版麻将被称为"流线型的",这是一个从以曲线为特征的装饰艺术中借来的流行用语。[6] 这些体现速度和流畅性的词语揭示了联盟创始者们认为旧版麻将的最大障碍:被繁琐的计分系统拖累的各种不同玩法。他们认为,围绕一个简化的计分系统以及更少的和牌牌型进行标准化,可以将美国玩家团结在全新的"全美"麻将周围,从而使这款游戏重新受到大众欢迎。

联盟的创始人之一,桃乐茜·梅耶尔森(Dorothy Meyerson),为这款游戏的发展,特别是其在犹太妇女中的传播奠定了重要基础。她的母亲是德裔美国犹太人,父亲是俄罗斯移民。作为家中长女,桃乐茜不屈不挠,精力充沛,是个天生的表演家。结婚生子后,她专注于麻将,将其作为展示创造力和公共领导力的载体,同时又不因从事有偿工作而危及自己的阶级地位。[7]

1937年,梅耶尔森帮助创立了全美麻将联盟。当时,她已经推广她的"流线型"麻将一年多了。另一位麻将爱好者维奥拉·塞西尔联系了她,共同创立联盟,旨在让麻将从社会的衰落和分裂中恢复过来。[8] 作为创始人中最富有的一位,塞西尔担任联盟主席,而梅耶尔森担任副主席,并且任职多年。为了宣传她的麻将规则手册《就是这样!》(*That's It*!如此命名旨在让人联想到和牌后的惊叹),梅耶尔森结交了许多旅行代理。在她拓展业务的同时,越来越多的人重新对麻将产生了兴趣,这无疑也推动了麻将的复兴。[9] 梅耶尔森本人是一位非常老练的麻将教练、分销商和推广者。虽然她承认"新的玩法并非由一个人独创",但她的麻将规则与联盟采纳的玩法几乎一致。[10] 她将这种玩法宣传为"古时候满大人的游戏"的继承者,是"在不同群体的典型建议下形成的全新的美国游戏"。[11] 梅耶尔森和塞西尔各自独立编写的规则手册虽经联盟批准,但很快就会为争夺市场份额而相互竞争。尽管如此,两人都会将联盟的官方麻将版本作为"国家"和"美国"版本进行推广。[12]

梅耶尔森帮助建立了一套基础设施,推动了麻将的复兴,特别是在中产阶级和中上层妇女中。她们经常光顾像梅西百货这样的百货公司,不仅购物,还在梅耶尔森的免费店内课程中学习"打麻将的新方法"。这些课程在联盟成立之前就已存在,联盟成立后,梅耶尔森仍然继续授课。[13] 尽管梅耶尔森可能不需要额外收入,但她的经纪人却需要,她们是众多在大众消费主义和分销领域工作的女性之一。[14] 就像在20世纪20年代一样,克利夫兰的斯特恩公司和新泽西的班贝格等百货公司主办了"讲习班",在那里,经纪人向顾客传授梅耶尔森(后来是联盟)的麻将玩法,销售《就是这样!》规则手册和百货公司的麻将牌套装,并宣传一种麻将复兴的印象。[15] "你应该到处走走",经纪人李·戈德曼夫人斥责了一位《克利夫兰新闻》的记者,后者错误地认为麻将"过时了"。她告诉该记者:"我敢打赌,我认识的每个人又都在打麻将了。"[16]

虽然经济需求并没有驱使梅耶尔森和其他联盟创始人,但对地位的渴望却驱使着她们。正如梅耶尔森的女儿后来解释的那样:"金钱固然重要,但并不能提升她的社会地位。她是在自己的领域里融入社会的"——这是她通过对麻将的公开领导创造的社会舞台。梅耶尔森喜欢聚光灯下的生活;在她作为富裕女性的社会地位的限制下,她最大程度地利用媒体报道,并出现在广播节目甚至早期的电视节目中。[17] 在20世纪40年代初的周日晚上,纽约家庭可以通过美国首批实验性住宅电视系统观看梅耶尔森用"特别加大的麻将牌"教授这款游戏。[18] 作为一名经验丰富的教师,她开发了多种有效的教学技巧,同时也促进了新产品的销售,包括一套"边学边练"打孔纸板麻将牌,与她的说明书配套使用。[19]

梅耶尔森是一位有经济实力的已婚母亲,这是她与麻将创业前辈们的一个重要区别。在发展业务的同时,不刻意追求利润,这为她披上了一层优雅女性的外衣。同样地,维奥拉·塞西尔掩饰了她大量的商业努力,声称联盟"是自发形成的"。[20] 即使梅耶尔森大力推销麻将,并在广告文案中自称为"世界上最伟大的麻将权威",她仍然刻意地将自己表现为一个尽职尽责的母亲,最初成为企业家不过是姻缘凑巧。[21] 1937年,她对一位记者说:"放弃它似乎是件可惜的事。"该记者形容她是一位"年轻、漂亮的家庭主妇"和"细心的母亲",她已经开始教授音乐和绘画,在犹太教堂姊妹会做志愿者,担任家长教师协会主席,并确保她的孩子们每天都能吃上一顿丰盛的午餐。[22] 但该记者的文章并未提及那位帮助梅耶尔森兑现这些涉猎甚广的承诺的住家保姆。[23] 与原先那些专家不同,梅耶尔森作为麻将专家的权威并不依赖于与中国的任何联系,也不依赖于在桥牌等游戏上的既有声誉。相反,在媒体中,重点宣传的是她作为母亲和家长教师协会主席的角色,而不是巴布科克和豪利特所强调的对中国的熟悉。然而,在她的麻将公司成功发展了五年之后,梅耶尔森开始将自己描绘成一个"严肃的商业企业的成功领导者",并把自己归入"总能为他们自己创造就业机会"的"有抱负的人"之列。[24] 她的确认为,有了家庭以外的兴趣,妇女就能更好地"以稳定的情绪和清醒的头脑面对家庭问题"。梅耶尔森巧妙地在经营企业的同时,协调了家庭主妇的形象和职责。

在她的一生中,甚至是在二战后更普遍的繁荣之前,梅耶尔森和许多第二代犹太裔美国人一样,经历了向社会上层的流动。[25] 作为六个孩子中的一个，她在新泽西州新布伦瑞克一个知名的犹太社区长大。她嫁给了佩里·梅耶尔森，后者的母亲是一位寡居的俄罗斯移民，在贫困中抚养了五个孩子。佩里和他的兄弟们在纽约的服装区*经营着一家利润丰厚的服装厂。20世纪30年代初，桃乐茜和佩里带着他们的两个孩子参与了早期的郊区化浪潮，从布鲁克林优雅的海洋公园大道搬到了皇后区令人向往的森林山庄开发区（该地区通过一条无轨电车线与曼哈顿相连，不久后还通了地铁）。桃乐茜雇佣了一系列德国"小姐"（Fräuleins）作为保姆，她们每天穿着全套德国服饰和面纱，步行到社区学校，这让孩子们非常尴尬。虽然桃乐茜借此强调了她社会地位更高的德国血统，而不是她家族更多的俄罗斯血统，但她帮助创造的麻将版本在东欧犹太移民的中产阶级子女中特别受欢迎。全美麻将通过联盟领导人和成员的网络传播开来，其中大多数是犹太妇女，最终成为她们的文化标志。

创造全美麻将

与其他形式的麻将（以及其他更多的游戏）不同，全美麻将不是一项独立的活动，而是融入了一个负责指导游戏、控制其发行和分配利润的组织。全美麻将联盟逐渐将全美麻将与其他形式的麻将区分开来，因此打全美麻将的玩家能够组成社区，而这种麻将是由联盟监管的。通过其组织官僚机构和慈善活动，联盟将原本是个人休闲活动的麻将与俱乐部和协会文化结合起来。在20世纪30年代的黑暗岁月里，全美麻将

---

* 介于纽约曼哈顿第五大道和第九大道的区域，在20世纪初发展成为整个美国甚至全世界时尚制造业以及时尚设计的中心。——译者注

联盟取得了成功,扭转了美国俱乐部会员人数减少和协会文化衰退的趋势。[26]

全美麻将制定了一种新的模式,改变了麻将牌的数量和游戏节奏。随着时间的推移,这些变化创造了一种全新的麻将,甚至改变了麻将牌本身。一个关键领域的尝试和发展围绕着运气和"百搭"牌的问题,这在20世纪20年代曾是一个争议点。联盟最初将8张曾经备受争议的"花牌"计为百搭牌。花牌的数量在最初的几十年内起伏不定,50年代中期达到了惊人的24张。[27] 1960年,联盟公布了一项重大发展:他们增加了新的"小丑"牌,取代了作为百搭牌的花牌。在随后的十年中,小丑牌和花牌的数量也有所波动,但到1971年,美式麻将的小丑牌数量已稳定在8张,花牌的数量也恢复到8张,两者数量一致。全美麻将还制定了一种游戏程序:在初次洗牌和抓牌后,玩家们以一种标准化的动作交换麻将牌,他们以20年代的流行舞蹈"查尔斯顿"命名这种传牌动作。当麻将在那个年代被进口到美国时,这一程序尚不存在,但很可能在美国玩家中逐渐发展。这样传牌为玩家提供了改进自己的牌型,了解其他玩家刚开始的牌型走位的机会,并成为游戏节奏和策略的重要组成部分。[28]

与中国麻将相比,全美麻将进行了一项重大变革——这一变革对联盟及其全美麻将的发展产生了多方面的影响——只有凑成官方规定的麻将牌组合才能和牌,而这样的组合数量相对较少。联盟规定了大约60种和牌组合。此外,牌的组合规则不一定与中国麻将中和牌的规则相对应。因此,挑战玩家的基础发生了变化:在中国麻将中,复杂的计分系统构建了获胜所需的策略(没有计分系统的话,游戏可以像金拉米牌那样简单地进行,但计分对于中国麻将的挑战性和趣味性至关重要)。尽管和牌的可能性很多,但牌的组合模式决定了每一次和牌最终的价值。相比之下,在全美麻将中,挑战玩家的是凑成少数几种和牌组合,以及防守策略，即"纠缠"对手以阻止他们获得所需的牌。[29] 每种组合都有其易于识别的分值，这取决于凑成这些组合的难度。[30]

尽管其发展潜力受限，但为了保持游戏的趣味性，官方认可的和牌组合需要相当频繁地更换。到了20世纪40年代初，联盟每年都会更换和牌组合。为初学者创造一款质量稳定的游戏，同时仍能让老玩家乐在其中，这成为了联盟规则委员会每年都要进行的尝试。一个年度周期由此演变而来，董事会至少会花两个月的时间来进行游戏测试，并设计下一年的和牌组合。这是一个联盟会员们热衷参与的过程（例如，凯纳斯特纸牌戏玩家曾强烈要求，并成功地让联盟添加了小丑牌），这暗示了许多女性通过麻将获得智力刺激，使麻将有别于其他纯靠运气的流行游戏。[31] 每当新的年度规则卡发布时，玩家们都会急切地订阅，以至于申请会员资格的队伍都排到了联盟办公室的门外。[32]

由于重视这份不断发展的和牌组合清单，联盟面临着如何在保持标准化和一致性这一核心目标的同时，发布其认可的和牌组合的问题。联盟最初是一个会员制组织，但它很快就增加了"柜台购买"选项，允许非会员购买"清单"或规则卡。联盟向其会员解释说，尽管他们不愿意将游戏"商业化"，但为了打击那些剽窃并出售其和牌组合列表的人所带来的"不公平竞争"，增加清单的认购权是必要的。[33] 因此，玩家必须每年支付至少10美分以购买规则卡，或者支付50美分的会员费，才能与遵循联盟的"全美"版本的牌友们继续打麻将。联盟敦促其会员"通过仅与会员一起打麻将来支持本组织"，并在他们的熟人中招募新会员。[34] 这种以规则卡的形式出售官方认定的和牌组合的做法，成为"全美"麻将的一大特色，并很快带来了利润。由于每年和牌组合都会更换，购买新规则卡变得至关重要。

每年修订规则卡的创新在多个方面产生了持久的影响。联盟不仅利用它开发出一种充满活力、经久不衰的游戏，而且该年卡还有助于联盟在标准化方面行使自己的权威,并确保有固定的资金来源。在实践中,这也意味着玩家只能与拥有相同年卡的牌友一起打麻将。面对不满的会员,联盟领导层以大多数会员喜欢保持游戏的新鲜感为由,为每年做改变辩护,并承认这也鼓励了稳定的会籍续期——尽管他们否认有任何盈利动机。[35] 当时,联盟董事会是无偿工作的,因此,扣除基本运营费用后的任何利润,都将用于联盟的慈善捐赠项目。董事会呼吁会员对辛勤工作的联盟保持忠诚,并强调慈善事业相比个人利益的道德优越性,而联盟的竞争对手则通过出售各种"山寨"规则卡以谋取私利。[36]

联盟的成功在于其实现了以往使麻将标准化的尝试所未能实现的目标。其创始人并不是桥牌专家,而是一些富有创业精神的女性。她们看到了发展公众影响力、振兴被冷落的一款游戏以及筹集资金的机会。在美国和英国多次尝试失败后,麻将的标准化仍然是一个持久的目标。由于各种麻将之间存在特殊差异,即使这些差异相对较小,也很难让打不同麻将的玩家坐在一起打牌。[37] 到 20 世纪 30 年代末,已不再有众多竞争者争夺有关麻将的权威和市场份额。联盟的成功激发了一些模仿者,他们打出仿冒的名称和规则卡的广告,但联盟的吸引力很大程度上在于它提供了一款质量始终如一的游戏,并通过大量与联盟保持联系的玩家传播开来。[38] 正如一位联盟的忠实拥护者所写:"自从标准化消除了冗长的讨论后,游戏的乐趣大大增加了。我们需要建设性的改进,但不希望这种乐趣被不可靠的创新所妨碍。"[39] 虽然联盟的游戏也是"创新"的结果,但它将自己定位为规范统一的游戏,以对抗"不可靠的"和破坏性的搅局者。随着他们的成功,联盟将美式麻将的权威从男性转移到女性手中,并将财务导向从公司利润转移到慈善事业上,因为在那一代人中,这些雄心勃勃的女性仍然同家庭和社区联系在一起,而不是同商业和事业联系在一起。

第八章 麻将的美国化

正当的休闲

1939 年,联盟首次面临成功带来的挑战:收益盈余。由于其官员们都是无偿服务,通过会员费、规则卡和麻将牌销售所产生的收入超过了运营成本。[40] 他们决定将这笔钱用于特定的事业,这既是出于爱国主义,也考虑到了以犹太人为主的玩家群体。[41] 麻将比赛长期以来一直被用作筹款活动,包括 20 世纪 20 年代华丽的麻将晚会。桃乐茜·梅耶尔森出版她的第一本麻将规则书,就是为当地的犹太教堂筹集资金。[42] 通过面对面的课程和麻将锦标赛,她还帮助支持了家长教师协会(PTA)和犹太难民救济。[43] 领导联盟的妇女参与慈善志愿服务,是一种精英妇女的既定规范,也是一种公共参与形式,既能彰显她们的阶级地位,也有益于社区。随着联盟的发展,分支机构在全美各州不断涌现,她们也根据各自选区的投票结果,利用联盟的盈余资金开展捐赠。[44] 无论是出于公民责任还是税收动机,慈善事业都成为了联盟自我营销的重要方式。[45]

在联盟的早期,将麻将作为一种慈善和公民导向的活动加以推广,有助于在经济大萧条和二战时期使这一休闲消遣为人所接受。社会科学家和哲学家们最近发现,大萧条时期的失业问题加剧了"休闲问题"。[46] 社会科学家主张政府干预,引导大众参与健康和充实自我的活动。对性别问题的关注特别针对妇女不负责任地利用闲暇时间,同时也担心男性受制于——用一位历史学家恰如其分的话来说——"新的休闲消费者的母权制"而变得柔弱不堪。[47] 对闲暇的焦虑建立在一种更长久的文化精神特质上。历史学家福斯特·瑞亚·杜勒斯(Foster Rhea Dulles)在 1940 年解释道:"美国传统仍然坚持娱乐活动至少要假装服务于社会。"[48] 正如全美麻将联盟的马萨诸塞州分会主席所写,"知道一个人沉迷游戏的同时还能做些好事是令人欣慰的"。[49]

即便在美国这种高度重视工作且对休闲感到不快的国家的意识形态中,一些社会科学家和官员还是倡导了某些形式的娱乐活动。二战爆发后,政府提倡"家庭娱乐",认为这是在动荡和定量配给时期家庭团聚的机会。[50] 然而,与大多数成人客厅游戏一样,麻将并不符合大萧条时期国家提倡的健康娱乐,也不在战时政府所倡导的以家庭为中心的娱乐活动之列。但全美麻将联盟坚称,麻将是妇女们有效且适当使用时间的活动。为此,联盟进行了艰苦卓绝的斗争。甚至在美国参战之前,联盟的领导层就积极宣传麻将不是一种无聊的消遣,而是妇女们提供战时救援的一种方式。1941年,全美麻将联盟大会的主题则宣称:"在推动妇女在民主中发挥更大作用方面,麻将扮演着重要角色"。[51]

珍珠港事件之后,联盟不仅力图说服公众,还试图让玩家们相信这款游戏的爱国价值。[52] 战时要求妇女付出更多时间参加有偿和无偿的劳动,并进一步阻止她们参加那些不能为战争服务的活动。宾夕法尼亚州分部在其主席参军后"暂时停止活动","其他大多数妇女都在从事某种战争工作"。但该分部报告:"妇女们在业余时间还在打麻将。胜利之后,我们希望继续举办锦标赛和其他活动。"[53] 尽管联盟的活动有所减少,但其慈善捐款却从未间断。在战时配给制时期,联盟甚至鼓励进一步增加会员招募,这是一个大胆的举动。一位热心人士写道,她在招募新会员方面"一点问题都没有"。他们急于加入,"这样他们就能感觉到自己在用微薄之力帮助我们正在战斗的小伙子们。"[54] 此外,联盟的出版物告诫女性成员遵守有助于国家的行为准则,敦促她们避免闲言碎语,将时间专注于"真正的工作"。[55] 这种声明隐含的假设是,麻将(特别是作为筹款手段)是一种值得花费时间的正当活动。

在举国关注战争的背景下,联盟宣传其如母亲一般,努力为武装部队提供娱乐。[56] 1942年,联盟官员们身着优雅的帽子、礼服和皮大衣,在曼哈顿海滨和防空基地上购买和装备了一辆移动餐车,为执勤的军人提供救济食品。[57] 次年,广播节目《妇女能胜任》(Women Can Take It) 声称,"女性能为营地和服务俱乐部的娱乐室提供家具,捐赠设备齐全的移动餐车,并通过玩一种游戏为中国和俄罗斯捐助救济金"。这足以证明妇女确实能"胜任",并为胜利贡献她们的力量。在广播短剧中,士兵们对联盟为他们的训练营提供的娱乐室赞不绝口。值得注意的是,麻将并未列入提供的游戏之列,但联盟确实为受训的陆军妇女队(Women's Army Corps, WAC)提供了一套麻将牌。[58] 在广播和联盟通讯中,维奥拉·塞西尔强调了"小照片或饰品"的母性关怀,"让他们想起家,他们为之战斗的家。这能鼓舞士气"。[59]

图 8.1 1942 年 11 月,全美麻将联盟的董事们自豪地展示了一辆由联盟赞助的流动餐车。这辆餐车加入了由女性志愿者组织的战时救援车队。桃乐茜·梅耶尔森站在最左边,维奥拉·塞西尔在最右边。照片由马乔里·梅耶尔森·特鲁姆提供。

全美麻将联盟有意向无宗派的慈善机构捐款，这些机构宣称服务全美，尽管它们对纽约有很高的忠诚度。[60] 虽然犹太妇女主导了麻将，但她们被边缘化的历史和持续遭受反犹太主义的经历，很可能促使她们希望麻将不被归类为犹太人的游戏。1940 年，联盟将第一笔官方捐款赠给了美国红十字会、大纽约基金、纽约的最贫困百人组织，以及未具名的"纽约和布鲁克林的慈善机构"。[61] 战争爆发后，联盟在规则卡封面上宣传其"爱国和慈善事业"。[62] 只有在慈善受助者数量增加后，犹太组织才被列入捐赠名单。在纽约，由犹太人经营的接待所有军人的国会防卫之家感激地回应说，联盟的爱国主义和他们的工作本质上有助于"打破反犹太主义"。参观者离开国会防卫之家时，"对犹太人的看法完全不同"。[63]

战后，转向犹太慈善事业的趋势加速发展。联盟建立了一套系统来利用会员的捐款愿望，同时也鼓励会员人数的增长。销售额外会员卡和规则卡的个人，即所谓的"收藏家"，可以要求将他们在联盟捐款中的一部分捐给特定的慈善机构。一旦他们能够指定受助团体，个人捐款就会流向当地的犹太组织以及更一般的基金会。[64] 战时的捐款分散到一系列地方、国家和犹太人组织，主要用于战争动员和难民救济；与此形成鲜明对比的是，战后麻将慈善事业的受惠者主要是犹太人，并且这一趋势在不同地区保持一致。[65] 1950 年的规则卡是最后一次在封面上宣传美国的爱国事业。此后，封面上只简单写明"收益捐献慈善事业"。[66] 许多人向社区的哈达萨*或圣约之子会**以及相关项目捐款，如哈达萨的青年阿利亚。该项目旨在将欧洲犹太孤儿和年轻难民迁往巴勒斯坦，后来又安置到以色列。如此，他们的捐款行为就同时产生了本

---

* 1912 年成立于纽约的一个美国妇女犹太复国主义组织。——译者注
** 1843 年成立于纽约的世界上历史最悠久的犹太人服务组织。——译者注

地和全球的影响。[67]

同盟国的游戏

在《妇女能胜任》的剧本对白中，当士兵们看到娱乐室捐赠牌匾上有全美麻将联盟那外国腔调的名字时，一名士兵谨慎地评论道："'麻'听起来有点像中文。"另一名士兵则愉快地回答说："没错，这确实是个中国游戏，而且我'喜欢'它。现在，只有很多漂亮的美国女人在玩这个游戏，并把她们的收入用来布置像这样的房间。"这则广播节目通过将麻将的外国起源与其美国家庭形式联系起来，使这款游戏更为本土化，并强调麻将是一种同盟国的文化纽带。[68]

战时同盟加速了自20世纪30年代开始的对中国的正面描绘。麻将在通俗小说中难得地以一种健康，甚至是疗愈的娱乐活动出现。在1934年的一部小说中，日常麻将牌局带来的友情使一位长期饱受身体和心理创伤的一战老兵重拾了生活的乐趣。他掸去被冷落多年的麻将盒上的灰尘，心想："一定有一个眯起眼睛、满怀善意的中国小精灵被关在这个漆盒里。"[69] 与20年代一样，这段文字通过麻将将中国文化拟人化，并通过语言凸显种族差异和夸张的异国风情。不过，与早期象征麻将的"异教徒中国人"和"邪恶"的骗术师相比，这种麻将精灵要仁慈得多。[70] 小说出版后不久，联盟聚集在曼哈顿富丽堂皇的鲁比·傅餐厅打麻将、用餐，并为美国援华联合会募捐。向他们发表讲话的是李霞卿（Lee Ya-Ching）和作家卡尔·格里克（Call Glick）。李霞卿是一位女性飞行员的先驱，她为美国援华联合会在美洲各地寻求支持；格里克则帮助美国人重新认识了华人的堂口，将其视为互助会而非暴力团伙。[71] 餐厅挂着大红灯笼，贴着模仿中国画的华丽壁纸，体现出一种经过精心营销的美式东方情调的美感。[72] 联盟的通讯刊登了一张组织此次活动的官员的照片，清一色的白人女性，在餐厅的真人大小的佛像前微笑，佛像的顶部有一座宝塔风格的凉亭。[73] 虽然联盟对麻将运动中国起源的强调远不及 20 年代的麻将热文化，但与同盟国的联系却成为了另一条爱国主义纽带。维奥拉·塞西尔在家中举办麻将晚宴，以支持美国援华联合会。联盟的通讯也鼓励读者举办自己的麻将晚宴，因为麻将"与中国一样，由于共同的事业与美国联系在一起，而美国的需求就成了我们的责任"。[74]

美国加入抗日同盟后，大众媒体开始大力宣传中国人民高尚、坚忍的形象。[75] 珍珠港事件后不到两个月，旧金山专栏作家赫伯·凯恩就强调了唐人街所蕴含的团结一致的爱国主义精神。凯恩写道："在美国出生的华人仍然对他们长辈的传统感到困惑，而来自故国的华人则对年轻一代的滑稽行为感到震惊——然而，无论在何处，你都会发现真正的美国精神，对法西斯主义的真实蔑视，以及坚定决心坚持这场艰苦的战斗，直到轴心国被碾成碎片。这就是唐人街。"[76] 在凯恩的描述中，将分裂的几代人联系在一起的不是中国文化，而是"真正的美国精神"。与联盟在陆军训练营的娱乐室不同，由美国妇女志愿服务协会* 华人分部运营的"接待中心"为华裔美国士兵提供麻将牌。[77] 正如《芝加哥每日论坛报》所描绘的那样，麻将证明旧金山出生的部队"从头到尾都是中国人"。由于战时结盟，美国主流媒体能够毫无冲突地将华裔美国人描述为同时为中美两国的事业而战。先前将所有"东方人"混为一谈的种族逻辑在战时背景下发生了微妙的变化。华裔美国人被有限地包容，而日裔仍被坚定地视为外国人而遭到排斥。

麻将是架设中美之间桥梁的一块基石。在新生一代中，许多人认为

---

* 1940 年成立的二战期间美国最大的妇女服务组织。——译者注

商品化的中国文化对美国国内财政和海外战争救济都有利可图。[78] 在曼哈顿离岸停泊的一艘"深红色中国帆船"上,参加筹款晚宴的人们一边打麻将,一边享受"中装主题派对"。[79] 美国电影明星黄柳霜(Anna May Wong)在比佛利山庄举办了一场麻将午宴,并请来了"中国女侍者"。[80] 这类活动是华裔美国人在有限条件下创造机会的漫长历史的一部分,其中往往涉及对东方主义中国文化幻想的商业化营销。[81] 麻将在 20 世纪 20 年代为个别教练提供了经济机会,并在 30 年代末和 40 年代初促成了筹款活动。由于麻将既是一种广为人知的美式消遣,同时又是一种外来游戏,因此可以用来创造一种文化共性和同情。

来自中心地带

麻将作为一种中国游戏,其意义依然存在,但在美国化的形式下,它越来越多地用于创建社区。这些社区部分是根据特定的麻将形式划分的,而较少是通过与想象中的中国精英历史的联系来划分的。1938 年,全美麻将联盟成立后不久,俄克拉荷马城的一位麻将爱好者宣称:"现在我们可以在新奥尔良或奥马哈打麻将了,因为全国性规则的制定将消除过去不同城市各自制定规则且秘而不宣的复杂情况。"[82] 事实上,俄克拉荷马城是少数几个证明她错了的地方之一。各地不同的麻将以及个人的麻将实验不仅促使了联盟的成立,也导致了其他长期存在的美式麻将。尽管这些美式麻将没有任何一种能接近联盟的全美麻将的影响范围,但围绕特定麻将玩法而形成的地方社区却一直存在。

一种有影响力的麻将玩法由一家俄克拉荷马州的银行编纂并予以推广,这确实不同寻常。俄克拉荷马城联邦储蓄贷款银行开始出版一本具有地方特色的麻将小册子,并将其作为广告宣传的一部分。[83] 这种麻将玩法因此通过银行在该地区的女性玩家中传播开来，一直持续到 20 世纪末。[84] 它可能受到了桃乐茜·梅耶尔森 20 世纪 30 年代末在该地区的营销活动的影响。其玩法与梅耶尔森的麻将相似，可能都是从 20 世纪 20 年代占主导地位的麻将玩法演化而来。除了被称为"交换"而非"查尔斯顿"的传牌仪式外，银行版本的麻将也有一张列表对和牌组合加以限制，但其组合的数量远多于联盟的全美麻将。列表中超过一百种和牌组合的命名基于流行和地方文化，包括银行自己的座右铭："家乡人民"。其中一种名为"电视新闻"的和牌组合要求牌组成当地电视台的频道号码：4-5-9。[85] 银行的规则有助于麻将在该地区长盛不衰，但与联盟更为严格标准化的全美麻将相比，打银行麻将的群体在传牌方式，甚至在各游戏要素的命名上，仍存在更多微小的差异。虽然银行麻将在该地区以外鲜为人知，但它影响了中西部地区的另一种美式麻将，后者后来成为世界各地美国空军基地社交生活的标志。

1941 年，四名军官的妻子因"厌倦了所有的重点都在桥牌上"，成立了她们自己的麻将俱乐部。[86] 这种以俄亥俄州空军基地命名的"赖特-帕特森麻将"（Wright-Patterson Mah Jongg）在二战后继续蓬勃发展。尽管在战争期间，美军士兵多次接触到亚洲的麻将玩法——男性玩家也参与其中——但这种与美军独家关联的麻将玩法源自空军军官夫人俱乐部，并且受到美国境内游戏变化的影响，而非国外。

赖特-帕特森规则最初由西尔瓦·鲍尔（Sylva Bauer）和海伦·莫里斯（Helene Morris）共同制定。前者是一名训练有素的飞行员和上校夫人，后者则是一名资深麻将玩家和将军夫人。鲍尔是第一次接触麻将，但莫里斯早在 20 年前的麻将热潮时期就在加利福尼亚州作为一名年轻女性首次学习了麻将。[87] 1941 年，当莫里斯和其他军官夫人重拾麻将时，她将俄克拉荷马城联邦储蓄贷款银行发行的小册子中的一些和牌组合融入了游戏。[88] 与银行麻将相似，莫里斯和鲍尔也为她们的大约 80 种和牌组合起了精炼的绰号。其中一些提到了这些组合的创造者，如"海伦之门"，而另一些则借鉴了军事或爱国方面的内容。到 1970 年，玩家们可以用名为"珍珠港"和"登月"的组合和牌。[89]

随着这些美式麻将的发展，它们之间的差异也越来越大。与全美麻将相比，赖特-帕特森麻将中没有"百搭"牌。花牌被纳入，但有特定的规则将花牌与其他牌区分开来。此外，赖特-帕特森麻将的换牌频率更低，换牌时间也更不固定。各空军基地还在所有基地共有的"牌桌规则"的基础上，创造出各自略有不同的麻将版本——甚至最终根据玩家投票决定是否引入小丑牌，这是受到全美麻将及其日益普及的影响。[90] 与联盟不同，空军基地麻将小组的领导权部分依赖于居住地模式的变化。

军官夫人在空军基地生活的一个标志可以追溯到二战时期，当时丈夫们都离家在外，而空军仍隶属于陆军。1944 年，《家政》杂志让读者想象"如果你是艾森豪威尔夫人"。[91] 文章写道："你集中供应证以备共用，经常和其他寂寞的妻子们一起进餐。之后，你们打麻将"，就像玛米·艾森豪威尔与其他陆军军官夫人们那样，而这一点为人所熟知。尽管艾森豪威尔将军家中有一名女仆，但对玛米·艾森豪威尔的描绘强调了麻将如何融入主妇的职责。从在配给制的战时家庭经济中工作，到她的牌友们做饭而她洗碗，这一举动既家庭化又符合民主精神。[92]

妇女与军事及军事基地生活的关系构建了游戏文化的演变。军官夫人们通常与丈夫的上级和同僚的妻子们一起打麻将，而不是与士兵的妻子们一起，这被视为她们政治责任的一部分。影响军官晋升机会的"不成文规定之一"是军官的妻子必须参与俱乐部的活动。[93] 尽管麻将俱乐部并未作为军官夫人俱乐部的一部分正式成立，但二者在社交上已密不可分：军官夫人俱乐部将麻将俱乐部作为一项活动进行推广，而麻将俱乐部则将规则手册的销售所得捐赠给军官夫人俱乐部的福利基金。[94]

二战后，麻将成为基地生活中重要的一部分，这需要频繁地向有着类似经历的新社区介绍麻将。由于频繁搬迁和驻扎海外以及社会期望，军官的妻子们无法在家庭外工作，她们面临着反复建立社区和家庭责任所带来的挑战。军官夫人俱乐部在各个家庭于夏季抵达基地后即开始各种活动的报名，部分原因是为了满足对活动的需求。一则1967年的公告广告称："所以，把孩子送到学校或基地托儿所，利用仅在九月和十月开设的课程，享受每周二从上午9：30到下午3：00的'外出'。"[95] 在某些方面，二战期间军事基地中出现的女性文化不仅预示了战后空军基地中将形成的文化，也预示了战后犹太社区中的文化。尽管基地生活迫使社区更快速地更迭，但在前述两种情境中，麻将都是根植于有着极其相似（尽管不尽一致）的人生阶段的女性群体之中。[96]

赖特-帕特森麻将的发展，与其说是与美国空军的国际背景有关，不如说更多地与自20世纪20年代以来美国对麻将的传承有关。然而，麻将的亚洲背景仍然影响了大多数白人玩家与其互动的方式。（虽然美国空军在战后十几年内实现了种族融合，但大多数军官的妻子仍然是白人。）在60年代初，甚至可能更早，赖特-帕特森基地俱乐部每周都会有要求穿着"东方服装"的活动，通常是简单的自制和服式服装，这直接反映了麻将在美国早期的历史。[97] 1964年，这样的穿着旨在"营造氛围"，并与标志着各类活动报名季开始的节日"东方咖啡"搭配。[98] 身穿和服的女性为新来者开设为期六周的麻将课程。这种着装活动到60年代末停止了，可能是因为难以继续制作这些服装，或者是由于文化规范的变化。这些服装是赖特-帕特森俱乐部对20年代围绕麻将的东方主义式消费和种族想象最重要的复兴之一。然而，在其最广为流传的麻将规则手册中，并没有孔子的故事或伪造的中国文字。[99]

在战争期间及战后，驻扎在日本、中国和菲律宾的美军及其家属也学会了各种亚洲麻将。[100] 丹妮丝·维斯涅夫斯基是一名训练有素的护士,她嫁给了一位空军医生。在日本期间,她与日本军医的妻子们打日本麻将,同时也与其他空军军官夫人们一起打赖特-帕特森麻将,这也是她回到美国后又继续玩的麻将。虽然空军成员有时会打亚洲麻将,但赖特-帕特森麻将为初来乍到的军官夫人们提供了一套共同的规则与和牌组合,帮助她们融入一个共同的社区。正如规则手册提醒读者的那样,标准化"使你能够从一个基地转移到另一个基地或港口,并且仍然可以玩同样的游戏"。[101]

图8.2 1964年10月,赖特-帕特森空军基地的军官夫人们聚集在一起打麻将,开启了本季的娱乐活动。西尔瓦·鲍尔是初版赖特-帕特森麻将规则书的编写者之一,她站着向新手温妮·潘伯恩解释玩家的动作。温妮是唯一一个没有穿中式服装的人。坐在桌子旁,从左到右依次是洛伊斯·波特、露西·哈洛克、玛格丽特·克伦肖和拉·汉森。这些女性的中式服装从简单的自制宽松长袍到刺绣精美的华服都有。图片由赖特-帕特森军官配偶俱乐部提供。

尽管俄克拉荷马地区市场和赖特-帕特森空军基地的玩家都可以使用旧的麻将牌，但随着新的麻将牌供应商的出现，这些玩家与复苏的美国市场建立了联系，而这一市场正由全美麻将联盟不断增长的会员人数所推动。当西尔瓦·鲍尔和海伦·莫里斯最初成立赖特-帕特森小组时，她们不得不寻找他人转售的麻将牌，甚至还在遗产拍卖中搜寻。[102] 不久之后，桃乐茜·梅耶尔森为赖特-帕特森的玩家提供了美国制造的塑料麻将牌。[103] 所有美式麻将都有一个在其他地区的麻将中不太常见的组件：用于码牌的架子。这些牌架将所有美式麻将联系在一起，亦是麻将美国化的实物证据。

制造一款美国游戏

全美麻将联盟发起的变革需要新的牌——首先是花牌数量的增加，然后是在20世纪60年代初对小丑牌数量的调整。麻将牌生产的本土化使总部位于纽约的联盟能够改变美式麻将的形式。在此过程中，麻将牌摆脱了以手工制作和天然材料为基础的"象牙和竹子"的异国情调光环，虽保留了牌上的中国意象，但这些意象却浮雕在美国制造的塑料上。[104] 尽管如此，在游戏规则不断变化的情况下，实体牌及其附随的感官吸引力仍然是保持麻将辨识度的核心统一元素之一。

纽约不仅成了全美麻将文化的中心，也成了美国麻将制造的中心。在20世纪30年代，虽然进口的手工雕刻塑料中式麻将牌数量较少，但仍不断进入美国，取代了20年代麻将热衷的骨竹牌。然而，1937年日本占领上海华界后，上海基本上不再向美国出口麻将。尽管中国香港地区和日本仍然是麻将牌制造中心，美国市场的麻将牌分销中心却从太平洋沿岸转移到了纽约。全美麻将联盟需要额外的麻将牌，为了应对这些变化，一个本地麻将牌制造基地应运而生。

两家工厂展示了麻将制造业在美国的本地化进程。当时，美国的塑料工业规模虽小，但在不断增长。与其他许多投身其中的企业家一样，这两家工厂的创始人也来自工人阶级。在 20 世纪中叶，他们的小作坊跻身于竞争愈发激烈的塑料行业。[105] 这些以家庭为基础的工厂，为来自东欧和南欧的新移民群体——如意大利人和东欧犹太人——提供了一种向上流动的途径。尽管洛达托家族和西尔弗曼家族的工作是在工厂进行的，但作为"白人族裔"的一员，他们脱离了工业劳动者或小商店主的身份，晋升为工厂的所有者和管理者，进入了白领阶层。[106]

在 20 世纪 40 年代初期——正值全美麻将联盟成立后不久且战后麻将热潮兴起之前——A&L 制造公司（A & L Manufacturing Company）开始将麻将牌添加到其小型塑料产品系列中。该公司由一位意大利移民及其家人在几年前创立，很快就成为美国最负盛名的麻将牌制造商之一。在 20 世纪 30 年代后期，阿方索·洛达托（Alfonso Lodato，大家都叫他"阿尔"）在他的地下室开了一家小店，命名为 A&L 制造公司，以纪念他父母的姓氏：阿达米和洛达托。他起初加工和供应用于科学实验室的小型塑料管，然后才扩展到麻将业务。几年之内，生意搬到了布鲁克林的一家店面。随着订单不断增加，利润被重新投资到业务中——特别是购买昂贵的原材料塑料，这些塑料必须从制造工厂采购。到二战结束时，A&L 已经开始为数以千计的美国人，主要是犹太妇女，提供全新的塑料麻将牌。[107]

二战后，新兴的麻将市场迎来了其最大的发展机遇。与此同时，退伍士兵需要寻找工作，许多人转向前景广阔的塑料工业。[108] 西摩·西尔弗曼（Seymour Silverman）就是这样一位抱有希望的退伍军人。他的家族在纽约州北部从事乳品生意，而他则隶属于陆军伞兵部队。[109] 当他回到布鲁克林生活后，亟须找到一份工作。他与一位在游戏制造方面有丰富经验的商业伙伴合作，于 1947 年在曼哈顿苏豪区边缘、靠近唐人街的一间阁楼里开设了"帝国游戏"（Empire Games）。他们与一位印刷商和另一位塑料新奇玩具"抛头娃娃"的制造商共用一栋楼。

在接下来的四年里，"帝国游戏"在资金紧张的情况下加工了多米诺骨牌、麻将和扑克牌筹码——这些都是美国人日益热爱的棋牌类游戏的必备品。同时，西尔弗曼则在全美各地奔走以拓展业务。除了纽约，麻将的最大市场是芝加哥和洛杉矶。在 20 世纪 20 年代，一些长满虫子的竹制麻将牌曾让所有生产商苦苦挣扎。类似的情况如今也在发生，一些使用劣质塑料的麻将牌很快就褪色了，从而玷污了所有塑料麻将牌的声誉，"帝国游戏"因此努力维持其产品与高质量画等号。然而，1951 年的一场建筑火灾使得珍贵的塑料原料熔化成了一个巨大的球。保险公司拒绝赔偿他们的损失，因为从技术上讲，塑料仍然存在，这导致"帝国游戏"最终倒闭。

经历灾难而被熔化的材料展示了塑料发展中的一个重大进步：热固性塑料的发现。这种塑料在热和压力下会不可逆地硬化。1940 年后，A&L、帝国游戏和其他少数几家美国麻将厂，例如卡迪纳尔（Cardinal）和 TYL，生产的麻将牌所用的塑料是一种铸造酚醛塑料，商标名称为卡塔莉娜（Catalin）。这种材料与 20 世纪 20 年代最早的赛璐珞有显著不同。赛璐珞是第一种塑料，于 19 世纪由植物纤维素和樟脑制成，并广泛用于仿制象牙和玳瑁等天然材料。赛璐珞"法国象牙"麻将牌具有精心构造的层次，模仿象牙的浅棕色纹理。[110] 然而，在 20 世纪 20 年代，顾客更喜欢中国作坊和工厂生产的骨竹雕刻麻将牌，而不是美国生产的压制塑料麻将牌。

20 世纪早期，贝克莱特酚醛树脂的出现预示着新型酚醛塑料的问世。到第二次世界大战时，这种更优越的塑料取代了赛璐珞。[111] 尽管其原料具有可燃性，但贝克莱特本身不易燃，从而解决了过去制造赛璐珞时存在的爆炸危险。然而，从美学角度来看，早期的贝克莱特配方并不适合用于制造象牙色的梳子、首饰和麻将牌。贝克莱特最初用于工业用途，只有黑色或棕色。直到 1928 年，美国卡塔莉娜公司从德国引进了一种被誉为"现代工业瑰宝"[112] 的工艺，才解决了制造稳定、耐色塑料的难题。铸造酚醛树脂以液态形式倒入铅模中，冷却并硬化成各种形状。其色调鲜艳，颜色多年不褪，色泽深度远超表层刷涂料的效果。加工工厂购买这些原材料。随着树脂价格的下降，塑料甚至可以用于制作廉价的新奇制品和游戏部件。十年内，第二代酚醛塑料，后来被收藏家称为"贝克莱特"，便占据了纽约的仿制珠宝店，并被誉为一种大众化的材料。[113] 诸如 A&L 和帝国游戏等麻将终端加工厂，向邻近皇后区的马利特公司化工厂购买其制造的卡塔莉娜塑料条。

尽管二战后美国掀起了一股面向未来的反传统思潮，相关材料也明显具有现代性，但过去的经济模式思路依然根深蒂固。虽然制造塑料麻将牌比制造骨竹牌更依赖机器，但其大部分制造流程仍然是劳动密集型的。工人们首先将卡塔莉娜塑料条切成麻将牌大小的小块。由于其锋利的边缘需要打磨，麻将牌会被放进类似滚筒的机器里翻滚。滚筒机完成了这项工作，但控制整个过程需要技巧和精确度：如果时间把握不当，可能会损失数千美元的卡塔莉娜原料。[114] 与 20 世纪 20 年代的美伦工厂类似，A&L 公司的工人也各司其职，在粗糙的流水线上制造麻将牌以及其他产品，如多米诺骨牌。

除了麻将牌本身，美国的麻将工厂还制造牌架——这种游戏配件在 20 世纪 20 年代首次流行。由于中国玩家和制造商不使用这种配件，这些木制牌架通常是单独出售的。但到了 40 年代末，牌架通常已经包含在麻将牌套装中了。[115] 大理石般的漩涡状色彩——卡塔莉娜的美学标志之一——与麻将牌的奶白色形成鲜明对比。牌架的原材料到达工厂时已经形成了基本的倾斜形状，但其后续的每个组装步骤：倒角、抛光以及拧上用于固定赌注筹码的小黄铜件，都是手工完成的。[116] 一些特殊的牌架甚至在金属末端固定了金属烟灰缸。玩家们不再使用中国麻将套装中的骨制记分棒来计分，而是改用小型彩色塑料筹码。[117] 以上每个元素都与围绕美式麻将发展的美国社会结构紧密契合，女性玩家们在抽烟的同时计算着她们的小额胜负。

  这些小工厂延续了更长久的家庭经济传统。与 20 世纪 20 年代隶属于化工公司的塑料麻将厂，或总部位于上海的美伦工厂和麻将制造公司的大规模手工生产和国际融资的混合系统不同，A&L 和帝国游戏是不断发展的塑料工业中许多加工厂的典型代表。[118] 工厂主都是出身卑微的独立商人，主要依靠家庭成员。为了生计，他们经常在晚上和周末加班加点。阿尔的弟弟安东尼·"拉吉"·洛达托（Anthony "Lucky" Lodato）也加入了经营行列。不仅他们的姐妹提供了早期所需的资金，而且他们这个大家庭中几乎每个人都以某种身份在工厂车间工作，或为纽约的零售商运送产品。[119] 家族的女主人玛丽亚（Maria）与安娜（Anna）、乔（Jo）姐妹一起，顶着油漆稀释剂的浓烈化学烟雾，在家中给压花麻将牌上色并清洗。其他女性员工则在工厂光线最好的顶楼给麻将牌上色。[120] 这种注重细节的手工作业在 A&L 和帝国游戏的工厂中总是由女性完成，包括西摩的妻子伊迪丝·西尔弗曼（Edith Silverman）。[121] 尽管帝国游戏官方宣称该公司由"两位男士运营"，但伊迪丝是一支幕后力量。男人们虽然竭尽全力，公司仍然入不敷出，伊迪丝的兼职秘书工作提供了支持。下班后，她还要来到工厂给麻将牌上色，同时还负责打字和文书工作。另一名女子也开始帮忙上色，很快她的姊妹和兄弟也加入了进来。用西摩的话说，"这是一家子的事"。[122]

  帝国游戏和 A&L 也延续了旧有的族裔互助和以家庭为基础的向上流动模式。洛达托兄弟几乎雇用了他们大家庭中的每一个人，以帮助他们的侄子、侄女和堂兄妹完成学业。与大萧条前更普遍的"道德"资本主义模式相似，拉吉·洛达托强调福利政策，例如带薪假期和家庭照顾时间、为员工提供感恩节火鸡，并关注女性员工是否能准时下班以照顾孩子和家庭事务。[123] 当工人们拒绝工会代表时，洛达托的政策得到了回报。每当街区中有新生儿诞生时，其父母都会收到一盒次品麻将牌，作为孩子的积木。家庭、街区和族群的界线相互交织，彼此融合。

具有讽刺意味的是，塑料加工在现代工业中为传统经济形式提供了空间。它结合了休闲商品市场的增长和一个新的制造领域，同时保持了家庭企业和手工艺的规模。尽管塑料行业在增长，它仍然是一个小型经济部门。制造塑料原料的公司由主导汽车、棉纺和钢铁行业的大公司掌控，但这些塑料加工厂并不归这些大公司所有。[124] 其他经济部门，如餐馆和小零售店，传统上更适合工人阶级和移民企业家进入，但这一新兴部门暂时为家庭制造业提供了一个切入点。

作为布鲁克林的意大利人和犹太人，洛达托家族和西尔弗曼家族是开发美式麻将游戏的社区成员，他们的地理位置影响了他们对制造业的理解。洛达托家族的成员是布鲁克林意大利天主教徒中的一部分，他们与布鲁克林的犹太人一起玩这种游戏。西摩·西尔弗曼也观察到他的姑姑们玩这种游戏，并研究了什么对她们有用，什么对她们没用。他相应地调整了麻将牌的尺寸，以避免牌块过大而难以握持。与她的姐妹和其他朋友不同，伊迪丝从未学会她帮助生产的游戏。她承认道："我对它确实没什么兴趣，尤其是因为我在工作中接触到它。"不是游戏爱好者的伊迪丝也没有转向其他娱乐活动，对她来说，麻将意味着工作，而非娱乐。对于那些制造麻将的人来说，工作和娱乐的分离几乎是不可能的。

一点一点地，美式麻将牌在材料上变得独具特色。随着牌架作为标准组件的加入，新的麻将盒也随之出现。这些盒子呈长方形，类似于西洋双陆棋盒或公文箱。与麻将牌一样，这些盒子不再使用木材等天然材料，而是用塑料乙烯基材料覆盖，最常见的是"人造革"或仿鳄鱼皮，这在当时被认为是一种优雅而现代的装饰。[125] A&L 最初购买现成的麻将盒，但当成品盒的价格过高时，阿尔和拉吉请来了第三位精通手工制作的兄弟，在公司内部制作麻将盒。与木箱相比，这些麻将盒更多是为了便于携带，而非炫耀，方便女性将她们的麻将牌带出家门。

全美麻将所需的材料变更之所以成为可能，是因为全美麻将联盟与麻将牌工厂距离相近。制造商和联盟之间建立了互利关系，使得工厂能够将联盟的年度规则卡加插到麻将盒中，并根据联盟的规格更改麻将牌。据西摩·西尔弗曼回忆，某一年，联盟决定将必备的额外花牌作为礼物送给会员，便向帝国游戏订购了数千张麻将牌。1960年之后，各个麻将牌工厂都改变了生产，加入了小丑牌。然而，并不是所有人都购买了必要的小丑牌——许多拥有无小丑牌麻将的人自己动手，用红色指甲油涂抹多余的花牌，或者在这些牌上贴上特制的红色"小丑"贴纸。

图8.3 这则刊登在1948年《玩具杂志》上的广告展示了美式麻将牌的典型特征。A&L制造公司在广告中推销他们的塑料麻将牌，有全白"象牙"款或彩色背衬款。长条形人造革麻将盒里装着附有筹码托盘的卡塔莉娜材料的牌架，文字则宣扬了麻将在战后人气飙升的趋势。该杂志在纽约出版，覆盖了全美读者。图片由凯瑟琳·哈特曼提供。

第八章　麻将的美国化　207

因为是新创意，小丑牌给了美国设计师第一次设计麻将牌的机会。除了少数例外，美国的骰子制造商设计的图案都代表了中国文化中的漫画式亲切元素：圆胖的佛陀、微笑的孔子脸，或者仅用中式风格字体写成的"Big Joker"。值得注意的是，一张百搭牌上咧嘴笑的小丑留着"傅满洲"式胡须，戴着红色的清代官帽。这种设计具有双重的文化含义：中式风格的小丑牌被重新命名为"卡比策"（Kibitzer），这也是一个常用于桥牌的意第绪语术语，指提供不受欢迎的评论的旁观者。（全美麻将联盟1960年的通讯中曾警告：不要多嘴。[126]）这些设计取向凸显了中国元素在这款游戏的吸引力和文化意义中的持续影响力。

麻将牌的美国化并未抹去其中国起源。除了漫画式的小丑牌之外，美国化并没有全面扭曲麻将牌原有的设计。20世纪20年代在美国和欧洲制作的麻将牌经常以粗糙仿造的汉字为特色。相比之下，美式标准麻将牌的设计展示了清晰的机压汉字和图像。虽然这些设计可能会让人联想到美国刻板印象中的宝塔和黄包车，但它们仍然源自20年代的中国设计。嵌入麻将牌中的中国元素，以及某些游戏术语中的中文表达，依然是游戏体验的重要组成部分。与纸牌不同，这种实体存在帮助界定了美式麻将牌所继承的清晰可辨的外国遗产。

然而，麻将的物质性，即麻将牌的材质，在文化上的重要性已经下降。美国公众对这些美国制造的全新麻将牌的热烈欢迎揭示了塑料和麻将的本土化。广告商们不再强调骨竹制麻将牌能唤起人们对中国古代宫廷的回忆，也没有将塑料牌宣传得特别现代或引人注目。到了20世纪50年代中期，塑料已成为一种日常材料。[127] 广告改为强调不褪色的卡塔莉娜塑料的质量。[128] 大多数麻将牌依然是乳白色，在一些广告中仍被称为象牙色，但也引入了新颜色以符合当时的时尚潮流。[129] 1954年，梅西百货公司展示了新潮和保持与具有市场价值的"东方"关联之间的双重性，为全新的"中国粉"麻将牌刊登了广告——这种颜色与郊区浴室瓷砖的联系远比与中国文化或传统麻将牌的红、绿、蓝三色更紧密。简言之,物质性不再像在 20 年代那样重要,但保留中国元素及受中国启发的设计依然是麻将及其文化意义的核心。[130]

随着麻将工厂与各具特色的地区和社区麻将协同发展,美式麻将发展成为一个美国本土产业。在保留主要共享元素——包括麻将牌的美感和手感——的同时,调整麻将规则的能力意味着麻将有不断创新和迭代的空间。各种麻将组织对游戏版本进行标准化,充分利用并试图引导这种变革的潜力。然而,麻将也成为延续传统的载体,包括家庭经营的麻将牌制造经济。

由于大多数美国人在 20 世纪 20 年代的热潮过后并没有重拾麻将,各种新的麻将变种沿着社区网络传播,并加固了这些网络,从俄克拉荷马州到空军基地,再到犹太女性的社交网。女性文化也塑造了这款游戏,因为女性群体领导了全美麻将联盟和赖特-帕特森麻将俱乐部,这两个组织产生了两种最独特的美式麻将。它们还将慈善事业融入组织结构中,并吸引了那些在大规模社会流动中寻求建立社区的玩家。二战后,美式麻将的发展展示了这些联系的重要性以及吸引玩家的各种力量。

尽管美式麻将有所发展,特别是全美麻将,但它并未在更广泛的美国社会中产生多大影响。到了 20 世纪 50 年代初,主流媒体几乎不再提及麻将,只偶尔用它来指代一种过时的 20 年代的热潮。[131] 麻将得以存续,除了有赖华裔和日裔美国人外,其主要受众包括按照赖特-帕特森规则打牌的空军军官夫人们,以及按照全美麻将联盟标准打牌的群体,后者主要是犹太女性,并且其数量迅速增长。这款中国游戏的美国化为犹太女性在美国休闲文化中确立独特的地位奠定了基础。

第九章　移居郊区与夏季别墅

当丽塔·格林斯坦（Rita Greenstein）在 1955 年搬到长岛*时，她感到与新家之间的距离远远超过了她与在布朗克斯**紧密团结的社区之间的地理距离。格林斯坦在一个由社会主义和共产主义住房合作社发展而来的大型艺术家社区中长大。这个社区有着强烈的犹太身份认同，这种身份认同更多植根于文化和政治规范，而非宗教。在长岛，格林斯坦努力通过求助于保守派犹太教堂和麻将来重建她的社交网络。[1] 她从小就熟悉麻将，因为在童年时的夏天，她经常去法洛岬海滩***俱乐部，当时麻将已在二战前夕传播到犹太女性的休闲场所。在这个全新的社区，她与一些邻居一样，抚养着年幼的孩子。这个社区是一个混合族裔的社区，尽管犹太家庭会加入相同的教堂，犹太女性的麻将小组也欢迎意大利妇女的参与。"我们不仅成了非常要好的朋友，"格林斯坦回忆道，"我们还都成了麻将玩家。"[2]

解释麻将如何因为其中国起源而成为犹太人游戏的过程，本身就是一个典型的美国故事。麻将为犹太人提供了一种融入美国社会，同时保持其独特性的方式。这不仅是一个心理过程，还与住房、制造业、性别和休闲方式的变化密切相关。族裔身份认同因此在物质世界中得以构

---

*　纽约州东南部的岛屿。——译者注
**　纽约市最北端的一区。——译者注
***　位于纽约市皇后区的一个海滨社区。——译者注

图 9.1　1954 年，这座样板房宣传了位于长岛希克斯维尔的新开发项目。次年，丽塔·格林斯坦搬入了该社区一座几乎与样板房相同的分层式平房。样板房周围的空旷景观很快被类似的郊区住宅填满。美国国会图书馆。

建。犹太女性甚至无意间为 20 世纪中叶的犹太民族有效地创造了一个新的文化标志——在不断演变的封闭居住环境内，随着郊区住宅和夏季度假景观的兴起，她们开始玩起了一款中国游戏。

　　麻将帮助女性在大规模搬迁和社会原子化的时期结识新邻居，并形成本地化的犹太社区。回顾这一现象，也揭示了在中产阶级同化过程中，族裔文化形成的复杂性。战后时期的"向上流动"意味着美国犹太文化和社会网络的剧烈重组。格林斯坦的人生轨迹颇具启示性。她来自一个世俗的、社会主义的、以艺术为导向且犹太文化浓厚的移民社区。该社区与犹太教正统派聚居地接壤，却与大多已与其他族裔融合的第三代犹太教改革派社区相隔甚远。成年后，她搬到了一个第二代犹太裔中

第九章　移居郊区与夏季别墅　　211

产阶级社区,该社区通过一个注重社会活动的郊区保守派犹太教堂和每周的麻将牌局紧密联系在一起。

在两次世界大战之间,犹太人口的主体从东欧移民转变为本土出生的美国人。相应地,标志民族起源和宗教实践的分歧逐渐消退。二战前的那一代建立了更多世俗化的大众文化形式和基于族裔的组织。[3] 尽管阶级和教派方面的分歧依然存在,但一个主流的美国犹太文化逐渐形成,即使对于那些并不完全认同的人来说,这种文化也与他们相关。犹太裔美国人的族裔身份不再仅仅扎根于种族认同,也不再仅由神学或宗教信仰定义,而是定位于文化、阶级、犹太教育和对白人身份的复杂认知之间的交织之中。[4] 作为一种少数族裔身份,犹太裔的族裔身份通常受到一种核心张力的影响,即外界对该群体的认定(在对犹太人大屠杀中以恐怖的方式凸显)与群体内部的文化规范、身份和仪式之间的交互作用。即使是那些没有参与这些共同经历的人,例如打麻将,这些经历也被犹太裔美国人广泛认可为其文化标志,外界亦是如此。

在20世纪中期,许多犹太裔中产阶级生活的标志与主流的"基督徒"规范无异,麻将则是例外。到了20世纪50年代,全美各地的犹太人将麻将视为"我们的游戏"[5]。部分原因是全美麻将被称为"一种犹太人的游戏",因为犹太妇女是主要玩家,她们互相传授麻将技巧,聚在一起打牌,并围绕麻将建立社区。一些女性非常自觉地将麻将与犹太性联系在一起,比如通常以开玩笑的方式,意味深长地在打牌的时候穿插使用意第绪语词汇,或在打翻的麻将牌中想象出一盏犹太教灯台。[6] 另一些人则抵制了麻将与犹太性的联系,担心这种联系会被归类为种族刻板形象。然而,对许多人来说,麻将的犹太性只是其广泛的、通常不为人注意的背景的一部分,犹太性只是因为打麻将恰好在犹太社区中进行。[7] 全美麻将联盟的游戏已被归化,用平实的话解释便是:"那就是犹太妇女做的事情。"[8] 在布鲁克林的弗拉特布什等犹太色彩浓厚的社区长大的孩子们可能会简单地认为每个人都是犹太人,每个人都打麻将。[9] 那些与麻将为伍但自己并不与麻将牌亲密接触的丈夫或孩子们常常认为,麻将实际上是从"老家"带来的游戏,"麻将"这个名字是一个意第绪语词汇。[10]

然而,导致麻将在这些社区中传播的不仅仅是巧合。[11] 20 世纪中叶,犹太身份的形成充满了犹太人与往昔的关系以及当今时代驱使犹太人同化之间的矛盾。在这种族裔身份形成的同时,美国人关于种族的观念也随着新的族裔概念而变化。在这些过程中,美国化逐渐成形,横跨了现代化与代代相传的身份。美式麻将源于物质、居住和社会元素,这些元素构成了日益连贯的美国犹太文化——并帮助创造了这种文化。

"我们的游戏"

打麻将的规矩和物质文化并非源自麻将与其起源地的联系,也没有任何迹象表明因为麻将美国化了而变得同质化——甚至没有一种"混合的"文化将麻将的外国起源和美国化合二为一。[12] 麻将提供的实际上是一个三角化过程的例子。对于犹太妇女来说,这种美国化的中国游戏实际上鼓励了她们小心翼翼地进入主流社会,同时通过使用中国作为第三参照点,保持其群体的独特性,使她们既在美国本土文化之外,又身处其中。在美国种族思想矩阵中,亚洲具有特定的象征力量,用以指示外来。大多数美国人不再打麻将这一事实更凸显了亚洲的外来者地位。通过利用美国的东方主义传统,犹太妇女参与了美国白人主流文化,但其方式是通过参与一种大多数美国人不再参与的边缘活动。在此过程中,她们向上流动获得了美国白人特权,从而引发了局内人与局外人之间的矛盾,而麻将文化(以无意的方式)帮助解决了这种矛盾。具有讽刺意味的是，犹太妇女利用一款显然来自中国的游戏帮助创造了现代美国犹太文化。

尽管麻将对犹太裔美国人来说并不像对第二代华裔那样唤起一种传承感，但它同样帮助划分了一个安全和共享的空间。20世纪50年代，社会学家采访了居住在郊区的犹太裔美国人，后者描述他们感觉比其他犹太人生活得更为舒适，即使他们与其他族裔混居并经常与其互动。[13]这样的描述附和了过去和现在其他少数族裔的心声，他们一直感受到代表自己群体的压力，并意识到自己被认为与众不同。20年代的华裔美国人小心翼翼地不在公共场合打麻将，因为生怕被"盯着看"，但一进入唐人街后，他们就可以"放下伪装"尽情享受。[14]同样，对于犹太人来说，麻将也可以成为事实上的社区标志，因为有时他们"与非犹太人在一起时不太自在，因为你觉得他们把你当作犹太人看待。但犹太人又不会真的把你当成犹太人"。[15]尽管打全美麻将的只有少数人不是犹太人，但这一明显的少数派加入了以犹太人为主的群体，并被邀请到一个共享的环境中，玩一种主要是犹太人在玩的游戏。从更广泛的群体层面来看，麻将在犹太妇女的娱乐节奏、慈善网络和家庭空间中扎根。二战之后，犹太性在美国不断发展和变化，其美国文化上的而非神学上的标志数量激增，麻将便是这些标志之一。[16]

战后犹太女性与19世纪中国游戏之间的联系并不明显。麻将融入了中国和犹太文化狭窄的交集。最值得注意的是20世纪"传统"，如圣诞节和经常在星期天到中餐厅家庭聚餐，这些传统与一个以新教为主的国家在基督教之外的共同立场有关。[17]评论家们在流行文化和学术文献中都强调了犹太裔美国人与华裔共享的文化特征，如侨民历史记忆的重要性、对教育的重视以及财务敏感。[18]因此，人们很容易假设犹太裔和华裔在纽约市的共享地理环境中产生了交集，甚至认为二战时在上海的犹太难民将麻将带到了美国。但直接的跨文化交流并非犹太裔美国人麻将文化的温床；只有在极少数情况下，犹太裔从华裔玩家那里学会了麻将。[19] 全美麻将联盟反而成为了该游戏在犹太女性中传播的源头。

然而，麻将作为一种中国游戏的重要性仍然存在，尽管其影响随着时间的推移变得更为微妙。历史上，犹太人和亚洲人在东方主义的想象中被松散地归类为来自东方的人，而西方的东方主义最初集中于19世纪晚期的"近东"。[20] 因此，可以说犹太裔美国人可能曾试图通过借用一种中国游戏，使他们区别于其他非欧洲的"东方人"并融入白人社会。[21] 然而，更可能的情况是，麻将更具一种微妙联系起差异的魅力，而不是同化差异。20世纪20年代，麻将文化帮助社会名流们迈入了一种新的自我，即一种现代的、世界主义的白人身份。与之后以犹太裔为主的全美麻将玩家相比，他们与中国人物、服装和刻板印象的互动明显更多。可以肯定的是，就像在整个美国文化中一样，关于中国文化的一些刻板印象在犹太裔麻将玩家中仍然存在，例如全美麻将联盟主席维奥拉·塞西尔1938年出版的规则手册《标准美式麻将》（Maajh）*封面上的仿中国字体，以及在卡茨吉尔山消夏的麻将玩家偶尔戴的稻草制锥形"苦力帽"。但这些刻板印象已不再普遍，也不是麻将吸引力的焦点。[22] 与联盟在二战时对中美结盟的姿态形成鲜明对比的是，战后犹太麻将文化在很大程度上忽略了与中国的联系。冷战时期对初生的共产主义中国的怀疑可能促成了这种沉默，尽管在此期间，华裔美国人正在应对其新兴的"模范少数族裔"地位，并探索有条件地融入不断变化的种族格局。[23] 在二战期间与其中国渊源的明确但短暂的接触后，美国麻将文化又回到了低调而熟悉的东方主义潮流中。联盟的出版物保留了描述永恒的孔子时代的模糊术语，这些术语正是20年代充满异国情调的麻将风潮的特征。[24] 与使用纸牌的游戏不同，麻将通过其牌的外

---

* 塞西尔创造此词用以指代她创造的标准化美式麻将。——译者注

观和命名保留了其中国标志。

没有其他娱乐活动像麻将那样与犹太女性有如此强烈的关联，但麻将也代表了全美的休闲趋势。自第一次世界大战以来，休闲时间对中产阶级和中等收入工薪阶层变得越来越容易获得。女主人无需雇人帮忙，就能靠预制菜和购买的食品招待朋友，而各种纸牌和棋盘游戏也愈加受欢迎。[25] 年轻人常去舞厅，夫妻玩桥牌，男人打扑克。[26] 南美洲的凯纳斯特纸牌游戏在 20 世纪 40 年代席卷全美，直到 50 年代，许多美国人仍乐此不疲，其中包括也喜欢打桥牌和麻将的美国犹太妇女。[27] 根据《纽约时报》的游戏专栏作家阿尔伯特·莫尔黑德（Albert Morehead）的说法，"标准的社交模式"是夫妻之间互相娱乐，他们共进晚餐，然后打一局牌，最好是桥牌这种合作游戏，"这样丈夫和妻子就不必相互对抗"。他估计，这样的日常活动在战后夫妻团聚后增加了。随着汽油配给制结束，拜访相距甚远的朋友变得更容易，而经济政策推动的繁荣意味着"妻子们离开工厂回到厨房"。[28] 50 年代，全美各地的家庭活动室里都有人在玩拼字游戏，而客厅则是朋友们举行非正式桥牌聚会的场所。[29] 到了 60 年代，家庭活动室成为新郊区建筑的一个主要特色，标志着那个时代对非正式的、以家庭为中心的娱乐的重视。[30] 麻将玩家们参与了这些"标准的社交模式"主导的变革，但他们也开辟了截然不同的新领域。

对犹太裔美国人来说，麻将严格意义上是女性的游戏。犹太男性不参与这种游戏，至少"在陌生人面前从不参与"。[31] 在得克萨斯州，一位玩家的儿子用类似解释小孩从哪里来的话语来解释他对麻将的理解："这不是男人应该知道的，这是一个秘密。这是一个谜。"[32] 美国的麻将文化创造了一个专门的女性社区，该社区不是围绕生产性劳动的工作小组、志愿服务或缝纫妇女会，而是围绕社会娱乐。这种性别化的麻将文化与华裔麻将玩家的文化有显著不同；在后者中，虽然在赌博大厅中打麻将的仍然是清一色的男性，但低赌注的牌局也在家庭和女性中进行。它也不同于 20 世纪 20 年代的性别化的美国麻将文化；当时，桥牌和麻将的圈子几乎没有区别，两者都有混合和单一性别的牌局。在美国文化中，男性参与的扑克等游戏因其固有的赌博目的而被定义为"男性"游戏，而男女共同参与的则包括桥牌和其他游戏。犹太男性常打皮纳克尔牌。非犹太妇女在单性别群体中玩游戏，如下午的桥牌或凯纳斯特纸牌聚会（犹太妇女也参与），但没有哪种游戏像麻将一样在犹太妇女中如此普及，并且专属于女性。

尽管并非所有的种族元素都需要如此深刻地被性别化，有关男女适当角色及其关系的观念构建了传统和新身份认同的来源。20 世纪初，家庭住所逐渐成为"美国犹太性"发展的中心，这种犹太性以文化和共享的仪式为标志，而非传统的神学。[33] 随着家庭成为女性化的空间，女性在塑造家庭传统并为独特的休闲形式争取时间和空间方面发挥了日益重要的作用。然而，与其他具有内在宗教意义的常见仪式不同，比如美国化的光明节*或为女孩举办的成人礼，麻将在犹太裔中产生共鸣的原因在于，犹太妇女围绕麻将在日常生活的空间和节奏中创造了一种文化。

在郊区打麻将

对于犹太裔美国人来说，二战后参与移居郊区的大潮，是进一步融入美国中产阶级的有力象征。在丽塔·格林斯坦的一生中，她在孩提时代，即 20 世纪 30 年代，在布朗克斯经历了来自邻近天主教社区的严重

---

* 一个犹太教节日。——译者注

反犹太主义,与她50年代在长岛意大利天主教徒和犹太裔混居的郊区生活形成了鲜明对比。[34] 20世纪初,东欧移民浪潮为纽约下东区注入了新的活力,那里有意第绪语文化和拥挤的唐人街,有激进的政治和神学上的多样性。[35] 尽管面临着犹太人配额*所带来的阻碍,以及在住房、教育和就业中的各种歧视,那一代的犹太裔仍然不断向纽约市其他区和东北部城市外移,这与其缓慢但稳步向上的社会流动相辅相成。[36] 美国的反犹太主义在本土主义盛行的20年代达到顶峰,当时的移民限制阻止犹太人进入美国。二战后,随着大屠杀的恐怖被公之于众,美国也越来越将自己定位为对抗苏联共产主义的"自由世界领袖",公开的种族主义和反犹太主义在文化上变得不可接受。[37] 这一转变肯定了宗教多样性符合民主和美利坚精神,即使白人与黑人之间根本的种族界限得到了进一步的强化。[38]

尽管阶层流动的规模长期以来摇摆不定,但在战后繁荣时期,大批早期东欧移民的子女获得了进入中产阶级的机会。[39] 在教育和就业中反犹的配额制开始消失;住房方面的限制政策仍然存在,但也趋于式微。服务经济建立在平价公共教育的基础之上,其增长推动了犹太家庭传统上寄予希望的职业,如教育、法律、医学和管理。[40] 犹太男子的经济流动性和美国文化规范导致了迁往郊区的犹太家庭数量的爆炸式增长,他们的家庭生活特征是占主导地位的新兴中产阶级精神,与保守派犹太教更多的联系,以及对新成立的以色列国的支持。[41]

20世纪50年代,美国郊区的犹太裔人口翻了一番,因为第二代和第三代的犹太裔美国人搬离城市中心的可能性是他们非犹太裔同龄人的四倍。[42] 这种迁移并非没有阶层差别:向上流动最多的犹太裔首先搬

---

* 19和20世纪西方发达国家普遍存在的一种歧视性的种族配额,旨在限制或拒绝犹太人进入各种机构,经常出现在一些名牌大学中。——译者注

迁，他们移居的特定新建住宅区往往在财富和声望上明显区别于其他住宅区。[43] 很快，洛杉矶、迈阿密和底特律加入了纽约、芝加哥和一些东北城市的行列，成为犹太人生活的主要中心；每个城市都有相应的郊区——城市和郊区都成为了麻将版图中的节点。[44] 郊区的犹太教堂成为重要的社区机构。这很大程度上是由女性推动的，她们中的许多人又在麻将桌上与其他教友建立了联系。[45] 保守派犹太教堂尤其迅速地传播开来，因为它介于早期德国犹太移民中流行的美国自由改革传统与东欧移民的犹太教正统派之间，而第二代犹太裔则倾向于这种中间地带。犹太人与其他美国人一起创造了战后皈依宗教的高峰期，"天主教、新教、犹太教"在美国公民宗教中三足鼎立，标志着国家认同感和战后的多元主义。[46]

犹太教改革派、保守派、正统派和世俗犹太人之间的差异，以及他们与民权运动的政治联盟和对以色列的支持，进一步将犹太人融入美国社会结构中，即使这些差异有时会导致个体之间的分歧。然而，这些差异并未显著影响麻将所促成的那种更依赖于本地网络的族裔构成。打麻将的女性们通过一种共同的仪式联结在一起，这种联系并不基于更古老的神学模式，甚至也不是基于以犹太教或东欧文化为根基的更新的文化"犹太性"。[47] 相反，这些每周聚在一起打麻将的朋友和邻居更重视的是距离相近和本地化社区，而不是其他边界。

并非所有犹太女性都打麻将，有些仅仅因为社交义务而勉强参与。尽管社会阶层的界限可以模糊，许多非中产阶级的女性也打麻将，但阶层仍是导致裂痕的最常见因素。工人阶级或中产阶级下层的一些人感到自己被排除在占主导地位的向上流动环境之外，而富家女有时则感觉这种环境带有令她们不快的中产阶级奋斗者的味道。在底特律，一个富裕麻将团体在"打麻将时，她们会盛装打扮，以便炫耀她们戴了珍珠和项链"。一位邻居尽管与其中一名成员是朋友，却觉得自己没有足够的财富加入这个团体。[48] 主人们可能会拿出最好的餐具和银器,既表示对牌友的尊重,也展示了自己的经济实力。[49]

图 9.2　1962 年,一群人在乔治亚州南部的小城瓦尔多斯塔享受打麻将的乐趣。从左到右依次为:艾达·布鲁姆伯格、莉莉安·米勒、安妮·李·埃斯特曼、弗里达·施皮勒。虽然烛台很特别,但许多主人会摆出"好的餐具"。正式的餐桌布置遮挡了施皮勒随意光着的双脚。照片由布雷曼博物馆提供,出自其所藏古巴家族档案中的南方犹太历史资料。

随着犹太裔美国人的向上流动性达到新高,美国文化中维护美国成为一个人人平等和任人唯才的国家的积极愿景,迫使像犹太人这样曾经被边缘化或有条件被接纳的群体明确认同白人"主流"。[50] 到 20 世纪中叶,"白人"似乎已成为一个如此整合且不言自明的类别,以至于白人内部的分裂和种族历史对大多数群体来说都被抹去了,甚至对那些曾经特别被贬低和加以区分的爱尔兰人也是如此。然而,即使犹太人被视为白人已成为普遍现象,且对族裔的关注日益增加,"犹太种族"的残余仍然存在。欧洲种族主义的悠久历史影响着按照不同种族轴线组织起来的美国版图,犹太移民和犹太裔美国人在这一版图中所占据的位置反映了美国种族思想的轮廓,但他们占据的是一种"既是白人又是他者"的独特位置。[51]

然而,犹太人的全面美国化也给他们带来了不安的焦虑,包括对社会地位不稳的担忧、对文化丧失的恐惧,以及对所谓成功的质疑,因为作为一个群体,他们的外来者身份一直是其身份认同的核心。犹太知识分子和评论家们明确地向彼此提问,如何既做美国人又做犹太人。[52] 冷战要求文化同质化,这意味着许多美国犹太人感到他们的不同之处在同时被强调和掩盖,这既使他们变得脆弱,又剥夺了他们的文化遗产。历史学家乔伊斯·安特勒解释道,对融入美国主流社会的强烈和公开宣示反映了犹太人"引人注目地进入了美国主流社会,同时也伴随着对反犹太主义的挥之不去的恐惧和对犹太人文化适应的疑虑"。[53] 战后美国的犹太人在踌躇不定地进入白人特权行列的同时,仍保持着自己的族裔身份。[54] 在如加利福尼亚和佛罗里达等历史上少有犹太人的快速发展的开发区,犹太裔美国人常常自觉地感受到他们与主流文化的差异,尤其是在战后头十年,由于犹太人与共产主义的联系,这种差异被放大了。[55] 郊区的土地开发进一步加剧了种族和经济隔离。虽然一些社区将天主教徒和犹太人聚集在一起,但房地产经纪人往往强制要求相同族裔和宗教信仰的人住在一起,这种做法受到一些新居民的抵制,而另一些人则欢迎这种做法。[56] 无论是通过选择还是通过敌视和隔离,区域性的犹太社区往往具有共同的身份。尽管犹太人大量迁移，但他们大多数还是聚集在少数几个城市和州，而不是分散到非犹太地区。[57]

并不是所有家庭都会直接搬到典型的郊区社区，至少不是立刻搬迁。在纽约市，许多家庭延续了早期的迁移模式，搬到了如布鲁克林和布朗克斯等人口密度较低的外围行政区的公寓大楼。[58] 他们之前的几代人相继搬出下东区，所以他们的孩子也搬去了附近的行政区。与丽塔·格林斯坦的迁移相似，这些都是阶梯式迁移，通常从更城市化的行政区开始，最终定居在长岛或新泽西州的郊区。每个纽约市行政区及其周边地区都会成为麻将文化的主要中心。[59]

郊区生活推销的一部分形象是休闲与日常生活将更加紧密结合，从而导致了休闲商品需求的高涨。例如，1959年梅西百货的一则麻将广告就紧挨着"郊区椅子"的广告，这是一款适合"夏季生活"的露台椅。[60] 这种增长与战后消费社会的大繁荣相呼应。市场营销人员、政府官员和消费者共同努力，使消费成为非军事化经济增长的引擎。房屋本身成为了消费品，而填满房屋的一切物品——包括棋盘游戏、多米诺骨牌和麻将——也同样如此。郊区开发项目则宣传新型的消费主义殿堂——购物中心，这些购物中心也将成为周围年轻家庭的娱乐中心。[61] 休闲成为新兴中产阶级迈入现代化未来的一种方式，而塑料等新材料促进了以家庭为中心的积累的普及。[62]

度假别墅区与麻将之夏

卡茨基尔山区成了有上进心的犹太裔美国人追求美好生活的标志性地点，这里的环境具有独特的犹太氛围。众所周知，这里是"红菜汤地带"（Borscht Belt），不仅是最大的犹太度假区，也是全球最大的连片度假区。[63] 这个"犹太阿尔卑斯山"位于纽约市西北约 100 英里处,其核心区域覆盖了 250 平方英里的丘陵和农田。卡茨基尔山区自 20 世纪上半叶开始逐步发展,并在二战后迎来了犹太休闲文化的空前繁荣。在五六十年代的鼎盛期,度假社区星罗棋布于山区之中,提供了数百种住宿选择,从拥挤的分租屋到舒适的别墅区再到豪华酒店应有尽有。数百万美国人每逢夏季便来此度假,这里的旅馆还创造了一个娱乐圈,将犹太幽默锤炼成一种全美艺术。从战争年代到 60 年代初期,中产阶级环境,特别是其中的别墅区,以其日常轻松的家庭生活节奏创造了一个女性休闲的场所。

在 20 世纪早期,随着越来越多的纽约人逃离夏季的炎热和拥挤,前往山区度假,住宿条件逐渐变得更加舒适。到了 30 年代的大萧条时期,一种由小型外屋或房间与共用农舍厨房组成的混合住宿方式提供了一种越来越受欢迎的经济实惠的选择。[64] 这些小屋以其意第绪语名字"库哈雷因"而闻名,其字面意思是"独自做饭"——或者就这些拥挤的厨房而言,更准确地说,是为自己做饭。[65]

到乡下去根本就是"女人们做的事情"。[66] 这也成为一种地位的象征,随着住宿条件继续多样化,这种象征变得越来越明显。到了 20 世纪 40 年代,有经济能力的人通常更倾向于选择与库哈雷因在结构上类似的别墅区(令人困惑的是,别墅区也可以称为库哈雷因)。一个别墅区中通常有设备齐全的小屋,配有一个被称为"赌场"的娱乐建筑——工作日可以打麻将,周末时夫妻、情侣们可以跳舞。一位评论家认为,别墅区实际上是郊区居民的训练场,并强调居民委员会是郊区的典型特征。在这些聚居区中可以举办"大量活动,活动的组织委员甚至会在最初的几周里解决孩子们之间的纠纷,策划垒球和麻将比赛"。[67] 妇女提供了维持社区基础设施和家庭生活所需的大量劳动力,但她们仍有更多的时间放松自己。

从20世纪50年代初到60年代中期,卡茨基尔地区经历了巨大的发展。战时物资短缺结束后,为了满足被抑制的需求,翻新工程迅速增长。每年都有大量游客涌入该地区,人数估计从一百万到两百多万不等。[68] 交通流量的增加刺激了新的高速公路建设,缓解了驾车通勤的压力,并取代了火车。[69] 豪华酒店和更为大众化的别墅区之间虽然存在明显的阶层差异,但也并非截然分明。"大酒店"独树一帜,但数量远远少于小型家庭旅馆。在引领潮流者中,格罗辛格和协和酒店遥遥领先。这两家酒店在其高度组织化的活动日程中宣传麻将锦标赛,并邀请全美麻将联盟的专家前来指导。[70] 历史学家菲尔·布朗(Phil Brown)将这一段时间称为卡茨基尔的"超新星时期",它正好与麻将文化的繁荣期相重合。[71]

每种环境都发展出自己的休闲节奏。那些"欢乐宫"酒店更频繁地迎合夫妻、情侣们的短期住宿,麻将更多地出现在这些酒店的泳池边和锦标赛中,而不像在度假别墅之间的草坪上那样随处可见。[72] 小旅馆有着和别墅区一样的丈夫们前来过周末的文化。像戴维·博罗夫(David Boroff)这样的评论家谴责女性对现代犹太文化的影响,认为卡茨基尔让女性获得了"完全的休闲",并让她们退回到一种只有"女生友谊"的青春期——这是从她们可怜的辛勤工作的丈夫身上获得的,他把这些丈夫比作奴隶。[73] 从另一个角度看,夏天的分居给父母双方在持续的劳动中(尽管劳动量有所减少)提供了一些喘息的机会,让他们从拥挤的住所和家庭需求中解脱出来。[74] 总的来说,度假社区允许家庭成员追求独立的娱乐活动,妇女可以在孩子们忙于其他活动时打上好几个小时的麻将。到20世纪五六十年代,打麻将和打牌的女性遍布度假社区。卡茨基尔一位前旅馆服务员回忆道:"到处都是!她们简直无处不在。"[75]

一个家庭的故事描绘了这些度假社区的模式。十多年来,费恩斯坦一家和成千上万其他大多数中产阶级的犹太家庭每年夏天搬到卡茨基尔。从 1958 年开始,他们与公寓楼的邻居们组成了一个很小的度假别墅区,两年后,又搬进了一个更大的社区。费恩斯坦家在卡茨基尔住宿条件的提升反映了他们搬进面积更大的城市公寓,而后在 1963 年搬到靠近令人垂涎的"带游泳池的犹太教堂"的一所郊区住宅里的过程。[76]
每年夏天,格洛丽亚·费恩斯坦和丈夫马丁以及两个孩子从皇后区的家出发,开车向北行驶几个小时,到达他们的度假小屋,它与另外 23 座别墅组成一个聚居区。格洛丽亚和孩子们会在那里度过整个夏天,远离城市的炎热。马丁·费恩斯坦随后回到皇后区,继续他的律师工作,并在周末回到度假屋与家人团聚。在丈夫离开和孩子们参加日间夏令营的时候,格洛丽亚的家务负担减轻了。餐食变得简单。她可以放心孩子们是安全且愉快的。她被一些只在别墅区里见到的熟人包围,每个人都遵循着类似的生活节奏。虽然有一些限制——例如 24 座度假别墅共用一台洗衣机——但那里的家务要求比在家里低。下午,麻将桌上的不间断牌局充斥着房子之间的小块草坪。麻将牌的咔嗒声是夏天的声音之一。各家都按照既定的晚餐时间用餐。在格洛丽亚做了简单的晚餐并把孩子们哄上床之后,她每个工作日晚上都会在别墅区的"赌场"里与邻居们一起打麻将。格洛丽亚的女儿芭芭拉后来回忆说,女人们"一直都在打麻将,真的是无时无刻"——不过,当丈夫们回来的时候除外。"当男人们在那儿的时候",芭芭拉回忆道,妻子们"会陪在丈夫身边。"[77]这一点与麻将在家中发挥的功能有着重要区别。

在卡茨基尔打麻将成为 20 世纪 50 年代纽约犹太女性成长经历中的一个标志性部分。一位女士深情地描述她的库哈雷因为"犹太小镇再现,或者更准确地说,被转变和转移到一个更干净、更安全的地方。"[78] 在这个她所怀念的田园诗般的特定犹太环境中,她"在那里学会了游泳、寻找印第安人的箭头、跳舞、打麻将、聊天,有了第一个我

图 9.3 在 1955 年的一场室外麻将牌局中,这些玩家和朋友们每年夏天都会相聚在纽约州杰维斯港的格林湖畔酒店度假,该酒店靠近颇具影响力的卡茨基尔地区。麻将局在各家别墅之间的草坪上进行。女士们的泳装和发卡证明了夏季度假社区的悠闲节奏。照片由弗鲁迪照片档案有限责任公司的洛娜·德雷克提供。

真正迷恋的对象和第一次真正的心碎"。植根于 20 世纪 50 年代一种受保护的文化,卡茨基尔山帮助了许多婴儿潮一代*步入成年。[79]

卡茨基尔深刻地影响了不断发展的美国犹太文化,但这个地区也接纳了犹太人内部的多样性。在由第二代中产阶级保守派郊区化城市居民主导的文化中,存在一个由工人阶级和犹太教正统派教徒组成的颇具影响力的少数派,他们分别住在库哈雷因和度假别墅区。20 世纪 40 年代

---

* 指 1946 年至 1964 年美国生育高峰期出生的人口。——译者注

后期，露丝·米尔奇每年定期离开她在布鲁克林的全职打孔操作员工作，而她做杂货中间商的丈夫则开车在工作地和度假地之间往返。[80]大屠杀的幸存者们也带着家人来了。[81] 正如麻将玩家中有一些邻里的女性天主教徒一样，卡茨基尔山的游客并不都是犹太人。然而，无论是打麻将还是游览卡茨基尔山，他们都进入了一个明显是犹太人的环境中。[82] 历史学家阿维·德克特（Avi Decter）如此解释："即使没有明确的议程或意识形态，许多犹太裔美国人的度假方式也在美国多元文化的背景下，鼓励了一种群体凝聚力和独特感。"[83]

无论是否去卡茨基尔山，犹太妇女在一起放松的时候，麻将常常出现。作为日益壮大的中产阶级精神的一部分，一种悠闲的家庭生活方式得以传播和多样化。妇女们在长岛的海滩俱乐部、布朗克斯和新泽西的社区游泳池、亚特兰大的犹太乡村俱乐部以及密歇根湖畔的度假村中打麻将。[84] 20世纪50年代后期，一种新的休闲景观通过海滩俱乐部得以发展，特别是在长岛。受到卡茨基尔山文化的影响，海滩俱乐部离家更近，因此更适合50年代文化所推崇的家庭生活。[85] 家庭可以支付一个夏季会员费，获得一个客厅式的棚屋或一个更实惠的储物柜来存放物品。三个月的费用在200到800美元之间，与一座度假别墅的费用相当，但丈夫们可以在工作日晚上与家人团聚。尽管大多数人会在晚上回家过夜，但白天孩子们参加日间夏令营时，女性文化仍然蓬勃发展。正如《纽约时报》所描述的那样，"俱乐部的核心是牌局、麻将以及在棚屋前闲聊"。[86] 芭芭拉·德隆的小家庭在卡茨基尔山度过了愉快的夏天，但她的祖母在长岛的海滩俱乐部打麻将，避开了她认为沉闷的度假别墅区。[87] 麻将是她每天在海边的活动，尽管最后她的牌上会覆满沙子。

夏季社区是麻将影响邻里的中心。妇女们可以在一两个夏天学会打麻将，然后带着技能回到她们的新社区与人分享。后来担任了三十多年全美麻将联盟主席的露丝·昂格尔（Ruth Unger）在战后卡茨基尔的"一些小地方""真正学会了"打麻将，并将她的知识带给了其他住在布鲁克林公寓楼的年轻母亲们。[88] 那些去卡茨基尔山的纽约人，以及来自底特律、波士顿和巴尔的摩的少数人，利用邻里网络建立了夏季社区，并在回家时带走了卡茨基尔山文化的一些元素。打全美麻将的玩家们希望在夏季麻将假期到来之前有更多时间练习当年的新规。1960 年，联盟回应了他们的愿望，将新规则卡的发布日期从 4 月底提前到 4 月初。[89]

被学者们称之为"战后多元主义"的特点是一种新兴的对不同群体的融合而非吸收的广泛支持。在这种背景下，犹太裔美国人创造了一种向上流动的中产阶级群体认同，其特点是具有共同的宗教和文化标志。[90] 在美国文化中，这种特点第一次不被视为对国家政体的威胁或群体走向成功的障碍。对于犹太裔美国人来说，麻将在新近可能实现但仍然脆弱的种族融合中起到了划分族裔身份的作用，尽管当时没有人明确表达麻将有这种作用。像其他族群身份认同一样，失去犹太群体身份认同与获得占人口多数的白人基督徒的利益之间的矛盾在特定社会背景下得到不公平且暂时的解决。

麻将帮助在全美各地的犹太裔美国人社区中创造了文化模式，将那些实质上已经脱离原犹太人核心区的妇女们联系在一起。各地区麻将桌上的规则和术语都形成了自己的模式，但从亚特兰大到费城，从洛杉矶到底特律，全美各地的牌友们都在相似的地点和时间玩着同样的游戏，同时享用类似的点心。[91] 麻将玩家围绕这些塑料牌所形成的仪式，代表了战后美国犹太文化的一个重要组成部分——对于那些让麻将在家中无处不在的年轻母亲来说，这一点尤为重要。

第十章　战后家庭生活的悖论

1959 年，四位女士在纽约布鲁克林的一间公寓餐室里聚集，进行她们周三晚上的例行活动。咖啡在一盘丹麦酥旁边冒着热气，烟雾从深色的玻璃烟灰缸中袅袅升起。塑料麻将牌在坚硬的桌面上发出急促的"咔哒咔哒"声，成为女人们宣布丢牌的背景音。"一条。""三筒。""碰！"其中一位喊道，并抓起那张牌，把自己的牌放在亮绿色的塑料牌架上，展示出她的和牌组合："麻将！"站在旁边的第五位女士也一起庆祝，因为她成功押中了赢家。笑声和哀叹声混合着飘散的烟雾，她的同伴们递来塑料硬币（即用于最后付款的筹码）。涂着红色指甲油的手指推开牌进行洗牌，麻将牌碰撞的声音伴随着她们关于家长教师协会会议、一个幼儿得了点小病和一个侄子的成年礼的谈话。贝蒂·弗里丹后来将麻将描绘成被困在家里的主妇的令人感到压抑的症状。菲利普·罗斯则将这样的场景描绘为犹太母亲自我沉迷的恐怖故事。这些过于简单的描述却揭示了麻将普遍是战后家庭生活的象征，也激起了特别是犹太裔的共鸣。对于大多数参与者来说，麻将成为战后犹太美国家庭文化中令人愉快的标志，在家中为自主休闲留出空间和时间的妇女们将这种文化仪式化。

在战后家庭复兴的高峰期，中产阶级犹太妇女创造了各种悠闲的家庭生活形式，其特点是在以家庭为中心的住所中存在临时的女性专属休闲空间。与孩子们上学期间的咖啡聚会或夫妻间的桥牌游戏相比，第二代犹太裔妇女通过在家庭劳动场所打麻将，获得了面向她们同龄人的休闲权利，而当时社会期望母亲在丈夫和孩子在场时应专注于家庭角色。尽管麻将文化既能强化也能削弱她们的家庭角色，但每周例行的麻将牌局显然是以牺牲家务劳动和家庭成员的舒适度为代价的。[1]

图10.1 这张照片摄于1963年，记录了宾夕法尼亚州布拉肯里奇一个已经打了十年麻将的小组的每周聚会情景。坐在最前面的是米莉·斯帕克斯，左边是简·威克斯，中间是简的婆婆玛丽·威克斯，右边是塞尔玛·施瓦茨。布茨·赫什站在她们身后。她们的家庭都隶属于当地的犹太教正统派教堂，轮流在彼此的家中打麻将，从杂货店和肉类市场楼上的客厅到郊区的书房和餐厅。照片中展示的麻将牌是布鲁克林的A&L制造公司生产的"皇家深度控制"麻将牌套装；赫什使用这套牌长达五十多年。照片由伯尼斯·"布茨"·赫什提供。

早期的冷战文化在塑造美国家庭的流行形象方面起到了特殊的作用。无论过去还是现在，美国人都错误地将标志性的"琼·克里弗"*形象视为传统家庭的回归，而事实恰恰相反：那一代人匆忙结婚、生育子女，并搬进种族隔离的郊区住宅，开始了反常的家庭建设狂潮，打破了一个世纪以来出生率不断下降的局面。正如历史学家伊莱恩·泰勒·梅（Elaine Tyler May）所言，他们与政府和媒体共同创造并赞美的家庭文化源于冷战时期对遏制共产主义渗透和非正常性行为的焦虑。[2] 美国领导人宣扬家庭主妇是美国对美好生活承诺的象征，她们与看上去阳刚气十足的苏联工人形成了鲜明对比。最著名的例子就是副总统理查德·尼克松与苏联总理尼基塔·赫鲁晓夫的"厨房辩论"**。

战后版本的美国梦呼应了 19 世纪中叶美国工业化进程中形成并长期存在的家庭生活特征：家庭与工作分离，中产阶级的舒适生活和物质享受由养家糊口的父亲提供；在一个以儿童为中心的和谐家庭中，存在温和的父权领导和母性关怀。家庭意识形态历史演变的核心在于妻子劳动的问题，特别是如何将家庭主妇的工作从劳动重塑为母爱。[3]

始终围绕中产阶级家庭尽职尽责的母亲与那些抵制或被排斥在这些规范之外的妇女之间的对比，主导了对战后家庭文化的理解。在这一背景下，单一维度的刻板印象隐约可见，而弗里丹和罗斯等人则将这些刻板印象推而广之。相比之下，将家庭作为一个具有社会意义的物理空间，研究女性如何在其中构建她们的家庭生活——包括塑造男性的行为——能描绘出一幅更为完整的图景。[4] 打麻将的母亲既没有推翻也没有完全默认战后美国"模范"家庭的强大规范。这种新的娱乐方式使

---

* 1957 年至 1963 年间上映的美国电视情景喜剧《反斗小宝贝》中的母亲角色，是完美着装、有着"快乐主妇"理想的女性，被认为是 20 世纪 50 年代美国女性的缩影。——译者注

** 指 1959 年 7 月 24 日在莫斯科举行的美国国家博览会开幕式上，两人之间展开的一场关于东西方意识形态和核战争的论战。辩论是在厨房用具展台前进行的，故名。——译者注

妇女能够在专注家务的过程中创造休闲模式，使家庭变得更为宜居。

一部分完全投身于家庭的妇女仍然通过每周一次的晚间麻将牌局为自己与同龄人开辟了一个独特的休闲空间。对于大多数麻将玩家来说，丈夫们会暂时接管照顾孩子的职责（当然，这通常是在孩子们准备上床睡觉之后）。在20世纪，中产阶级的父亲们面临着越来越多的育儿责任，但显然这些责任更多是关于家庭团聚或性别特定的父职角色，而不是取代母亲照顾孩子。[5] 或许在其他群体中也存在类似被忽视的家庭休闲文化传统。许多非犹太女性通过其他方式体验社区和娱乐，包括打桥牌和凯纳斯特纸牌等游戏。然而，目前尚无证据表明存在另一种广泛流行的涉及一种需要暂时免除家务的定期活动的女性休闲文化规范。这或许更多地说明了未来研究的必要性，而非犹太女性的独特性。每个人都在其所处的社会和经济背景中体验家庭生活。在此过程中，犹太女性通过麻将形成了一套特别普遍且一致的仪式。

犹太裔美国女性在战后家庭复兴中发挥了重要作用，甚至打破了常规。20世纪50年代，近三分之二的年轻成年犹太女性外出工作，但在育龄妇女中，这一比例下降到只有五分之一，仅为有学龄儿童母亲全美平均水平的一半。[6] 然而，犹太女性获得学士学位的比例几乎是非犹太女性的两倍，而且她们生育的子女更少。[7] 犹太女性利用她们相对较高的教育水平和较小的家庭规模，积极参与政治、慈善和家庭以外的宗教活动。[8] 这些女性中的许多人还通过像麻将这样的技巧游戏带来的竞争性挑战，寻求能够融入家庭生活的智力刺激。

尤其是年轻的母亲们，建立了每周打麻将的惯例。这些麻将小组帮助妇女在新的以家庭为中心的社区中建立了以女性为中心的网络。许多妇女和她们年幼的孩子居住在新社区中，并且刚刚离开职场。麻将成了降低她们被孤立风险的一种方式。在履行家庭职责的同时，她们寻求为自己建立支持网络和个人空间。她们利用麻将使周边环境为自己服务，而不是从根本上改变这些环境。

由于家庭对女性来说是工作而非休息的地方,妻子们如果参与一种对家庭有干扰的休闲活动,就有可能被视为在逃避责任。麻将成为了犹太妇女的一种被社会认可的集体娱乐形式,这种形式不依赖于与"生产力"的关联。麻将小组不是缝纫妇女会、政治会议或辅助团体;她们只是在玩一款游戏。这些麻将小组可以成为(也确实是)筹款的工具,并且经常与犹太妇女的志愿组织重叠——全美麻将联盟长期以来一直宣传其在慈善捐赠中的作用——但麻将的广泛流行并不是主要基于与生产力的关联,每周的牌局也并非专注于其潜在的慈善目的。相反,麻将的流行与围绕该游戏以及游戏本身的乐趣而形成的女性社区有关。[9]

打麻将的妇女围绕麻将培养了一种她们特有且广为流传的文化。组织麻将牌局的惯例包括大致相同的食物种类("你一定得准备点点心!"一位妇女解释道)以及各个玩家轮番在家做东。[10] 共同的物质文化不仅包括卡塔莉娜塑料麻将牌及其人造革麻将盒,还包括个性化的零钱包和有时被戏称为"schmatte"("抹布"的意第绪语)的织物桌布。小额赌注的融入则让以下成为可能:增加了赢家的零花钱,与牌友们共享资源,以及支持慈善事业。

检视支撑中产阶级犹太妇女悠闲家庭生活的诸多因素,凸显了那些使妇女——尤其是母亲——的劳动被视为自然且必要的爱的表达,而非工作的一种信念。家庭意识形态在面对挑战时依然坚韧:悠闲的家庭生活并不一定会削弱性别和阶层更大的约束。很能说明问题的是,打麻将的人既可以被罗斯批判为自恋的母亲,也可以被弗里丹批判为受束缚的家庭主妇;她们存在于家庭生活中,但也暂时颠覆了母爱奉献这一家庭生活的关键信条。

尽管打麻将的妇女声称她们享有自主的家庭娱乐活动,但她们却成为了战后家庭生活刻板印象的象征。在20世纪五六十年代,犹太麻将玩家确立了强大的文化规范,她们也逐渐融入专横跋扈的犹太母亲这一不断演变的刻板印象中。[11] 这种关联标志着战后家庭规范以及其中蓬勃发展的悠闲家庭生活模式的衰落,因为经济变化和代际更替改变了中产阶级的家庭生活。

悠闲的家庭生活

1963 年,夏洛特·列维和一群密友每周轮流在她们西费城的社区组织麻将牌局。五个女人,有时是四个,聚集在夏洛特家的排屋的小客厅里,一边吃甜点,一边洗牌。夏洛特把麻将教给两个年幼的女儿,她们看着母亲的牌友们,然后玩着自己的(更便宜的)儿童麻将牌。夏洛特的丈夫阿特是个喜欢社交的人,当女士们到来时,他会和她们聊天,或者在温暖的夏夜与她们的丈夫在门前台阶上闲谈。夏日周末,夏洛特和阿特开车带孩子们去游泳俱乐部,在那里她和她在当地犹太慈善组织圣约信徒会担任干事时认识的朋友们一起打麻将。[12]

列维一家大约在 1950 年左右,借助《退伍军人教育法案》* 搬入了他们的新家。在此之前,他们一直与夏洛特的父母同住,夏洛特的父母是俄罗斯移民,住在 20 分钟车程之外费城。奥弗布鲁克公园是一个犹太色彩浓厚的居民区,二战后在联邦政府的资助下,该区从农田改造成了退役军人及其家属的经济适用房。阿特在成为地毯销售员之前曾在英国服役。战争期间,夏洛特在婚前担任法律秘书。[13] 1965 年,夏洛特一家"升级"搬到了温纽伍德,一个位于理想学区的近郊。尽管他们

---

* 该法案于 1944 年通过,是美国政府为退伍军人提供教育和培训福利的法案。——译者注

图 10.2 大约在 1963 年,费城欧弗布鲁克公园区,夏洛特·利维(左二)在一局麻将中暂作停顿。这些邻居们在麻将之夜轮流到各自的排屋内聚会。照片中,她们在客厅的固定位置打麻将,用桌布减轻麻将牌碰撞时的噪声。右边的玩家正在斟酌手中的"一条"。图片由贝丝·利恩提供。

在之前居住的犹太氛围浓厚的社区中并不严守犹太教规,但在郊区的新住处,他们加入了一个保守派犹太教堂。然而,夏洛特与牌友们的定期聚会比她和家人们偶尔参加礼拜更有规律。每周,她会开车 10 分钟回到老邻居那儿,或者她的朋友们会拼车到她的新住所,在她更宽敞的客厅里打麻将。从很多方面来看,夏洛特·利维体现了塑造战后成千上万犹太女性生活的普遍模式。她是一个向上流动的中产阶级第二代犹太移民家庭主妇和两个孩子的母亲,热衷于犹太妇女慈善组织,并在郊区犹太教堂中有一定参与度。在每周一次的麻将牌局中,她把精力从家庭转向朋友,通过麻将与其他女性建立了持久的友谊。

第十章 战后家庭生活的悖论

与许多麻将玩家也喜欢的桥牌相比,西尔维娅·利兹描述道,打麻将时"人们可以倾诉他们的家庭历史和问题"。[14] 桥牌和麻将文化之间的差异部分源于桥牌经常是混合性别和以夫妇为基础的游戏。但即使是在全女性的桥牌小组中,谈话文化也有所不同,部分原因是麻将比桥牌在每局洗牌时有更长的间隔时间。麻将玩家们可以用短短几句话提出她们生活中的问题,然后在下一次休息时再回到这些问题上来,露丝·昂格尔如此解释。"这并不是说你已经把这些问题抛在脑后了,而是每个人都有时间去思考这些问题,并找到解决方案!"[15] 特别是在竞争不那么激烈的牌局中,人们可以轮流进行断断续续的对话。[16] 每局牌都可以根据不同的、互相合得来的玩家组合来进行洗牌,有些玩家动作迟缓,整个过程中都在聊天,另一些则偏爱节奏快、竞争激烈并且更安静的牌局。麻将的智力挑战是其实用性的一部分,但在麻将圈里,玩家也会因为过于好交际或过于好胜而相互批评。

牌友们多年以来建立起了一种罕见的亲密关系,亲历者对此极为珍视。许多人感到:"我们需要一个支持小组,因为我们带着年幼的孩子正走向未知领域,需要对孩子们有足够的耐心,并找到正确的答案。这就是我们的支持:'别担心,没事的,我已经经历过了,一切都会好的。'"[17] 每周与同一组人聚会多年,牌友们常以意想不到的方式变得亲密,在孩子出生、成人礼、死亡和离婚时相互支持。在战后家庭生活的矛盾中,许多女性发现麻将成了她们的救命稻草,因为新家庭、新社区以及女性面临的各种限制,都是她们不熟悉的领域。不止一位玩家形容她的麻将小组为"治疗"。[18] 另一位则回忆道,麻将"不仅仅是一种游戏,它就像生活本身"。[19] 这些话不仅抓住了这些关系的核心,也展现了麻将小组如何与她们的生活节奏交织在一起。解决她们作为女性所经历的各种矛盾,也意味着在家中创造一个可以暂时将度假屋中的生活节奏转移过来的物理空间。

住宅的设计有助于使家庭生活的动态，从财务到休闲时间，变得更为具象化。战后住房结构在物理上强调了家庭的重要性以及女性作为母亲的角色。自19世纪以来，家庭休闲空间已从男性的游戏室转变为面向家庭的娱乐室。[20] 到20世纪50年代，社会对休闲娱乐的重视转变为对家庭团聚的关注，相聚的时间越来越多地成为一种常态。[21] 家庭中被标注为女性的空间是面向家务劳动的，而非休闲。然而，当有麻将局的时候，厨房等以家庭为中心的工作空间可能会变成儿童禁区。这种重新规划并不仅仅发生在典型的郊区地带。在费城的排屋、布鲁克林公寓的餐厅以及亚特兰大独立屋的客厅中，方形麻将桌占据了入口通道。[22]

女性的休闲空间并没有被设计进住宅中；它不得不被划定出来。麻将玩家通过麻将桌、麻将牌的碰撞声、对男性家庭成员来说陌生的游戏规则和术语，以及附带的例行食物和款待来占领空间。[23] 这样的空间使妇女有可能在一段时间内远离家庭责任，这种生活节奏更类似于在度假别墅或海滩俱乐部中。轮到组织每周一次的牌局时，女主人们会临时重新分配精力。平时为家人准备或购买的食物会留一部分给牌友。有些麻将玩家会教她们的女儿或侄女打牌，但母亲们往往会"要求"家庭成员保持安静，还有一些玩家在早早用过晚餐后就把孩子——还有丈夫——打发进房间。一位玩家为了在牌局中保持优势，甚至顾不上她那得了急性肺炎的丈夫，这让她声名狼藉。[24]

同样重要的是，玩家们轮流做东，因此她们需要离开自己的家去打麻将。战后犹太妇女与上一代移民不同，上一代移民中的保守派几乎从不在没有丈夫陪同的情况下出门。然而，外出的目的、时间和地点仍然限制了妇女在家庭以外独立活动的时间。为了打麻将，妇女们晚上在彼此的家中轮流聚会，不论是在公寓楼、排屋还是郊区街道。正如一位女儿所回忆的那样，她的中下阶层的全职簿记员母亲晚上从不在没有丈夫陪伴的情况下出门，"除了打麻将"。[25]

为了让妇女感到有权暂时放下家庭责任,她们必须重新分配家务劳动。与白天的电视节目不同,麻将不是女性可以在兼顾家务的同时享受的活动。[26] 非犹太和犹太妇女都是白天聚在一起喝咖啡或打牌,而丈夫则参与晚上夫妇间的桥牌游戏。[27] 相较之下,直到20世纪70年代,麻将牌局几乎都是在晚上进行。当每周的麻将聚会吸引母亲们去别人家时,就需要有人照看孩子。深夜聚会方便了父亲们照顾孩子,也使职业女性能够在下班后参加聚会,那些从事兼职或全职工作的簿记员、教师和打孔操作员也与家庭主妇们一起坐到了麻将桌前。[28] 虽然丈夫们可能会开玩笑地向其他男人抱怨自己是"麻将鳏夫",但他们的配合往往对母亲能否去打麻将至关重要。[29] 多琳·贝勒的父亲开了一家清洁店,但他会在妻子去打麻将的那天晚上在家;另一位父亲会带一些三明治和平时喝不到的苏打汽水回家,然后在母亲打麻将时和女儿们玩纸牌。[30] 不过,大多数去打麻将的母亲还是会为孩子们准备晚餐,以减轻父亲的负担。有些家庭在母亲外出的晚上由祖母而不是父亲照看孩子。[31]

妇女休闲与家务劳动之间的动态关系可能是显而易见的。在新泽西州的一个郊区,星期四是麻将之夜——或者用当地人的话说,"女仆休息日"。这天晚上,丈夫们都同意在家,这样他们的妻子(被幽默但露骨地称为仆人)就可以"飞出笼子"了。[32] 1959年,《洛杉矶时报》头版报道了一位"不牢靠的父亲",他承担了"艰巨的保姆工作",在一个下午的时间里照看自己的孩子。报道中这位父亲的无能"解释了为什么阿琳没有多休息几个晚上外出打麻将和参加类似的妇女聚会"。[33] 文化上对休息之夜的接受度很高,但受制于人们的期望,这些期望认为母亲的关怀是出于本能且必要的。母亲和打麻将者的身份如此紧密结合在一起,以至于麻将牌成了母亲节的常见礼物。[34]

对许多人来说,麻将是成年女性和婚姻生活的标志。早在布鲁克林的少女时代,玛丽莲·斯塔尔就已经开始打麻将。结婚之后,她告诉丈夫,他们在皇后区的新家必须立即购买两样东西:一辆购物车和一张配有四把椅子的麻将桌。一个用来履行她的家庭职责,另一个用来提供解脱。后来他们收养了一个女婴,新生儿就睡在那张麻将桌旁的摇篮里。[35] 正如玛丽莲·斯塔尔所示,女性在平衡她们持续不断的家庭责任方面各有各的方式。

麻将并没有挑战家庭生活和义务的根本基础,因为它只是让妻子暂时中断做家务事。[36] 即使是婚姻不和的夫妇,也没有证据证明麻将明显地引起双方不和。他们的子女后来推测,破裂的婚姻反而因为单性别游戏文化所提供的休息而受益。"如果她忙,那就更好了",一位女儿回忆道。[37] 那些通常会反对妻子参加影响其履行家庭义务的活动的丈夫们因此接受了麻将。马乔里·梅耶尔森·特鲁姆是看着她母亲桃乐茜·梅耶尔森打麻将长大的,后者是全美麻将联盟的创始人之一。1949年结婚后,特鲁姆和朋友们打麻将"每周一次。这是极限,每周一次"。她的丈夫规定了这个上限,因为他喜欢回家后餐桌上已经摆好了晚餐;他接受每周一次的麻将之夜,但不超过这个次数。另一位女士在麻将夜不依赖丈夫,而是请了一名保姆照顾孩子,她就一直打牌到凌晨。她解释说:"只要我早上起来给孩子们做早餐并送他们上学,就没问题。"[38]

一种共享的文化

在一个广泛迁徙和郊区化的时代,许多像夏洛特·列维这样的女性多次搬离旧居到新的社区,她们的邻居们也是如此。麻将成为了新来者的一种社交必需品。由于西尔维娅·利兹随着丈夫的工作变动而频繁搬家,从得克萨斯州到俄克拉荷马州和堪萨斯州的每个城镇,女人之间的第一个问题都是一样的:"你打麻将吗?"如果回答是否定的,就会被告知:"你必须学会打!"[39] 20 世纪 50 年代,列娃·索尔克从曼哈顿搬到长岛一个以犹太人为主的郊区社区时开始打麻将。她的母亲在 20 年代曾在纽约州北部担任麻将教练。与她母亲不同,在列娃那一代人中,是年轻的妈妈们在家中打麻将推动了麻将热潮。她回忆说:"我们都是从不同的地方搬来的,所以我们都是新手,都有小孩子。"[40] 她的牌友们"一来到"长岛就很快学会了开车,然后开夜车去彼此的家中打麻将。当她们需要新的牌搭子的时候,她们会在洗衣店和超市张贴广告:"有人要打麻将吗?"

当时许多妇女不会开车,在分散的郊区,拼车缩短了距离。雪莉·格林菲尔德向全美麻将联盟 1965 年的年度公报提交了她的《司机颂》。她住在布朗克斯,她写道:"无论刮风下雨还是冰天雪地/乔治娅和珍妮特都随时准备出发。/就像邮件一样,我们必须到达目的地/因为这辆车上都是去打麻将的。/我低着头虔诚地说/我再怎么大声赞扬她也不为过。"[41] 如果某个玩家不受欢迎,她就不能和别人拼车了。一位"输了恼怒不已,赢了趾高气扬"的女士发现自己已经没有了牌搭子,因为她的牌友们拼的车都不再来接她。[42] 牌友们在每周的例行聚会中互相帮助,但如果没有更广泛的社区规范来影响丈夫的期望,临时性的支持是不够的。

麻将桌成为了分享"家庭主妇谈话"的场所,话题包括孩子、学校、衣服和杂货,麻将文化因此充斥着家庭生活。[43] 玩家们将麻将真正地融入日常生活的结构中,把麻将牌缝在桌布上,并用家务劳动的象征——带有麻将图案的围裙——来赞美麻将牌的美感。[44] 1951 年,桃乐茜·梅耶尔森向纽约观众播放了一场电视麻将教学节目。[45] 她客串的节目旨在吸引家庭主妇,并将摄影棚布置成一种理想化的 20 世纪 50 年代女性家庭空间。梅耶尔森在一个经过改造的厨房里,向系着围裙的女主持人讲解麻将。炉灶前摆放着一套 20 年代的麻将牌和一套配有全美麻将联盟规则卡的现代麻将牌。

因为牌友们轮流做东招待"女士们",麻将牌局涉及的例行招待在许多不同家庭和地区形成了显著的一致性,其中包括用酒渍樱桃点缀的菠萝片和一碗碗受欢迎的新品零食"桥牌混合"*。[46] 主人们经常让他们的孩子用小红塑料剑将樱桃穿到菠萝上。[47] 孩子们间接地从这些特别的准备中受益,在被赶走之前偷偷地咬几口菠萝或吃几颗碗中不允许他们吃的糖果。多琳·贝勒的母亲会专门为牌友们做意大利千层面和奶酪蛋糕;虽然孩子们在麻将局开始前不被允许碰这些食物,但他们期待着第二天的剩菜。[48] 酸奶油咖啡蛋糕是底特律一张麻将桌上的主食,而布鲁克林艾宾格面包店的饼干则为另一张在皇后区的麻将桌增色不少。[49] 希尔达·沙弗尔记得在她布朗克斯公寓的餐厅中,麻将之夜的标配是咖啡和丹麦酥,她认为这是理所当然的。她说:"那些日子我们都是这样招待的"——"我们"指的是女人们。[50]

由于麻将文化按照族裔划分创建了女性社区,因此也吸引了不符合郊区家庭主妇模式的女性参与其中。簿记员、教师、百货商店店员、剧院经理、打孔操作员和店员等职业女性虽然不太可能每周都去参加麻将牌局,但她们也会参与。[51] 大多数前来参加牌局的都是家庭主妇,少数是外出工作的女性。为了顾及后者更严格的日程安排,一些麻将群组每月聚一次而不是每周。职业女性还要兼顾家务,因此她们做兼职工作,以确保在孩子放学回家后能够在家。她们也例行做东组织麻将局。虽然中产阶级家庭是打麻将的主要场所,但经济条件并不一定将工人阶级玩家拒之门外:有些麻将群组会集资购买共用的麻将牌,或者一名群组成员有一套牌,拿出来共享。麻将的群体动力可以为一些人提供一个

---

* 一种混合零食,由坚果、水果和乳酪等组成,外层包裹着牛奶和黑巧克力。——译者注

图 10.3 1955 年,在纽约布朗克斯,希尔达·沙弗尔的餐厅里,一局麻将正在如火如荼地进行。沙弗尔当时有两组固定的牌搭子:一组是老年妇女及其家人,另一组是邻近公寓的年轻妈妈们。夏天时,她还在布朗克斯的一家海滩俱乐部打麻将,而孩子们则在那里玩耍或打盹。在这张照片中,可以看到一些无处不在的元素,包括香烟、菠萝茶点、饰有中式浮雕图案的塑料牌,以及摆在玩家牌架前的全美麻将联盟的规则牌。这些元素共同创造了麻将团体的感官和文化体验。照片由希尔达·沙弗尔提供,现由作者收藏。

切入点，让他们在有限的经济条件下参与到原本无法参与的活动中去。[52]

虽然麻将从未在美国成为一种主要的赌博游戏，但它涉及金钱的方式影响了玩家通过游戏形成社区的方式。全美麻将联盟每年都会发布规则卡，这些卡片总是标明每种和牌组合的价值：最初是以小塑料筹码的积分来换取现金，后来则以10美分和25美分硬币的面值来表示。[53] 几乎每个定期聚会的麻将群组都同意一个非正式的输钱上限，称为"派"。[54] 作为不成文的规定，"派"意味着每个玩家会带着约定好的金额放在她们的零钱包里（零钱包因此成为麻将玩家喜爱的个性化常规装备的一部分[55]）。即使输光了钱，玩家也可以继续打下去，在赢得牌局后再付钱。"派"限额和小赌注使麻将相对平易近人，也让玩家不将自己视为赌徒。美国麻将没有债务人名单。在20世纪五六十年代，"派"通常将当晚娱乐的费用限制在2美元。

这种投注体系也为妇女创造了机会，她们可以利用打麻将赢得的钱，在家务劳动之外为自己留出更多的时间。一位卡茨基尔山的常客后来回忆说，一位"疲惫且忙碌的妈妈可以用一些打麻将赢的钱"从别墅区的犹太馅饼人*餐车上"买下整个周五的晚餐"，"然后将周五下午留给自己在游泳池边晒太阳"。[56] 许多麻将群组都有一笔被称为"猫咪"（Kitty）的公款，当牌局结束而没有赢家时，这笔钱就会累计起来。[57] "猫咪"可视为某种社区储蓄机制，特别是当玩家选择以周赛形式持续注资时。收集到足够的资金后，玩家们可以一起分享奖励，比如去城里过一个"仅有姑娘们"的夜晚，或者带上她们的男伴外出游玩。[58] 经过几个月的集资，阿琳·雷维茨和玛莎·鲁斯特贝德的麻将小组会带着她们的丈夫去卡茨基尔山的内维尔度假酒店度过一个

---

* 他们是卡茨基尔山区常见的流动商贩之一。——译者注

周末。[59]

麻将牌局为女性提供了一个赚取收入的场所。许多麻将玩家掌管家庭开支,包括那些外出工作以贴补家用的妇女。然而,其他人则从属于20世纪中叶的家庭经济,由丈夫"照管"钱财并给妻子一笔津贴。[60]母亲们希望用自己的钱来支付孩子的开销,而麻将可以帮助她们补充这部分资金:一位母亲用打麻将赢来的一堆硬币,给她女儿买了学习用品。[61]

尽管个人赢利微乎其微,但金钱对于麻将传播的一个关键方面至关重要:慈善事业。随着犹太女性离开职场并建立以家庭为中心的社区,她们的组织认同感也随之增强。[62]特别是哈达萨的战后网络与麻将的分布格局重叠,该组织以年轻的家庭主妇为目标,招募她们成为积极的筹款人和组织者,并提供教育讲座和友情支持。在不止一个地方分会中,其成员回忆道:"如果你是哈达萨的成员,你就会打麻将。"[63] 即使在其他美国犹太复国主义组织衰落之后,哈达萨这样的妇女组织仍然保持着自己的力量,因为它们非常成功地将美国的爱国主义与一种全球犹太社区意识及相应的责任感结合在一起,并成功地招募了郊区妇女。[64] 玛莎·鲁斯特贝德在曼哈顿和奥尔巴尼之间的一个小城市纽伯格领导着她的哈达萨分会,同时还在她的花园式公寓楼里组建了一个由新搬来的年轻妈妈们组成的定期聚会的麻将小组。她依靠麻将派对出售门票和抽奖进行筹款,所得收入用于在以色列建造一所医院,这是她热心支持的事业。她确保她的麻将小组支持这些派对。她回忆道:"每个人都必须去",否则"我就对她们不客气"。[65]

慈善组织和邻里组织是创建妇女网络的重要途径,但它们并不是唯一的途径。尽管麻将群组与其他团体有重叠,但它们基本上是以邻里为基础的。这种地方性促成了一种社会凝聚力。当这种凝聚力建立在麻将本身的结构和节奏上时,就形成了一种强大的规范。这种规范既以家庭为中心，又在家庭之外发挥作用。玩家们所营造的强烈麻将文化韵律，部分解释了为何该游戏成为战后家庭妇女气质及其局限性的象征。

犹太母亲

到 20 世纪 60 年代末，麻将成为新兴的对过激的战后文化进行严厉批判的一部分，不断索取、飞扬跋扈的犹太母亲形象便是这种文化的体现之一。这种刻板印象随着犹太女性围绕麻将形成的悠闲家庭生活模式的传播和巩固而共同发展。[66] 被丑化的犹太母亲形象之所以能获得广泛的文化共鸣，是因为它有效地将阶级、民族和性别元素结合在一起，象征着一种夸张的守旧但上进的家庭生活。在犹太人的圈子里，母亲的形象是一种历史更为悠久的比喻，而对于广大美国公众来说，这一形象与他们对犹太人既定的保守且贪婪的刻板印象产生了共鸣。犹太母亲因此进退两难：她们既要承受压力，以维持家庭的向上流动性，又因犹太裔美国人对同化和物质主义的担忧而成为替罪羊。[67] 与此同时，美国的主流文化也在传播关于典型母亲的矛盾信息。妇女面临着为家庭服务高于一切的巨大压力，但她们也被指责使子女"窒息"，特别是对儿子。[68] 在大众心理学指责母亲的时代，白人新教家庭的整体正面形象与被夸张演绎的犹太母亲形成了鲜明对比。

菲利普·罗斯（Philip Roth）在他 1969 年出版的小说《波特诺伊的怨诉》（*Portnoy's Complaint*）中普及了犹太母亲这种负面刻板印象。他描绘了一个极其专横且操控欲强的打麻将的母亲。小说不仅嘲笑了索菲·波特诺伊和她的朋友们，因为她们不仅体现了郊区家庭生活，还敢于宣称自己是家庭的中心。小说中处处提及麻将，包括叙述者亚历山大·波特诺伊针对"这些把我们抚养成人的犹太妇女"的厌女长篇大论，他认为她们最好被称为"被赋予了会说话和打麻将双重奇迹的奶牛"。[69] 在亚历山大的复述中,女性的发言,尤其是在麻将桌上讲的话,是不合理的,并且强化了不恰当的育儿方式。他描述道:"我在床上就听到她在打麻将的时候向女人们絮叨自己的问题。"[70] 在罗斯颇具影响力的描绘中,麻将成为了专横妇女用来在家中获取更多控制权的武器,并迫使她们的儿子承担女性化的辅助性家务劳动。[71] 小说将索菲·波特诺伊刻画成一个输不起的玩家、桌边八卦者、因势利导和装腔作势的女人以及噩梦般的母亲。在罗斯的书大获成功后,主流媒体提及麻将的次数增加了,但几乎都是以索菲·波特诺伊的恶劣行径为背景。[72]

当《波特诺伊的怨诉》成为必读书目时,那些曾经创造了丰富麻将文化的人的子女已经开始拒绝这种文化及其所代表的家庭领域,并将这种拒绝作为他们政治化的年少叛逆的一部分。到了20世纪60年代末,随着代际变迁、航空旅行的增加以及住宅空调的普及,度假别墅区和卡茨基尔斯山的环境逐渐衰败。对50年代郊区景观的文化批判日益增多,而在这些批判的主导者中,犹太人子女特别多。[73] 与菲利普·罗斯来自同一社区的斯蒂芬妮·格罗斯曼回忆说,当她经历"那个叛逆的阶段时,我什么都想做,但就是不想成为一个犹太家庭主妇。我避免的事情是:第一、去迈阿密,第二、打麻将。"[74] 换言之,她试图避免所有那些"只有女人会做的事情"。她对于不被定型的愿望和文化脚本是明确的。格罗斯曼解释说:"我永远不会去打麻将,因为那,可能,太犹太了。我从未否认我的犹太身份,我只是不想做同样的事情,结婚、生子——你知道的,那种事。"麻将在创造犹太人性别身份方面的强大作用已成为一把双刃剑。随着第二波女性主义和犹太女权主义的兴起,评论家们争论麻将是否有助于犹太妇女"作为意志坚定、自给自足的个人主义者"进行社交,或者正如贝蒂·弗里丹在1981年回忆的那样,"无休止的桥牌和麻将局"是否是妇女精力无处发泄和不满情绪积聚的症候。[75]

一些女儿后来描述说，母亲的麻将之夜给了她们女权主义方面的启示，鼓励她们将母亲视为渴望在家庭圈子之外得到陪伴的独立的个体。1977年，在扬克斯*土生土长的作家罗兰·霍克斯坦在《女士》杂志上写道："我爱麻将为我母亲所做的一切。"这促使另一位妇女回忆起麻将在"女人和女人之间"、不涉及丈夫和孩子的基础上创建社区方面的独特作用。[76]但并非所有女性主义者都认同这一观点。其中一位后来反思说，拥有女性社区空间的要求随着一场麻将局的散场而转瞬即逝，这实际上使女性适应了一个受限的家庭世界。[77]

女性主义批评家将麻将与家庭文化联系起来并没有错，但他们过分简化了麻将的作用。他们忽略了家庭空间不仅仅代表压迫或抵抗；其意义需要由居住在其中的人们创造，并受到周围他人期望的影响，有时也会让人产生新的期望。悠闲的家庭生活模式突显了劳动的重要性，同时揭示了在某些情况下男性承担一般由女性承担的家庭劳动的可能性——例如照顾孩子，而不是修剪草坪。当支持并促成悠闲的家庭生活模式的战后家庭规范在20世纪60年代末崩溃时，《波特诺伊的怨诉》中业已普及的带有嘲讽意味的刻板印象帮助遮蔽了打麻将的妇女所创造的遗产及其发展潜力。

打麻将的女性回应和帮助创造了一个世界。这个世界对下一代中的一些人来说，和对他们的父母一样重要，但它的前后并不一致。在20世纪60年代末部分消失的是文化脚本的连贯性，该脚本设定了所有"女性该做的"（和不该做的）事情。对于大多数犹太裔美国人来说，20世纪中期美国无处不在的强大规范呈现出特殊的形式，但这些规范已被打破。

---

* 位于纽约市的郊区。——译者注

家庭生活的动态也在随后的几十年中发生了变化。到 20 世纪 60 年代末，减少家庭内外工作时间的承诺开始消失。再加上 50 年代人们对工作、生活和家庭愿景所预示的休闲活动的减少，到了 70 年代，战后家庭生活及其悖论已不再是常态。[78] 中产阶级妇女的公共权力和社会选择不断增加，但随着这一解放妇女的趋势而来的是一系列新的压力：工作时间增加、工作渗透到家庭空间、中产阶级在日益扩大的经济鸿沟中不断萎缩，以及强调母亲要时刻关注孩子及其安全的育儿理念。[79] 这些最新的发展共同导致了麻将文化所代表的可能性的丧失。与此同时，母亲们的社交型休闲和女性社区只是暂时重新规划了家庭空间，支持她们进行社交和成立社区的条件同样限制了她们的选择。

结语　解读麻将牌

今天，一个从小在卡茨基尔山别墅区长大的女子在她旧金山的客厅里招待她的牌友。两名非犹太裔男子是人生伴侣，都是旧金山歌剧院的歌唱家，他们与两位犹太裔妇女一起坐在麻将桌旁。主人打开水壶烧水泡茶。桌子的四边摆放着全美麻将联盟最新的规则卡，其中两张是大字版。这一局主人轮空，她慢慢地走到各个玩家的椅子后面，审视着他们的牌。她在一沓纸上匆匆记下一笔，偷偷地对一个赢家下注，然后逗留在饼干盘附近，最后转向花岗岩厨房台面上的那碗胡萝卜条。玩家们轮流从牌墙上摸牌，一个接一个地抱怨自己的运气。一个人说："这就是场游戏。"另一人回应道："如果真是那样就好了。"[1]

"一条！""六筒！"的呼声仍在纽约的公寓里飘荡，麻将牌的哗啦声仍在旧金山唐人街的小巷里回响。然而，如今熙熙攘攘的咖啡馆的香气、比赛大厅的极度安静和电脑键盘的咔嗒声，也加入了现代打麻将的景象和声音。从20世纪到21世纪，麻将的文化意义随着每个时代的社会、人口和技术变化而不断演变和多样化。如今，麻将的受欢迎程度再次上升。[2] 电影明星朱莉娅·罗伯茨甚至在《扣扣熊晚间秀》（*Late Show with Stepnen Colbert*）中赞美每周的女性麻将牌局带给她的快乐，现场观众也报以欢呼。[3] 麻将的适应性继续支撑着它不断变化的社会意义，从持续的族裔和性别共鸣，到新的数字世界和日益增长的多样化。对麻将美学和物质性感兴趣的收藏家，怀念母亲们打麻将的方式和其社区的怀旧的婴儿潮一代,以及寻求种族根源和不畏性别偏见的年轻一代,都在推动麻将的复兴,因为越来越多的美国人将目光聚焦于一个再次被视为既迷人又令他们惊惧的中国。

在过去的几十年中,麻将在建立族裔身份认同方面始终能引发共鸣。20世纪60年代初,一群母亲在加利福尼亚州圣何塞创立了华裔美国妇女俱乐部。该俱乐部是在创始人每周等待从中文学校接孩子时进行的麻将牌局中诞生的。她们把赢来的小额资金集中起来,目的是通过烹饪示范和食品摊位等公共活动,向更广泛的美国受众和下一代推广中国文化。麻将能够促成这种联系或许并不令人意外,既因为它在建立族裔社区方面有着悠久的历史,又因为它是为慈善事业募捐的一种方式。对于全美麻将的追随者来说,打麻将也一直是一种筹款活动,联盟通过不断销售规则卡为筹款提供了便利。[4]

自20世纪90年代以来,麻将在美国大众意识中稳步兴起。这一变化最初由谭恩美1989年出版的小说《喜福会》及其1993年上映的改编电影引发。[5] 谭的故事开始于一个女儿在长期进行的麻将牌局中取代其已故母亲的位置。她们的牌局促进了一代中国女性移民之间的友谊,并构建了她们与美国出生的女儿之间复杂关系的叙述。在有关美国华裔文化的通俗描绘相对稀缺的情况下,《喜福会》塑造了美国白人对华裔家庭关系和女性经历的看法。它还激励了福斯特城华人俱乐部主席乔伊斯·陈(Joyce Chan)组织以《喜福会》为主题的麻将活动,并用电影院的海报作装饰。由于读者们想更多地了解麻将,媒体对它的报道也随之激增。电影中的一句台词将被称为"犹太麻将"的全美麻将与中式麻将进行对比,认为前者不如后者,从而让一些观众了解到他们之前不曾知道的二者的联系。当亚利桑那州的一位年轻犹太妇女从这个出乎意料的来源听到有人提到自己的身份时,这激励了她——还有她那属于婴儿潮一代的母亲——学习打麻将;与此同时,在西洛杉矶,卡罗尔·凯瑟曼发起了一个"犹太喜福会"。[6]

2018年，轰动一时的《摘金奇缘》（*Crazy Rich Asians*）成为自25年前的《喜福会》以来首部由全亚裔演员主演的好莱坞英语电影。[7]它巨大的商业成功成为头条新闻，同时一场关键的麻将戏让这款游戏再次成为人们关注的焦点。[8] 这场戏概括了这部电影引人注目的部分原因：《摘金奇缘》是一部以传统浪漫喜剧的形式颂扬跨越国界的海外中国文化的盈利之作——但它没有向作为这种文化局外人的观众解释其各种文化参照之间的细微差别。[9]

不断变化的性别政治和性政治实际上强化了麻将与美国亚裔和犹太裔之间的联系，而不是削弱它。20世纪八九十年代，有色人种中的酷儿们试图在那些共同感受到种族、族裔和宗教脆弱性的人群中建立性少数群体社区。在麻将已经成为一种共同文化的族群中，个人可以反过来利用麻将来认同族群中的"主流"，并围绕他们所处的边缘地位建立一种积极的酷儿群体意识。这些争取融入但又保持独特性的动机，与战后中产阶级同化过程中推动麻将在犹太妇女中流行起来的类似态度互有重合。对于一些在旧金山湾区的犹太女同性恋者来说，麻将在性别和族裔方面引发的共鸣在几十年后给予了女性社区建设极大的支持。2000年，在精心策划的旧金山中国新年游行中，有一辆亚太同志联盟（Gay Asian Pacific Alliance，GAPA）的彩车，车上有变装成"GAPA小姐"的人在打麻将。在20世纪90年代和21世纪初，纽约和加利福尼亚州的男同性恋者，包括犹太男性，也开始接受麻将。他们的性别政治和性越轨意味着，在美国，麻将强烈的女性内涵并不会阻止他们玩这款游戏。与麻将早期的历史一样，旧金山湾区在这方面扮演着核心角色。历史上大量有影响力的人和事都涌入此地，让它成为酷儿文化的中心，同时也是亚洲移民和亚裔美国人聚集的枢纽。[10]

在21世纪初，有关犹太裔美国人历史的回顾架起了一座代际之间的桥梁。由于麻将在 20 世纪中期的犹太妇女文化中扮演了标志性角色，它成为了一个焦点。在 21 世纪 10 年代，由犹太遗产博物馆策划的巡回展览促进了这种麻将热的传播。"麻将计划"引发了媒体的广泛报道，唤起了当地对麻将全盛时期的记忆，并重新激发了人们对这一游戏的关注。随着冷战时代的美学形象在流行文化和媒体表现中的地位上升，新一代人将麻将重新抹上了一层迷人的怀旧色彩。美国犹太裔青年的度假营实际上就是千禧年一代的卡茨基尔山。在"特里巴聚会"(Trybal Gatherings)* 中，麻将是一系列旨在娱乐、建立社区以及与族裔根源建立联系的活动之一。[11] 2018 年，热门流媒体剧集《了不起的麦瑟尔夫人》(*The Marvelous Mrs. Maisel*)浓墨重彩地描绘了卡茨基尔斯山区及其麻将桌，这对于那些与别墅区和海滩俱乐部黄金时代相去甚远的年轻观众来说，加强了两者之间的联系。[12] 随着第一代全美麻将玩家的老去，这款游戏逐渐与年长女性联系在一起，而不再是年轻的母亲。尽管麻将的复兴主要发生在即将退休的一代人中，但许多年轻妈妈们仍能在麻将桌上找到与她们祖母们一样的友情。正如一位麻将新手所写的那样："当然，我们当时三十多岁，而不是现在八十多岁，但我喜欢和朋友们聚在一起，做一件既没有孩子也没有老伴的事，这与我以前和朋友们尝试过的任何活动都不一样。"[13]

麻将在美国继续反映着该国不断变化的面貌，其持久性与其在亚洲各地的多元历史息息相关。特别是 1965 年《移民和国籍法》颁布后，排除亚裔移民的国家配额制度结束，美国亚裔人口的不断增长加深了美国的跨太平洋联系，并使这些联系更加多样化。麻将也在中国和亚洲各地不断发展变化，形成了独特的菲律宾和日本麻将文化，这反过来塑造

---

* 由名为"特里巴聚会"的机构所组织的面向犹太青年的夏令营，该机构总部位于波士顿。——译者注

了具有美国特色的亚裔社区。[14] 美国亚裔的麻将格局随着多向且频繁的跨太平洋传播而不断变化。各地区不同种类的中式麻将大行其道，而来自中国的新移民有时难以找到一群牌友打他们喜欢的麻将。然而，麻将依然在极大的范围内受到人们的尊重，它既可以是适合家庭和年长女性的小赌注游戏，也可以是高风险的赌博。随着拉斯维加斯赌场愈发以移民和富有的中国游客为目标，拉斯维加斯大道上的酒店已将点心和麻将与中国澳门地区赌博中心流行的赌博游戏结合在一起。新移民利用麻将在自己的社区中发展社会关系，这再次证明了麻将在人们离乡背井、身处新环境中建立联系的经久不衰的能力。

进入21世纪后，麻将仍然联系着相隔万里的空军军官夫人们以及少数退役女军官（它始终是军官级别的游戏，而不是士兵的游戏）。作为一种在短暂而等级森严的基地生活中建立人际关系的方式，麻将经久不衰；它也始终能够帮助军官夫人们和部分女军官在退役后保持军界内部的长久友谊。赖特-帕特森麻将俱乐部的领导层大约每六年发布一次新的标准和牌组合，而一些地方就是否应加入百搭牌闹得不可开交。这种冲突因当事人同时了解赖特-帕特森麻将和全美麻将的规则而起，揭示了麻将文化和打法之间越来越多的交叉。[15]

与过去几十年不同的是，麻将爱好者现在开始有意识地跨越族裔、性别和游戏玩法的界限，团结在对麻将的共同热爱之下。在一年一度的"春卷、蛋奶、馅饼节"（Egg Rolls, Egg Creams, and Empanadas festival）*中，麻将帮忙庆祝了曼哈顿下东区的多元文化遗产。在旧金山，一位华裔艺术家和一位犹太裔厨师创作了"犹太人吃点心"小吃盒，将麻将元素与可食用艺术和讽刺幽默结合在一起。[16] 2011年，美国犹太人委

---

* 纽约市爱烈治博物馆（The Museum at Eldridge Street）举办的年度街头庆祝活动。——译者注

员会和亚洲周基金会联合赞助了一场活动,旨在将华裔和犹太裔麻将玩家们聚集在一起。与此同时,一位全美麻将玩家的孙子在费城成立了一个新的麻将群组,推广日本立直麻将;他在观看《摘金奇缘》后受到启发,去学习了一种亚洲麻将(尽管该片展示的是中国麻将,而非日本麻将)。[17] 该群组欢迎新手,许多成员并非日本裔。在全美范围内,玩家们的聚会越来越具有种族多样性,少数男性也加入了全美麻将联盟玩家的行列。女性玩家通常渴望男性加入,也许是因为他们能转移对麻将是一种轻浮的女性游戏的批评。在全美麻将联盟的历史上也的确首次出现了男性领导:长期担任主席的露丝·昂格尔的两个儿子。麻将在其他方面也开始变得多样化,这反映了美式生活中普遍的非正式化趋势。自20世纪70年代以来,女主人不再有义务招待客人;麻将牌局可以在咖啡馆中进行。

　　麻将的爱好者在老龄人口中有所增加,尽管年轻玩家也开始接触这款游戏。[18] 社区中心经常宣传麻将聚会和课程。在退休社区中,麻将再次证明是一种建立新关系的方式。这些新的网络促进了麻将群组的多样化,特别是对于打全美麻将的群组来说。尽管其他人也在学习打麻将,但初学麻将的老年人往往仍然是犹太女性。[19] 许多是婴儿潮一代;麻将伴随着她们成长,但可能因为青春叛逆拒绝打麻将,或由于她们这一代人要为事业付出更多以及更耗时的育儿方式,因此根本没有时间参与其中。对她们来说,麻将可以与家庭和传统联系在一起,或者仅仅是提供一种智力挑战和社交刺激的富有乐趣的组合。这些女性正在教她们的新旅居和朋友们,有时还和家中的下一代学习打麻将。在达拉斯,一群有基督教背景的邻居已经开始打全美麻将,一开始教她们的是其中一位的犹太裔婆婆。[20] 专业教练正在加入这些临时教师的行列,麻将再次被证明是一个职业机会,尤其是对女性而言。[21] 一位特别多产的教练琳达·费恩斯坦已经指导了成千上万的玩家,并在曼哈顿举办颇受人欢迎的"麻将星期一"聚会,靠近最初成立全美麻将联盟的地点艾塞克斯豪斯酒店。她和其他纽约人都注意到,在曼哈顿发生 911 袭击事件后,人们转而与朋友们在家中共度时光,特别是居家打麻将。[22]

麻将的适应性使其能够在数字革命中呈现出新的形式,尽管其作为一种模拟游戏的魅力仍然无法被取代。麻将已经成为一种广为人知的计算机单人游戏,其游戏结构与传统麻将相同,但规则完全不同。与传统麻将的感官特性、在社区建设中承担的角色和复杂的文化意义相比,这种新式麻将是在数字屏幕前单独进行的游戏。玩家也可以与计算机麻将对战。特斯拉豪华电动汽车的驾驶者很快就能在为中国市场安装了麻将游戏的自动驾驶汽车中享受到悠闲时光。[23] 埃尔希·麦考密克在一个世纪前就预言了这一发展,她曾开玩笑说,上海的麻将爱好者希望在脖子上挂上便携式麻将桌,在坐人力车时打麻将。[24] 然而,也存在一些在线互动远程游戏平台。[25] 即使是全美麻将联盟这样很少涉足数字领域的组织,也有一个官方的会员制网络游戏。玩家会"进入"一个装饰成优雅客厅的虚拟空间。[26] 这呼应了美国中产阶级的文化特征,但游戏中的互动却集中在基于速度的玩法上,缺少了社交方面的内容——而且,据一些人说,竞争更加激烈。麻将玩家可以在网络游戏或日益流行的公共麻将锦标赛中追求速度,同时仍然可以在自家的客厅里举办社交活动。在 2020 和 2021 年的新冠病毒大流行和社区封锁期间,这些数字平台对于对抗隔离至关重要,许多只在线下打麻将的团体开始大着胆子在线上相约,选择一个共同的时间和网站见面。[27] 社交媒体也帮助团结了麻将玩家和收藏者,并进一步推动了麻将的复兴。关于麻将和麻将牌收藏的活跃讨论板如雨后春笋般涌现。麻将教练和收藏家乔尼·列文(Johni Levene)在脸书上创建了一个名为"麻将,就是这样!"的群组,名称取自桃乐茜梅·耶尔森的书;该群组拥有近 3 万名成员。

尽管针对美国市场的麻将牌制造业已经发生了变化,但麻将牌的感官魅力——它们的声音、分量和美感——对玩家来说依然经久不衰。到20世纪后期,随着新一代的犹太女性逐渐远离麻将,以她们为核心消费群的麻将牌市场也经历了代际转变,对美国产麻将牌的需求因此下降。那些继续打麻将的人通常保留了曾经带给她们好运的旧牌。许多行业的制造业迁往海外,在当代全球经济中,中国再次为美国市场提供了大部分麻将牌,包括通过全美麻将联盟销售的牌。然而,收藏家们正在推动老旧复古麻将牌的升值,如卡塔莉娜和贝克莱特这样的早期塑料麻将牌在收藏品市场中也呈现出类似的升值趋势。总部位于罗德岛的游戏制造商"克里斯罗伊德"(Crisloid)于1970年收购了A&L制造公司。2015年,该制造商开始发行限量版麻将牌,这些麻将牌再次由手工制作,而且这一次是面向奢侈品市场。他们最新的产品以奇思妙想为特点,展示了对万、条、筒和龙牌的全新设计,麻将牌上首次没有了对其中国起源的视觉提醒。[28] 克里斯罗伊德是当今美国唯一的麻将牌制造商,其产品属于新兴的高端收藏品市场,该市场仍然受到手工艺的魅力和强烈的怀旧元素的驱动。

随着玩家及其子女年龄渐长,麻将牌在他们心理上的重要性不断增加。如今,许多人使用那些能够让他们与已故亲人重聚的麻将牌。[29] 当在世者手持这些厚重的麻将牌,感受其冰冷光滑的触感时,他们时常感受到一种深刻而强烈的联结;或当他们听到牌的哗啦声时,仿佛唤起了深爱的声音在空气中回荡。麻将的物质性对它仍在不断发展的吸引力依然至关重要。

当前麻将的复兴揭示了我们自己所处的历史时刻,众多历久弥坚的模式,以及与过去的种种联系。麻将的历史描绘了美国文化多样化的重大进程;这个国家越来越能够包容差异,甚至,至少在口头上,拥抱差异。通过唤起中国意象,麻将牌的美学象征提供了多元的意义维度,无论是塑造对祖先故土的认同感,还是展现异国情调的空想世界,抑或是体现海纳百川的美国现代性。通过麻将，个人和群体在新的、可能令人焦虑的环境中继续构建归属感，感受与中国或中国象征物的联结，并与共享文化传统或正在塑造共同身份的人们建立联系。这揭示了一种深刻的美国经验，时而令人向往，时而迫不得已，既在归属的同时保持疏离的状态。

注　释

序　言

[1] Michael Stanwick and Hongbing Xu, "From Cards to Tiles: The Origin of Mahjong (g)'s Earliest Suit Names," *The Playing-Card* 41, no. 1 (September 2012), http://themahjongtileset.co.uk/earliest-suit-names/.

[2] Tom Sloper, "Identifying a Mah-Jongg Variant: FAQ 2b," *Sloper on Mah-Jongg* (blog), accessed January 5, 2020, http://www.sloperama.com/mjfaq/mjfaq02b.html#Details.

[3] 有关如何打麻将的更多信息，权威来源是 Tom Sloper, *The Red Dragon & The West Wind: The Winning Guide to Official Chinese & American Mah-Jongg* (New York: HarperCollins, 2007)。

导论　游戏中藏着什么？

[1] Han Bangqing, *The Sing-Song Girls of Shanghai*, ed. Eva Hung, trans. Eileen Chang (New York: Columbia University Press, 2005); Hsi-yüan Chen, "Cong madiao dao majiang [Madiao and Mahjong in Popular Culture and Elite Discourse]," trans. Luke Habberstad, *Bulletin of the Institute of History and Philology Academia Sinica*, March 2009, 180.

[2] Janet Wulsin, June 28, 1921, Janet Elliott Wulsin Personal Papers, Folder: 2004.7.1.33, Peabody Library, Harvard University.

[3] George S. Romanovsky, *Standard Rules and Regulations for the Game of Lung-Chan* (San Francisco: Lung Chan Company, 1923); Georges Romanovsky, *Règles du jeu du Lung Chan*, trans. Paul Verdier (Paris: Lung Chan Company, 1924).

[4] Chinese American Museum, "Sun Wing Wo General Store and Herb Shop Exhibit" (Los Angeles, August 21, 2012); "Du Wan and Tom J. Chong Family Photo Album," 1930-1935, Huntington Library.

[5] Ted Freudy, "Photograph: Mahjong at Green's Lakeside Hotel, NY," 1955, Lorna Drake,

Freudy Photos Archives, LLC.

[6] China Trading Co., "Forced Sale!," *Seattle Post-Intelligencer*, November 5, 1922, Mah-Jongg Sales Company (MJSC) Scrapbook 1, Parker Brothers Archive (PB).

[7] 借鉴自 Philip Deloria, *Playing Indian* (New Haven: Yale University Press, 1998)。

[8] 例如，参见 Virginia Yans, "On 'Groupness,'" *Journal of American Ethnic History* 25, no. 4 (Summer 2006): 119–129; Lon Kurashige, *Japanese American Celebration and Conflict: A History of Ethnic Identity and Festival, 1934–1990* (Berkeley: University of California Press, 2002)。

[9] Sylvia Leeds, interview by author, Phone, August 8, 2014.

[10] Donna R. Braden, *Leisure and Entertainment in America* (Dearborn, MI: Henry Ford Museum & Greenfield Village, 1988); Kathy Peiss, *Cheap Amusements: Working Women and Leisure in Turn-of-the-Century New York* (Philadelphia: Temple University Press, 1986); Lizabeth Cohen, *A Consumers' Republic: The Politics of Mass Consumption in Postwar America* (New York: Random House, 2003); Juliet Schor, *The Overworked American: The Unexpected Decline of Leisure* (New York: Basic Books, 1991).

[11] David G. Schwartz, *Roll the Bones: The History of Gambling* (New York: Gotham Books, 2006); Jackson Lears, *Something for Nothing: Luck in America* (New York: Viking Penguin, 2003); Ann Fabian, *Card Sharps and Bucket Shops: Gambling in Nineteenth-Century America* (New York: Routledge, 1999).

[12] Helen Bullitt Lowry, "Rise and Present Peril of Mah Jong: The Chinese Game Has Escaped from Society's Chaperonage and Is on Its Own," *New York Times*, August 10, 1924.

[13] Ronnie Becher, interview by author, Phone, May 15, 2012.

[14] Margaret Kuo, interview by author, San Francisco, CA, June 17, 2014.

[15] Kristin L. Hoganson, *Consumers' Imperium: The Global Production of American Domesticity, 1865–1920* (Chapel Hill: University of North Carolina Press, 2007); Cohen, *A Consumers' Republic*; Susan Porter Benson, *Counter Cultures: Saleswomen, Managers, and Customers in American Department Stores, 1890–1940* (Urbana: University of Illinois Press, 1986); Emily Remus, *A Shoppers' Paradise: How the Ladies of Chicago Claimed Power and Pleasure in the New Downtown* (Cambridge, MA: Harvard University Press, 2019); Charles McGovern, *Sold American: Consumption and Citizenship, 1890–1945* (Chapel Hill: University of North Carolina Press, 2006).

[16] 例如，参见 Alice Kessler-Harris, *Out to Work: A History of Wage-Earning Women in the United States* (New York: Oxford University Press, 1982); Joanne Meyerowitz, ed., *Not June Cleaver: Women and Gender in Postwar America, 1945–1960* (Philadelphia: Temple University Press, 1994); Nan Enstad, *Ladies of Labor, Girls of Adventure: Working Women, Popular Culture, and Labor Politics at the Turn of the Twentieth Century* (New York: Columbia University Press, 1999); Cornelia Dayton and Lisa Levenstein, "The Big Tent of US Women's and

Gender History: A State of the Field," *Journal of American History* 99, no. 3 (December 2012): 793-817。

第一章　麻将风潮

[1] "Photograph: GranadaTheatre," September1922, MJSCScrapbook1, PB; Atlantic Dance Orchestra; "[Snippet about Mah Jongg Blues]," *Moving Picture World*, December 2, 1922, The Moving Picture World Collection, Library of Congress; The Granada Theatre, "Advertisement: George Melford's 'Burning Sands,'" 1922, MJSC Scrapbook 1, PB; "The Granada Theatre Program," September 1922, MJSC Scrapbook 1, PB; "Mah-Jongg Inspiration of Granada Act," *San Francisco Examiner*, September 26, 1922, MJSC Scrapbook 1, PB; "'Mah-Jongg' Blues Stars at the Granada," *San Francisco Daily News*, September 29, 1922, MJSC Scrapbook 1, PB; "Granada Features Big Desert Story, 'Burning Sands,'" *San Francisco Chronicle*, September 25, 1922, MJSC Scrapbook 1, PB.

[2] Atlantic Dance Orchestra, *Mah-Jongg Blues*, 1922, http://goo.gl/76PLVu; Columbia Theatre, "Columbiagram: Around the Mah Jongg Table," 1922, MJSC Scrapbook 1, PB.

[3] Teresa de Escoriaza, "¡MAH-JONGG!," *La Prensa*, June 2, 1925; "Look Out, Bridge! Mah Jongg Is after Your Title," *Walla Walla Bulletin*, n. d., MJSC Scrapbook 1, PB; "Three Films Being Shown at Central," *Washington Post*, July 6, 1924; "Mah Jongg Shoes," n. d., MJ Scrapbook 2, PB; Sid Reinherz, "Mah Jong Novelty Piano Solo" (Jack Mills Inc., 1923), The Strong National Museum of Play.

[4] 巴布科克可能会说普通话，但更有可能的是，他说的是苏州话。他对汉字书写也略知一二。Celia Babcock Smith and Martha Ann Babcock, Joseph Babcock and Mah Jong from Celia Babcock Smith's Oral History, interview by Barbara Babcock Millhouse and Sherold Hollingsworth, January 6, 2007, Christopher Berg Personal Collection.

[5] Alma Sierks-Overholt and Norma Babcock, "Mah Jongg Started in Popularity at Catalina," *The Catalina Islander*, April 16, 1924.

[6] Joseph Park Babcock, *The Laws of Mah-Jongg: 1925 Code Revised and Standardized by Joseph Park Babcock and an Associated Committee, Containing Also the New Game Du-Lo* (Salem, MA: Parker Brothers, Inc., 1925), 1.

[7] "Joseph Park Babcock v. Philip Naftaly," October 10, 1922, Equity Case #848, The National Archives at San Francisco; Anton Lethin, "Letter to Agnes," February 18, 1923, Lisa Lethin Personal Collection; J. P. Babcock, *Babcock's Rules for Mah-Jongg: The Red Book of Rules*, Second (1920; repr., San Francisco: Mah-Jongg Sales Company of America, 1923); Edna Lee Booker, *News Is My Job: A Correspondent in War-Torn China* (New York: Macmillan, 1940), 17.

[8] "Majjang Wins Popular Favor of Fair Avalonian Players," *Los Angeles Evening Express*, June 9,

1920, MJSC Scrapbook 1, PB.

[9] Sierks-Overholt and Babcock, "Mah Jongg Started in Popularity at Catalina."

[10] "Joseph Park Babcock v. Philip Naftaly"; Lethin, "Letter to Agnes," February 18, 1923.

[11] R. F. Foster, *Foster on Mah Jong* (New York: Dodd, Mead, 1924), 168; Edith McConn, "Town Mah Jongg Mad; Society Stacks Tiles: Newly Introduced Chinese Game Spreads," *Evening News*, November 27, 1922.

[12] Mah-Jongg Sales Company of America, "Mah-Jongg," *Indianapolis Star*, 1922, MJSC Scrapbook 1, PB; Mah-Jongg Sales Company of America, "Mah-Jongg," *Louisville Herald*, 1922, MJSC Scrapbook 1, PB; Mah-Jongg Sales Company of America, "Mah-Jongg," *Times Picayune*, 1922, MJSC Scrapbook 1, PB; Mah-Jongg Sales Company of America, "Mah-Jongg," *The Enquirer*, 1922, MJSC Scrapbook 1, PB; Mah-Jongg Sales Company of America, "Mah-Jongg," *The North American*, 1922, MJSC Scrapbook 1, PB; Mah-Jongg Sales Company of America, "Mah-Jongg," *New York Times*, 1922, MJSC Scrapbook 1, PB; Mah-Jongg Sales Company of America, "Mah-Jongg," *El Paso Times*, 1922, MJSC Scrapbook 1, PB; Mah-Jongg Sales Company of America, "Mah-Jongg," *The Plain Dealer*, 1922, MJSC Scrapbook 1, PB; Mah-Jongg Sales Company of America, "Mah-Jongg," *Boston Post*, 1922, MJSC Scrapbook 1, PB; Mah-Jongg Sales Company of America, "Mah-Jongg," *Pittsburg Gazette Times*, 1922, MJSC Scrapbook 1, PB.

[13] "Try Mah Jongg: New Chinese Game Introduced Here," *San Francisco Chronicle*, May 5, 1922; "Atlanta Woman Tells of Visiting War-Torn Korea," *Atlanta Constitution*, May 15, 1922.

[14] "Oriental Game Intrigues 'Em: Poker Eclipsed by Chinese Game," *San Francisco Bulletin*, May 5, 1922, MJSC Scrapbook 1, PB.

[15] Y. Lewis Mason, "Shipping and Travel News: Planning a Homeward Trip across the Pacific," *Chinese Students' Monthly* 20, no. 2 (December 1924): 75; R. F., "Mah Jongg," *Christian Science Monitor*, November 20, 1922; Elsie McCormick, "China's Ancient Dominoes Now Fascinate Foreigners [Abbreviated Reprint Clipping]," *Unknown*, 1921, MJSC Scrapbook 1, PB.

[16] "Oriental Game Intrigues 'Em"; The John Wanamaker Store, "Advertisement: In the Far East Shop," *New York Tribune*, June 14, 1923, MJSC Scrapbook 1, PB. The Admiral Oriental Steamship Line issued free rulebooks—and claimed credit for introducing the game to the United States. *Ma-Chiong* (Seattle: Admiral Oriental Line, 1923); "Mah Jongg Rules Given Away Free by Oriental Line," *Atlanta Constitution*, March 2, 1924.

[17] B. H. DyasCo., "Come to Dyas' for Your Mah-Jongg Set," *Los Angeles Times*, May 7, 1922.

[18] Emanie N. Sachs, "China's Fascinating Super Game," *New York Times*, September

3, 1922.

[19] Christopher Berg, "Babcock/Fairbanks Photos," August 16, 2014.

[20] "World's Biggest Hotel Opens Today," *New York Times*, January 25, 1919.

[21] "Fascinating Old Chinese Game Becomes Fad in Cities on the Western Coast," *Pennsylvania Register (Hotel Pennsylvania)*, November 4, 1922, MJSC Scrapbook 1, PB.

[22] "Martinelli, Operatic Star, and His Wife Playing Old Chinese Game," *The Sun*, November 10, 1922, MJSC Scrapbook 1, PB.

[23] "Mah-Jongg Has Become Fad in Capital Society," *Baltimore American*, December 10, 1922. 在世纪之交，胡佛夫妇曾一同旅居中国。赫伯特当时是一名采矿工程师，但尚不清楚他们是否在中国接触过麻将。卢·胡佛在加利福尼亚长大，曾在中国居住，并且与美国东北部的政界有联系，她体现了麻将所涵盖的地理联系网络。

[24] "Newport, The Resort of Unfailing Charm," *Vogue*, September 1, 1923; Walter Lionel George, "Humanity at Palm Beach," *Harper's Monthly Magazine*, January 1925; "Miss Marion Angeline Howlett," *Boston Sunday Globe*, March 23, 1924, Marion Angeline Howlett Papers [unprocessed], Schlesinger Library, Radcliffe Institute, Harvard University.

[25] Sierks-Overholt and Babcock, "Mah Jongg Started in Popularity at Catalina."

[26] "Forms Mah Jong Club," *Chicago Defender*, February 9, 1924, National edition; Theo Burr, "'Long Distance' from Chicago," *The Spur*, June 1, 1923; "Latest Indoor Sport," *Seattle Post-Intelligencer*, August 20, 1922, MJSC Scrapbook 1, PB; "Chinese Parties Are 'All the Rage,'" *Atlanta Constitution*, November 4, 1923.

[27] Mah-Jongg Sales Company of America, "Mah-Jongg Catalogue No. 2," 1923.

[28] Joseph Park Babcock, Game, United States Patent Office 1554834 (Tsinan, China, Assignor to Mah-Jongg Company of China, of Shanghai, China, a Corporation of Alaska, filed November 4, 1922, and issued September 22, 1925); "Joseph Park Babcock v. Philip Naftaly"; Michael Stanwick, "The Origin and Development of the Mahjong Tile Set, Part 7," *The Mahjong Collector*, 2016.

[29] Michael Stanwick, "J. P. Babcock, A. R. Hager, A. N. Lethin and the Mah-Jongg/Mah-Jong Company of China et Al.," *The Mahjong Tile Set* (blog), accessed February 12, 2020, https://www.themahjongtileset.co.uk.

[30] "Muh-Juhng" (Regensteiner Corporation, 1923), PB.

[31] Mah Jongg Sales Co. of America, "Advertisement: What Is Mah Jongg?," *Tacoma News-Tribune*, August 22, 1922, MJSC Scrapbook 1, PB; Mah Jongg Sales Co. of America, "Advertisement: What Is Mah Jongg?," *San Francisco Call and Post*, July 22, 1922, MJSC Scrapbook 1, PB.

[32] "Mah Jongg Sales Co. Sues for Copyright," *San Francisco Examiner*, October 25, 1922, MJSC Scrapbook 1, PB.

[33] "Mah Jongg Suit Filed," *San Francisco Journal*, October 11, 1922, MJSC Scrapbook 1, PB; "Mah Jongg in Patent Tangle," *San Francisco Examiner*, October 11, 1922, MJSC Scrapbook 1, PB.

[34] "Chinese Game of Mah Jongg in Legal War," *San Francisco Chronicle*, October 11, 1922, MJSC Scrapbook 1, PB; "Joseph Park Babcock v. Philip Naftaly"; "Joseph Park Babcock v. H. S. Crocker Company," October 10, 1922, Equity Case #847, The National Archives at San Francisco.

[35] Philip Naftaly, *Rules and Directions for the Chinese Game of "Ma Cheuck"* (San Francisco: Philip Naftaly, 1923).

[36] "Het Mah-Jongg-Spel," *Nieuwe Rotterdamsche Courant*, December 23, 1924, http://www.mahjongmuseum.nl/1924-2; "Mah-Jongg vor Gericht," *Frankfurter General-Anzeiger*, November 5, 1924, http://www.mahjongmuseum.nl/1924- 2; "Der Streit um Mah-Jongg," *Frankfurter Zeitung*, November 8, 1924, http:// www.mahjongmuseum.nl/1924-2; Paul Heimann & Co., "Aufklärung über MAH JONGG," November 13, 1924, http://www.mahjongmuseum.nl/1924-2.

[37] Babcock, Game.

[38] "Fad in Capital Society."

[39] "Gossip in Washington," *Los Angeles Times*, March 20, 1923.

[40] "Fad in Capital Society."

[41] Philip E. Orbanes, *The Game Makers: The Story of Parker Brothers from Tiddledy Winks to Trivial Pursuit* (Boston: Harvard Business School Press, 2004), 70.

[42] 1924 Mah-Jongg Purchase Notice, as pictured in Orbanes, *The Game Makers*, 68.

[43] Philip E. Orbanes, *The Game Makers*, 34.

[44] "The Parker Games 1923-1924" (Parker Brothers, Inc., 1923), Catalogs, PB; "Pung Wo Junior Boxed Set" (Mei Ren Company, Inc., 1923), Project Mah Jongg, The Museum of Jewish Heritage—A Living Memorial to the Holocaust.

[45] The Neophyte, "Dragons Clash at Mah-Jongg: Chinese Game Played in Time of Confucius Full of Intriguing Combinations," *Los Angeles Times*, November 5, 1922.

[46] A. A. Vantine and Company, "Vantine's" (A. A. Vantine and Company [NewYork], 1920s), 6, Trade Catalogs, Winterthur Museum Library, http://archive.org/details/vantines02aava.

[47] Ly Yu Sang, *Sparrow: The Chinese Game Called Ma-Ch'iau* (New York: The Lent & Graff Co., for The Long Sang Ti Chinese Curios Co., Inc., 1923).

[48] Oleg Grabar, "Roots and Others," in *Noble Dreams, Wicked Pleasures: Orientalism in America, 1870-1930* (Princeton: Princeton University Press and Sterling and Francine Clark Art Institute, 2000), 6.

[49] Holly Edwards, "A Million and One Nights: Orientalism in America, 1870–1930," in *Noble Dreams, Wicked Pleasures: Orientalism in America, 1870–1930* (Princeton: Princeton University Press and Sterling and Francine Clark Art Institute, 2000), 11–58; Edward Said, *Orientalism* (New York: Vintage Books, 1978).

[50] Einav Rabinovitch-Fox, "[Re] Fashioning the New Woman: Women's Dress, the Oriental Style, and the Construction of American Feminist Imagery in the 1910s," *Journal of Women's History* 27, no. 2 (Summer 2015): 14–36.

[51] Kristin L. Hoganson, *Consumers' Imperium: The Global Production of American Domesticity, 1865–1920* (Chapel Hill: University of North Carolina Press, 2007); Mari Yoshihara, *Embracing the East: White Women and American Orientalism* (New York: Oxford University Press, 2003), Ch. 1.

[52] Hoganson, *Consumers' Imperium*, 16.

[53] Anne Rittenhouse, "If You Don't Play Mah-Jong, You Should Learn Now," *Atlanta Constitution*, March 18, 1923; "Chinese Parties Are 'All the Rage'"; Ellye Howell Glover, *"Dame Curtsey's" Book of Party Pastimes for the Up-to-Date Hostess*, 6th ed. (Chicago: A. C. McClurg & Co., 1912).

[54] Andrew Coe, *Chop Suey: A Cultural History of Chinese Food in the United States* (New York: Oxford University Press, 2009); Madeline Y. Hsu, "From Chop Suey to Mandarin Cuisine: Fine Dining and the Refashioning of Chinese Ethnicity during the Cold War Era," in *Chinese Americans and the Politics of Race and Culture* (Philadelphia: Temple University Press, 2008), 173–194.

[55] C. H. Burnett, "Life History of Andrew Kanas Social Document" (Survey of Race Relations, August 22, 1924), Survey of Race Relations: Major Documents, Hoover Archive, Stanford University.

[56] China Trading Co., "Forced Sale!," *Seattle Post-Intelligencer*, November 5, 1922, MJSC Scrapbook 1, PB.

[57] Steven C. Caton, "The Sheik: Instabilities of Race and Gender in Transatlantic Popular Culture of the Early 1920s," in *Noble Dreams, Wicked Pleasures: Orientalism in America, 1870–1930* (Princeton: Princeton University Press and Sterling and Francine Clark Art Institute, 2000), 99–119.

[58] Rupert Arrowsmith, "The Transcultural Roots of Modernism: Imagist Poetry, Japanese Visual Culture, and the Western Museum System," *Modernism/Modernity* 18, no. 1 (January 2011): 27–42; Gordon H. Chang, "Chinese Painting Comes to America: Zhang Shuqi and the Diplomacy of Art," *Journal of Transnational American Studies* 4, no. 1 (2012), www.escholarship.org/uc/item/0207q69j; Anthony W. Lee, *Picturing Chinatown: Art and Orientalism in San Francisco* (Berkeley: University of California Press, 2001).

[59] Yoshihara, *Embracing the East*; Edwards, "A Million and One Nights."

[60] 值得注意的是，为了抗议反华移民法，清政府拒绝派遣代表团作为中方展示。当地的华人和中国移民在他们的住处自发组织了一个"中国村"。Edwards, "A Million and One Nights," 36-39; Yoshihara, *Embracing the East*, 17-23.

[61] Michael Stanwick, "Mahjong (g) before Mahjong (g): Part 2," *The Playing-Card* 32, no. 5 (2004): 208.

[62] Sarah Cheang, "Women, Pets, and Imperialism: The British Pekingese Dog and Nostalgia for Old China," *Journal of British Studies* 45 (April 2006).

[63] Yoshihara, *Embracing the East*, 7; Gordon H. Chang, *Fateful Ties: A History of America's Preoccupation with China* (Cambridge, MA: Harvard University Press, 2015), Ch. 2; Hoganson, *Consumers' Imperium*.

[64] Grace Nicholson, "Advertisement: Have You Ever Visited California's World Famous Treasure House of Oriental Art?," n. d., Grace Nicholson Papers, Box 8, Huntington Library; Grace Nicholson, "Advertisement: Ma Jong Prizes," n. d., Grace Nicholson Papers, Box 8, Huntington Library; Grace Nicholson, "Advertisement: Regular $50 Ma Jong Sets for $30," n. d., Grace Nicholson Papers, Box 8, Huntington Library; Mary Kellog, "Chia: A Description of a Celestial Garden in Pasadena," *House Beautiful*, March 1927, Grace Nicholson Papers, Box 9, Huntington Library.

[65] 有关美洲原住民文化商品化的讨论，包括篮子编织技术，参见 Paige Raibmon, *Authentic Indians: Episodes of Encounter from the Late- Nineteenth-Century Northwest Coast* (Durham, NC: Duke University Press, 2005); Boyd Cothran, "Working the Indian Field Days: The Economy of Authenticity and the Question of Agency in Yosemite Valley," *The American Indian Quarterly* 34, no. 2 (Spring 2010): 194-223。

[66] David Parlett, *The Oxford History of Board Games* (New York: Oxford University Press, 1999), 225; Thierry Depaulis and Jac Fuch, "First Steps of Bridge in the West: Collinson's 'Biritch,'" *The Playing-Card* 32, no. 2 (October 2003): 67-76.

[67] "Look Out, Bridge! Mah Jongg Is after Your Title"; "Chinese Checkers Win Society," *Los Angeles Times*, December 26, 1922; "Latest Indoor Sport"; "Fad in Capital Society." 除此以外，还有更多的例子。

[68] "Queer Chinese Game, Invented Centuries Ago, Is Society's Latest Craze. Mah-Jongg, Intricate Pastime, Built around Great Wall of the Orient," *San Francisco Chronicle*, October 15, 1922, sec. F.

[69] Robert Patterson, "Horatius at the Bridge," *Judge*, April 5, 1924.

[70] 例如，参见 *Mah-Jongg*, *Sweet Little Devil* (WB Music Corp., 1923), Gershwin on Broadway; "The Joined Battle of the Games: When Mah Jong, Out of the Chinese East, Meets Old Inhabitant, Auction Bridge," *New York Times*, January 27, 1924.

[71] "The Truth about Mah-Jongg: When You Have Trumped Your Partner's Ace and Feel Like Burning Your Bridge Tables behind You—Try Mah-Jongg," *Vogue*, January 15, 1923.

[72] China Trading Co., "Advertisement: Mah-Jong 50c," *Vogue*, August 15, 1923; Goldwater's, "Advertisement: Society Puts Its Stamp of Approval on Mah-Jongg," 1922, MJSC Scrapbook 1, PB; MacDougall-Southwick, "Do You Want to Learn to Play Mah Jongg?," n. d., MJSC Scrapbook 1, PB.

[73] McConn, "Town Mah Jongg Mad." See also "Chinese Checkers Win Society."

[74] "Queer Chinese Game"; "New-Old Game Fascinates," *Seattle Times*, October 19, 1922, MJSC Scrapbook 1, PB.

[75] "The Joined Battle of the Games."

[76] Harry Murphy, "What Other Games Are There?," n. d., MJ Scrapbook 2, PB.

[77] 例如，参见 John Held Jr., " ' And the Twain Shall Meet,' " *Auction Bridge and Mah Jong Magazine*, May 1924, Library of Congress; Glenn Cook Morrow, "Never the Twain Shall Meet!," *Judge*, April 5, 1924; Harriette S. Stevens, "Mah Jongg—Its Principles and Interest," *Vogue*, 1923, 82; "Mah Jongg Safer Than Bridge for Couples, Its Devotees Say," *New York World-Telegram*, April 30, 1941, Dorothy S. Meyerson Scrapbook, Marjorie Troum Personal Collection。

[78] 相关讨论，参见 Karen Kuo, *East Is West and West Is East: Gender, Culture, and Interwar Encounters between Asia and America* (Philadelphia: Temple University Press, 2013)。

[79] Lew Lyle Harr, *Pung Chow: The Game of a Hundred Intelligences, Also Known as Mah-Diao, Mah-Jong, Mah-Cheuk, Mah-Juck and Pe-Ling* (New York: Harper & Brothers, 1922).

[80] "Ancient Chinese Game Taking West Parties by Storm," 1922, MJSC Scrapbook 1, PB.

[81] "Ancient Chinese Game Taking West Parties by Storm."

[82] Albert Hager, Cabinet for Holding Games, United States Patent Office 1477056 (Shanghai, China, Assignor to the Mah-Jongg Company of China, of San Francisco, California, a Copartnership Consisting of Joseph Park Babcock, Anton N. Lethin, and Albert R. Hager, filed May 25, 1922, and issued December 11, 1923); Lucien A. Marsh, Game Board (Mill Valley, CA, filed November 21, 1922, and is- sued December 9, 1924); Leroy L. Richard and Robert E. Richard, Playing-Game Implement, 1571374 (Coalinga, CA, filed November 11, 1922, and issued February 2, 1926); Ruth J. Maurer, Rack, 1529160 (La Crosse, WI, filed April 20, 1923, and issued March 17, 1925); Scott Products Co., "Advertisement: Scott Rack for Mah Jongg, Pung Chow & Ma Cheuck," *Vogue*, July 15, 1923.

[83] R. H. White Co., "Advertisement: The 'Latest' in Handkerchiefs—The 'Mah Jong,' " *Boston Daily Globe*, February 17, 1924; "Advertisement: The Silk Mah Jong Umbrella," *Boston Daily Globe*, May 4, 1924; Saks-Herald Square, "Advertisement: When Society Plays at Dragons and Winds," *New York Times*, August 28, 1924; Jordan Marsh Company, "Ad-

vertisement: Mah Jong," *Boston Daily Globe*, October 2, 1924.

[84] "[Untitled]," *Olympia Recorder*, October 10, 1922, MJSC Scrapbook 1, PB; "Vogue's Fortnightly Wardrobe," *Vogue*, November 1, 1926; Stewart & Co., "Advertisement: College Club Creations for the College Term," *Vogue*, March 1, 1924; A. A. Vantine and Company, "Vantine's"; Amaizo Oil, "Advertisement: Mah Jong Cakes," *Chicago Daily Tribune*, June 5, 1924; "Chinese Styles in Vogue," *China Review*, September 1923.

[85] "Decries Activities of Press Agents: Silk Group of Dry Goods Association Discusses Effect of Mah-Jongg on Styles," *New York Times*, January 15, 1924.

[86] "The Business World: Offers a Mah Jongg Stocking," *New York Times*, January 19, 1924.

[87] "Mah Jongg Sandals Grip Milady of Discernment," *Los Angeles Examiner*, June 19, 1923, MJSC Scrapbook 1, PB; "Mah Jongg Shoes."

[88] "Mah Jong Min Lsing Is Champion Dog," *New York Times*, October 19, 1924; "Prize Steer Brings $4,680," *New York Times*, December 4, 1925; "Pamela of Frere Is Best Pekinese: Mrs. Tarbell's Mah Jongg Judged Best of Opposite Sex at Plaza," *New York Times*, January 20, 1925; "Revenge Is Victor at New Orleans: Mah Jong Fails Talent," *New York Times*, February 23, 1924.

[89] "Assorted Stitched Tablecloths," 1920s, Johni Levene Personal Collection; "Ma Jong Party Invitation," 1920s, Johni Levene Personal Collection; Melissa J. Martens, "The Game of a Thousand Wonders," in *Mah Jongg: Crak Bam Dot* (New York: 2wiceBooks, 2010), 9.

[90] 格蕾丝·德雷顿设计了初代"麻将玩偶",它也可能是一个早期原型,并向马里昂·豪利特进行了展示。格蕾丝·G. 德雷顿是标志性的"金宝汤小孩"*的创始人,同时也是阿弗里尔公司的设计师。阿弗里尔公司工厂生产的玩偶头部是模制组合的,可以与"白人"玩偶互换,包括那对蓝眼睛。相比之下,德雷顿的原型"麻将玩偶"的头部是用织物制成的,上面画有显著的眯眯眼。Martens, "The Game of a Thousand Wonders," 12. Marion Angeline Howlett, "Palm Beach 1924," 1924, Marion Angeline Howlett Papers [unprocessed], Schlesinger Library, Radcliffe Institute, Harvard University; "Miss Marion Angeline Howlett."

[91] Lawrence B. Glickman, "Rethinking Politics: Consumers and the Public Good during the 'Jazz Age,'" *OAH Magazine of History*, Reinterpreting the 1920s, 21, no. 3 (July 2007): 16–20. See also Meg Jacobs, *Pocketbook Politics: Economic Citizenship in Twentieth-Century America* (Princeton: Princeton University Press, 2005); Charles McGovern, *Sold American: Consumption and Citizenship, 1890–1945* (Chapel Hill: University of North Carolina Press, 2006).

[92] Martha Olney, Buy *Now, Pay Later: Advertising, Credit, and Consumer Durablesin the 1920s*

---

* 美国罐头汤生产商金宝汤公司的卡通吉祥物。——译者注

(Chapel Hill: University of North Carolina Press, 1991); Lynn Dumenil, *The Modern Temper: American Culture and Society in the 1920s* (New York: Hill and Wang, 1995), Ch. 2.

[93] McGovern, *Sold American*; Janice Williams Rutherford, *Selling Mrs. Consumer: Christine Frederick and the Rise of Household Efficiency* (Athens: University of Georgia Press, 2003).

[94] Alice Kessler-Harris, *Outto Work: A History of Wage-Earning Women in the United States* (New York: Oxford University Press, 1982), 226; Kathy Peiss, *Hope in a Jar: The Making of America's Beauty Culture* (Philadelphia: University of Pennsylvania Press, 1998), Chs. 4–5; Estelle Freedman, "The New Woman: Changing Views of Women in the 1920s," *The Journal of American History* 61, no. 2 (September 1974): 372–393; The Modern Girl around the World Research Group, ed., *The Modern Girl around the World: Consumption, Modernity, and Globalization* (Durham, NC: Duke University Press, 2008).

[95] The Glazo Company, "Advertisement: Glazo Completes the Picture of Loveliness," *Vogue*, April 1, 1925; Eileen Chang, *Lust, Caution*, trans. Julia Lovell (New York: Penguin Classics, 2007); Martens, "The Game of a Thousand Wonders."

[96] Edward Steichen, *Ilka Chase's Hands with Cartier Jewelry*, 1925, Photograph, 1925, Conde Nast Archive/CORBIS.

[97] Flora Smith, "When Milady Steps Out," *Los Angeles Times*, February 10, 1924.

[98] "Christmas Suggestions," *New York Times*, December 14, 1924, sec. Classified; R. H. White Co., "Advertisement: Chinese Game of a Hundred Intelligences," 1923, Marion Angeline Howlett Papers, Schlesinger Library, Radcliffe Institute, Harvard University; "The Parker Games 1923–1924"; *Sears, Roebuck and Company* (Philadelphia: Sears, Roebuck and Company, 1922), 475; Radio Corporation of America, "Advertisement: For Summer Sport—Radiola RC," *Saturday Evening Post*, June 9, 1923.

[99] Susan Porter Benson, *Household Accounts: Working-Class Family Economies in the Interwar United States* (Ithaca, NY: Cornell University Press, 2007).

[100] Claude S. Fischer, "Changes in Leisure Activities, 1890–1940," *Journal of Social History* 27, no. 3 (Spring 1994): 453–475.

[101] Clare Briggs, "That Guiltiest Feeling," n. d., MJ Scrapbook 2, PB.

[102] Constance Grenelle Wilcox, *Mah-Jongg: The Play of One Hundred Intelligences, In a Prologue and One Act* (Boston: C. C. Birchard & Company, 1923).

[103] Auto Vacuum Ice Cream Freezer, "Advertisement: Play While the Ice Cream Freezes," *Good Housekeeping*, June 1924, Home Economics Archive: Research, Tradition and History (HEARTH), Cornell University. See also Oh Henry!, "Advertisement: Oh Henry!," *Good Housekeeping*, March 1925, Home Economics Archive: Research, Tradition and History (HEARTH), Cornell University.

[104] "Forms Mah Jong Club"; "With the Clubs," *Chicago Defender*, August 9, 1924, National

edition.

[105] "Buckeye State," *Chicago Defender*, March 15, 1924, National edition; "Missouri," *Chicago Defender*, April 19, 1924, National edition; "Michigan State News," *Chicago Defender*, May 24, 1924, National edition; "Washington," *Chicago Defender*, May 24, 1924, National edition.

[106] Eastern Sales Co., "Mah Jong Ring," *Chicago Defender*, May 24, 1924, National edition.

[107] 有关体面政治,参见 Evelyn Brooks Higginbotham, "African-American Women's History and the Metalanguage of Race," *Signs* 17, no. 2 (Winter 1992): 272。

[108] "Forms Mah Jong Club." 有关种族和女性社交俱乐部,参见 Glenda Gilmore, *Gender and Jim Crow: Women and the Politics of White Supremacy in North Carolina, 1896–1920* (Chapel Hill: University of North Carolina Press, 1996); Lynn Dumenil, "The New Woman and the Politics of the 1920s," *OAH Magazine of History*, Reinterpreting the 1920s, 21, no. 3 (July 2007): 22-26。

[109] "Ancient Chinese Game Taking West Parties by Storm."

[110] "Tea Dance with Fashion Show," *San Francisco Call*, July 20, 1922, MJSC Scrapbook 1, PB; "Mah Jongg Tea Dancing by Society Girl," *San Francisco Call and Post*, July 15, 1922, MJSC Scrapbook 1, PB; "Mah-Jongg Tea," *San Francisco Examiner*, April 1, 1923, SFPL.

[111] "Omaha Couple Introduce Mah-Jongg to Dinner Guests," *World-Herald*, September 12, 1922, MJSC Scrapbook 1, PB.

[112] "Ma-Jung Fete of 1923: Album of Photographs," 1923, Stanford University Special Collections.

[113] "'Mah-Jongg Fete' to Aid Big Sisters Is a Bizarre Event," *New York Herald*, December 1923, MJ Scrapbook 2, PB.

[114] Myra Nye, "Mah Jongg and Music in Club Circles; Women's Work, Women's Clubs," *Los Angeles Times*, November 12, 1922, MJSC Scrapbook 1, PB; "Woman to Seek Academy; In Aid of Child Study's Work," *New York Times*, March 24, 1923; Myra Nye, "Take Leading Part in Club Activity; Women's Work, Women's Clubs," *Los Angeles Times*, November 19, 1922; "Society Turns to the Orient for New Diversion," *Fresno Republican*, November 12, 1922, sec. Society Clubs Music Books, MJSC Scrapbook 1, PB.

[115] "First to Give 'Mah Jongg' Tea in This City," *Seattle Post-Intelligencer*, 1922, MJSC Scrapbook 1, PB.

[116] "Business Meeting of Association," *Journal of Home Economics* 15, no. 10 (October 1923): 572.

[117] William Leach, *Land of Desire: Merchants, Power, and the Rise of a New American Culture* (New York: Vintage Books, 1994); Emily Remus, *A Shoppers' Paradise: How the Ladies of*

Chicago Claimed Power and Pleasure in the New Downtown (Cambridge, MA: Harvard University Press, 2019); Richard Longstreth, *The American Department Store Transformed, 1920–1960* (New Haven: Yale University Press, 2010).

[118] R. H. Macy & Co., "Advertisement: 'How Ma-Chiang Saved My Life,'" *New York Times*, February 25, 1924.

[119] Frank C. Elliott, *Mah Jongg Section*, October 11, 1923, Photograph, October 11, 1923, Bullock's Department Store Collection of Photographs, Huntington Library; "Shopping with Marie," *San Francisco Bulletin*, October 5, 1922, MJSC Scrapbook 1, PB.

[120] Little Jane, "'Mah Jongg' New Word in Tacoma," *Tacoma Ledger*, November 4, 1922, MJSC Scrapbook 1, PB; "Mah Jongg Makes Bow in Tacoma," 1922, MJSC Scrapbook 1, PB.

[121] "[Untitled Clipping]," *Berkeley Courier*, September 10, 1922, MJSC Scrapbook 1, PB; B. H. Dyas Co., "Come to Dyas' for Your Mah-Jongg Set"; Mah-Jongg Sales Company of America, "Mah-Jongg Catalogue No. 2"; O'Connor, Moffatt & Co., "Advertisement: Free Lessons Friday and Saturday in Mah-Jong," *Oakland Tribune*, November 1, 1922, MJSC Scrapbook 1, PB.

[122] Parker Brothers, Inc., "Advertisement: Mah-Jongg Sets," *National Drug News*, n. d., MJSC Scrapbook 1, PB.

[123] "'The Masquerader' Is a Chinese Gambler," *Moving Picture World*, October 14, 1922, MJSC Scrapbook 1, PB.

[124] "[Snippet about Mah Jongg Blues]."

[125] "[Snippet about Mahjong Hurting Movies]," *Moving Picture World*, January 19, 1924, The Moving Picture World Collection, Library of Congress; "Is Radio a Menace? Mah Jongg Craze, Too," *Moving Picture World*, April 12, 1924, The Moving Picture World Collection, Library of Congress.

[126] "'Miami' Well Presented in California Theatre," *Moving Picture World*, August 2, 1924, The Moving Picture World Collection, Library of Congress; "Celebrities Who Enjoy Auction and Mah Jong," *Auction Bridge Magazine*, 1924, Marion Angeline Howlett Papers, Schlesinger Library, Radcliffe Institute, Harvard University.

[127] "Many Hooks," *Moving Picture World*, September 13, 1924, The Moving Picture World Collection, Library of Congress.

[128] "Mah Jongg Should Be Proud Papa," *Los Angeles Times*, November 15, 1922.

[129] Edgar A. Guest, "Just Folks," *Washington Post*, September 18, 1924.

[130] Helen Bullitt Lowry, "Rise and Present Peril of Mah Jong: The Chinese Game Has Escaped from Society's Chaperonage and Is on Its Own," *New York Times*, August 10, 1924.

[131] McConn, "Town Mah Jongg Mad."

[132] "Ancient Chinese Game Taking West Parties by Storm"; Rittenhouse, "If You Don't Play Mah-Jong, You Should Learn Now"; Edna Woolman Chase, "Vogue's- Eye View of the Mode!," *Vogue*, April 15, 1924; "Louise Fazenda Thrilled by 'Mah-Jongg,'" *Los Angeles Times*, August 5, 1923, sec. 7.

[133] Amaizo Oil, "Advertisement: Mah Jong Cakes."

[134] Catherine Keyser, *Playing Smart: New York Women Writers and Modern Magazine Culture* (New Brunswick, NJ: Rutgers University Press, 2010), 6.

[135] Hoganson, *Consumers' Imperium*; Yoshihara, *Embracing the East*; "Louise Fazenda Thrilled by 'Mah-Jongg'"; Vanity Fair, "Advertisement: Mah Jongleurs!," *New York Times*, January 27, 1924.

[136] Juana Neal Levy, "Society," *Los Angeles Times*, April 6, 1924.

[137] Jell-O, "Advertisement: Your Guests Will Appreciate Your Foresight," *Good Housekeeping*, December 1924, Home Economics Archive: Research, Tradition and History (HEARTH), Cornell University.

[138] A. L. Wyman, "Practical Recipes: Mah Jongg Luncheon," *Los Angeles Times*, July 8, 1924.

[139] Ladies Home Journal and Genevieve Jackson Boughner, "Catering for the Mah Jongg or Pung Chow Party," in *Women in Journalism: A Guide to the Opportunities and a Manual of the Technique of Women's Work for Newspapers and Magazines* (New York: D. Appleton, 1926), 74.

[140] Florence Currier, "Diary, 1920–1924," n. d., Florence May Wyman Currier Personal Papers, Schlesinger Library, Radcliffe Institute, Harvard University.

[141] R. H. White Co., "Advertisement: Chinese Game of a Hundred Intelligences"; Jordan Marsh Company, "Advertisement: 1000 Mah Jong Sets," *Boston Daily Globe*, November 27, 1923.

[142] Entry October 2, 1923, Currier, "Diary, 1920–1924."

[143] Entry December 28, 1923, ibid.

[144] Entry June 30, 1924, ibid.

[145] Entries June 25–26, 1924, ibid.

[146] James Huskey, "Americans in Shanghai: Community Formation and Response to Revolution, 1919–1928" (PhD diss., Chapel Hill, University of North Carolina, 1985), 5; Janet Wulsin, June 28, 1921, Janet Elliott Wulsin Personal Papers, Folder: 2004. 7. 1. 33, Peabody Library, Harvard University; Thyra E. V. Pedersen, "Thyra E. V. Pedersen Personal Papers," 1923–1925, Letter, Folder 19, Schlesinger Library, Radcliffe Institute, Harvard University.

[147] Marion Angeline Howlett, "Addenda to Application for US Civil Service," 1942, Marion

Angeline Howlett Papers [unprocessed], Schlesinger Library, Radcliffe Institute, Harvard University.

[148] Marion Angeline Howlett, "[Notes about Calcutta Statesman Article]," n. d., Marion Angeline Howlett Papers [unprocessed], Schlesinger Library, Radcliffe Institute, Harvard University.

[149] Marion Angeline Howlett, "Marion Angeline Howlett: Palm Beach," n. d., Marion Angeline Howlett Papers [unprocessed], Schlesinger Library, Radcliffe Institute, Harvard University.

[150] 报纸的报道进一步夸大了豪利特是当时在南口的唯一白人女性,而她试图在档案记录中纠正这一点。

[151] Marion Angeline Howlett, "Addenda to Application for US Civil Service"; George, "Humanity at Palm Beach."

[152] "Miss Marion Angeline Howlett."

[153] "News of Palm Beach, Howlett Montage," *Palm Beach Post*, January 27, 1924, Marion Angeline Howlett Papers [unprocessed], Schlesinger Library, Radcliffe Institute, Harvard University; "Miss Marion Angeline Howlett"; Marion Angeline Howlett, "White Star Notes," 1972, Marion Angeline Howlett Papers [unprocessed], Schlesinger Library, Radcliffe Institute, Harvard University.

[154] Marion Angeline Howlett, "Mah Jong—Palm Beach," February 1924, Marion Angeline Howlett Papers [unprocessed], Schlesinger Library, Radcliffe Institute, Harvard University; "Mah Jong in the Surf," *New York Times*, February 10, 1924, Marion Angeline Howlett Papers, Schlesinger Library, Radcliffe Institute, Harvard University.

[155] "The Night Bathers' Greatest Thrill of All," *Palm Beach News*, March 24, 1924, Marion Angeline Howlett Papers, Schlesinger Library, Radcliffe Institute, Harvard University; Howlett, "Palm Beach 1924"; "[Clipping of Society News]," *Palm Beach Post*, March 7, 1924, Marion Angeline Howlett Papers, Schlesinger Library, Radcliffe Institute, Harvard University; "From Shanghai to Palm Beach," *Palm Beach Post*, January 29, 1924, Marion Angeline Howlett Papers, Schlesinger Library, Radcliffe Institute, Harvard University; "[Photograph of Mahjong on Palm Beach]," *Cincinnati Sunday Enquirer*, February 1924, Marion Angeline Howlett Papers, Schlesinger Library, Radcliffe Institute, Harvard University; "News of Palm Beach, Howlett Montage"; "Mah Jongg at Palm Beach: Mrs. Elsie Parsons," *New York Times*, February 3, 1924, Marion Angeline Howlett Papers, Schlesinger Library, Radcliffe Institute, Harvard University; "Catches," *Palm Beach Daily News*, 1924, Marion Angeline Howlett Papers, Schlesinger Library, Radcliffe Institute, Harvard University.

[156] "300 Sun Readers Meet Mah Jong and Learn How to Play," *Attleboro Sun*, December 28,

1923, Marion Angeline Howlett Papers, Schlesinger Library, Radcliffe Institute, Harvard University; "Mah Jong Party Due This Evening," *Attleboro Sun*, December 27, 1923, Marion Angeline Howlett Papers, Schlesinger Library, Radcliffe Institute, Harvard University.

[157] R. H. White Co., "Advertisement: Chinese Game of a Hundred Intelligences"; Mandel Brothers, "Advertisement: Free Lessons in Mah Jong," *Chicago Daily Tribune*, October 6, 1923; Lansburgh & Brother, "Advertisement: Personal Instruction in Mah-Jong," *Washington Post*, October 14, 1923; Jordan Marsh Company, "Advertisement: We Announce a Number of Genuine Chinese Mah Jong Sets," *Boston Daily Globe*, April 4, 1924.

[158] Howlett, "Mah Jong—Palm Beach."

[159] "Marion Angeline Howlett Announces Her New Lecture for 1931–1932," 1931, Marion Angeline Howlett Papers, Schlesinger Library, Radcliffe Institute, Harvard University. 豪利特一直未婚，但自给自足。20世纪30年代，她以讲课为生。1942年，她曾申请成为公务员，但以失败告终。其后，在四五十年代，她在波士顿南区的一家"男孩俱乐部"担任图书馆员。

[160] Claude S. Fischer, "Changes in Leisure Activities"; George A. Lundberg, Mirra Komarovsky, and Mary Alice McInery, *Leisure: A Suburban Study* (New York: Columbia University Press, 1934).

[161] Lethin, "Letter to Agnes," February 18, 1923.

[162] Namco Products Corporation, "Female Help Wanted, Mah Jong Teachers and Experts," *New York Times*, September 17, 1923, sec. Classified Ads.

[163] "Women Teach Fine Points of Mah Jongg," *San Francisco Call*, September 2, 1922, MJSC Scrapbook 1, PB. See also H. W., "Money Made at Home: Teaches Games," *Chicago Daily Tribune*, August 10, 1930.

[164] "Hartman's to Stage Game of Mah Jongg," *Merced Star*, November 14, 1922, MJSC Scrapbook 1, PB; "Mah Jongg," *Santa Rosa Press Democrat*, November 16, 1922, MJSC Scrapbook 1, PB; "Society Here to Learn Mah Jongg," *Santa Rosa Republican*, November 13, 1922, MJSC Scrapbook 1, PB.

[165] Nye, "Mah Jongg and Music."

[166] "The Joined Battle of the Games"; "Classified Ad: Learn to Play Mah Jongg," *San Francisco Examiner*, November 5, 1922, MJSC Scrapbook 1, PB; "Mah Jongg Party for Army Folk," *San Francisco Call*, October 6, 1922, MJSC Scrapbook 1, PB.

第二章　上海：麻将国际化的起源

[1] "阿嬷"指的是中国保姆。Elsie McCormick, "China's Ancient Dominoes Now Fascinate Foreigners," *China Press*, September 11, 1921, MJSC Scrapbook 1, PB. For reprints, see:

Elsie McCormick, "China's Ancient Dominoes Now Fascinate Foreigners [Abbreviated Reprint Clipping]," *Unknown*, 1921, MJSC Scrapbook 1, PB; "Society Is 'Punging,'" *The Wasp*, July 15, 1922, MJSC Scrapbook 1, PB.

[2] "侨民"(expatriate)一词深植于富裕的西方人暂时移居他国以谋利后返回家乡的历史中。更多信息,参见 Yasmeen Serhan, "'Expat' and the Fraught Language of Migration," *The Atlantic*, October 9, 2018。

[3] Michael Stanwick, "Mahjong (g) before Mahjong (g): Part 2," *The Playing-Card* 32, no. 5 (2004): 212-213; Andrew Lo, "China's Passion for Pai: Playing Cards, Dominoes, and Mahjong," in *Asian Games: The Art of Contest*, ed. Irving Finkel and Colin Mackenzie ([New York]: Asia Society, 2004), 216-231; Hsi-yüan Chen, "Cong Madiao Dao Majiang [Madiao and Mahjong in Popular Culture and Elite Discourse]," trans. Luke Habberstad, *Bulletin of the Institute of History and Philology Academia Sinica* (March 2009): 15. See also Maggie Greene, "The Game People Played: Mahjong in Modern Chinese Society and Culture," *Cross-Currents: East Asian History and Culture Review* E-Journal, no. 17 (December 2015): 5. Greene cites Du Yaquan's *Boshi* (1933).

[4] Jeffrey Wasserstrom, *Global Shanghai, 1850-2010* (New York: Routledge, 2009).

[5] 这些记录者包括 William Wilkinson, George Glover, and Stewart Culin. Michael Stanwick, "Mahjong (g) before Mahjong (g): Part 1," *The Playing-Card* 32, no. 4 (2004): 153-62; Stanwick, "Mahjong (g) before Mahjong (g): Part 2"。

[6] Michael Stanwick and Hongbing Xu, "Flowers and Kings: An Hypothesis of Their Function in Early Ma Que," The Mahjong Tile Set, 2008, https://www.themahjongtileset.co.uk/tile-set-history/flowers-and-kings-an-hypothesis-of-their- function-in-early-ma-que. 陈鱼门, 19世纪宁波的一位文人,如今普遍被认为是麻将组合游戏的最初发明者。然而,在相关学术研究中,关于陈是否是麻将唯一发明者尚无定论。中国政府在21世纪初建造了一个博物馆,以纪念陈鱼门和"麻将的发源地"。然而,历史学家陈熙远认为,麻将是在平民中发展起来的,最初被文人们拒之门外,但这一论点同样缺乏确凿的证据。Chen, "Madiao and Mahjong." Apocryphal myths of the game's origins abound, including mahjong as a cure for seasick sailors, such as in Harold J. Cooper, "It's 'Mah Chang,' Not 'Mah Jongg' —Sze Says So! And How Nearly the Game's Name Caused the Severance of the US-China Relations," *Brooklyn Daily Eagle*, 1923.

[7] 到目前为止,关于"麻将"这一名称的文字记录可以追溯到1909年,源自成都一本杂志上的漫画,描绘了一所滑稽的文人麻将学校使用的《麻将教材》。Hsi-yüan Chen, "Madiao and Mahjong," 15. 被称为"麻雀"的早期名称可以同时指代纸牌和骨牌游戏,而"麻将"则专指骨牌。尽管如此,"麻雀"这一名称仍在书面语中继续使用。Michael Stanwick and Hongbing Xu, "Máquè/Májiàng/Mahjong Terms 1780-1920," *The Mahjong Tile Set* (blog), accessed June 21, 2017, https://www.themahjongtileset.co.uk/

mahjong-terms-1780-1920.

[8] 转引自 Hsi-yüan Chen,"Madiao and Mahjong,"152。

[9] Kariann Yokota, *Unbecoming British: How Revolutionary America Became a Postcolonial Nation* (New York: Oxford University Press, 2011); John E. Willis Jr., "European Consumption and Asian Production in the Seventeenth and Eighteenth Centuries," in *Consumption and the World of Goods* (New York: Routledge, 1993); Lorna Weatherhill, "The Meaning of Consumer Behaviour in Late Seventeenth- and Early Eighteenth-Century England," in *Consumption and the World of Goods* (New York: Routledge, 1993), 206-227; Caroline Frank, *Objectifying China, Imagining America: Chinese Commodities in Early America* (Chicago: University of Chicago Press, 2011); Carole Shammas, "Changes in English and Anglo-American Consumption from 1550 to 1800," in *Consumption and the World of Goods* (New York: Routledge, 1993), 177-205; Christina H. Nelson, *Directly from China: Export Goods for the American Market, 1784-1930* (Salem, MA: Peabody Museum of Salem, 1985).

[10] Willis, "European Consumption and Asian Production in the Seventeenth and Eighteenth Centuries," 134.

[11] 19世纪中叶,美国对华的外交政策相对友好,对华掠夺也较少。然而,到19世纪末,美国在加勒比和太平洋地区日益增强的经济实力和军事侵略,使其与其他帝国主义列强无异。Gordon H. Chang, *Fateful Ties: A History of America's Preoccupation with China* (Cambridge, MA: Harvard University Press, 2015), Ch. 3.

[12] 这就是第一次鸦片战争后于1842年签订的《南京条约》的部分结果。1899年,美国发布了《门户开放声明》,该声明旨在防止任何单一列强垄断对华贸易,名义上也旨在保护中国的主权。然而,该声明实质上主要是为了平衡相互竞争的外国利益集团,而中国则被降级到可被利用的地位。Bryna Goodman and David S. G. Goodman, "Colonialism and China," in *Twentieth-Century Colonialism and China: Localities, the Everyday, and the World* (New York: Routledge, 2012), 2; Chang, *Fateful Ties*, 49-51, 104.

[13] Mu Shiying, "The Shanghai Foxtrot (A Fragment)," trans. Sean Macdonald, *Modernism/Modernity* 11, no. 4 (2004): 803, 807.

[14] Jeffrey Wasserstrom, "Locating Old Shanghai: Having Fits about Where It Fits," in *Remaking the Chinese City: Modernity and National Identity, 1900-1950* (Honolulu: University of Hawaii Press, 2000), 193.

[15] Christian Henriot, "'Little Japan' in Shanghai: An Insulated Community, 1875-1945," in *New Frontiers: Imperialism's New Communities in East Asia, 1842-1953* (New York: Manchester University Press, 2000), 146-69, 147.

[16] Bryna Goodman, *Native Place, City and Nation: Regional Networks and Identities in Shanghai, 1853-1937* (Berkeley: University of California Press, 1995).

[17] Bryna Goodman and David S. G. Goodman, "Colonialism and China," 2; Gail Hershatter,

Dangerous Pleasures: *Prostitution and Modernity in Twentieth-Century Shanghai* (Berkeley: University of California Press, 1997), 28; James Huskey, "Americans in Shanghai: Community Formation and Response to Revolution, 1919-1928" (PhD diss., Chapel Hill, University of North Carolina, 1985); Nicholas Clifford, *Spoilt Children of Empire*: *Westerners in Shanghai and the Chinese Revolution of the 1920s* (Hanover, NH: Middlebury College Press, University Press of New England, 1991).

[18] Gail Hershatter, *Dangerous Pleasures*, 94; Lo, "China's Passion for Pai"; Michael Stanwick and Hongbing Xu, "From Cards to Tiles: The Origin of Mahjong (g)'s Earliest Suit Names," *The Playing-Card* 41, no. 1 (September 2012), http://themahjongtileset.co.uk/earliest-suit-names. Quoting Han Bangqing, 1892, in Chen, "Madiao and Mahjong," 144.

[19] Gail Hershatter, *Dangerous Pleasures*, 94.

[20] Han Bangqing, *The Sing-Song Girls of Shanghai*, ed. Eva Hung, trans. Eileen Chang (New York: Columbia University Press, 2005), 203. 根据这位客人的说法，麻将宴席在竞争力不足的二流妓院尤为奏效。

[21] Bangqing, 14, 103-5.

[22] Bangqing, 203, 109, 120.

[23] 尽管清朝的统治强调道德和礼节的规范，但这些规范与现实往往相去甚远。例如，参见 Andrea Goldman, *Opera and the City*: *The Politics of Culture in Beijing, 1770-1900* (Stanford, CA: Stanford University Press, 2012)。

[24] Bangqing, *The Sing-Song Girls of Shanghai*, 120. 这种宽容并未能帮助一位麻将玩家躲过警察的追捕。1881年，他从一家鸦片馆跳楼身亡，警察误以为他在玩'牌九'，即一种中国扑克牌游戏。Lo, "China's Passion for Pai," 217.

[25] Elizabeth Perry, *Shanghai on Strike*: *The Politics of Chinese Labor* (Stanford, CA: Stanford University Press, 1993), 35.

[26] Greene, "The Game People Played," 4, 12. 关于劳动人民日常生活和上海文化中麻将的更多信息，参见 Hanchao Lu, *Beyond the Neon Lights*: *Everyday Shanghai in the Early Twentieth Century* (Berkeley: University of California Press, 1999)。

[27] Edith McConn, "Mah Jongg'd with an Empress; Had to Lose," *San Jose Evening News*, November 10, 1922, MJSC Scrapbook 1, PB.

[28] 转引自 Chen, "Madiao and Mahjong," 152。

[29] Hyungju Hur, "Staging Modern Statehood: World Exhibitions and the Rhetoric of Publishing in Late Qing China, 1851-1910" (PhD diss., Urbana, University of Illinois at Urbana-Champaign, 2012), 96.

[30] Chen, "Madiao and Mahjong," 157; Thomas S. Mullaney, *The Chinese Typewriter*: *A History* (Cambridge, MA: MIT Press, 2017).

[31] 引文来自《警钟日报》,转引自 Chen,"Madiao and Mahjong"。引文的作者还建议将游戏名字从"麻雀"改为"马将",意为"姓马的将军",以强调这款游戏的"军事和竞争意义"。这一提议可能具有先见之明,也可能产生了一定影响,因为新的名字确实在未来几年内流行了起来,只不过以"麻将"这一混合形式出现,而"麻将"即"大麻将军"并无实质意义。

[32] The Chinese Government Bureau of Economic Information,"The Rise of Mahjongg,"*Chinese Economic Monthly*,January 1924,2.

[33] Greene,"The Game People Played,"15.

[34] Perry,*Shanghai on Strike*,141.

[35] Ibid.,218.

[36] 有关这一起源之谜的更多信息,参见 Thierry Depaulis,"Embarrassing Tiles:Mahjong and the Taipings,"*The Playing Card* 35,no. 3(March 2007):148-153。

[37] 该作者对于各种"王"的使用也呼应了太平天国政权中诸王的命名法。引文参见《游戏杂志》,转引自 Chen,"Madiao and Mahjong,"165-166。

[38] McCormick,"China's Ancient Dominoes Now Fascinate Foreigners."

[39] Nan Enstad,"To Know Tobacco:Southern Identity in China in the Jim Crow Era,"*Southern Cultures* 13,no. 4(2007):12;James Huskey,"Americans in Shanghai,"3.

[40] Letter May 20,1921,"Janet Elliott Wulsin Personal Papers,"1921-1924,Peabody Library,Harvard University.

[41] Clifford,*Spoilt Children of Empire*,42,53;James Huskey,"Americans in Shanghai."

[42] Letter Aug 10,1923,Thyra E. V. Pedersen,"Thyra E. V. Pedersen Personal Papers,"1923-1925,Schlesinger Library,Radcliffe Institute,Harvard University.

[43] James Huskey,"Americans in Shanghai,"6.

[44] 到了 20 世纪 20 年代后期,通商口岸中的等级制度愈发基于社会阶层,但国籍仍然发挥着重要作用。Jeffrey Wasserstrom,"Cosmopolitan Connections and Transnational Networks,"in *At the Crossroads of Empires*(Stanford,CA:Stanford University Press,2008),206-224.

[45] Chang,*Fateful Ties*,54.

[46] Nara Dillon and Jean C. Oi,"Middlemen,Social Networks,and State-Building in Republican Shanghai,"in *At the Crossroads of Empires*(Stanford,CA:Stanford University Press,2008),3-21.

[47] James Huskey,"Americans in Shanghai";Jeffrey Wasserstrom,"Cosmopolitan Connections and Transnational Networks";Robert A. Bickers,"Shanghailanders:The Formation and Identity of the British Settler Community in Shanghai 1843-1937,"*Past and Present*,no. 159(1998):162-211;Anne-Marie Brady and Douglas Brown,"Introduction:Foreign Bodies,"in *Foreigners and Foreign Institutions in Republican China*(New York:Routledge,

2013), 1-22; "Janet Elliott Wulsin Personal Papers."

[48] 巴布科克夫妇坚持认为约瑟夫·巴布科克是第一个成功说服中国工匠在麻将牌上加入阿拉伯数字的人。在他所在的苏州社区内，这或许是真的。但有许多记录表明，其他更早期的雕刻师傅已经在麻将牌上添加了西方数字。另请参见"Joseph Park Babcock v. Philip Naftaly," October 10, 1922, Equity Case #848, The National Archives at San Francisco; Alma Sierks-Overholt and Norma Babcock, "Mah Jongg Started in Popularity at Catalina," *The Catalina Islander*, April 16, 1924; R. F. Foster, *Foster on Mah Jong* (New York: Dodd, Mead, 1924), 159-160。

[49] Jeffrey Wasserstrom, "Cosmopolitan Connections and Transnational Networks," 214, 216; James Huskey, "Americans in Shanghai," 58.

[50] Robert A. Bickers, "Shanghailanders," 183, 187; James Huskey, "Americans in Shanghai," 8.

[51] James Huskey, "Americans in Shanghai," 38; Robert A. Bickers, "Shanghailanders," 183; "Janet Elliott Wulsin Personal Papers."

[52] Robert A. Bickers and Jeffrey Wasserstrom, "Shanghai's 'Dogs and Chinese Not Admitted' Sign: Legend, History and Contemporary Symbol," *China Quarterly* 142 (June 1995): 444-466; Gail Hershatter, *Dangerous Pleasures*; Jeffrey Wasserstrom, "Cosmopolitan Connections and Transnational Networks"; Foster, *Foster on Mah Jong*, 167; Robert A. Bickers, "Shanghailanders"; Bryna Goodman and David S. G. Goodman, "Colonialism and China," 6.

[53] Jeffrey Wasserstrom, "Locating Old Shanghai," 193; Robert A. Bickers, "Shanghailanders," 187; James Huskey, "Americans in Shanghai," 15.

[54] James Huskey, "Americans in Shanghai," 15.

[55] Lisa Lethin, "My Grandfather Was the Partner of Mr. Babcock," *Mahjong in Holland Museum* (blog), accessed September 28, 2012, http://www.mahjongmuseum.nl.

[56] "Joseph Park Babcock v. Philip Naftaly."

[57] Foster, *Foster on Mah Jong*, 157.

[58] 尽管竞争对手有各种说法，巴布科克1920年出版的麻将规则手册几乎可以肯定是第一本该类型的英文出版物，并且在西方社交俱乐部中得到了最为广泛的传播。在20世纪10年代，至少有一本中文手册出版，并出口到旧金山，卖给当地的中国消费者，但他们会打麻将很可能并不是主要在中国通过书面规则学习的。1921年，英国人哈罗德（斯特林）·凯里在上海出本了一本规则手册，舍弃了巴布科克对麻将规则的改动。德国公司F. Ad. Richter & Cie. 声称他们在1919年申请了一项"实用模式"（*Gebrauchsmuster*，一种实用新型，类似于一种专利），但不存在这样的书面记录。"Joseph Park Babcock v. Philip Naftaly"; Foster, *Foster on Mah Jong*, 170-171; J. P. Babcock, *Babcock's Rules for Mah-Jongg: The Red Book of Rules*, 2nd ed. (1920; repr., San Francisco: Mah-Jongg Sales Company of America, 1923); Edna Lee Booker, *News Is My Job: A*

Correspondent in War-Torn China (New York: Macmillan, 1940), 17; Harold Sterling [Harold Carey], *Standard Rules and Instructions for the Chinese Game of Mah Chang* (*Sparrow*), 5th ed. (1921; repr., Shanghai: The Shanghai Mercantile Printing Co., Ltd., 1923); *F. Ad. Richter & Cie* (Rudolstadt, Germany: Richters Verlagsanstalt Leipzig, n. d.); Tony Watson, "Richter: German Mahjong Manufacturer," *The Mahjong Collector* (Summer 2015).

[59] Jeffrey Wasserstrom, "Cosmopolitan Connections and Transnational Networks," 213.

[60] Parker Brothers, Inc., "Advertisement: Mah-Jongg Sets," *National Drug News*, n. d., MJSC Scrapbook 1, PB.

[61] 虽然巴格达犹太人是最富有的外籍常住居民之一，但只有少数几人被允许进入上海总会。Chiara Betta, "From Orientals to Imagined Britons: Baghdadi Jews in Shanghai," *Modern Asian Studies* 37, no. 4 (2003): 1005, 1015.

[62] 20世纪30年代初，日本人口将迅速增长。"Growth of the American Community at Shanghai," *China Weekly Review*, February 13, 1926; Huskey, "Americans in Shanghai," 3.

[63] Huskey, "Americans in Shanghai," 15–18.

[64] "The American Club, Shanghai," *Far Eastern Review*, April 1925, University of California, Los Angeles; "The New American Club Premises," *North China Herald*, November 29, 1924; Ellen Johnston Laing, "The American Club, The Columbia Country Club and the Creation of an American Ambiance in Shanghai, 1920–1943" (Moderne and Modernity: Visual Narratives of Interwar Shanghai, Berkeley Art Museum, March 6, 2010).

[65] 然而，在麻将风潮的早期，美国总会并没有自己的建筑，而是设在豪华的礼查饭店（Astor House hotel）内。虽然美国总会的政策比上海总会开放些，但它仍然自觉地反映了其总体上的经济和社会定位。

[66] 无论是对于中国人口还是外国人口，上海都是一个男性主导的城市，但中国妇女提供了大量有偿的家庭、性和工厂劳动力。到了20世纪20年代，越来越多的外国妇女独自或与家人一同抵达上海，或者作为第二、第三代的上海侨民出生。积极进取的美国妇女通常从事教学工作，尤其是在基督教机构中。同时，外籍定居者和外籍商人的妻子在上海及侨民社群内建立了自己的社交网络。参见 Hershatter, *Dangerous Pleasures*; Bickers, "Shanghailanders," 177–178。

[67] James Huskey, "Americans in Shanghai," 5.

[68] 安德森·梅耶公司是美国试图扩大中国市场的主要参与者，该公司从中国进口建筑材料，并且是通用电器在华的独家代理。Letter January 30, 1922, "Janet Elliott Wulsin Personal Papers."在1922年之前，沃尔辛使用了不同的拼写方式来描述麻将，以反映这款游戏在北京外籍人士圈子中的新鲜感。而此时，巴布科克的麻将规则已经在外国人社区中传播开来，游戏也有了标准化（和专有化）的名称"Mah Jongg"。即便

如此，侨民和外国游客仍在多种拼写方式之间变换，包括"Mah Jung"和"Mah Jong"。另请参见 Letters September 20, 1923, April 10, 1924 Pedersen, "Thyra E. V. Pedersen Personal Papers"。

[69] Grace Thompson Seton, *Chinese Lanterns* (New York: Dodd, Mead, 1924), 272, 277.

[70] Huskey, "Americans in Shanghai," 58.

[71] Karen J. Leong, *The China Mystique: Pearl S. Buck, Anna May Wong, Mayling Soong, and the Transformation of American Orientalism* (Berkeley: University of California Press, 2005), 4. 另请参见 Weili Ye, *Seeking Modernity in China's Name: Chinese Students in the United States, 1900–1927* (Stanford, CA: Stanford University Press, 2001), 176。

[72] 宋美龄经常出入罗达·坎宁安的聚会，并成为其他美国人重要的联系人。Edna Lee Booker, *News Is My Job*, 235.

[73] Edna Lee Booker, 17, 115. 布克和其他人都没有提到与中国人打麻将的困难，因为他们学会了巴布科克简化的规则。目前还不清楚玩家们是否在各种版本的麻将中切换。当时标准的中式麻将与巴布科克的版本是否相近，以及二者的差异是否容易被克服，也尚未可知。

[74] 主要的参与者都是自由职业者，她们在自己的移动办公室内工作，其中一些人提供性服务。Huskey, "Americans in Shanghai," 5, 21.

[75] Letter April 10, 1924, Pedersen, "Thyra E. V. Pedersen Personal Papers."

[76] Letters September 11, 1923; September 13, 1923; March 27, 1924; January 28, 1924 Pedersen, "Thyra E. V. Pedersen Personal Papers."

[77] Letter December 11, 1921, "Janet Elliott Wulsin Personal Papers."

[78] Letter November 4, 1923, "Janet Elliott Wulsin Personal Papers."

[79] Letter December 27, 1923, "Janet Elliott Wulsin Personal Papers."

第三章 制造跨太平洋的游戏

[1] Chung-Kuei Cheng, "The Financial Phases of China's Foreign Trade," *Chinese Social and Political Science Review*, 1926, 92–119; "China Section," *Pacific Ports*, October 1922, 87.

[2] The Chinese Government Bureau of Economic Information, "The Rise of Mahjongg," *Chinese Economic Monthly*, January 1924, 2.

[3] The Chinese Government Bureau of Economic Information, "The Rise of Mahjongg." See also "[Untitled]," *The North China Herald*, April 28, 1923.

[4] The Chinese Government Bureau of Economic Information, "The Rise of Mahjongg," 3; D. K. Lieu, "Fact-Finding in China: The Chinese Government Bureau of Economic Information," *News Bulletin (Institute of Pacific Relations)*, March 1, 1928, 1–4.

[5] "How the New Tax Law Will Help to Lift America's Taxation Load," *Christian Science Monitor*, June 3, 1924. 在此之前，美国国会曾决定根据麻将牌的主要组成材料对其征税，

以避免对多米诺骨牌征收更高的税。"Rules on Mah Jong Duty," *New York Times*, June 27, 1923.

[6] "Commerce with China: Mah Jongg Sets Sixth in Value of Imports from Shanghai," *New York Times*, March 9, 1924.

[7] "Mah-Jong Import Heavy: Sets Valued at $849, 833 Reach US from China in 9 Months," *New York Tribune*, December 9, 1923; "Commerce with China."

[8] "Mah Jongg Should Be Proud Papa," *Los Angeles Times*, November 15, 1922.

[9] The Chinese Government Bureau of Economic Information, "The Rise of Mahjongg," 2.

[10] "Stray Stories," *Boston Daily Globe*, May 3, 1925.

[11] 有关约翰·鲍威尔的更多信息,参见 James Huskey, "Americans in Shanghai: Community Formation and Response to Revolution, 1919–1928" (PhD diss., Chapel Hill, University of North Carolina, 1985)。有关美国与中国"特殊关系"的更多信息,参见 Gordon H. Chang, *Fateful Ties: A History of America's Preoccupation with China* (Cambridge, MA: Harvard University Press, 2015)。

[12] J. B. Powell, "Ma Chang Invented in China Spreads All over the World," *China Weekly Review*, June 30, 1923, sec. Special Insert, Microfilm, University of California, Los Angeles.

[13] Harold Sterling [Harold Carey], *Standard Rules and Instructions for the Chinese Game of Mah Chang (Sparrow)*, 5th ed. (1921; repr., Shanghai: The Shanghai Mercantile Printing Co., Ltd., 1923); *F. Ad. Richter & Cie* (Rudolstadt, Germany: Richters Verlagsanstalt Leipzig, n. d.).

[14] Weymer Mills, "The Genteel Needlework of Other Days Becomes a Modern Party Pastime," *Vogue*, February 1, 1925.

[15] "'London Calling': 'Are You There?' Smart America Is, for the Season Is the Gayest in a Decade," *Vogue*, June 15, 1924; "Mah Jong Craze in London: Chinese Game to Be Most Popular Indoor Sport," *China Review*, December 1923.

[16] Robertson and Mullens, "Advertisement: 'Mah-Jongg' The Great Chinese Game Grips London," *The Argus*, April 7, 1923.

[17] 20 世纪 20 年代,西方世界在耐用消费品上的投入不断增加。Carole Shammas, "Changes in English and Anglo-American Consumption from 1550 to 1800," in *Consumption and the World of Goods* (New York: Routledge, 1993), 201; Edna Woolman Chase, "Vogue's-Eye View of the Mode!," *Vogue*, April 15, 1924; Princesse Achille Murat, "A Fortnight Spent in Java," *Vogue*, January 1, 1927; "Gala-Days in the Eternal City: A Visiting Frenchwoman in Rome Finds the Cosmopolitan Life of To-Day Scintillate against the Background of Antiquity," *Vogue*, June 15, 1924.

[18] "Three American Women of Both Professional and Social Prominence: Members of the European Aristocracy Who Have Achieved Notable Careers," *Vogue*, August 15, 1924.

[19] William Bolitho, "Mah Jongg and the Idle Rich," *The Outlook*, December 8, 1923, Library of Congress.

[20] The Modern Girl around the World Research Group, "The Modern Girl as Heuristic Device: Collaboration, Connective Comparison, Multidirectional Citation," in *The Modern Girl around the World: Consumption, Modernity, and Globalization* (Durham, NC: Duke University Press, 2008), 1–24.

[21] The Modern Girl around the World Research Group, 2.

[22] "Mah Jongg," *Time*, July 2, 1923.

[23] Powell, "Ma Chang," 3; Chinese Government Bureau of Economic Information, "The Rise of Mahjongg," 3.

[24] Chinese Government Bureau of Economic Information, "The Rise of Mahjongg," 2.

[25] Ibid., 4.

[26] J. B. Powell, "Mah Chang: The Game and Its History, from the China Weekly Review, June 30," *The Living Age*, September 1, 1923, 7; Chinese Government Bureau of Economic Information, "The Rise of Mahjongg," 4; Powell, "Ma Chang," 7.

[27] "Mah Jongg Set Frisky; Leaping Larvae Blamed," *San Francisco Examiner*, February 29, 1924, SFPL.

[28] Kariann Yokota, *Unbecoming British: How Revolutionary America Became a Postcolonial Nation* (New York: Oxford University Press, 2011). 另一例可参见 Nancy J. Taniguchi, "World War I, the American Interior, and Pacific Markets: A Look at Distant Impacts," in *Studies in Pacific History* (Burlington, VT: Ashgate Publishing Company, 2002), 123–139。

[29] Chinese Government Bureau of Economic Information, "The Rise of Mahjongg," 5.

[30] R. F. Foster, "The Genesis of Mah Jong," *Auction Bridge and Mah Jong Magazine*, March 1924, 64, Library of Congress; Powell, "Mah Chang," 3–6.

[31] AP Night Wire, "Mah Jongg Shin Bones Shipped: Craze for Game Depletes Supply Stocks of Chinese Firms," *Los Angeles Times*, March 1, 1924.

[32] Chinese Government Bureau of Economic Information, "The Rise of Mahjongg," 4. 1923 年 1 月，牛骨的零售价"约为每吨 400 美元"。一吨前腿骨可以提供"制作 180 套麻将牌的原材料，而一吨后腿骨可用来制作 225 套"。

[33] M. E. Falkus, "United States Economic Policy and the 'Dollar Gap' of the 1920's," *Economic History Review* 24, no. 4 (November 1971): 599–623; "Hopeful Trade Outlook Is Seen," *Christian Science Monitor*, February 15, 1924.

[34] Chinese Government Bureau of Economic Information, "The Rise of Mahjongg," 5; China Trading Co., "Forced Sale!," *Seattle Post-Intelligencer*, November 5, 1922, MJSC Scrapbook 1, PB.

[35] Pung Wo Company, *Photographs: Pung Wo Company Factory*, 1924 copyright 1923, Photo-

graph, 1924 copyright 1923, Games—Mah Jong, Library of Congress, Prints and Photographs; Mah-Jongg Company, *Photographs*: *Mah-Jongg Manufacturing Company of China*, 1923, Photograph, 1923, MJ Scrapbook 2, PB. 麻将销售公司宣扬它是"迄今为止全球最大的麻将制造商"。Mah-Jongg Sales Company of America, "Mah-Jongg Catalogue No. 2," 1923, 2, www.mahjongmuseum.com/mjsca2.htm, Mah Jong Museum.

[36] Pung Wo Company, *Standard Rules for the Chinese Domino Game of Pung Wo Brand of Mah-Jongg* (M. Newmark & Co., 1925).

[37] Powell, "Ma Chang"; Powell, "Mah Chang"; Chinese Government Bureau of Economic Information, "The Rise of Mahjongg"; Foster, "The Genesis of Mah Jong"; W. Lock Wei, *The Theory of Mah Jong*: *Its Principles, Psychology, Tactics, Strategies, and Fine Points, Including the Complete Chinese Rules of Play* (Boston: Small, Maynard & Company, 1925).

[38] 虽然被转写为"ren",但该公司名字中的汉字"伦"在拼音中是"lun"。

[39] 与美国国会图书馆收藏的同一组照片相比,鲍威尔出版的照片中,英文标语牌上的英文名称分别为"Pung Wo"或"Mei Ren"。被转写为"Mei Ren"的中文名在这些照片中没有变化。

[40] *All Tools Used in Making Mah Jong and Cabinets*, 1923, Photograph, 1923, Pung Wo Company, Library of Congress, Prints and Photographs.

[41] *Engraving Tiles*, 1923, Photograph, 1923, Pung Wo Company, Library of Congress, Prints and Photographs. 更多有关童工的信息,参见 Elizabeth Perry, *Shanghai on Strike*, 60。

[42] "Shinbones Are Used for Mah Jong Sets," October 1923, MJSC Scrapbook 1, PB.

[43] *A Few of Our Skilled Workers*, 1923, Photograph, 1923, Pung Wo Company, Library of Congress, Prints and Photographs.

[44] 有关公共空间的更多信息,参见 Robert A. Bickers and Jeffrey Wasserstrom, "Shanghai's 'Dogs and Chinese Not Admitted' Sign"。

[45] 由于几乎没有驮运牲畜(因为它们需要大片空地和特定食物),上海的主要劳动力是人力。除了挤满街道的人力车夫,还有可供临时雇佣的"手推车夫"。Amy Richardson Holway, 1919/1920, Amy Richardson Holway Papers, Folder: Letters to family, 1917–1929, Schlesinger Library, Radcliffe Institute, Harvard University; Hanchao Lu, *Beyond the Neon Lights*: *Everyday Shanghai in the Early Twentieth Century* (Berkeley: University of California Press, 1999).

[46] *Untitled* [*Wheelbarrow Worker*], 1923, MJ Scrapbook 2, PB.

[47] Chinese Government Bureau of Economic Information, "The Rise of Mahjongg," 6.

[48] *Splitting Shin Bones*, Photograph, 1923, Pung Wo Company, Library of Congress, Prints and Photographs.

[49] Powell, "Ma Chang"; Huang Ting-mou, "Ivory and Bamboo," *China Review*, April 1923. 上海的许多其他华人居民也来自附近的江苏和浙江省。Jeffrey Wasserstrom,

"Locating Old Shanghai," 193.

[50] Powell, "Ma Chang," 6. 在上海附近的杭州, 一名技术娴熟、在外国家庭工作的厨师月收入不到 10 美元, 而据报道, 美伦工厂工人的奖金则高达相当可观的 50 至 100 美元。Amy Richardson Holway, n. d., presumed 1919 to 1922.

[51] Powell, "Ma Chang," 6.

[52] Sin Wen Pao, trans., "China Trade: Mah Jongg Exports Increasing" (Department of Commerce, June 15, 1923), Correspondence of the Military Intelligence Division Relating to General, Political, Economic, and Military Conditions in China, 1918–1941, US National Archives.

[53] Chinese Government Bureau of Economic Information, "Wages in China for Various Trades," February 1924. 这使得麻将工厂熟练工人的收入仅次于收入最高的家庭佣工, 但高于织席工人和烟草工人, 后者的平均收入分别为 12 墨西哥美分和 19 墨西哥美分。中国经济的大部分依赖墨西哥银元运转; 美国的金本位交易减少了墨西哥银元总量的一半。

[54] B. H. Dyas Co., "Advertisement: Come to Dyas' for Your Mah-Jongg Set," *Los Angeles Times*, May 7, 1922. 精雕细琢的进口麻将牌十分畅销。高端套装可以卖到数百美元, 而美伦工厂生产的廉价 (仅用竹材, 没有骨材) "碰和二世" (Pung Wo. Jr.) 套装在金贝尔斯百货商店的零售价为 6 美元。他们的利润来自销量。"Pung Wo Junior Boxed Set," Mah Jong Museum, accessed September 18, 2013, www.mahjongmuseum.com/mj261.htm.

[55] Michael Stanwick and Hongbing Xu, "Flowers and Kings: An Hypothesis of Their Function in Early Ma Que," The Mahjong Tile Set, 2008, https://www.themahjongtileset.co.uk/tile-set-history/flowers-and-kings-an-hypothesis-of-their-function-in-early-ma-que. Stanwick and Xu cite Liu Yishu's *Maque de jingyan yu jiqiao* (1941).

[56] Terese Tse Bartholomew, *Hidden Meanings in Chinese Art* (San Francisco: Asian Art Museum, 2012).

[57] 有关各种麻将牌套装, 参见迈克尔·斯塔尼克的在线收藏: http://themahjongtileset.co.uk。有关改革者的更多信息, 参见第 2 章。

[58] Ray Heaton, "Ji Gong," *The Mahjong Collector*, Summer 2015. 参见希顿定期发表的文章: Heaton, *The Mahjong Collector*, 2015–2016.

[59] 另外, "字" 牌包括在西方被称为 "龙" 的牌, 这些牌是白色的, 或涂成绿色或红色, 牌面上通常刻有标准化的大字, 如 "发" "龙" 或 "凤"。

[60] 一套由上海的广利源公司出口到美国的麻将牌在盒盖和花牌上标有 "远东贸易公司" 的名称。Jim May, "Traditional Chinese Boxed Set," *Mahjong Museum*, accessed June 24, 2013, www.mahjongmuseum.com/mj088.htm. Translation by Luke Habberstad.

[61] Mah-Jongg Company, *Photographs: Mah-Jongg Co. Factory*; Babcock, *Babcock's Rules for Mah-*

Jongg.

[62] Theo Burr, "'Long Distance' from Chicago," *The Spur*, June 1, 1923.

[63] Ting-mou, "Ivory and Bamboo"; B. H. Dyas Co., "Advertisement: Come to Dyas' for Your Mah-Jongg Set"; "The Truth about Mah-Jongg: When You Have Trumped Your Partner's Ace and Feel Like Burning Your Bridge Tables behind You—Try Mah-Jongg," *Vogue*, January 15, 1923.

[64] "Mah-Jong Ballet by Society Girls," *New York Times*, December 20, 1923.

[65] R. W. Beachey, "The East African Ivory Trade in the Nineteenth Century," *Journal of African History* 8, no. 2 (1967): 269-90.

[66] "Walrus May Be Wiped Out: Enormous Demand for Ivory for Mah Jong Sets and Cigarette Holders Has Spurred Hunters," *Boston Daily Globe*, April 13, 1924. 在另一篇关于全球贸易和真实性的报道中，文章指出："日本和中国的工匠在西雅图购买海象牙，雕刻'爱斯基摩'玩具和工艺品，然后将它们运回阿拉斯加卖给游客。"推动海象狩猎的是另一种与女性和20世纪20年代社会变革有关的消费品：女性吸烟。

[67] The Chinese Government Bureau of Economic Information, "The Rise of Mahjongg," 3.

[68] Mah Jongg Sales Co. of America, "Mah-Jongg [Promotional Text]"; Babcock, *Babcock's Rules for Mah-Jongg: The Red Book of Rules*, 96.

[69] "American Who Invented Mah Jongg Discovered," *Baltimore Evening Sun*, n. d., MJ Scrapbook 2, PB.

[70] 赛璐珞最初是"赛璐珞制造公司"的注册商标，后来成为一个通用术语。

[71] Pao, "China Trade: Mah Jongg Exports Increasing"; "Mah Jong Game Now Manufactured in America," *China Review*, May 1923.

[72] "Mah Jong Game Now Manufactured in America."

[73] "The Parker Games 1923-1924."

[74] Parker Brothers, Inc., "Mah-Jongg Set: Popular Edition," 1923, PB; Parker Brothers, Inc., "Mah-Jongg Set: Hong Kong Set," 1923, PB; Parker Brothers, Inc., "Mah-Jongg Set: Ning-Po Set," 1924, PB. 新的麻将牌上印的图案与麻将公司上海工厂手工雕刻的麻将牌如出一辙。

[75] Foster, "The Genesis of Mah Jong."

[76] "Making Mah Jongg Tiles Is an Important Chinese Industry," *Current Opinion*, March 1, 1924; Mandel Brothers, "Advertisement: Free Lessons in Mah Jong," *Chicago Daily Tribune*, December 4, 1923. 20世纪20年代，中国生产的麻将套大多由骨和竹子制成；其他材料包括木材和塑料。更廉价的麻将可能完全由竹子制成，这不仅降低了材料成本，也降低了雕刻的质量，因为竹材不易雕刻出精细的图案。

[77] "Tony Watson Galleries," The Mahjong Tile Set, accessed July 17, 2019, https://www.themahjongtileset.co.uk/tony-watson-galleries.

[78] "Muh-Juhng" (Regensteiner Corporation, 1923), PB; "The Parker Games 1925" (Parker Brothers, Inc., 1925), Catalogs, PB.

[79] Pung Chow Company, "Pung Chow Style 376 Boxed Set," 1923, Mah Jong Museum, www.mahjongmuseum.com/mj111.htm.

[80] "Dear Friend" (Tanners Engraved Greetings, 1924), MJ Scrapbook 2, PB. 随着麻将风潮的传播,在西欧也出现了类似的制造模式。

[81] "Condensed Catalogue of the Parker Games 1924–1925" (Parker Brothers, Inc., 1924), Catalogs, PB; "The Parker Games 1925."

[82] Pung Chow Company, "Advertisement: Why the Queen of Norway Sent to America for a Chinese Game," *Vogue*, September 15, 1923.

[83] A. C. Becken Co., "Advertisement: If It Isn't Marked Mah-Jongg It Isn't Genuine!," *American Jeweler*, January 1, 1924, American Periodicals; Mah-Jongg Sales Company of America, "Mah-Jongg Catalogue No. 2." 着重号为原文所加。

[84] Judy Yung, Gordon H. Chang, and Him Mark Lai, eds., *Chinese American Voices: From the Gold Rush to the Present* (Berkeley: University of California Press, 2006), 4.

[85] Anonymous [G. B. Densmore], *The Chinese in California: Description of Chinese Life in San Francisco. Their Habits, Morals and Manners. Illustrated by* [*William*] *Voegtlin* (San Francisco: Pettit & Russ, 1880); Nayan Shah, *Contagious Divides: Epidemics and Race in San Francisco's Chinatown* (Berkeley: University of California Press, 2001).

[86] The Pung Chow Company, "Pung Chow: The Most Beautiful Game in the World," n. d 1923, Mah Jong Museum, www.mahjongmuseum.com/pc.htm.

[87] T. N. T., "News Twinkles," *Salem News*, 1923, MJ Scrapbook 2, PB.

[88] 另请参见 Sam Hellman, *Low Bridge and Punk Pungs* (Boston: Little, Brown, and Company, 1924), 93; Lew Lyle Harr, *Pung Chow in Ten Minutes* (New York: Pung Chow Company, Inc., 1923); G. B. Walker, "Cartoon: The Yellow Peril," *Harper's Monthly Magazine*, December 1923; John Held Jr., "The Ancient Chinese Game According to the More Modern Generation," *Auction Bridge and Mah Jong Magazine*, June 1924, Library of Congress; Collier, "Do You Mah Jong or Pung Chow?," *Boston Herald*, June 1, 1923, MJSC Scrapbook 1, PB; Neal O'Hara, "Lessons and Some Other Danger Signals on That Chinese Game, Mah Jong," *Boston Post*, August 15, 1923, MJSC Scrapbook 1, PB; Chief Seattle, "To Members of the 'Four Hundred,'" *The Seattle Star*, November 13, 1922, MJSC Scrapbook 1, PB。

[89] "1923 Mah-Jongg Sales Company of America Catalog," Mah Jong Museum, accessed September 13, 2013, www.mahjongmuseum.com/mjsca1.htm.

[90] Parker Brothers, Inc., "The Genuine Always Bears the Printed Title MAH-JONGG and Contains the Copyrighted Babcock Rules," n. d, Warshaw Collection: "Parker" 60/toys

Box 3, National Museum of American History, Archives Center. Sierks-Overholt and Babcock, "Mah Jongg Started in Popularity at Catalina."

[91] "The Parker Games 1923—1924."

[92] Mah-Jongg Company, *Photographs*: *Mah-Jongg Co. Factory*.

[93] 唯一的例外是中国工匠王良忠, Parker Brothers, Inc., "The Genuine." H. H. Warner, "Cover Design," *Auction Bridge and Mah-Jongg Magazine*, September 1924, Library of Congress; Underwood & Underwood, [*Marietta Minnigerode Andrews*], Photograph, 1920s, Games—Mah Jong, Library of Congress, Prints and Photographs.

[94] Underwood & Underwood, [*Marietta Minnigerode Andrews*], 1920s, Photograph, 1920s, Games—Mah Jong, Library of Congress, Prints and Photographs.

第四章　现代人与"满大人"

[1] Pung Wo Company, *As Mah Jong "Is Played in China,"* Photograph, 1924 copy-right 1923, Games—Mah Jong, Library of Congress, Prints and Photographs; "Pung Wo Junior Boxed Set," Mah Jong Museum, accessed September 18, 2013, www.mahjongmuseum.com/mj261.htm; "Pung Wo Junior Boxed Set" (Mei Ren Company, Inc., 1923), Project Mah Jongg, The Museum of Jewish Heritage—A Living Memorial to the Holocaust.

[2] Paige Raibmon, *Authentic Indians*: *Episodes of Encounter from the Late-Nineteenth-Century Northwest Coast* (Durham, NC: Duke University Press, 2005); Philip Deloria, *Playing Indian* (New Haven: Yale University Press, 1998); T. J. Jackson Lears, *No Place of Grace*: *Antimodernism and the Transformation of American Culture*, 1880—1920 (Chicago: University of Chicago Press, 1994); Martin F. Manalansan IV, "Beyond Authenticity: Rerouting the Filipino Culinary Diaspora," in *Eating Asian America* (New York: New York University Press, 2013), 288—300; Allyson Hobbs, *A Chosen Exile*: *A History of Passing in American Life* (Cambridge, MA: Harvard University Press, 2014).

[3] Deloria, *Playing Indian*. 有关一个"古雅的"美洲原住民习俗和中国习俗相关的例子，参见"Chinese Life Revealed in Vivid Style," *Washington Post*, February 15, 1925。

[4] Said, *Orientalism*; Edwards, *Noble Dreams*.

[5] Edith McConn, "Town Mah Jongg Mad; Society Stacks Tiles: Newly Introduced Chinese Game Spreads," *Evening News*, November 27, 1922.

[6] 相关叙述，参见 Gordon H. Chang, *Fateful Ties*: *A History of America's Preoccupation with China* (Cambridge, MA: Harvard University Press, 2015); Harold R. Isaacs, *Scratches on Our Minds*: *American Images of China and India* (New York: The John Day Company, 1958)。

[7] Lynn Dumenil, *The Modern Temper*: *American Culture and Society in the 1920s* (New York: Hill and Wang, 1995).

[8] 相关讨论，参见 Raibmon, *Authentic Indians*。

[9] 一些例子是: Louise Jordan Miln, *The Soul of China: Glimpsed in Tales of Today and Yesterday* (New York: Frederick A. Stokes Company, 1925), 205; Ezra H. Fitch, "Introduction: The Ancient Game of Chinese Scholars and Gentlemen," in *Snyder's Ma-Jung Manual*, by Henry M. Snyder, ed. Robert F. Foster (Boston: Houghton Mifflin Company, 1923), ix-xi; "Now the Game Is Mah Jongg," *San Francisco Sunday Chronicle*, January 7, 1923, sec. Magazine; "Now Comes Mah Jongg Out of the Orient: Fascinating Game Hails from Old China [Edited by Mah Jongg Sales Co.]," *Oregon Sunday Journal*, November 19, 1922, MJSC Scrapbook 1, PB。

[10] 在大量关于麻将及其所谓古老起源的文章中,仅有少数例外涉及中国方面的材料: "Mah Jong a Modern Game Quest in China Indicates," *Washington Post*, March 23, 1924; From the New York Sun, "'Mah Jongg' a Modern Game. Evidence Refutes Assertion It Was Invented by Confucius," *Kansas City Star*, *Published as the Kansas City Times*, November 21, 1922, 43: 65 edition; New York Sun, "Mah-Jongg, Chinese Game, Too Modern for Confucius," *Boston Daily Globe*, December 24, 1922。

[11] Sax Rohmer, *The Return of Dr. Fu-Manchu* (NewYork: A. L. Burt Company, 1916); Robert G. Lee, *Orientals: Asian Americans in Popular Culture* (Philadelphia: Temple University Press, 1999), Ch. 4; Frank Robinson and Lawrence Davidson, *Pulp Culture: The Art of Fiction Magazines* (Portland, OR: Collectors Press, Inc., 1998)。

[12] Sax Rohmer, *The Return of Dr. Fu-Manchu*, 2; "Fu-Manchu Ancient Chinese Game," Mah Jong Museum, accessed December 1, 2013, www. mahjongmuseum. com/mj296. htm.

[13] 一些例子是: E. Ellicott, Esq., "Ancient Game of Confucius Now Confuses Us," *Washington Post*, July 29, 1923; The Neophyte, "Dragons Clash at Mah-Jongg: Chinese Game Played in Time of Confucius Full of Intriguing Combinations," *Los Angeles Times*, November 5, 1922; John Held Jr., "If Confucius Should Return," *Auction Bridge and Mah Jong Magazine*, August 1924, Library of Congress。

[14] Philip Naftaly, *How to Play Ma Jong: Played by Confucius 2200 Years Ago the Rage of Today*, 1922.

[15] Anne Rittenhouse, "If You Don't Play Mah-Jong, You Should Learn Now," *Atlanta Constitution*, March 18, 1923.

[16] Fitch, "The Ancient Game of Chinese Scholars and Gentlemen."

[17] "The Truth about Mah-Jongg: When You Have Trumped Your Partner's Ace and Feel Like Burning Your Bridge Tables behind You—Try Mah-Jongg," *Vogue*, January 15, 1923.

[18] Rittenhouse, "If You Don't Play Mah-Jong, You Should Learn Now"; Caroline Frank, *Objectifying China, Imagining America: Chinese Commodities in Early America* (Chicago: University of Chicago Press, 2011), 90; Lucy Alsanson Cuddy, *The Green Dragon Emerald: A Mystery Play in Three Acts* (San Francisco: Banner Play Bureau, Inc., 1928).

[19] 一些例子是: *How to Play "Ma-Jong" or "Ma Cheuk"* (*The Sparrow Game*), 1920s; Lew Lyle Harr, *Pung Chow: The Game of a Hundred Intelligences, Also Known as Mah-Diao, Mah-Jong, Mah-Cheuk, Mah-Juck and Pe-Ling* (New York: Harper & Brothers, 1922); Rittenhouse, "If You Don't Play Mah-Jong, You Should Learn Now"。

[20] Philip E. Orbanes, *The Game Makers: The Story of Parker Brothers from Tiddledy Winks to Trivial Pursuit* (Boston: Harvard Business School Press, 2004), 69.

[21] "A Distraction," *Washington Post*, October 10, 1923.

[22] "Mah Jongg Creates Interest," *San Francisco Examiner*, July 17, 1922, Microfilm, SFPL.

[23] Chinese Government Bureau of Economic Information, "The Rise of Mahjongg."

[24] Pung Chow Company, "Pung Chow Style 500 Boxed Set," 1923, 500, Mah Jong Museum, www. mahjongmuseum. com/mj172. htm.

[25] Pung Chow Company, "Marion Angeline Howlett Business Card," 1923, Marion Angeline Howlett Papers [unprocessed], Schlesinger Library, Radcliffe Institute, Harvard University.

[26] "300 Sun Readers Meet Mah Jong and Learn How to Play," *Attleboro Sun*, December 28, 1923, Marion Angeline Howlett Papers, Schlesinger Library, Radcliffe Institute, Harvard University.

[27] Thyra E. V. Pedersen, "Mah Jong: The Game deluxe of China," 1923-1925, Thyra E. V. Pedersen Personal Papers, Folder 19, Schlesinger Library, Radcliffe Institute, Harvard University.

[28] Miln, *The Soul of China*, 205. 着重号为原文所加。

[29] "First US Mah Jong Plant Established at Glen Cove; Has Order for 25, 000 Sets," *Brooklyn Daily Eagle*, 1923, MJ Scrapbook 2, PB; Harr, *Pung Chow.*

[30] "1923 Mah-Jongg Sales Company of America Catalog."

[31] Pung Chow Company, "Queen of Norway."

[32] Charles Caldwell Dobie, *San Francisco's Chinatown* (New York: D. Appleton-Century Company, 1936), 223; Lee, *Orientals*; *Chinese Immigration: The Social, Moral and Political Effect of Chinese Immigration. Testimony Taken before a Committee of the Senate of the State of California.*, 1876; Moon-Ho Jung, *Coolies and Cane: Race, Labor, and Sugar in the Age of Emancipation* (Baltimore: Johns Hopkins University Press, 2006).

[33] "What Is It?," *The Illustrated Wasp*, August 1877, Chinese in California, Bancroft Library.

[34] "Events Tonight," *Christian Science Monitor*, May 16, 1923; "Listening-In," *Washington Post*, July 23, 1923.

[35] Collier, "Do You Mah Jong or Pung Chow?"

[36] "Now Comes Mah Jongg (Edited by Mah Jongg Sales Co.)"; "Cartoon: Chow to Mah-Jongg [Edited Draft]," n. d., MJ Scrapbook 2, PB.

[37] Mah-Jongg Sales Company of America, "Mah-Jongg Catalogue No. 2."

[38] "Mah Jongg King Arrives in City: Game Originator Frightened, but Not Ashamed; J. P. Babcock Admits Latest Craze Foreign to China; and He Is Blond, Native of Hoosier State," *Los Angeles Times*, October 25, 1923.

[39] Joseph Park Babcock, "Advertisement: Mah-Jongg Its Authentic Source," *Vogue*, December 15, 1923.

[40] Editor, "Mah Jong and Spiritism," *China Review*, June 1923. 另请参见: "Books and Authors," *New York Times*, July 1, 1923, sec. BR. 他们对卢·莱斯勒·哈尔的攻击得到了他的兄弟约翰·哈尔的帮助。约翰在碰吃公司盈利后被排挤出公司，因此心怀怨恨。"Brother Attacks Harr's Claim of Games with Li Hung Chang," *New York World*, Reproduced in *China Review*, September 1923.

[41] "Mahjong Set for President and First Lady Harding," 1923, Ohio Historical Society. 我们永远不会知道哈定对这套麻将牌的看法，因为几天后他就在旧金山的皇宫酒店突然去世了。

[42] Pardee Lowe, "Organizations—Native Sons of the Golden State," n. d., Pardee Lowe Collection, Box 125a, Hoover Archive, Stanford University.

[43] Hsi-yüan Chen, "Madiao and Mahjong," 34-35.

[44] Lo, "China's Passion for Pai," 222.

[45] "Chinese Students Peeved," *Los Angeles Times*, November 2, 1923.

[46] 有关表演中的真诚的讨论，参见 Butler, "Performative Acts and Gender Constitution," 520; Striff, "Locating Performance Studies," 5. Striff 借鉴了 Erving Goffman, *The Presentation of Self in Everyday Life* (New York: Doubleday, 1956). 另请参见 William Gow, "A Night in Old Chinatown: American Orientalism, China Relief Fundraising, and the 1938 Moon Festival in Los Angeles," *Pacific Historical Review* 87, no. 3 (August 2018): 439-472。

[47] Leong, *The China Mystique*, 88, 91, 188.

[48] Olga Racster, *Mah-Jongg: Rules for Playing in the Chinese Manner, The Official Standardised Rules of the Mah-Jongg League Limited* (London: Heath Cranton Ltd., 1924).

[49] Wei, *The Theory of Mah Jong*.

[50] Tow, *The Outline of Mah Jong*.

[51] Ly Yu Sang, *Sparrow: The Chinese Game Called Ma-Ch'iau* (New York: The Lent & Graff Co., for The Long Sang Ti Chinese Curios Co., Inc., 1923). 虽然他自称是"文学硕士、广东经济研究局、科学协会等机构的成员"，但桑并没有提到他是进口商"郎桑池（Lang Sang Ti）中国古玩公司"的董事长。桑还可能撰写了该古玩公司 1924 年出版的麻将规则手册的修订版，标题与之前不同，为 *Ma-Jong The Ancient Game of China*, 5th ed. (The Lent & Graff Co., for The Long Sang Ti Chinese Curios Co., Inc., 1924). 感谢伊丽丝·佐恩·卡琳和史蒂夫·厄普顿提供有关桑李雨，又名李惠（Ly Hoi Sang）的信息。

[52] 桑的著作广为流传，也有剽窃之嫌，例如：*The Dragon Rule Book for Sparrow Ma Ch'iau* (New York: Loring P. Rixford, 1924)。

[53] "Topics of the Times: Have All of Us Been Misled?," *New York Times*, February 9, 1924.

[54] Wei, *The Theory of Mah Jong*.

[55] "Mah Jongg," July 2, 1923.

[56] "New-Old Game Fascinates," *Seattle Times*, October 19, 1922, MJSC Scrapbook 1, PB; Mah Jongg Sales Co. of America, "America's Newest — China's Oldest Game Adopted by Society," *San Francisco Examiner*, August 16, 1923, SFPL.

[57] B. H. Dyas Co., "Advertisement: Come to Dyas' for Your Mah-Jongg Set." 另请参见 "'Put and Take' Fails," n. d., MJSC Scrapbook 1, PB。

[58] Western Electric Co., Ltd., "Electrical Mah Jong" (Thomas De La Rue & Co., Ltd., 1924), Melissa Martens Personal Collection.

[59] "'Put and Take' Fails."

[60] "Now the Game Is Mah Jongg."

[61] "1923 Mah-Jongg Sales Company of America Catalog."

[62] 传教士与商人所期望的"提升"形式往往不同。这两个团体都对政策制定者产生了影响，但到了20世纪20年代，商人的影响力越来越大。美国政府官员和商界领袖并不总是能就最佳方案达成一致。美国对"门户开放政策"的维护符合其自身的最大利益，尽管这一政策后来被视为保护中国主权的举措。商界利益集团对日本的投资更多，尽管他们希望平等地进入中国市场，但在1931年日本军队入侵中国东北地区后，他们并不愿意与日本硬碰硬。James Huskey, "Americans in Shanghai"; Donald W. Treadgold, "The United States and East Asia: A Theme with Variations," *Pacific Historical Review* 49, no. 1 (February 1980): 1-27; William Appleman Williams, "The Legend of Isolationism in the 1920's," *Science & Society* 18, no. 1 (Winter 1954): 1-20; Harold R. Isaacs, *Scratches on Our Minds*, Ch. 2.

[63] Vern E. Scott, *The Blue Book of Official Rules for Pe-Ling The Original Chinese Game* (San Francisco: Greeley Corp., 1923).

[64] "Literary Gossip," *Los Angeles Times*, December 21, 1924; Miln, *The Soul of China*, 202-33.

[65] Held, "The Ancient Chinese Game According to the More Modern Generation"; Hill, "Among Us Moderns."

[66] Lears, *No Place of Grace*, Chs. 4 and 7; Kristin L. Hoganson, *Consumers' Imperium: The Global Production of American Domesticity, 1865-1920* (Chapel Hill: University of North Carolina Press, 2007), 248. 关于将麻将视为"现代文明"中退化的"狂热"和快速变革的一部分的批判，参见 Meredith Davis, "Grin and Bear It," *Los Angeles Times*, January 25, 1925。另见 Sinclair Lewis, "Main Street's Been Paved!," *The Nation*, September 10,

1924; "When You Hear the Far West Calling," *Vogue*, June 15, 1923。

[67] George W. Sutton Jr., "A Bouquet of Motor Cars," *Auction Bridge and Mah Jong Magazine*, May 1924, Library of Congress.

[68] *Vogue's Book of Etiquette: Present-Day Customs of Social Intercourse with the Rules for Their Correct Observance* (New York: Conde Nast Publications, 1925), 287.

[69] James J. Montague, " 'Fire!' And 'Fore!,' " *Washington Post*, December 16, 1923.

[70] "Society Is 'Punging' "; "Native Daughters of the Golden West," *Grizzly Bear Magazine*, August 1924, SFPL.

[71] Andrew Coe, *Chop Suey: A Cultural History of Chinese Food in the United States* (New York: Oxford University Press, 2009); Yong Chen, *Chop Suey, USA: The Story of Chinese Food in America* (New York: Columbia University Press, 2014); Madeline Y. Hsu, "From Chop Suey to Mandarin Cuisine: Fine Dining and the Refashioning of Chinese Ethnicity During the Cold War Era," in *Chinese Americans and the Politics of Race and Culture* (Philadelphia: Temple University Press, 2008), 173-194.

[72] "The World Field," *The Chinese Recorder*, May 1924, 339.

[73] Fu Liang Chang, "The Christian Teacher—His Job," *The Chinese Recorder* 56 (1925): 40-43.

[74] Anna West, "Trip to Peking," August 1922, Amy Richardson Holway Papers, Folder: Letters from Anna West, Schlesinger Library, Radcliffe Institute, Harvard University.

[75] Norman Jefferies, "Letter to the Editor: Regarding Pung-Chow or Mah-Jongg," *Christian Science Monitor*, January 5, 1924; "Flappers of Chinatown: East Meets West in Piquant Fashion in San Francisco," *New York Times*, May 27, 1923, ProQuest.

[76] Hans Kong Petruchka, "Letter to the Editor: A Defender of Mah Jong," *New York Times*, May 9, 1924; Francis X. Tsu, "Letter to the Editor: Mah Jong in China," *New York Times*, April 27, 1924; Hubert W. Peet, "Letter to the Editor: Regarding 'Mah Jong,' " *Christian Science Monitor*, December 24, 1923; Jefferies, "Letter to the Editor: Regarding Pung-Chow or Mah-Jongg"; Joseph, "Random Thoughts"; W. B. Norton, "Christian Chinese Appeal to America to Abjure Mah Jong," *Chicago Daily Tribune*, January 16, 1924; "The East Wind," *Los Angeles Times*, February 15, 1924.

[77] Sang, *Sparrow*, 25.

[78] Y. P. Wang, "This Unfortunate Habit, Ma Chiang," *New York Tribune Sunday Magazine*, January 13, 1924.

[79] Helen Bullitt Lowry, "Rise and Present Peril of Mah Jong: The Chinese Game Has Escaped From Society's Chaperonage and Is on Its Own," *New York Times*, August 10, 1924.

[80] Lears, *Something for Nothing: Luck in America*; Roe Fulkerson, "The Hotel Stenographer," *Boston Daily Globe*, July 16, 1924.

[81] David G. Schwartz, *Roll the Bones*, 353.

[82] Lynn Dumenil, *The Modern Temper*, 7.

[83] Meade Minnigerode, "Mah Jong," *Collier's The National Weekly*, December 1, 1923.

[84] "Oriental Game Intrigues 'Em: Poker Eclipsed by Chinese Game," *San Francisco Bulletin*, May 5, 1922, MJSC Scrapbook 1, PB; McConn, "Town Mah Jongg Mad." 在另一个例子中, 1923 年的电影《合法盗窃》(*Laufal Larceny*) 讲述了在一家赌场打麻将输掉很多钱的故事, 但这一情节却是根据 1922 年的一出舞台剧改编的。"The Screen: A Gambling Hero's Trouble," *New York Times*, July 24, 1923.

[85] Jean Knott, "Penny Ante: How to Bust Up a Poker Party," *Boston Daily Advertiser*, October 19, 1923, MJ Scrapbook 2, PB.

[86] T. N. T., "News Twinkles."

[87] 若干例子包括: *Chinese Immigration*; Anonymous [G. B. Densmore], *The Chinese in California: Description of Chinese Life in San Francisco*; "The Truth about Mah-Jongg"; Minnigerode, "Mah Jong"。

[88] Yung, Chang, and Lai, *Chinese American Voices*, 18.

[89] Tsu, "Letter to the Editor: Mah Jong in China." 改良派对中国麻将的批评也被置之不理, 因为中国玩家认为麻将是一种"令人愉悦且无害的消遣"。Maggie Greene, "The Game People Played: Mahjong in Modern Chinese Society and Culture," *Cross-Currents: East Asian History and Culture Review* E-Journal, no. 17 (December 2015): 21.

[90] "Mah Jong's Depravity," *New York Tribune*, January 17, 1924. 这场交锋的内容经过缩写后被转载于 "Mah Jongg's Depravity [reprint]," *Los Angeles Times*, February 5, 1924。

[91] "Quit 'Bones' for Mah Jong: Negro Gamblers Surprise Raiders with Chinese Game," *New York Times*, March 17, 1924.

[92] "Mah Jong Gambling Banned in Philadelphia Chinatown," *New York Times*, February 6, 1924.

[93] "Chinese Mah Jongg Players Robbed by Bandits," *Atlanta Constitution*, January 21, 1924.

[94] "Rules Mah Jong Is No Crime, Even When Played by Chinese," *New York Times*, May 1, 1924.

[95] "Mah Jongg? Oh No, 'Twas Poker Party: Six Japanese Play US Game in Oriental Atmosphere," *The Tacoma Daily Ledger*, November 10, 1923, MJSC Scrapbook 1, PB.

第五章 白人女性与中国游戏

[1] "Big Costume Benefit Plan of Ebell Club," *Los Angeles Examiner*, November 5, 1922, MJSC Scrapbook 1, PB; Nye, "Mah Jongg and Music"; The Neophyte, "Dragons Clash."

[2] "Comic Strip: The First Hundred Games of Mah Jong Are the Hardest," *New York Evening Mail*, October 2, 1923, MJ Scrapbook 2, PB. 另请参见 Jean Knott, "Penny Ante: Girls

Take Up Mah Jong," 1923, MJ Scrapbook 2, PB; Knott, "Penny Ante: How to Bust Up a Poker Party."

[3] 相关讨论,参见 Bryn Williams, "Chinese Masculinities and Material Culture," *Historical Archaeology* 42, no. 3 (2008): 53-67。

[4] William C. Morris, *The Game of Mahjuck* (Los Angeles: William C. Morris, 1922).

[5] Elmer Dwiggins, *White Dragons Wild and How to Win at Ma Jong* (Los Angeles: Phillips Printing Company, 1924), 54.

[6] Nayan Shah, *Contagious Divides*; David L. Eng, *Racial Castration: Managing Masculinity in Asian America* (Durham, NC: Duke University Press, 2001); Lee, *Orientals*; Gina Marchetti, "American Orientalism," *Pacific Historical Review* 73, no. 2 (May 2004): 299-304; Holly Edwards, "A Million and One Nights: Orientalism in America, 1870-1930," in *Noble Dreams, Wicked Pleasures: Orientalism in America, 1870-1930* (Italy: Princeton University Press and Sterling and Francine Clark Art Institute, 2000), 11-58; Edward Said, *Orientalism* (New York: Vintage Books, 1978).

[7] 在以中国为主题的麻将聚会上,虽然一些男性可能会穿着特别的服饰,但他们的照片并不像女性的那样被刊登出来。Juana Neal Levy, "Society," *Los Angeles Times*, November 8, 1929.

[8] "Photo Standalone," *New York Times*, February 24, 1924; "Wrestling Training!," *Los Angeles Examiner*, September 14, 1922, sec. 1, MJSC Scrapbook 1, PB.

[9] Joseph Park Babcock, *The Laws of Mah-Jongg*.

[10] Sachs, "China's Fascinating Super Game"; Lord & Taylor, "Advertisement: Mah Jong"; B. H. Dyas Co., "Ville de Paris"; Hellman, *Low Bridge and Punk Pungs*; "Mah Jong Hands Displayed"; "Pledged Their Troth at Game of Mah Jong."

[11] "Mah Jong Hands Displayed."

[12] 例如,参见 J. P. Babcock, *Babcock's Rules for Mah-Jongg: The Red Book of Rules*, 2nd ed. (1920; repr., San Francisco: Mah-Jongg Sales Company of America, 1923); Joseph Park Babcock, *The Laws of Mah-Jongg: 1925 Code Revised and Standardized by Joseph Park Babcock and an Associated Committee, Containing Also the New Game Du-Lo* (Salem, MA: Parker Brothers, 1925); R. F. Foster, *Foster on Mah Jong* (New York: Dodd, Mead, 1924); Philip Naftaly, *How to Play Ma Jong: Played by Confucius 2200 Years Ago the Rage of Today*, 1922; Philip Naftaly, *Rules and Directions for the Chinese Game of "Ma Cheuck"* (San Francisco: Philip Naftaly, 1923); Arthur Julius Israel, *How to Play Mah-Jong: Rules Which Govern the Play in the Principal American, European and Chinese Clubs in Shanghai, Hongkong and Peking, as Well as in the American and British Fleets in the Far East* (New York: Oriental Export Company, 1923); Lew Lyle Harr, *Pung Chow: The Game of a Hundred Intelligences, Also Known as Mah-Diao, Mah-Jong, Mah-Cheuk, Mah-Juck and Pe-Ling* (New York: Harper & Broth-

ers, 1922); George S. Romanovsky, *Standard Rules and Regulations for the Game of Lung-Chan* (Lung Chan Company, 1923); Hugo Manovill, *Standard Rules for " The Ancient Game of the Mandarins" the Original Game of Old China* (New York: Piroxloid Products Corp., 1923); Nanyang Bros., *Rules for Playing Mah Jong* (New York: Nanyang Brothers, 1924); Silas J. Douglass, *Rules of the Game* (Pasadena, CA: Silas J. Douglass, 1923); Dwiggins, *White Dragons Wild*。

[13] Work, *Mah-Jongg Up-to-Date*, 77.

[14] Irwin, *The Complete Mah Jong Player*, vii, 195.

[15] "Mah-Jongg Gives Way to Ma-Chiang," *New York Herald*, November 18, 1923, MJ Scrapbook 2, PB; Mary Greenfield, " 'The Game of One Hundred Intelligences': Mahjong, Materials, and the Marketing of the Asian Exotic in the 1920s," *Pacific Historical Review* 79, no. 3 (August 2010): 342.

[16] "Mah Jongg Experts Can't Agree on Playing Rules, Decide to Form League," *Brooklyn Daily Eagle*, October 11, 1923, MJ Scrapbook 2, PB; International Ma Chiang Players' Association, *Laws of Ma Chiang*.

[17] International Ma Chiang Players' Association, *Laws of Ma Chiang*.

[18] "Mah-Jongg Gives Way to Ma-Chiang"; L. S. Hsu, "Leland Stanford," *The Chinese Students' Monthly*, 1921.

[19] "Mah-Jongg Gives Way to Ma-Chiang"; "Mah Jong Fans Decide to Call Game Ma Chiang," *Brooklyn Daily Eagle*, November 17, 1923, MJ Scrapbook 2, PB.

[20] R. H. Macy & Co., "Advertisement: Sets, Racks and Tables for Ma Chiang," *New York Times*, March 12, 1924; R. H. Macy & Co., "Advertisement: Direct from China 650 Sets of Ma Chiang," *New York Times*, December 16, 1923; R. H. Macy & Co., "Advertisement: 'How Ma-Chiang Saved My Life' "; Parker Brothers, "The Genuine Always Bears the Printed Title MAH-JONGG and Contains the Copyrighted Babcock Rules," n. d., Warshaw Collection: "Parker" 60/toys Box 3, National Museum of American History, Archives Center; Greenfield, "Mahjong, Materials, and the Marketing of the Asian Exotic," 339.

[21] Work, *Mah-Jongg Up-to-Date*; "Mah-Jongg Gives Way to Ma-Chiang"; "Mah Jongg Experts Can't Agree"; "Mah Jong Fans Decide to Call Game Ma Chiang. "

[22] Joseph Park Babcock, *The Laws of Mah-Jongg*.

[23] "Mah-Jong Ballet by Society Girls"; "Youthful Dancer," *San Francisco Chronicle*, October 29, 1922, MJSC Scrapbook 1, PB; "Mah Jongg Tea Dancing by Society Girl. "

[24] Constance Grenelle Wilcox, *Mah-Jongg: The Play of One Hundred Intelligences, in a Prologue and One Act* (Boston: C. C. Birchard & Company, 1923).

[25] "Mah Jongg Party for Army Folk"; Ladies Home Journal and Genevieve Jackson Boughner,

"Catering for the Mah Jongg or Pung Chow Party," in *Women in Journalism: A Guide to the Opportunities and a Manual of the Technique of Women's Work for Newspapers and Magazines* (New York: D. Appleton, 1926).

[26] "Ancient Game of China"; "Latest Indoor Sport"; "Look Out, Bridge! MahJongg Is after Your Title."

[27] Krystyn R. Moon, *Yellowface: Creating the Chinese in American Popular Music and Performance, 1850s-1920s* (New Brunswick, NJ: Rutgers University Press, 2005); Eric Lott, *Love and Theft: Blackface Minstrelsy and the American Working Class* (New York: Oxford University Press, 1993); Robert Toll, *Blacking Up: The Minstrel Show in Nineteenth-Century America* (New York: Oxford University Press, 1974); Rhae Lynn Barnes, "The Birth of Blackface Minstrelsy and the Rise of Stephen Foster," *US History Scene* (blog), accessed June 17, 2020, https://ushistoryscene.com/article/birth-of-blackface; David Roediger, *The Wagesof Whiteness: Race and the Making of the American Working Class* (New York: Verso, New Left Books, 1991); Deloria, *Playing Indian*; Thomas C. Holt, "Marking: Race, Race-Making, and the Writing of History," *American Historical Review* 100, no. 1 (February 1995): 1-20; Gina Marchetti, *Romance and the "Yellow Peril": Race, Sex, and Discursive Strategies in Hollywood Fiction* (Berkeley: University of California Press, 1993); John Kuo Wei Tchen, *New York before Chinatown: Orientalism and the Shaping of American Culture, 1776-1882* (Baltimore: Johns Hopkins University Press, 1999).

[28] Holly Edwards, "A Million and One Nights: Orientalism in America, 1870-1930," in *Noble Dreams, Wicked Pleasures: Orientalism in America, 1870-1930* (Princeton: Princeton University Press and Sterling and Francine Clark Art Institute, 2000), 34, 48.

[29] Einav Rabinovitch-Fox, "[Re] Fashioning the New Woman: Women's Dress, the Oriental Style, and the Construction of American Feminist Imagery in the 1910s," *Journal of Women's History* 27, no. 2 (Summer 2015): 14-36; Amy Sueyoshi, *Discriminating Sex: White Leisure and the Making of the American "Oriental"* (Urbana: University of Illinois Press, 2018), Ch. 3; William R. Leach, "Transformations in a Culture of Consumption: Women and Department Stores, 1890-1925," *Journal of American History* 71, no. 2 (September 1984): 341.

[30] Ellye Howell Glover, "*Dame Curtsey's*" *Book of Party Pastimes for the Up-to-Date Hostess*, 6th ed. (Chicago: A. C. McClurg & Co., 1912), 197; Edwards, "A Million and One Nights," 34, 40, 49.

[31] Mari Yoshihara, *Embracing the East: White Women and American Orientalism* (New York: Oxford University Press, 2003); Kristin L. Hoganson, *Consumers' Imperium: The Global Production of American Domesticity, 1865-1920* (Chapel Hill: University of North Carolina Press, 2007); Sueyoshi, *Discriminating Sex*.

[32] "Forms Mah Jong Club"; "With the Clubs."

[33] 相关背景,参见 Hasia Diner, *The Jews of the United States*, 1654 to 2000 (Berkeley: University of California Press, 2004), 111; Deborah Dash Moore, *At Home in America: Second Generation New York Jews* (New York: Columbia University Press, 1981); Riv-Ellen Prell, *Fighting to Become Americans: Jews, Gender, and the Anxiety of Assimilation* (Boston: Beacon Press, 1999)。

[34] "Ma-Jung Fete Album."

[35] 1923 年,洛杉矶的一个改革派犹太教会堂姊妹会举行了一次"不同寻常的社交聚会",香火和中装营造出了"明显的东方"氛围。"News and Notes of Sisterhoods," *Jewish Chronicle*, April 6, 1923.

[36] Alys Eve Weinbaum, "Racial Masquerade: Consumption and Contestation of American Modernity," in *The Modern Girl around the World: Consumption, Modernity, and Globalization*, ed. The Modern Girl around the World Research Group (Durham, NC: Duke University Press, 2008), 120-46; Mari Yoshihara, *Embracing the East*; Moon, *Yellowface*; A. A. Vantine and Company, "Vantine's."

[37] The Modern Girl around the World Research Group, "The Modern Girl as Heuristic Device," 2.

[38] D'Emilio and Estelle Freedman, *Intimate Matters: A History of Sexuality in America*, 240.

[39] "[Untitled Clipping: Ebell Club]," *Los Angeles Evening Herald*, November 15, 1923, MJSC Scrapbook 1, PB.

[40] Erté (Romain de Tirtoff), *Costume Design for "Mah-Jongg,"* Gouache and metallic paint, 1924, Drawings, Metropolitan Museum of Art. 较之埃尔泰最初的设想,实际使用的服装在某种程度上少了一些奇幻和暴露。(参见"Mah-Jongg on the Stage," *Auction Bridge and Mah Jong Magazine*, Sept. 1924 中的服装照片。) Wilcox, *Mah-Jongg: The Play*; "Mah-Jong Ballet by Society Girls."

[41] "Now The Game Is Mah Jongg."

[42] Florence Irwin, *The Complete Mah Jong Player* (New York: Brentano's, 1924). 麻将俚语是一种跨国现象,因为俚语是从上海的社交俱乐部通过侨民和游客传播开来的。McCormick, "China's Ancient Dominoes Now Fascinate Foreigners." 美国麻将玩家现在仍将"白板"称为"肥皂"。

[43] Held, "The Ancient Chinese Game According to the More Modern Generation." 这些漫画发表在一本专业杂志上,但赫尔德是一位在全美都有影响力的艺术家。他的杂志封面帮助塑造了飞来波女郎的形象。

[44] Sachs, "China's Fascinating Super Game."

[45] Held, "If Confucius Should Return."

[46] Peggy Paige, "Advertisement: There's an Easter Dress for You"; Eastern Sales Co., "Mah

Jong Ring"; "Silk Group Discusses"; Helen Koues, "Fashions," *Good Housekeeping*, July 1924, Home Economics Archive: Research, Tradition and History (HEARTH), Cornell University; "Mah Jong Wields Influence," *China Review*, September 1923; "Vogue's Fortnightly Wardrobe."

[47] "Flappers of Chinatown."

[48] *Mah-Jongg*, Sweet Little Devil (WB Music Corp., 1923), Gershwin on Broadway; Moon, *Yellowface*. 穆恩研究了将中式音乐定性为"噪音"如何影响人们对其同化性和社会演变的普遍看法。西德·莱因赫兹的直白的拉格泰姆曲子《麻将》是这一模式的例外。Sid Reinherz, "Mah Jong Novelty Piano Solo" (Jack Mills, 1923), The Strong National Museum of Play.

[49] *Mah-Jongg*, 1923. 虽然布雷特·哈特的这首诗的正式题目为《诚实的詹姆斯的白话》，意在讽刺爱尔兰工人阶级的反华情绪，但哈特的这首诗很快在反华圈子里流传开来，并进入了大众文化。哈特后来称这首诗为"垃圾"。Gary Scharnhorst, "'Ways That Are Dark': Appropriations of Bret Harte's 'Plain Language from Truthful James.'" *Nineteenth-Century Literature* 51, no. 3 (December 1996): 377–99.

[50] Lee, *Orientals*; Gina Marchetti, *Romance and the "Yellow Peril"*; Judy Yung, *Unbound Feet: A Social History of Chinese Women in San Francisco* (Berkeley: University of California Press, 1995); Fitch, "The Ancient Game of Chinese Scholars and Gentlemen"; Held, "'... and the Twain Shall Meet.'"

[51] "Some Girl—Some Game!," *Los Angeles Examiner*, October 14, 1922, MJSC Scrapbook 1, PB.

[52] "News of Los Angeles Cafes and Newest Attractions," *Los Angeles Examiner*, November 1, 1922, MJSC Scrapbook 1, PB.

[53] Hamburger's, "Advertisement: A Popular Gift 'Mah Jongg'—the Game of a Thousand Wonders," *Los Angeles Times*, December 22, 1922; "Warrants in Cafe Raid," *Los Angeles Times*, October 28, 1921; "Dry Agent Here Only to Testify," *Los Angeles Times*, January 19, 1922; "County to Modernize Dance Law," *Los Angeles Times*, April 28, 1924.

[54] 这家咖啡馆足够体面，可以举办一家公司的晚宴："Sales Record Cause of Celebration," *Los Angeles Times*, February 4, 1923。

[55] "LA Society Takes Up Mah Jongg, Chinese Game," *Los Angeles Evening Herald*, July 26, 1922, MJSC Scrapbook 1, PB.

[56] "Students Teach Mah Jong," *New York Times*, March 18, 1923. "Colleges Report on Summer Jobs," *New York Times*, August 3, 1924.

[57] Erika Lee, "Defying Exclusion: Chinese Immigrants and Their Strategies during the Exclusion Era," in *Chinese American Transnationalism*, ed. Sucheng Chan (Philadelphia: Temple University Press, 2006), 1.

[58] Jorae, *The Children of Chinatown*, 47.

[59] 相关讨论，参见 Shirley Jennifer Lim, *A Feeling of Belonging*: *Asian American Women's Public Culture*, 1930-1960 (New York: New York University Press, 2006); Lisa Lowe, *Immigrant Acts*: *On Asian American Cultural Politics* (Durham, NC: Duke University Press, 1996).

[60] Wu, *Doctor Mom Chung of the Fair-Haired Bastards*, 97-102; Leong, *The China Mystique*, 57; Haiming Liu, "Chinese Herbalists in the United States," in *Chinese American Transnationalism*, ed. Sucheng Chan (Philadelphia: Temple University Press, 2006), 148; Moon, *Yellowface*, Ch. 6.

[61] "Institute of Pacific Relations: Preliminary Paper Prepared for Second General Session July 15-29, 1927" (Institute of Pacific Relations, 1927), 15, Pardee Lowe Collection, Box 97, Hoover Archive, Stanford University.

[62] Jorae, *The Children of Chinatown*, 211; "Institute of Pacific Relations, 1927." 另请参见刘裔昌的社会学笔记和访谈录，Boxes 96, 97, 99 in Pardee Lowe Collection, Hoover Archive, Stanford University。

[63] "Wrestling Training!" 更多关于迷人和轻浮的中国女教练的描写，参见 Held Jr., "'... and the Twain Shall Meet'"; Jefferies, "Mysteries of Mah Jong Description"。

[64] "Mah Jongg, Orient Game, Replacing Bridge in SF," *San Francisco Call*, June 23, 1922, MJSC Scrapbook 1, PB.

[65] Elliott, *Mah Jongg Section*.

[66] Lim, *A Feeling of Belonging*, 50.

[67] Moon, *Yellowface*; Leong, *The China Mystique*; Lim, *A Feeling of Belonging*; Lowe, *Immigrant Acts*; Shehong Chen, *Being Chinese*, *Becoming Chinese American* (Urbana: University of Illinois Press, 2002); Anthony W. Lee, "Another View of Chinatown: Yun Gee and the Chinese Revolutionary Artists' Club," in *Reclaiming San Francisco*: *History*, *Politics*, *Culture*; *A City Lights Anthology* (San Francisco: City Lights Books, 1998), 163-82.

[68] 大众媒体中的一些言论直截了当地削弱了华裔美国人的麻将权威，质疑当代华人工人阶级是否了解这种古老的皇家游戏。参见 Montague, "'Fire!' and 'Fore!'"。

[69] Wu, *Doctor Mom Chung of the Fair-Haired Bastards*, 101.

[70] Lawton Mackall, "Tiles on Parade," *Auction Bridge and Mah Jong Magazine*, May 1924, Library of Congress; Knott, "Penny Ante: Girls Take Up Mah Jong." 一些华人教练打出了居家授课的广告，但他们的人数远少于提供类似服务的其他教练，后者通常是白人女性。"Classified Ad: S. C. Hung, Mah-Jong Instructor," *Vogue*, October 1, 1923.

[71] Similar themes were featured in the form of Japanese influence (and a set full of Chinese objects), in the hit film *The Cheat*. Cecil B. DeMille, *The Cheat* (Paramount Pictures, 1915).

[72] Held Jr., "'... and the Twain Shall Meet.'"

[73] Jefferies, "Mysteries of Mah Jong Description."
[74] Norman Jefferies, "My steries of Mah Jong: Film Copyright Descriptive Material," 1924, Copyright Descriptive Material, microfilm, Library of Congress, Motion Pictures. 演员阿米莉亚·露丝·帕克使用"赖太太公主"作为她的艺名。
[75] Lee, *Orientals*.
[76] Nayan Shah, *Contagious Divides*.
[77] Sax Rohmer, *The Return of Dr. Fu-Manchu*.
[78] Nayan Shah, *Contagious Divides*; Mary Ting Yi Lui, *The Chinatown Trunk Mystery: Murder, Miscegenation, and Other Dangerous Encounters in Turn-of-the-Century New York City* (Princeton: Princeton University Press, 2005).
[79] I. W. Taber, *White Women in Opium Den, Chinatown, S. F.*, Photograph, May 31, 1892, Album of views of California and the West, Canada, and China, Bancroft Library; Nayan Shah, *Contagious Divides*.
[80] Lui, *The Chinatown Trunk Mystery*.
[81] Emma Jinhua Teng, *Eurasian: Mixed Identities in the United States, China, and Hong Kong, 1842–1943* (Berkeley: University of California Press, 2013).
[82] Clement Wood, *The Truth about New York's Chinatown*, Little Blue Book 1057 (Girard, KS: Haldeman-Julius Company, 1926); Chad Heap, *Slumming: Sexual and Racial Encounters in American Nightlife, 1885–1940* (Chicago: University of Chicago Press, 2008).
[83] 在《东方人》一书中，罗伯特·李指出了六种与亚洲人格格不入的刻板印象。我认为，假装融入美国的骗子形象是另一种刻板印象，它在20世纪10年代至30年代占据了主导地位。Lee, *Orientals*, 8.
[84] G. B. Walker, "Cartoon: The Yellow Peril," *Harper's Monthly Magazine*, November 1923.
[85] "Queer Chinese Game, Invented Centuries Ago, Is Society's Latest Craze. Mah-Jongg, Intricate Pastime, Built around Great Wall of the Orient," *San Francisco Chronicle*, October 15, 1922, sec. F. See also Lawton Mackall, "Tiles on Parade," *Auction Bridge and Mah Jong Magazine*, May 1924, Library of Congress; Ring Lardner, "Memories of Mah Jongg Raked Over by Lardner," *Boston Daily Globe*, April 26, 1925.
[86] Cuddy, *The Green Dragon Emerald*; Sam Hellman, "Punk Pungs," *Saturday Evening Post*, November 3, 1923, MJ Scrapbook 2, PB.
[87] Lui, *The Chinatown Trunk Mystery*.
[88] Hellman, "Punk Pungs"; Hellman, *Low Bridge and Punk Pungs*.
[89] Hellman, *Low Bridge and Punk Pungs*, 85.
[90] Ibid., 88.
[91] Ibid., 89.
[92] Ibid., 99, 112.

[93] 正如《一个国家的诞生》(*Birth of a Nation*)和其他黑奴解放后白人至上主义的主流媒体所描绘的那样，威胁来自危险的、傲慢的、向社会上层流动的、非白种人，与之并列的是不会对种族等级制度构成威胁的普通仆人形象。见 Jack Temple Kirby, "D. W. Griffith's Racial Portraiture," *Phylon* 39, no. 2 (Qtr 1978): 118-127。

[94] Cuddy, *The Green Dragon Emerald*, 41-42. 常见的刻板印象中，中国方言包括 "L" 和 "R" 的转换、频繁插入 "L" 和添加 "ee" 后缀。另请参见 Lee, *Orientals*, re: childlike sexuality。

[95] Cuddy, *The Green Dragon Emerald*; "Senior Class of Mariposa High to Give Play," May 14, 1931.

[96] Cuddy, *The Green Dragon Emerald*, 84-85, 88, 89.

[97] Ibid., 23.

[98] 这体现在殖民时代"模仿日本漆艺"的涂漆家具设计、东方主义式消费，以及大众媒体，例如 D. W. Griffith's *Broken Blossoms*。见 Frank, *Objectifying China, Imagining America*; Holly Edwards, "A Million and One Nights"; Mae M. Ngai, "American Orientalism: Review of New York before Chinatown," *Reviews in American History* 28, no. 3 (September 2000): 408-415; Gina Marchetti, "American Orientalism"; Mari Yoshihara, *Embracing the East*; Jack Temple Kirby, "D. W. Griffith's Racial Portraiture," 119-20; Lee, *Orientals* Ch. 4。

[99] "American Who Invented Mah Jongg Discovered"; "Mrs. Edwin S. Webster," *Town Topics*, February 15, 1923; Stevens, "How the Mah Jongg Fiend Scores His Victories."

[100] 更多的例子，参见 Auto Vacuum Ice Cream Freezer, "Advertisement: Ice Cream Freezer"; R. H. Macy & Co., "Advertisement: 'How Ma-Chiang Saved My Life'"; "Now the Game Is Mah Jongg."

[101] Josephine M. Burnham, "Three Hard-Worked Suffixes," *American Speech*, February 1927, 244-246. 1927 年，一位语言学家发现了一个新词："mah-jong-itis"（麻将炎）。借用医学后缀 "-itis"，即"炎症"的意思，使用 "-itis" 来表示"过度偏好"。作者将 "mah-jong-itis" 与 "Charlestonitis"（查尔斯顿炎）、"flapperitis"（飞来波炎）、"crosswordpuzzleitis"（纵横字谜炎）和 "[Ku Klux] klanitis"（3K 党炎）并列，揭示了 20 世纪 20 年代从兴趣爱好到白人至上主义的文化关注。

[102] "Woman Must Return to the Corset," *San Francisco Examiner*, March 27, 1923, Microfilm, SFPL; Adams, "A Maker of Heirlooms."

[103] *Since Ma Is Playing Mah Jong* (New York: M. Witmark & Sons, 1924), Sam DeVincent Collection, National Museum of American History, Archives Center.

[104] 另请参见 Hellman, "Punk Pungs"; Judy Tsou, "Gendering Race: Stereotypes of Chinese Americans in Popular Sheet Music," *Repercussions* 6, no. 2 (Fall 1997): 37。

[105] The Modern Girl around the World Research Group, "The Modern Girl as Heuristic De-

vice." Chad Heap, *Slumming*.

[106] 埃迪·坎托尔是一位非常受欢迎的犹太裔喜剧艺人,他成功地从歌舞剧杂耍表演转行到电影。他经常扮成黑人表演,包括与非裔美国杂耍艺人伯特·威廉姆斯(Bert Williams)合作。他的幽默风格包括基于犹太人刻板印象的种族幽默,但他同时也是早期在各族裔观众面前自豪地接受自己犹太血统的先驱之一。

[107] Miriam Van Waters, *Youth in Conflict* (New York: Republic Publishing Co., 1925), 274.

[108] "Mah Jongg and the Husbands' Protective League," *Vancouver Sun*, November 11, 1923. McConn, "Town Mah Jongg Mad."

[109] "Divorce Wrecks 148, 554 Homes in One Year! Yearning for 'Self Expression' Brings Menace to Institutions of Civilization," *San Francisco Chronicle*, November 15, 1923, Microfilm, SFPL; Hall, "The Screen"; Guest, "Just Folks"; "Comic Strip: The First Hundred Games of Mah Jong Are the Hardest."

[110] Montague, "More Truth Than Poetry: Mah Jong."

[111] "Mah Jongg and the Husbands' Protective League."

[112] John McCallan, "Why the Chinese Left Humboldt," July 1923.

[113] Sidney Smith, "The Gumps," n. d., MJ Scrapbook 2, PB.

[114] "The Mahjongg Neck," *Hawaii Herald*, September 21, 1922, MJSC Scrapbook 1, PB; "Chink Game Raises Rubber," *Casper Herald*, September 3, 1922, MJSC Scrapbook 1, PB.

[115] "Woman Scared by Mah Jongg: Thought Game a Germ and Asked Physician to Vaccinate Her," *Los Angeles Times*, February 19, 1924.

[116] Breuner's, "Advertisement: Mah-Jongg the Game That Is Taking the Country by Storm," *Sacramento Bee*, October 5, 1922, MJSC Scrapbook 1, PB.

[117] "'Mah Jongg Eyes' Held New American Malady," *San Francisco Examiner*, December 26, 1923, SFPL.

[118] "Mah Jongg Eye Remedy Suggested," *Los Angeles Times*, January 6, 1924.

[119] "The Mah Jongg Eye," *Los Angeles Times*, January 2, 1924.

[120] Oscar H. Fernbach, "4 Eyes Needed in Mah Jongg," *San Francisco Examiner*, December 27, 1923, SFPL.

[121] "Leaping Larvae." 这些生龙活虎的麻将牌被比作另一种外国舶来品"墨西哥跳豆"。1922年马克斯·弗莱舍(Max Fleischer)制作的动画短片《跳跳豆》(*Jumping Beans*)以墨西哥跳豆为主题,但该片并未进行种族化描绘。

[122] Frank Thone, "Poison Ivy Conquered by Chemicals," *Science News-Letter*, July 2, 1927, 10; "Letters, Notes, and Answers: Mah Jongg," *British Medical Journal*, March 15, 1924, 506. 然而,文化上的担忧仍然占据主导地位:《英国医学杂志》在其警示公告开头向读者保证,桥牌不太可能被逐渐流行的麻将"狂热"所取代。

[123] Caroline Little, "Correspondence: Dermatitis Produced by Chinese Lacquer," *British Medical Journal*, June 21, 1924, 1112.

[124] "Pen Points," *Los Angeles Times*, December 4, 1924; "Too Much Wind," *Los Angeles Times*, February 21, 1926; "Topics of the Times: Another Fad Has Passed," *New York Times*, June 17, 1926.

[125] "Bankruptcy Proceedings," *New York Times*, April 10, 1925. "Topics of the Times: Will He Get Any Bids?," *New York Times*, June 13, 1925.

[126] 1927年从耶鲁大学毕业后,约瑟夫·巴布科加入了纽约的一家律师事务所。他在麻将方面的法律经验可能影响了他日后成为通用电气公司的首席法律顾问。诺玛在离婚协议中显然保留了许多麻将牌。Celia Babcock Smith and Martha Ann Babcock, Joseph Babcock and Mah Jong from Celia Babcock Smith's Oral History, interview by Barbara Babcock Millhouse and Sherold Hollingsworth, January 6, 2007, Christopher Berg Personal Collection.

[127] Philip E. Orbanes, *The Game Makers*, 71, 75.

[128] "Mah Jongg," *Chinese Digest* 4, no. 2 (February 1938): 19.

[129] "Mah Jongg Boom Dies, but China Plays On," *Washington Post*, June 3, 1928.

[130] "Pen Points."

[131] 有关另一种比较,参见 Philip Orbanes, "The Canasta Story," *The Games Journal*, August 2000, www.thegamesjournal.com/articles/Canasta.shtml。

[132] Nancy R., "Charades Win Way Back to Favor as Rival of Mah Jongg," *Chicago Daily Tribune*, March 18, 1925; "The Passing of Mah Jong and Cross-Words," *The China Press*, February 19, 1926; Currier, "Diary, 1920–1924."

[133] Lowry, "Rise and Present Peril."

[134] The Poe Sisters, "Washington Scene," *Washington Post*, July 19, 1936; "Annual Dinner Party of Nau Wah Mah Jongg Club," *The Chicago Defender*, June 18, 1932; "Nau Wah Mah Jongg," *The Chicago Defender*, March 30, 1935, National edition.

[135] Fong Tai Co., "Advertisement: Fong Tai Co.," trans. Andrew Elmore, *Young China*, January 23, 1934, Pardee Lowe Collection, Box 125b, Folder: Imported Skills and Technology, Hoover Archive.

[136] George R. Clark, [*The Gay Twenties I*].

第六章 美国华人社会内外

[1] Victor G. Nee and Brett de Bary Nee, *Longtime Californ'*, 158.

[2] Karen J. Leong, *The China Mystique: Pearl S. Buck, Anna May Wong, Mayling Soong, and the Transformation of American Orientalism* (Berkeley: University of California Press, 2005); Gordon H. Chang, *Fateful Ties: A History of America's Preoccupation with China* (Cambridge, MA:

Harvard University Press, 2015), Ch. 4.

[3] 到20世纪20年代，许多华裔已经成为美国的长期居民或出生公民。尽管"华裔美国人"一词当时尚未广泛流传，但它很恰当地涵盖了这一相对稳定的人口中对居留权和公民权的各种要求。以男性为主的"寄居者"移民不再是美国华人人口的主要类型，部分原因是中国移民受到排斥。美国华裔人口中女性的比例从1900年的不到七分之一增长到1930年的四分之一。到1940年，51%的美国华裔人口在美国出生。参见Wendy Rouse Jorae, *The Children of Chinatown: Growing Up Chinese American in San Francisco, 1850-1920* (Chapel Hill: University of North Carolina Press, 2009), 216。

[4] 20世纪10年代入境美国的移民回忆说："那时还没有麻将。" Mr. Quan, interview; Mr. Low, interview by Him Mark Lai, Laura Lai, and Judy Yung, December 27, 1975, Angel Island Oral History Project, Ethnic Studies Library, University of California Berkeley. 另请参见 Lu Xun, "Our Story of Ah Q," 113; Greene, "The Game People Played."

[5] Pardee Lowe, *Father and Glorious Descendant*, 219.

[6] Mah-Jongg Sales Co., "Advertisement: Da Bang Ma Jiang Fa Xing [Boosting Ma Jiang Sales]," trans. Thomas Mullaney, *Chung Sai Yat Po*, October 5, 1922, MJSC Scrapbook 1, PB.

[7] 20世纪10年代初，作家胡适在他的大学日记中记录了与其他在康奈尔大学学习的中国学生一起玩"中国牌"的情形。许多其他日记条目也提到了一般的"打牌"。目前还不能确定这种"中国牌"是否就是麻将，不过从措辞上看，胡适可能在打麻将的同时也在玩其他纸牌和/或骨牌游戏。Diary entry: April 29, 1911. Hu Shi, *Hu Shi Riji Quanbian [A Complete Collection of Hu Shi's Diaries]*, trans. Yvon Wang (Hefei, China: Anhui Education Press, 2001), 90.

[8] Mr. Quan, interview; Mr. Low, interview; Laverne Mau Dicker, *The Chinese in San Francisco: A Pictorial History* (New York: Dover Publications, 1979), 78; George Kao, *Cathay by the Bay: San Francisco Chinatown in 1950* (Hong Kong: Chinese University Press, 1988), 63.

[9] The Chinese Government Bureau of Economic Information, "The Rise of Mahjongg," 2.

[10] Lowe, *Father and Glorious Descendant*, 219. 刘裔昌的这本书基于对其出生地加州华人社区的广泛社会学研究，是第一本在美国出版的华裔美国人长篇著作，并且在商业上获得了成功。Pardee Lowe, "Second-Generation Dilemmas (1930s)," in *Chinese American Voices: From the Gold Rush to the Present*, ed. Judy Yung, Gordon H. Chang, and Him Mark Lai (Berkeley: University of California Press, 2006), 164-66. 尽管刘的父亲最初抵制作为一种赌博的麻将，但"全家人都学会了"打麻将，此外，刘的继母"成为了一名超凡的玩家"。

[11] Maggie Greene, "The Game People Played: Mahjong in Modern Chinese Society and Culture," *Cross-Currents: East Asian History and Culture Review* E-Journal, no. 17 (December 2015): 1-25. "Afternoon Translation: A Strange Story of Shanghai," in *Files on Noulens*

Associates: *Anniversary of the Coup d'Etat at Sian Falling on December* 12 (Shanghai, 1936), 74; Wong Koh Hwa, "Shanghai Municipal Police Report of Police Investigations," in *Files on Noulens Associates: Shanghai Police Investigation Reports Regarding Japanese Military Arrests and Searches*, trans. Yao Dinain, 1938, 25–26.

[12] "Gambling at Public Places," in *Files on Noulens Associates: People's Educational Institute—Anti-Foreign and Anti-Japanese*, 1936. "Comments on Current Events," March 14, 1936, Correspondence of the Military Intelligence Division Relating to General, Political, Economic, and Military Conditions in China, 1918–1941, US National Archives.

[13] Adam McKeown, *Chinese Migrant Networks and Cultural Change: Peru, Chicago, Hawaii, 1900–1936* (Chicago: University of Chicago Press, 2001), 31.

[14] Sucheng Chan, "Against All Odds: Chinese Female Migration and Family Formation on American Soil during the Early Twentieth Century," in *Chinese American Transnationalism*, ed. Sucheng Chan (Philadelphia: Temple University Press, 2006), 34–135; Andrea Rees Davies, *Saving San Francisco: Relief and Recovery after the 1906 Disaster* (Philadelphia: Temple University Press, 2011), 45; Lowe, *Father and Glorious Descendant*, 27–29.

[15] 有关芝加哥、夏威夷和秘鲁华人的跨国移民网络的更多信息，参见 McKeown, *Chinese Migrant Networks and Cultural Change*。

[16] Victor G. Nee and Brett de Bary Nee, *Long time Californ': A Documentary Study of an American Chinatown* (New York: Pantheon Books, 1972), 61.

[17] Leong Gor Yun, *Chinatown Inside Out*, 176.

[18] Gordon L'Allemand, "Old Chinatown."

[19] Larson, *Sweet Bamboo*, 144.

[20] "[Note to Newspaper]."

[21] Lowe, *Immigrant Acts*, 121.

[22] Chinese American Museum, "Sun Wing Wo General Store and Herb Shop Exhibit" (Los Angeles, August 21, 2012); Charles Caldwell Dobie, *San Francisco's Chinatown* (New York: D. Appleton-Century Company, 1936); Pardee Lowe, "Recreation—Stores as Social Centers, 1930–1933," 1930s, Pardee Lowe Collection, Box 128a, Hoover Archive, Stanford University; Katherine Chann, interview by author, Phone, February 13, 2017.

[23] Yu, *Chinatown San Jose, USA*, 67–68; Madeline Y. Hsu, "Trading with Gold Mountain: Jinshanzhuang and Networks of Kinship and Native Place," in *Chinese American Transnationalism*, ed. Sucheng Chan (Philadelphia: Temple University Press, 2006), 22–33.

[24] Leong Gor Yun, *Chinatown Inside Out*, 21.

[25] Lowe, *Father and Glorious Descendant*, 98–99. 另请参见 Dobie, *San Francisco's Chinatown*。

[26] Rose Hum Lee, "Social Institutions of a Rocky Mountain Chinatown," *Social Forces* 27, no. 1 (October 1948): 10. 另请参见 Mae M. Ngai, *The Lucky Ones: One Family and the*

Extraordinary Invention of Chinese America (New York: Houghton Mifflin Harcourt, 2010), 202.

[27] Ibid., 160.

[28] Gordon L'Allemand, "Old Chinatown," *Los Angeles Times*, October 4, 1930.

[29] "Jesse Brown Cook Scrapbooks," Vol. 6, 63-64a.

[30] "'Twas Poker Party."

[31] Liu, "Chinese Herbalists in the United States," 155; Lowe, *Father and Glorious Descendant*, 51.

[32] William Wong, "Arthur Tom," in *Chinese America: History & Perspectives— The Journal of the Chinese Historical Society of America* (San Francisco: Chinese Historical Society of America with UCLA Asian American Studies Center, 2011), 49.

[33] 多年前，华裔美国人与中国消费者在太平洋两岸联合抵制美国商品，抗议美国的反华移民政策。参见 Yong Chen, "Understanding Chinese American Transnationalism during the Early Twentieth Century: An Economic Perspective," in *Chinese American Transnationalism*, ed. Sucheng Chan (Philadelphia: Temple University Press, 2006), 161。

[34] Yung, Chang, and Lai, *Chinese American Voices*, 5; Yung, *Unbound Feet*, 25.

[35] Wing Luke Museum of the Asian Pacific American Experience, "Gee How Oak Tin Association Hall" (Seattle, n.d.), accessed February 14, 2012; John Hom, interview by author, Wing Luke Museum, Seattle, February 14, 2012.

[36] Xavier Paules, "An Illustration of China's 'Paradoxical Soft Power': The Dissemination of the Gambling Game Fantan by the Cantonese Diaspora, 1850-1950," *Translocal Chinese: East Asian Perspectives* 11 (2017): 187-207; Fred W. Mueller Jr., "Gaming and Gaming Pieces," in *An American Chinatown: Archaeology*, ed. Wong Ho Leun, vol. 2 (San Diego: The Great Basin Foundation, 1987), 385-95; Julia G. Costello, Kevin Hallaran, and Keith Warren, *The Luck of Third Street: Historical Archaeology Data Recovery Report for the Caltrans District 8 San Bernadino Headquarters Demolition Project* (San Bernadino: California Department of Transportation District 8, 2004).

[37] Joyce (Lee) Chan, interview by author, San Francisco, CA, July 19, 2012.

[38] Judy Yung, *Unbound Feet: A Social History of Chinese Women in San Francisco* (Berkeley: University of California Press, 1995), 80; Chan, interview; Pardee Lowe, "[Handwritten Notes]," n.d., Pardee Lowe Collection, Box 128a Folder: Recreation—Play, Hoover Archive, Stanford University; Chinese Women's Association, Inc., "Souvenir Program Chinese Women's Association, Inc.," June 29, 1936; Connie Young Yu, *Chinatown San Jose, USA* (San Jose, CA: History San Jose, 1991), 79; Asian American Studies Center, University of California, Los Angeles, and Chinese Historical Society of Southern California, *Linking Our Lives: Chinese American Women of Los Angeles* (Los Angeles: Chinese Historical

Society of Southern California, Inc., 1984), 59; Chann, interview.

[39] Louise Leung Larson, *Sweet Bamboo: A Memoir of a Chinese American Family* (Berkeley: University of California Press, 1989), 144.

[40] Pardee Lowe, "Recreation—Women's—Ma Jong—1934," n. d., Pardee Lowe Collection, Box 128a Folder: Recreation—Play (2), Hoover Archive, Stanford University; Pardee Lowe, "Ma Jong Game," February 1935, Pardee Lowe Collection, Box 128a Folder: Recreation—Play, Hoover Archive, Stanford University. 另请参见 Lowe, *Father and Glorious Descendant*, 301.

[41] Pardee Lowe, "Recreation—Women's—Ma Jong—1934."

[42] Pardee Lowe, "BiographyofaSecond-GenerationChineseWoman," 1930s, Pardee Lowe Collection, Box 128a Folder: Women's Status, Hoover Archive, Stanford University.

[43] Lowe, "Second-Generation Dilemmas," 173.

[44] Amy Tan, *The Joy Luck Club* (New York: Ballantine Books, 1989).

[45] Al Yu [pseud.], Millbrae, CA, August 3, 2012. 其他有关打麻将时候的对话和游戏节奏的例子，参见 Agatha Christie, *The Murder of Roger Ackroyd* (London: W. Collins Sons & Co. Ltd., 1926), 16; Alice Gerstenberg, *Four Plays for Four Women* (New York: Brentano's, Inc., 1924); Eileen Chang, *Lust, Caution*。

[46] Lowe, *Father and Glorious Descendant*, 220.

[47] Roberta Park, "Sport and Recreation among Chinese American Communities of the Pacific Coast from Time of Arrival to the 'Quiet Decade' of the 1950s," *Journal of Sport History* 27, no. 3 (Fall 2000): 445-70; Jorae, *The Children of Chinatown*; Ruth Fong Chinn, "Square and Circle Club of San Francisco: A Chinese Women's Culture" (Senior thesis, University of California, Santa Cruz, 1987), Stanford University Special Collections (Alice Fong Yu Papers).

[48] Rose Hum Lee, "Social Institutions of a Rocky Mountain Chinatown," 10.

[49] Victor G. Nee and Brett de Bary Nee, *Longtime Californ'*, 150.

[50] Jorae, *The Children of Chinatown*, 47.

[51] Yung, Chang, and Lai, *Chinese American Voices*, 105-6; Jorae, *The Children of Chinatown*, 208-9.

[52] Pardee Lowe, "Americanization—Increased Mingling of the Sexes," 1930s, Pardee Lowe Collection, Box 125a, Hoover Archive, Stanford University.

[53] "Interview with Flora Belle Jan, Daughter of Proprietor of the 'Yet Far Low,' Chop Suey Restaurant, Tulare St., and China Alley, Fresno" (Survey of Race Relations, 1924-1927), Survey of Race Relations: Major Documents, Hoover Archive, Stanford University; Judy Yung, "'It Is Hard to Be Born a Woman but Hopeless to Be Born a Chinese': The Life and Times of Flora Belle Jan," *Frontiers: A Journal of Women Studies* 18, no. 3

(1997): 66-91.

[54] Miss Ya-Tsing Yen, "College Wives and College Citizens," *The Chinese Students' Monthly* 19, no. 4 (February 1924): 21-22; Burnett, "Life History of Andrew Kan"; Shehong Chen, "Republicanism, Confucianism, Christianity, and Capitalism in American Chinese Ideology," in *Chinese American Transnationalism* (Philadelphia: Temple University Press, 2006), 183-184.

[55] Yung, *Unbound Feet*, 147-148.

[56] Pardee Lowe, "Assimilation: Pathetic Features: Over-Assimilation, 1934," Pardee Lowe Collection, Box 125a, Hoover Archive, Stanford University.

[57] Larson, *Sweet Bamboo*, 143. Chinese Students' Alliance, "Chinese Students' Alliance Twenty-Sixth Annual Conference, Stanford University, August 16-19, 1928," Pardee Lowe Collection, Box 196, Hoover Archive, Stanford University.

[58] Louise Leung, "Night Call—In Chinatown," *Los Angeles Times*, July 26, 1936.

[59] Larson, *Sweet Bamboo*, 143.

[60] Lowe, *Father and Glorious Descendant*, 68.

[61] William Hoy, "Newspaper Clipping: Through a Chinatown Window," December 27, 1940, Alice Fong Yu Papers, Stanford University Special Collections.

[62] Pardee Lowe, "New Year's Day Celebration (American); Native-Born Men & Women," 1930s, Pardee Lowe Collection, Box 125a, Hoover Archive, Stanford University.

[63] Pardee Lowe, "Celebration of American New Year's Eve—Older Native-Born's Activities," 1930s, Pardee Lowe Collection, Box 125a, Hoover Archive, Stanford University.

[64] Pardee Lowe, "Celebration of American New Year's Eve—Chinatown Street Scene," 1930s, Pardee Lowe Collection, Box 125a, Hoover Archive, Stanford University.

[65] Virginia Yans, "On 'Groupness,'" *Journal of American Ethnic History* 25, no. 4 (Summer 2006): 119-29; K. Scott Wong, "Chinatown: Conflicting Images, Contested Terrain," *MELUS* 20, no. 1 (Spring 1995): 3-15.

[66] 资料显示，与同时代非基督徒圈子对麻将的喋喋不休形成鲜明对比的是，有关基督徒的材料对麻将却哑然一片。值得注意的是，青年华裔女子的"方圆社"和"女子竞学会"、华裔基督徒大学团体的记录，以及刘裔昌对自己生活和习惯的讨论（相对于他不信基督的打麻将的继母的生活和习惯）都未曾提及麻将。

[67] Chen, "Republicanism, Confucianism, Christianity, and Capitalism in American Chinese Ideology," 187.

[68] 例如，在20世纪二三十年代，北加利福尼亚州的一座集道教、佛教和儒家思想于一体的多教派寺庙建筑群中就存放了麻将牌。"Mahjong Set," n. d., City of Oroville Chinese Temple and Museum Complex.

[69] James Mo, "Critical Judgments," *The Chinese Students' Monthly*, April 1929, 273.

[70] Weili Ye, *Seeking Modernity in China's Name: Chinese Students in the United States*, 1900–1927 (Stanford, CA: Stanford University Press, 2001), 7; Joan Judge, "Talent, Virtue, and the Nation: Chinese Nationalisms and Female Subjectivities in the Early Twentieth Century," *American Historical Review* 106, no. 3 (June 2001): 765–803.

[71] Chen, "Understanding Chinese American Transnationalism," 160.

[72] Yong Chen, *Chinese San Francisco, 1850–1943: A Trans-Pacific Community* (Stanford, CA: Stanford University Press, 2000), 237; McKeown, *Chinese Migrant Networks and Cultural Change*, 86–94.

[73] Chen, "Understanding Chinese American Transnationalism," 156.

[74] Ting-mou, "Ivory and Bamboo," 158.

[75] Hsi-yüan Chen, "Madiao and Mahjong," 19.

[76] Chen, "Republicanism, Confucianism, Christianity, and Capitalism in American Chinese Ideology," 177.

[77] 其他文化形式也经历了类似的转变。Hsi-yüan Chen, "Madiao and Mahjong," 1; Andrea Goldman, *Opera and the City: The Politics of Culture in Beijing, 1770–1900*.

[78] Hsi-yüan Chen, "Madiao and Mahjong," 30.

[79] Hsi-yüan Chen, "Madiao and Mahjong," 32–33.

[80] Hallett Abend, "Chinese in Mukden Have Orgy of Vice," *New York Times*, January 3, 1932.

[81] Lin Yutang, "Some Hard Words about Confucius," *Harper's Monthly Magazine*, December 1934, 717. 一个有关麻将作为封建主义征兆的例子，参见 "Shanghai Municipal Police Report: Shanghai Vocational Chinese Women's Lien Nyi Society," in 8754 (Shanghai, 1939), 33–44。

[82] 关于对掌握自主权的女性共产党人与男性麻将赌徒斗殴的特别生动的描绘，参见 "No Sacrifice ... No Victory: Agnes Smedley, China Correspondent, Writes of China's War-Wise Women, Who Have Made Their Choice," *Vogue*, April 15, 1942。更多有关激进民族主义和保守民族主义对女性角色描述的差异的信息，参见 Prasenjit Duara, "Of Authenticity and Woman: Personal Narratives of Middle-Class Women in Modern China," in *Becoming Chinese: Passages to Modernity and Beyond*, ed. Wen-hsin Yeh (Berkeley: University of California Press, 2000), 342–364。

[83] Duara, 347. 另请参见 Ye, *Seeking Modernity in China's Name*, 151。

[84] Roberta Chang, "Some of the Problems of Women," *The Chinese Recorder* 68 (1937): 682–685.

[85] Ibid., 685.

[86] Judge, "Talent, Virtue, and the Nation," 802.

[87] Ibid., 803.

[88] Chang,"Some of the Problems of Women," 682.

[89] Asian American Studies Center, University of California, Los Angeles, and Chinese Historical Society of Southern California, *Linking Our Lives: Chinese American Women of Los Angeles* (Los Angeles: Chinese Historical Society of Southern California, Inc., 1984), 103.

[90] "Shanghai Municipal Police Report: Illegal Functioning by Chapei Police," in *Further Report Re: Illegal Functioning by Chapei Police* (Shanghai, 1933), 1-4.

[91] Jim May, "#230 Traditional Chinese Boxed Set," Mah Jong Museum, accessed August 23, 2013, www.mahjongmuseum.com/mj230.htm. 另请参见 Ann Israel and Gregg Swain, *Mah Jongg: The Art of the Game* (Rutland, VT: Tuttle Publishing, 2014), 118。

[92] Gregg Swain, "Scenes of War on Mahjong Tiles," *Mahjong Treasures*, January 26, 2015, www.mahjongtreasures.com.

[93] Ye, *Seeking Modernity in China's Name*.

[94] Lowe, *Father and Glorious Descendant*, 190; "Interview with Flora Belle Jan."

[95] Gloria Heyung Chun, "Shifting Ethnic Identity and Consciousness: US-Born Chinese American Youth in the 1930s and 1950s," in *Asian American Youth: Culture, Identity, and Ethnicity* (New York: Routledge, 2004), 120.

[96] "Institute of Pacific Relations, 1927," 15.

[97] Francis Y. Chang et al., "From the Preparation Committee for the Formation of the S. F. Bay Region Chinese Students' Association, Chinese Y. M. C. A., San Francisco," January 20, 1936, Pardee Lowe Collection, Box 128a Folder: Chinese Patriotism, Hoover Archive, Stanford University.

[98] Chun, "Shifting Ethnic Identity and Consciousness," 117.

[99] Larson, *Sweet Bamboo*, 143.

[100] Chang et al., "From the Preparation Committee."

[101] San Francisco Museum and Historical Society, "Swinging Chinatown: The Golden Age of Chinese Nightclubs," February 2010.

[102] Arthur Dong, *Forbidden City, USA: Chinese American Nightclubs, 1936-1970* (Los Angeles: DeepFocus Productions, Inc., 2014), 153.

[103] Quoted in Yung, *Unbound Feet*, 202.

[104] Yung, 204. 大多数旧金山夜总会都位于唐人街最繁华的格兰特大道上。

[105] P'ing Yu, "The Jade Box," *Chinese Digest*, February 1938; "Clothing for War Refugees in China," *Chinese Digest*, November 1937; Lawrence Glickman, "'Make Lisle the Style': The Politics of Fashion in the Japanese Silk Boycott, 1937-1940," *Journal of Social History* 38, no. 3 (Spring 2005): 579.

[106] William Gow, "A Night in Old Chinatown: American Orientalism, China Relief Fundraising, and the 1938 Moon Festival in Los Angeles," *Pacific Historical Review* 87, no. 3 (Au-

gust 2018）：439-72.

[107] George Chauncey, *Gay New York: Gender, Urban Culture, and the Making of the Gay Male World, 1890-1940*（New York: Basic Books, 1995）; Chad Heap, *Slumming: Sexual and Racial Encounters in American Nightlife, 1885-1940*（Chicago: University of Chicago Press, 2008）.

[108] Clement Wood, *The Truth about New York's Chinatown*, Little Blue Book 1057（Girard, KS: Haldeman-Julius Company, 1926）, 10.

[109] China Trading Co., "Forced Sale！"; "Nanyang Brothers, Expanding Import-Export Business."

[110] "Fad in Capital Society."

[111] Mah-Jongg Sales Co., "Advertisement: 大幫麻雀發行 Boosting Ma Jiang Sales," trans. Thomas Mullaney, 中西日報 *Chung Sai Yat Po*, October 5, 1922, MJSC Scrapbook 1, PB.

[112] William G. Merchant, "Letter to the Editor," *Chinese Digest*, April 10, 1936, Alice Fong Yu Papers, Stanford University Special Collections.

[113] Ngai, *The Lucky Ones*, 8; Nayan Shah, *Contagious Divides*, 153.

[114] Philip P. Choy, *San Francisco Chinatown: A Guide to Its History and Architecture*（San Francisco: City Lights Books, 2012）, 43; Judy Yung and Chinese Historical Society of America, *San Francisco's Chinatown*, Images of America（Chicago: Arcadia Publishing, 2006）, 44-45.

[115] "Advertisement: Grandview Gardens," *Los Angeles Times*, June 18, 1941. 尽管"新唐人街"的设计以游客为导向，但许多洛杉矶华人还是更喜欢由华人领导的"新唐人街"，而不是竞争对手克里斯蒂娜·斯特林开发，仿照电影《大地》（*The Good Earth*）布景打造的竞争对手"中国城"。1938 年和 1949 年，"中国城"先后两次被火烧毁，火灾最终决定了胜利者的归属。Sojin Kim, "Curiously Familiar: Art and Curio Stores in Los Angeles' Chinatown," *Western Folklore* 58, no. 2（1999）：131-147.

[116] Jorae, *The Children of Chinatown*, 6; Chen, *Chinese San Francisco*, 172; Lee, "Another View of Chinatown," 171.

[117] Chinese Digest, "Advertisement: A Message to Chinatown Merchants," *Chinese Digest*, November 15, 1935, Alice Fong Yu Papers, Stanford University Special Collections.

[118] *China's Gifts to the West*, 16 mm, 1936.

[119] Connecticut Inter-racial Commission, *Aids in the Teaching of Intercultural Understanding*（1945; repr., Hartford, CT: Connecticut Inter-racial Commission, 1946）.

[120] Leong, *The China Mystique*.

[121] Madeline Y. Hsu and Ellen D. Wu, "'Smoke and Mirrors': Conditional Inclusion, Model Minorities, and the Pre-1965 Dismantling of Asian Exclusion," *Journal of American Ethnic*

History 34, no. 4 (Summer 2015): 43-65.

[122] Madeline Y. Hsu, "From Chop Suey to Mandarin Cuisine: Fine Dining and the Refashioning of Chinese Ethnicity during the Cold War Era," in *Chinese Americans and the Politics of Race and Culture* (Philadelphia: Temple University Press, 2008), 173-94.

第七章 排斥亚裔与强制休闲

[1] "拘留"通常指对敌对外国人的合法监禁,但这一词语却与违宪的大规模驱逐和监禁大多数为美国公民的日裔混为一谈。历史学家反对使用"拘留"一词,认为它是一种委婉语,与"疏散"(相对于"驱逐")和"安置中心"(相对于"集中营")等官方宣传术语密切相关。Roger Daniels, "Words Do Matter: A Note on Inappropriate Terminology and the Incarceration of the Japanese Americans," in *Nikkei in the Pacific Northwest: Japanese Americans & Japanese Canadians in the Twentieth Century*, ed. Louis Fiset and Gail M. Nomura (Seattle: Center for the Study of the Pacific Northwest in association with the University of Washington Press, 2005), 190-214.

[2] Adam McKeown, "Ritualization of Regulation: The Enforcement of Chinese Exclusion in the United States and China," *American Historical Review* 108, no. 2 (April 2003): 401-402.

[3] Lee and Yung, *Angel Island*, 69.

[4] Mae M. Ngai, *Impossible Subjects: Illegal Aliens and the Making of Modern America*, 7.

[5] Lee, "Defying Exclusion," 1.

[6] Lee and Yung, *Angel Island*, 70-89.

[7] McKeown, "Ritualization of Regulation," 378.

[8] Ibid., 113.

[9] Ibid., 394.

[10] Sam Chang, "Sam to Tennyson on 15 February 1923," in *The Transnational History of a Chinese Family: Immigrant Letters, Family Business, and Reverse Migration*, by Haiming Liu (New Brunswick, NJ: Rutgers University Press, 2005), 83.

[11] Erika Lee and Judy Yung, *Angel Island: Immigrant Gateway to America* (New York: Oxford University Press, 2010), 85-90.

[12] Mr. Quan, interview.

[13] Mr. Dea et al., interview by Him Mark Lai and Judy Yung, 1976, Angel Island Oral History Project, Ethnic Studies Library, University of California Berkeley.

[14] Mr. Quan, interview; Mr. Low, interview; Mr. Tom, interview by Him Mark Lai and Judy Yung, April 17, 1977, Angel Island Oral History Project, Ethnic Studies Library, University of California Berkeley. Xavier Paules, "An Illustration of China's 'Paradoxical Soft Power': The Dissemination of the Gambling Game Fantan by the Cantonese Diaspora, 1850-1950," *Translocal Chinese: East Asian Perspectives* 11 (2017): 187-207.

[15] Mr. Yip, interview by Genny Lim and Judy Yung, August 29, 1976, Angel Island Oral History Project, Ethnic Studies Library, University of California Berkeley. 一位受访者回忆，1913年，警卫禁止赌博（但他没有提到麻将，因为当时可能还没有麻将）。这可能与个体差异或更早的历史有关。Mr. Wong [1913], interview by Him Mark Lai and Philip Fong, July 16, 1977, Angel Island Oral History Project, Ethnic Studies Library, University of California Berkeley.

[16] Mr. Lee, interview by Him Mark Lai, Judy Yung, and Genny Lim, February 12, 1977, Angel Island Oral History Project, Ethnic Studies Library, University of California Berkeley. See also Henry Tom, Thomas Wu, and Fred Schulze, interview by Him Mark Lai and Judy Yung, 1977, Angel Island Oral History Project, Ethnic Studies Library, University of California Berkeley.

[17] Mr. Tong, interview by Him Mark Lai, Judy Yung, and Genny Lim, August 15, 1976, Angel Island Oral History Project, Ethnic Studies Library, University of California Berkeley; Lee and Yung, *Angel Island*, 99.

[18] McKeown, "Chinese Diasporas," 317.

[19] Mr. Tong, interview.

[20] Mr. Mock, interview by Judy Yung, April 9, 1984, Angel Island Oral History Project, Ethnic Studies Library, University of California Berkeley.

[21] Mr. Tong, interview.

[22] Mr. Mock, interview.

[23] Mr. Poon, interview by Judy Yung and Him Mark Lai, August 17, 1977, Angel Island Oral History Project, Ethnic Studies Library, University of California Berkeley; Mr. Dea, interview by Him Mark Lai and Judy Yung, March 24, 1976, Angel Island Oral History Project, Ethnic Studies Library, University of California Berkeley; Douglas Wong, Martin Owyoung, and Dennis Owyoung, interview by Judy Yung, July 12, 1990, Angel Island Oral History Project, Ethnic Studies Library, University of California Berkeley.

[24] Judy Yung, " 'A Bowlful of Tears': Lee Puey You's Immigration Experience at Angel Island," in *Asian/Pacific Islander American Women: A Historical Anthology* (New York: New York University Press, 2003), 126.

[25] Jennifer Gee, "Housewives, Men's Villages, and Sexual Respectability: Gender and the Interrogation of Asian Women at the Angel Island Immigration Station," in *Asian/Pacific Islander American Women: A Historical Anthology* (New York: New York University Press, 2003), 90–105.

[26] Mr. Tong, interview; Mr. Mock, interview; Mr. Wong [1933], n. d., Angel Island Oral History Project, Ethnic Studies Library, University of California Berkeley.

[27] Lee and Yung, *Angel Island*, 56–58, 79, 100.

[28] 由于该法案禁止所有"无资格获得公民身份的外国人"入境,公民和商人在外国出生的妻子也没有资格入境。1925 年,美国最高法院允许商人的妻子入境。直到 1930 年,才允许美国公民的华人妻子入境,而且只有那些在该法案生效前结婚的华人妻子才被允许入境。Lee and Yung, *Angel Island*, 76.

[29] 对女性移民的怀疑在 20 世纪可能有所减少,但是否予以入境仍然显著地取决于"体面"这一问题。Immigration Inspector #3, interview by Felicia Lowe, n. d., Angel Island Oral History Project, Ethnic Studies Library, University of California Berkeley; Jennifer Gee, "Housewives, Men's Villages, and Sexual Respectability: Gender and the Interrogation of Asian Women at the Angel Island Immigration Station," in *Asian/Pacific Islander American Women: A Historical Anthology* (New York: New York University Press, 2003), 90–105; Adam McKeown, *Chinese Migrant Networks and Cultural Change: Peru, Chicago, Hawaii, 1900–1936* (Chicago: University of Chicago Press, 2001), 31.

[30] Lee and Yung, *Angel Island*, 80.

[31] Mrs. Jew, n. d., Angel Island Oral History Project, Ethnic Studies Library, University of California Berkeley.

[32] Mr. Tong, interview.

[33] 这些功能增强了协会关系网的财富、声望和影响力,这反过来又鼓励这些协会对一个以排斥移民为基础的移民制度进行投资。McKeown, "Ritualization of Regulation," 397.

[34] Mr. Low, interview; Mr. Tom, interview; Mr. Chew, interview by Him Mark Lai and Laura Lai, December 13, 1976, Angel Island Oral History Project, Ethnic Studies Library, University of California Berkeley.

[35] Chingwah Lee, "Remember When?," *Chinese Digest*, January 1937, Alice Fong Yu Papers, Stanford University Special Collections.

[36] Kathleen Norris, "Newspaper Clipping: An Abused Amusement Is a Hard Master," January 5, 1936, Alice Fong Yu Papers, Stanford University Special Collections.

[37] Mrs. Chong, interview by Felicia Lowe, October 12, 1981, Angel Island Oral History Project, Ethnic Studies Library, University of California Berkeley.

[38] Mrs. Leong, interview by Judy Yung, Genny Lim, and Him Mark Lai, August 15, 1980, Angel Island Oral History Project, Ethnic Studies Library, University of California Berkeley.

[39] Lee and Yung, *Angel Island*, 81; Gee, "Gender and the Interrogation of Asian Women."

[40] Immigration Interpretor #1 and #2, interview by Him Mark Lai et al., May 8, 1976, Angel Island Oral History Project, Ethnic Studies Library, University of California Berkeley.

[41] Gee, "Gender and the Interrogation of Asian Women," 98.

[42] Kitty Calavita, "The Paradoxes of Race, Class, Identity, and 'Passing': Enforcing the Chinese Exclusion Acts, 1882–1910," *Law & Social Inquiry* 25, no. 1 (Winter 2000): 1–40;

McKeown, "Ritualization of Regulation," 398.

[43] Jorae, *The Children of Chinatown*, 37.

[44] Maggie Greene, "The Game People Played: Mahjong in Modern Chinese Society and Culture," *Cross-Currents: East Asian History and Culture Review* E-Journal, no. 17 (December 2015): 10−16.

[45] Pardee Lowe, *Father and Glorious Descendant*.

[46] Mrs. Lim, interview by Him Mark Lai, Genny Lim, and Judy Yung, September 12, 1976, Angel Island Oral History Project, Ethnic Studies Library, University of California Berkeley; Mrs. Woo, interview by Him Mark Lai and Judy Yung, June 19, 1977, Angel Island Oral History Project, Ethnic Studies Library, University of California Berkeley; Yung, "'A Bowlful of Tears,'" 126.

[47] Lee and Yung, *Angel Island*, 300−1.

[48] Erika Lee, *The Making of Asian America: A History* (New York: Simon and Schuster, 2015), 256−257.

[49] Madeline Y. Hsu and Ellen D. Wu, "'Smoke and Mirrors': Conditional Inclusion, Model Minorities, and the Pre-1965 Dismantling of Asian Exclusion," *Journal of American Ethnic History* 34, no. 4 (Summer 2015): 43−65.

[50] War Relocation Authority, "Relocating Japanese-American Evacuees," 1942, 3, Stanford University. See Wendy L. Ng, *Japanese American Internment during World War II: A History and Reference Guide* (Westport, CT: Greenwood Press, 2002); Roger Daniels, *Prisoners without Trial: Japanese Americans in World War II* (New York: Hill and Wang, 1993); Valerie Matsumoto, *Farming the Home Place: A Japanese American Community in California, 1919-1982* (Ithaca, NY: Cornell University Press, 1993); Gary Y. Okihiro, *Whispered Silences: Japanese Americans and World War II* (Seattle: University of Washington Press, 1996); Greg Robinson, *A Tragedy of Democracy in North America* (New York: Columbia University Press, 2009).

[51] 美国政府对"违禁品"的认定和没收极其任意且具有侵入性。参见 Gary Y. Okihiro, *Encyclopedia of Japanese American Internment* (Santa Barbara, CA: ABC-CLIO, Inc., 2013), 170; Valerie Matsumoto, "Japanese American Women during World War II," *Frontiers: A Journal of Women Studies* 8, no. 1 (1984): 7。

[52] War Relocation Authority, "The Relocation Program: A Guidebook for the Residents of Relocation Centers," May 1943, 12, Stanford University.

[53] Elliott Chaze, *The Stainless Steel Kimono* (New York: Simon and Schuster, 1947), 170.

[54] 有关西本的更多信息,参见 Ng, *Japanese American Internment During World War II*, 142−143。

[55] Richard S. Nishimoto, "Gambling at Poston," May 24, 1943, 11−13, The Japanese Amer-

ican Evacuation and Resettlement, Bancroft Library.

[56] Mr. Langdon, "Elements of Weakness in the Japanese People and in the Japanese Position," in *Central File*: *Decimal File 894. 00*, *Internal Affairs of States*, *Japan*, *Political Affairs*, 1942.

[57] Nishimoto, "Gambling at Poston," 71.

[58] Konrad Linke, "Dominance, Resistance, and Cooperation in the Tanforan Assembly Center," *Amerikastudien/American Studies* 54, no. 4 (2009): 628.

[59] "Six-Day Exhibit Displays Worlds of 130, Attracts All," *Rohwer Outpost*, January 20, 1943, Japanese-American Relocation Camp Newspapers: Perspectives on Day-to-Day Life, Library of Congress.

[60] Yukiko Furuto, Issei Experience in Orange County, California: Yukiko Furata, interview by Yasko Gamo and Arthur A. Hansen, June 17, 1982, Oral Histories, Japanese American Relocation Digital Archive.

[61] Doris Hayashi, "Family Study," 1942, 4, The Japanese American Evacuation and Resettlement, Bancroft Library.

[62] Doris Hayashi, "Family Study," 1942, 3, 18, The Japanese American Evacuation and Resettlement, Bancroft Library. 日本和美国的话语都将帝国主义和族群民族主义合法化，这很可能影响了林母对种族的偏见看法。日裔美国人可能对中国文化持有轻视态度，但不像因侵略而抵制日货的华裔美国人那样，有同样的动机去拒绝它。

[63] Ibid., 12, 37.

[64] War Relocation Authority, "The Relocation Program," 1; "The Social World: Recreation Halls Get Funds for Purchase of Equipment," *Heart Mountain Sentinel*, November 20, 1943, Japanese-American Relocation Camp Newspapers: Perspectives on Day-to-Day Life, Library of Congress.

[65] "Rohwer," *Densho Encyclopedia*, accessed May 7, 2015, http://encyclopedia.densho.org; "Poston (Colorado River)," *Densho Encyclopedia*, accessed May 7, 2015, http://encyclopedia.densho.org.

[66] War Relocation Authority, "The Relocation Program," 7.

[67] "Amano Wins Top Tourney Prize," *Granada Pioneer*, December 31, 1943, Japanese-American Relocation Camp Newspapers: Perspectives on Day-to-Day Life, Library of Congress; "Evacu-Ways," *Minidoka Irrigator*, July 10, 1943, Japanese-American Relocation Camp Newspapers: Perspectives on Day-to-Day Life, Library of Congress; "Mah-Jong Experts to Clash Sunday," *Granada Pioneer*, December 24, 1943, Japanese-American Relocation Camp Newspapers: Perspectives on Day-to- Day Life, Library of Congress; "Mah Jongg," *Tanforan Totalizer*, August 1, 1942, Japanese-American Relocation Camp Newspapers: Perspectives on Day-to-Day Life, Library of Congress; "Tournament for Mah Jong Players," *Rohwer Outpost*, February 10, 1943, Japanese-American Relocation Camp Newspapers: Perspectives

[68] "Untitled: English Translation of Japanese Text," *Daily Tulean Dispatch*, July 23, 1943, sec. Japanese Section, Japanese-American Relocation Camp Newspapers: Perspectives on Day-to-Day Life, Library of Congress; Hayashi, "Family Study," 70.

[69] Shotaro Hikida, "C. A. S. Coordinator Weekly Reports and Related Material," 1943, The Japanese American Evacuation and Resettlement, Bancroft Library.

[70] Matsumoto, "Japanese American Women during World War II," 9.

[71] "20-30 Social Slated," *Denson Tribune*, October 15, 1943, Japanese-American Relocation Camp Newspapers: Perspectives on Day-to-Day Life, Library of Congress.

[72] "YBA to Hold Fellowship," *Heart Mountain Sentinel*, November 20, 1943, Japanese-American Relocation Camp Newspapers: Perspectives on Day-to-Day Life, Library of Congress; "Canal Y Working Girls Party Saturday," *Gila News-Courier*, July 8, 1943, Japanese-American Relocation Camp Newspapers: Perspectives on Day-to- Day Life, Library of Congress.

[73] Henry Kusaba, James Lindley, and Joe McClelland, "Amache," 1944, 17, The Japanese American Evacuation and Resettlement, Bancroft Library.

[74] "Amano Wins Top Tourney Prize."

[75] Matsumoto, "Japanese American Women during World War II," 9.

[76] Tami, "Dis and Data," *Topaz Times*, June 12, 1943, Japanese-American Relocation Camp Newspapers: Perspectives on Day-to-Day Life, Library of Congress.

[77] Nishimoto, "Gambling at Poston," 70

[78] Hayashi, "Family Study," 70.

[79] Ibid., 52.

[80] Ibid., 70, 78, 112.

[81] Nishimoto, "Gambling at Poston," 77.

[82] Ibid., 3.

[83] War Relocation Authority, "The Relocation Program," 12.

[84] Hayashi, "Family Study," 12, 18.

[85] Rosalie Hankey, "Report on Tule Lake, Draft" (Japanese American Evacuation and Resettlement Study, 1943), 8, The Japanese American Evacuation and Resettlement, Bancroft Library.

[86] 赞助团体包括费城联邦教会理事会、重新安置公民合作委员会, 以及国际妇女和平与自由联盟。*While Refreshments Are Served at a Social in the Philadelphia, Pennsylvania, Hostel, Mrs. Arnold Nakajima, of Princeton, N. J., and Miss June Amamoto, a Philadelphian from Manzanar, Continue with Their Game of Mah Jong*, Photograph, July 8, 1944, War Relocation Authority Photographs of Japanese-American Evacuation and Resettlement, Bancroft Library; *A Mah Jong Game Engages the Attention of This Group at a Social at the Philadelphia, Pennsylvania,*

Hostel, Photograph, July 8, 1944, War Relocation Authority Photographs of Japanese-American Evacuation and Resettlement, Bancroft Library.

[87] At the Relocation Hostel in Philadelphia, Pennsylvania, the Local Nisei Steering Committee Is Holding Its Weekly Social for Players of Bridge and Mah Jong and for Other Resetters Who Come to See Friends and Catch Up with Their Reading of Project Newspapers, Photograph, August 1944, War Relocation Authority Photographs of Japanese-American Evacuation and Resettlement, Bancroft Library. For more about resettlement, see Greg Robinson, *After Camp: Portraits in Midcentury Japanese American Life and Politics* (Berkeley: University of California Press, 2012); Valerie Matsumoto, *City Girls: The Nisei Social World in Los Angeles, 1920–1950* (New York: Oxford University Press, 2014), Ch. 5.

[88] Walter Muramoto, *Untitled: Photograph at Rohwer*, Photograph, October 1, 1944, Japanese American National Museum.

第八章　麻将的美国化

[1] "Old Game," *The New Yorker*, October 2, 1937, Dorothy S. Meyerson Scrapbook, Marjorie Troum Personal Collection; "To Set Mah Jongg Rules: 200 Women Expected at Meeting Friday to Standardize Game," *New York Times*, September 12, 1937.

[2] "Old Game."

[3] Evelyn Keene, "The Inscrutable Addiction to Mah-Jongg," *Boston Globe*, January 1, 1974.

[4] "Growth of the National League," *National Mah Jongg League News*, Spring 1940; Viola Cecil, *Maajh: The American Version of an Ancient Chinese Game* (New York: Hallco, 1938), 3.

[5] "Mah-Jong Popularity Revived as Queens Group Takes Up Play," *Brooklyn Daily Eagle*, June 27, 1937, Dorothy S. Meyerson Scrapbook, Marjorie Troum Personal Collection.

[6] Ben Wickham, "Mah Jong Stages a Streamlined Comeback to Woo Parlor Favor," *Cleveland News*, February 8, 1938, Marjorie Troum Personal Collection; "League Simplifies and 'Streamlines' Mah-Jongg Game," *Chicago Daily Tribune*, November 27, 1938.

[7] Marjorie Meyerson Troum, interview by author, Los Angeles, August 21, 2012.

[8] Herma Jacobs, interview by Tom Sloper, Phone, June 25, 2002, Tom Sloper Personal Collection; Marjorie Meyerson Troum, interview by author, Los Angeles, August 21, 2012; "Growth of the National League."

[9] "Gift Show Opening Draws Many Buyers," *New York Times*, February 25, 1936. 这次贸易展的举办地正是宾夕法尼亚酒店，也是麻将销售公司1922年在纽约开始诽谤其竞争对手的地点。

[10] Dorothy S. Meyerson, *"That's It:" A New Way to Play Mah Jong*, 4th ed. (Forest Hills, Long Island: Dorothy Meyerson, 1938), vi.

[11] Ibid., v-vii.

[12] Meyerson, *That's It*; Cecil, *Maajh*. 梅耶尔森与联盟的其他几位创始人关系复杂且常常紧张。她似乎总是要竞争，因此遭到其他人的反对。在联盟成立之前，梅耶尔森就在改进麻将的过程中发挥着独特的重要作用；在联盟成立之后，她依然继续着自己的《就是这样!》和麻将牌的销售业务。Dorothy Meyerson to J. B. Lazurus, n. d., Dorothy S. Meyerson Scrapbook, Marjorie Troum Personal Collection; Marjorie Meyerson Troum, interview.

[13] Macy's, "Advertisement: Mah Jong * Sale," *New York Herald Tribune*, February 20, 1938, Dorothy S. Meyerson Scrapbook, Marjorie Troum Personal Collection.

[14] Natalie Marine-Street, "Agents Wanted: Sales, Gender, and the Making of Consumer Markets in America, 1830–1930" (PhD diss., Stanford University, 2016).

[15] "AdvertisingNewsandNotes," *NewYorkTimes*, October20, 1937; "WritesBookon New Mah Jong System," *Sunday Times*, June 13, 1937, Dorothy S. Meyerson Scrapbook, Marjorie Troum Personal Collection; Ben Wickham, "Mah Jong Stages a Streamlined Comeback to Woo Parlor Favor," *Cleveland News*, February 8, 1938, Marjorie Troum Personal Collection; Bamberger's, "Advertisement: Everyone's Playing Mah Jong Again!," *Star-Eagle*, February 14, 1938, Dorothy S. Meyerson Scrapbook, Marjorie Troum Personal Collection; Walgreen's, "Advertisement: The Chinese Tile Game Returns to Popularity," *Chicago Daily Tribune*, December 18, 1939.

[16] Wickham, "Mah Jong Stages a Streamlined Comeback to Woo Parlor Favor."

[17] "Former Park Woman to Speak over WOR 8: 30 A. M. Tomorrow," *Daily Home News*, September 15, 1937, Dorothy S. Meyerson Scrapbook, Marjorie Troum Personal Collection; "Mrs. Meyerson Gives Broadcast on 'That's It'," *Kew Forest Post*, September 1937, Dorothy S. Meyerson Scrapbook, Marjorie Troum Personal Collection.

[18] "Mah Jongg Authority to Give Television Broadcast Sundays," *Forest Hills–Kew Gardens Post*, early 1940s, Dorothy S. Meyerson Scrapbook, Marjorie Troum Personal Collection.

[19] Dorothy Meyerson, "That's It: Practice While Learning," n. d. [possibly 1943], Dorothy S. Meyerson Scrapbook, Marjorie Troum Personal Collection.

[20] "Old Game."

[21] Dorothy Meyerson, "Mah Jong Taught and Explained by the World's Greatest Authority on Mah Jong [ad copy]," 1938, Dorothy S. Meyerson Scrapbook, Marjorie Troum Personal Collection. 关于梅耶尔森如何大力推销麻将的描述，请参见其广告的一个目标受众的留言，"Mah Jong Rule Book Exhibits," *The Modern Stationer*, April 1938, Dorothy S. Meyerson Scrapbook, Marjorie Troum Personal Collection。

[22] "Mah-Jong Popularity Revived as Queens Group Takes Up Play."

[23] Marjorie Meyerson Troum, interview.

[24] "Mah Jong, a Hobby and Serious Business Enterprise," n. d., Dorothy S. Meyerson Scrap-

[25] Hasia Diner, *The Jews of the United States*, 1654 to 2000 (Berkeley: University of California Press, 2004), 229-231.

[26] Robert Putnam, "Bowling Alone: America's Declining Social Capital," *Journal of Democracy* 6, no. 1 (January 1995): 69, fn. 6.

[27] Dorothy S. Meyerson, "*That's It*" *Mah Jongg Instruction Book*, 13th ed. (New York: Dorothy Meyerson, by Permission of the National Mah Jongg League, Inc., 1953); Tom Sloper, "Column 509," *Sloper on Mah-Jongg* (blog), February 26, 2012, www. sloperama. com/mahjongg/column509a. html; Ruth Unger, interview by author, Phone, June 1, 2012; Marilyn Starr, interview by author, Manhattan, NY, May 31, 2012; Herma Scheffer, "President's Message [1960]," *National Mah Jongg League News*, January 1960, National Mah Jongg League Private Collection.

[28] 在托马斯·莱恩1938年出版的《现代麻将》一书中，他描述了一些后来在全美麻将中普遍使用的玩法：一种类似于"查尔斯顿"的传牌方式，他称之为"挪动"；一种五人模式，其中第五人作为下注者，他称其为"赛马"；以及一种"猫"，这很可能是私下里被称为"猫咪"的玩家共同承担的投注金的前身。莱恩的书可能反映了麻将桌上的规则和不同玩法的演变，而这些正是梅耶尔森、塞西尔和联盟也在努力整合的内容。然而，他也有可能直接受到了过去几年梅耶尔森改造麻将的影响，或者反之亦然。Thomas Lane, *Modern Mah Jong* (Chicago: Rand McNally & Company, 1938).

[29] Viola Cecil, *Maajh: The American Version of an Ancient Chinese Game* (New York: Hallco, 1939), 7.

[30] 起初，延续20世纪20年代的规则，轮到"东风"位置的玩家分数翻倍。如今，某些和牌的组合的分数，会根据是通过自摸完成还是通过吃别人的牌完成，而有所增减。

[31] "Return of the Dragon," *Newsweek*, November 13, 1961.

[32] Herma Jacobs, interview by Tom Sloper, Phone, June 25, 2002, Tom Sloper Personal Collection.

[33] "National Explains Lists Versus Memberships."

[34] "Editor's Mail Bag," *National Mah Jongg League News*, Winter 1940, Dorothy S. Meyerson Scrapbook, Marjorie Troum Personal Collection.

[35] Viola Cecil, "To Change or Not to Change!," *National Mah Jongg League News*, Spring 1942, Dorothy S. Meyerson Scrapbook, Marjorie Troum Personal Collection.

[36] National Mah Jongg League, "Charities We Proudly Proclaim," *National Mah Jongg League News*, Spring 1940, Dorothy S. Meyerson Scrapbook, Marjorie Troum Personal Collection.

[37] International Ma Chiang Players' Association, *Laws of Ma Chiang*; Racster, *Mah-Jongg: Rules*

for Playing in the Chinese Manner;" "Those Who Know Game Form Mah-Jong Club," n. d. , MJSC Scrapbook 1, PB; Joseph Park Babcock, *The Laws of Mah-Jongg*;" The Auction Bridge Magazine Mah Jong Ballot," *Auction Bridge Magazine*, April 1924, Library of Congress; Bray, "Americanizing Mah Jong."

[38] Adele Tripp, "Editorial," *National Mah Jongg League News*, Winter 1940. 有关一位竞争对手的例子,参见 Mattye Kreindler, "1940 Adopted Hands & Rules For Players of 'Mah Jong'"(Mattye Kreindler, 1939).

[39] "Ten Flowers—No, No, No!," *National Mah Jongg League News*, Winter 1940, Dorothy S. Meyerson Scrapbook, Marjorie Troum Personal Collection.

[40] "National Explains Lists Versus Memberships," *National Mah Jongg League News*, Winter 1940, Dorothy S. Meyerson Scrapbook, Marjorie Troum Personal Collection; Marjorie Meyerson Troum, interview. 然而,政府最终裁定,他们既不能作为慈善公司免税,也不能作为娱乐俱乐部免税,因为他们并不是"专门"为这两个目的"组织和经营"。参见 Judge Henry Goddard, "National Mah Jongg League, Inc., v. United States"(District Court, Southern District New York, December 18, 1947), www. leagle. com.

[41] Hasia Diner, *The Jews of the United States*, Ch. 5.

[42] 一开始,她向其他妇女传授她的游戏规则。随着教学的成功,她开始出售一套装订成册的油印游戏规则,为森林山庄犹太教堂姊妹会筹款。

[43] Wyman, "Mah Jongg Luncheon"; "Dorothy Meyerson to Advise on Mah Jong Play Friday," December 1937, Dorothy S. Meyerson Scrapbook, Marjorie Troum Personal Collection.

[44] Viola Cecil, "To the Members of the National Mah Jongg League, Inc.," *New York Times*, November 26, 1939, sec. Classified Advertisements; "News and Views of the Branches," *National Mah Jongg League News*, Winter 1940, Dorothy S. Meyerson Scrapbook, Marjorie Troum Personal Collection.

[45] "1943 Donations Top All Records," *National Mah Jongg League News*, Winter 1943, Dorothy S. Meyerson Scrapbook, Marjorie Troum Personal Collection; Jacobs, interview.

[46] George A. Lundberg, Mirra Komarovsky, and Mary Alice McInery, *Leisure*: *A Suburban Study*, v, 4; L. P. Jacks, "Leisure: A New and Perplexing Problem," *New York Times Magazine*, July 5, 1931; Jesse Frederick Steiner, *Americans at Play*: *Recent Trends in Recreation and Leisure Time Activities*, Recent Social Trends in the United States (New York: McGraw-Hill Book Company, 1933).

[47] Susan Currell, *The March of Spare Time*: *The Problem and Promise of Leisure in the Great Depression* (Philadelphia: University of Pennsylvania Press, 2010), 10. 有关这种论述一个发人深省的例子,参见 Mary Borden, "The Man Protests Against Organized Gaiety," *Vogue*, February 1, 1931.

[48] Dulles, *America Learns to Play*, viii.

[49] "News and Views of the Branches," *National Mah Jongg League News*, Spring 1940, Dorothy S. Meyerson Scrapbook, Marjorie Troum Personal Collection.

[50] Virginia W. Musselman, *Home Play in Wartime* (National Recreation Association, 1942).

[51] "Mah Jongg Safer Than Bridge for Couples, Its Devotees Say"; Edgar W. Knight, "The 'Roll' of Education," *School and Society* 54 (September 13, 1941): 190-191. 随附的广播节目邀请了洛克菲勒家族的一位精英慈善家和"援英捆绑包"（Bundles for Britain）*的一位代表。

[52] "News and Views of the Branches," *National Mah Jongg League News*, Spring 1942, Dorothy S. Meyerson Scrapbook, Marjorie Troum Personal Collection.

[53] "News and Views of the Branches," *National Mah Jongg League News*, Winter 1943, Dorothy S. Meyerson Scrapbook, Marjorie Troum Personal Collection.

[54] "A Three-Cent Stamp Makes Us Feel Like a Million," *National Mah Jongg League News*, Winter 1943, Dorothy S. Meyerson Scrapbook, Marjorie Troum Personal Collection.

[55] "Editorial: Be Smart—Act Dumb," *National Mah Jongg League News*, Spring 1942, Dorothy S. Meyerson Scrapbook, Marjorie Troum Personal Collection.

[56] "Reprint of League Broadcast in April," *National Mah Jongg League News*, Winter 1943, Dorothy S. Meyerson Scrapbook, Marjorie Troum Personal Collection.

[57] Untitled [*Mobile Canteen*], Photograph, November 18, 1942, Dorothy S. Meyerson Scrapbook, Marjorie Troum Personal Collection; "150 'Bundles for Buddies,'" *New York Times*, June 12, 1942.

[58] "1943 Donations Top All Records."

[59] 更多有关母性的例子，参见 "Recreation Room Furnished for Boys at Camp Shanks, NY," *National Mah Jongg League News*, Winter 1943, Dorothy S. Meyerson Scrapbook, Marjorie Troum Personal Collection; "Coast Guard Soldiers Enjoying Day-Room," *National Mah Jongg League News*, Winter 1943, Dorothy S. Meyerson Scrapbook, Marjorie Troum Personal Collection。

[60] Marjorie Meyerson Troum, interview.

[61] National Mah Jongg League, "Charities We Proudly Proclaim."

[62] "Official Standard Hands and Rules" (National Mah Jongg League Inc., 1943), Author Personal Collection.

[63] "1943 Donations Top All Records," 7.

[64] Rose Daitch, "Members Earn Gifts for Charity by Sending 25 or More Applications," *Na-

---

* 这是一个在二战期间由美国公民发起的慈善运动，旨在为英国提供物资援助。——译者注

[ ] *tional Mah Jongg League News*, January 1960, National Mah Jongg League Private Collection.

[65] Daitch, "Members Earn Gifts for Charity by Sending 25 or More Applications"; "League's Contributions to Charity in 1959 Surpass Donations of Any Previous Year"; "League's Contributions Continue to Grow"; "Hadassah Plays Mah Jong."

[66] National Mah Jongg League, "Official Standard Hands and Rules," 1950, Toby Salk Personal Collection.

[67] Antler, *The Journey Home*, 134, 255; Wolf, "Selling Hadassah in the Postwar Era."

[68] "Reprint of League Broadcast in April."

[69] Louise Andrews Kent, *The Terrace* (Boston and New York: Houghton Mifflin Company, 1934), 148.

[70] Montague, "More Truth Than Poetry: Mah Jong"; "[Untitled Humor Snippet]." 有关大萧条时期穷人"社区之家"将麻将作为娱乐活动的情况，参见 Lenora Mattingly Weber, "Where Shall I Wander?," *Good Housekeeping*, January 1933, Home Economics Archive: Research, Tradition and History (HEARTH), Cornell University。

[71] "Events Today," *New York Times*, October 10, 1941; "Finding Aid," in *Lee Ya-Ching Papers 1938-1970* (National Air and Space Museum: Smithsonian Institution, Accession 2008-2009); Harold R. Isaacs, *Scratches on Our Minds: American Images of China and India* (New York: The John Day Company, 1958), 120.

[72] Madeline Y. Hsu, "From Chop Suey to Mandarin Cuisine: Fine Dining and the Refashioning of Chinese Ethnicity during the Cold War Era," in *Chinese Americans and the Politics of Race and Culture* (Philadelphia: Temple University Press, 2008), 173-194.

[73] "Board of Directors Redoubles Efforts in National Crisis"; "League Celebrates 25th Anniversary," *National Mah Jongg League News*, January 1962, Project Mah Jongg, Museum of Jewish Heritage—A Living Memorial to the Holocaust; "Postcard: Ruby Foo's Den," n. d., Project Mah Jongg, Museum of Jewish Heritage— A Living Memorial to the Holocaust.

[74] "Chain Mah Jongg Party to Be Given for China," *National Mah Jongg League News*, Spring 1942, Dorothy S. Meyerson Scrapbook, Marjorie Troum Personal Collection.

[75] Leong, *The China Mystique*.

[76] Herb Caen, "It's News to Me: Chinatown Is Where," *San Francisco Chronicle*, January 30, 1942, Pardee Lowe Collection, Box 190, Folder: Chinatown History, Hoover Library.

[77] "Rice Is Tops to Visitors at This Center," *Chicago Daily Tribune*, November 7, 1943.

[78] Chinese Women's Association, Inc., "Souvenir Program Chinese Women's Association, Inc.," 53; Louise Bailey Lowe to Click Idea Contest Editor, "SAN FRANCISCO CHINATOWN CHANGES AND BECOMES 100% AMERICAN," May 29, 1938, Pardee Lowe Collection, Box 382, Folder: California, Hoover Archive, Stanford University; "A Chinatown Beautiful for 1939," *Chinese Digest*, February 1938.

[79] "Party on Chinese Junk: Supper Event Tonight Aboard Amoy to Aid United Relief," *New York Times*, June 5, 1941.

[80] "Anna May Wong Backs Benefit," *Los Angeles Times*, May 26, 1940.

[81] Karen J. Leong and Judy Tzu-Chun Wu, "Filling the Rice Bowls of China: Staging Humanitarian Relief during the Sino-Japanese War," in *Chinese Americans and the Politics of Race and Culture* (Philadelphia: Temple University Press, 2008), 132-52.

[82] Miss Pickwick, "Girl about Town," February 1938, Dorothy S. Meyerson Scrapbook, Marjorie Troum Personal Collection.

[83] 这本小册子起源的确切时间已在历史记录中消失，但1936年银行广告中提到的"免费小册子"有可能就是麻将小册子。Oklahoma City Federal Savings and Loan Assn., "Loans," *Daily Oklahoman*, May 2, 1936.

[84] Helen Ford Sanger, "The Chinese Began It . . . ," *Daily Oklahoman*, October 17, 1965, sec. Women's News; Oklahoma City Federal Savings and Loan, "Rules and Scoring Mah Jongg, 8th Edition," n. d., Author Personal Collection; Continental Federal Savings and Loan, "Mah Jongg Rules and Scoring, 26th Edition," 1983; Phoenix Federal Savings and Loan, Muskogee OK, "Mah Jongg Rules and Scoring," n. d., Katie Albert Personal Collection; Doris J. Blazy, "Email," March 5, 2015.

[85] Sanger, "The Chinese Began It . . . ," 1; Oklahoma City Federal Savings and Loan, "Rules and Scoring Mah Jongg, 8th Edition."

[86] Joan Schillo, "Oriental Game Revived: Mah Jongg Players To Hold Tournament," *Journal Herald*, February 20, 1964, Scrapbook, Wright-Patterson Mah Jongg Group. 1964年，莫里斯解释说，她们这个四人小组一开始是在麻将热潮时期获得相关知识的，但实际上是于1941年成立的。尽管如此，赖特-帕特森规则手册一直宣称该小组的麻将玩法可追溯到20世纪20年代，当时赖特-帕特森还是麦库克机场，而这个说法也最为人知。1927年，俄亥俄州代顿附近的麦库克陆军机场关闭，其业务转移到附近的威尔伯·赖特机场。1947年，空军成为美军的一个独立军种。1948年，赖特和帕特森机场合并为赖特-帕特森空军基地。

[87] Schillo.

[88] Linda Forth [pseud.], interview by author, Phone, July 23, 2012.

[89] Dorothy Odland, "Mah Jongg," September 1970, Scrapbook, Wright-Patterson Mah Jongg Group; "Untitled Photograph: W-P Lesson," n. d. 1960s, Scrapbook, Wright-Patterson Mah Jongg Group.

[90] Denice Wisniewski, Phone, August 6, 2014.

[91] Nanette Kutner, "If You Were Mrs. Eisenhower," *Good Housekeeping*, January 1944, Home Economics Archive: Research, Tradition and History (HEARTH), Cornell University.

[92] Robert Wallace, "They Like Mamie, Too," *Life*, October 13, 1952, 156.

[93] Wisniewski, interview. 最终, 随着女军官人数的慢慢增加, 赖特-帕特森麻将团体中也出现了担任军官甚至基地指挥官的女性。

[94] 该俱乐部在 1971 年至 1986 年间转入军官夫人俱乐部（OWC）。Mrs.［Evelyn］William G. Comstock, "Letter from Officers' Wives' Club," April 5, 1971, Scrapbook, Wright-Patterson Mah Jongg Group; Forth［pseud.］, interview; Amy Jo Jones, "MJ Inquiry," May 14, 2012.

[95] Eve Swarts, "Mah Jongg," *WTTW*, September 1967, Scrapbook, Wright-Patterson Mah Jongg Group.

[96] Wisniewski, interview.

[97] "Clicking of Tiles Is Sure Sign of Mah Jongg Season Opening," October 1964, Scrapbook, Wright-Patterson Mah Jongg Group.

[98] "Clicking of Tiles Is Sure Sign of Mah Jongg Season Opening"; Forth［pseud.］, interview.

[99] 1970 年，基地报纸上用于宣传麻将的图像仍然描绘了一幅东方主义风格的混搭画面：一只身穿和服、留着满大人式样胡须的卡通犬。Odland, "Mah Jongg."

[100] Wisniewski, interview; Laurence Roth, interview by author, Manhattan, NY, May 23, 2012; Grace Chun and Amy Gwilliam, interview by author, Chinese-American Museum of Chicago, August 18, 2011.

[101] Shirley Mohr, "Foreword," in *Mah Jongg: Wright-Patterson Rules* (Wright-Patterson Air Force Base, Ohio: Mah Jongg Group, 1976). 另请参见 Odland, "Mah Jongg."

[102] Wisniewski, interview.

[103] Forth［pseud.］, interview; Marjorie Meyerson Troum, interview; Al Rosenthal's, Inc., "Advertisement: That's It," 1938, Dorothy S. Meyerson Scrapbook, Marjorie Troum Personal Collection.

[104] 塑料是制造麻将牌的主要材料，但纽约市至少有一家小制造商用木材制作较廉价的麻将牌。"Mah Jongg Set" (Jaymar Specialty Co., 1955), Tony Watson Personal Collection.

[105] Jeffrey Meikle, *American Plastic: A Cultural History* (New Brunswick, NJ: Rutgers University Press, 1995), 92; Sol Swerdloff and Calman Winegarden, "Job Prospects in the Plastics Products Industry," *Monthly Labor Review* 65, no. 3 (September 1947): 294.

[106] Diner, *The Jews of the United States*, 229–231.

[107] Francis Lodato, *Eboli to Brooklyn, One Way* (Self-Published, 2017), 79–84; Joan Blednick, interview by author, Phone, June 7, 2018.

[108] Swerdloff and Winegarden, "Job Prospects in the Plastics Products Industry," 293.

[109] Seymour Silverman and Edith Silverman, interview by author, Hartsdale, NY, May

29,2012.

[110] Meikle, *American Plastic*, 14, 17, 22.

[111] A. P. Peck, "A Plastic Is Born," *Scientific American*, January 1938, 18.

[112] 转引自 Meikle, *American Plastic*, 75.

[113] Meikle, 76.

[114] Francis Lodato, interview by author, Telephone, March 9, 2018.

[115] Mandel Brothers, "Advertisement: Chinese Tile Sets," *Chicago Daily Tribune*, September 10, 1947; TYL Manufacturing Co., "Advertisement: Mah-Jongg Sets $18.95," *National Jewish Monthly*, 1949. 20 世纪 30 年代是一个过渡时期,麻将广告中既有旧式的木制麻将盒,也有新式的带牌架的箱子,顾客还可以选择单独购买牌架。Macy's, "Advertisement: Mah Jong * Sale," *New York Herald Tribune*, February 20, 1938, Dorothy S. Meyerson Scrapbook, Marjorie Troum Personal Collection; Bloomingdale's, "Advertisement: 500 Imported Games," *New York Times*, September 18, 1938.

[116] Lodato, interview; Silverman and Silverman, interview, May 29, 2012.

[117] 这种筹码类似于美国和中国硬币的混合体:大小和厚度与一枚 10 美分硬币差不多,中间有一个孔,可以滑到牌架末端的小金属杆上。与扑克筹码不同,不同的颜色代表不同的点数和/或硬币面值。

[118] Meikle, *American Plastic*, 92.

[119] Lodato, interview.

[120] Blednick, interview.

[121] Ruth Milkman, "Redefining 'Women's Work': The Sexual Division of Labor in the Auto Industry During World War II," *Feminist Studies* 8 (1982): 336-72.

[122] Seymour Silverman and Edith Silverman, interview by author, Phone, June 12, 2018.

[123] Lizabeth Cohen, *Making a New Deal: Industrial Workers in Chicago, 1919-1939* (New York: Cambridge University Press, 1990), 209; Blednick, interview.

[124] Swerdloff and Winegarden, "Job Prospects in the Plastics Products Industry," 301.

[125] Macy's, "Advertisement: You Pronounce It Ma-Jongg," *New York Times*, May 3, 1954; "Advertisement: Fortunoff's 3 Day Sale," *New York Times*, April 20, 1958.

[126] "Some 'No's' for Mah Jongg Players," *National Mah Jongg League News*, January 1960, National Mah Jongg League Private Collection.

[127] Meikle, *American Plastic*, 170-175. 事实上,一种新型的塑料织物——人造丝——就是流行的服装面料"麻将"的基础。Russeks, "Advertisement: 'Jelly Bean,'" *New York Times*, March 7, 1954; Bloomingdale's, "Advertisement: The Look of Shangtung," *New York Times*, March 9, 1955.

[128] "Advertisement: Gimbels Storewide Jubilee," *New York Times*, January 11, 1955.

[129] 到 20 世纪 30 年代初,制造商开发出了一种生产白色卡塔莉娜的工艺,从而能够仿

制有历史意义的白色骨制麻将牌。如今,很多这些麻将牌呈现出奶油黄色,这是随着时间推移而褪色的结果,而不是原来的颜色。Lodato, interview.

[130] 如今,有一种小型产业专门制作小丑牌,通过贴纸将其他牌变成小丑牌,以使1968年之前的老式麻将牌适用于现代的八张百搭牌玩法。许多贴纸仍然让人联想到亚洲人的形象,还有一些则提供政治评论,例如唐纳德·特朗普在2016年总统大选后以小丑的形象出现。

[131] Dan MacMasters, "America's Own … The Coffee Table," *Los Angeles Times*, April 23, 1950; Kerwin Hoover, "Home-Town Flavor," *Los Angeles Times*, February 14, 1954.

第九章　移民郊区与夏季别墅

[1] Rita Rappoport Greenstein, interview, May 21, 2012. 丽塔在外工作,担任教师,但她仍然认为有必要积极地建立本地关系,特别是因为她感觉在搬家后失去了一个大家庭和社区网络。

[2] Rita Rappoport Greenstein, interview, February 3, 2010.

[3] Hasia Diner, *The Jews of the United States*, 1654 to 2000 (Berkeley: University of California Press, 2004), 240, 111; Joyce Antler, *The Journey Home: Jewish Women and the American Century* (New York: Free Press, 1997), 137.

[4] 有关种族是一系列"连结"的更多信息,参见人类学家詹姆斯·克利福德(James Clifford)的著作,安特勒在其书中有相关论述,参见 Antler, *The Journey Home*, xiv.

[5] Charles Kraus, interview by author, Lake Forest Park, Wash., February 14, 2012; Alida Silverman, interview by author, San Francisco, Calif., September 14, 2014. 贝丝·利恩表达了类似的特性描述,参见 Beth Lean, telephone interview by author, June 25, 2014; Judye Kanfer, telephone interview by author, February 29, 2012; Susan Shields, telephone interview by author, May 1, 2013; Alan H. Rosenberg, director, producer, and writer, *Mah Jongg Mavens and Memories* (Alan H. Rosenberg, 1997), VHS。

[6] Nana Judith "Judy" Michelson, interview by author, Phone, April 12, 2013; Rosenberg, *Mah Jongg Mavens and Memories*; Jenna Weissman Joselit, *The Wonders of America: Reinventing Jewish Culture 1880–1950* (New York: Hill and Wang, 1994), 156.

[7] Ethel Shapiro et al., interview by author, Brooklyn, New York, May 22, 2012.

[8] Alida Silverman, interview by author, San Francisco, CA, October 11, 2014; Susan Shields, interview by author, Phone, May 1, 2013. 正如朱迪·米切尔森在巴尔的摩郊区回忆的那样:"我遇到的女性几乎都是犹太人。我并没有刻意这样安排,只是当时正好是那些人在做我正在学着去做的事。"Nana Judith "Judy" Michelson, interview by author, Phone, April 12, 2013.

[9] Stephanie Grossman, interview; Silverman, interview, October 11, 2014. 许多其他人都表示赞同。

[10] Margo Horn, "Email," May 12, 2014; Rosenberg, *Mah Jongg Mavens and Memories*; Shields, interview.

[11] 正如人类学家所论述的，文化最好被理解为"不仅仅是一种产物，更是一种生产过程"。William Roseberry, *Anthropologies and Histories: Essays in Culture, History, and Political Economy* (New Brunswick, NJ: Rutgers University Press, 1994), 28.

[12] 奥斯卡·汉德林和约翰·博德纳的早期著作中关于"背井离乡"和"移居他乡"的争论塑造了民族史领域。自20世纪90年代以来，乔治·桑切斯等人不断推动反对朗·仓重所称的"同化与保留少数族裔文化之间的错误二分法"。例如，参见 Oscar Handlin, *The Uprooted: The Epic Story of the Great Migrations That Made the American People* (Boston: Little, Brown, 1951); John Bodnar, *The Transplanted: A History of Immigrants in Urban America* (Bloomington: Indiana University Press, 1985); George J. Sánchez, *Becoming Mexican American: Ethnicity, Culture and Identity in Chicano Los Angeles, 1900-1945* (New York: Oxford University Press, 1993); Adam McKeown, *Chinese Migrant Networks and Cultural Change: Peru, Chicago, Hawaii, 1900-1936* (Chicago: University of Chicago Press, 2001); Virginia Yans, "On 'Groupness,'" *Journal of American Ethnic History* 25, no. 4 (Summer 2006): 119-129; Lon Kurashige, *Japanese American Celebration and Conflict: A History of Ethnic Identity and Festival, 1934-1990* (Berkeley: University of California Press, 2002); Matthew Frye Jacobson, "More 'Trans-,' Less 'National,'" *Journal of American Ethnic History* 25, no. 4 (Summer 2006): 74-84; Hasia Diner, "American Immigration and Ethnic History: Moving the Field Forward, Staying the Course," *Journal of American Ethnic History* 25, no. 4 (Summer 2006): 130-141。

[13] Sklare and Greenblum, *Jewish Identity on the Suburban Frontier*, 283, 289; Benjamin B. Ringer, *The Edge of Friendliness: A Study of Jewish-Gentile Relations* (New York: Basic Books, 1967).

[14] Larson, *Sweet Bamboo*, 144; Pardee Lowe, "New Year's Day Celebration (American); Native-Born Men & Women."

[15] Sklare and Greenblum, *Jewish Identity on the Suburban Frontier*, 289.

[16] Alida Silverman, interview by author, San Francisco, CA, September 14, 2014. Marshall Sklare and Mark Vosk, *The Riverton Study: How Jews Look at Themselves and Their Neighbors* (New York: The American Jewish Committee, 1957), 26; Jack Wertheimer, "The Conservative Synagogue," in *The American Synagogue: A Sanctuary Transformed* (New York: Cambridge University Press, 1987), 111-49; Andrew R. Heinze, *Adapting to Abundance: Jewish Immigrants, Mass Consumption, and the Search for American Identity* (New York: Columbia University Press, 1990); Deborah Dash Moore, *At Home in America: Second Generation New York Jews* (New York: Columbia University Press, 1981). 更多有关所谓"象征性种族"优劣的辩论，以及作为宗教的犹太教与作为种族的犹太教之间的矛盾，参见

Herbert J. Gans, "Symbolic Ethnicity: The Future of Ethnic Groups and Cultures in America," *Ethnic and Racial Studies* 2, no. 1 (January 1979): 1-20; Deborah Dash Moore, "At Home in America?: Revisiting the Second Generation," *Journal of American Ethnic History* 25, no. 2/3 (Winter-Spring 2006): 156-168。另一种观点,参见 Stephen J. Whitfield, *In Search of American Jewish Culture* (Hanover, NH: Brandeis University Press, 1999)。

[17] Marshall Sklare and Joseph Greenblum, *Jewish Identity on the Suburban Frontier: A Study of Group Survival in the Open Society* (New York: Basic Books, 1967), 16. See also Hanna Miller, "Identity Takeout: How American Jews Made Chinese Food Their Ethnic Cuisine," *Journal of Popular Culture* 39, no. 3 (2006): 430-465; Jennifer 8. Lee, "Why Chow Mein Is the Chosen Food of the Chosen People," in *Mah Jongg: Crak Bam Dot* (New York: 2wiceBooks, 2010), 62-67; Martha Lustbader, Arlene Revitz, and Stacey Revitz, interview by author, San Francisco, February 20, 2015. 学者们对于为什么中餐会成为犹太裔美国人的主食提出了多种猜测,认为这可能与两者共享的移民社区以及中餐中没有乳制品有关。

[18] M. Avrum Ehrlich, ed., *The Jewish-Chinese Nexus: A Meeting of Civilizations* (New York: Routledge, 2008); Vera Schwarcz, *Bridge across Broken Time: Chinese and Jewish Cultural Memory* (New Haven: Yale University Press, 1998); Rudolf Glanz, "Jews and Chinese in America," *Jewish Social Studies* 16, no. 3 (July 1954): 219-34.

[19] Charles Kraus, interview by author, Lake Forest Park, WA, February 14, 2012; Seymour Silverman and Edith Silverman, interview by author, Hartsdale, NY, May 29, 2012; Zelda Lubart, interview.

[20] Jonathan Freedman, *Klezmer America: Jewishness, Ethnicity, Modernity* (New York: Columbia University Press, 2008), 29-34, Ch. 6; Leonard Rogoff, "Is the Jew White?: The Racial Place of the Southern Jew," *American Jewish History* 85, no. 3 (September 1997): 195, 207; Zhou Xun, "The 'Kaifeng Jew' Hoax: Constructing the 'Chinese Jew,'" in *Orientalism and the Jews*, ed. Ivan Davidson Kalmar and Derek J. Penslar (Waltham, MA: Brandeis University Press, 2005), 76.

[21] 有关犹太演员和扮演黑人的相关分析,参见 Michael Rogin, *Blackface, White Noise: Jewish Immigrants in the Hollywood Melting Pot* (Berkeley: University of California Press, 1998)。关于这部颇具影响力的著作的批评性评论,参见 Hasia Diner, "Trading Faces," *Common Quest: The Magazine of Black-Jewish Relations*, 1997。

[22] Viola Cecil, *Maajh*; "Photograph: Women Playing Mahjong in Catskills," n. d., Project Mah Jongg, Collection of Harvey Abrams, Museum of Jewish Heritage—A Living Memorial to the Holocaust.

[23] Madeline Y. Hsu and Ellen D. Wu, "'Smoke and Mirrors': Conditional Inclusion, Model Minorities, and the Pre-1965 Dismantling of Asian Exclusion," *Journal of American Ethnic His-

tory 34, no. 4 (Summer 2015): 43–65; Christina Klein, *Cold War Orientalism: Asia in the Middlebrow Imagination, 1945–1961* (Berkeley: University of California Press, 2003); Madeline Y. Hsu, "From Chop Suey to Mandarin Cuisine: Fine Dining and the Refashioning of Chinese Ethnicity during the Cold War Era," in *Chinese Americans and the Politics of Race and Culture* (Philadelphia: Temple University Press, 2008), 173–94; Ellen D. Wu, *The Color of Success: Asian Americans and the Origins of the Model Minority* (Princeton: Princeton University Press, 2014).

[24] Dorothy S. Meyerson, "*That's It*" *Mah Jongg Instruction Book*, 13th ed. (New York: Dorothy Meyerson, by Permission of the National Mah Jongg League, Inc., 1953), Preface.

[25] Donna R. Braden, *Leisure and Entertainment in America* (Dearborn, MI, 1988).

[26] Claude S. Fischer, "Changes in Leisure Activities, 1890–1940," *Journal of Social History* 27, no. 3 (1994): 453–475.

[27] Albert H. Morehead, "Bridge: Still Going Strong at 30," *New York Times*, December 30, 1956; Morehead, "Games: Who Plays What and Why," *New York Times*, October 13, 1957.

[28] Albert H. Morehead, "Rummy from Argentina," *New York Times*, August 28, 1949.

[29] Braden, *Leisure and Entertainment in America*, 68, 103.

[30] Gwendolyn Wright, *Building the Dream: A Social History of Housing in America* (New York: Pantheon, 1981), 255; James A. Jacobs, "Social and Spatial Change in the Postwar Family Room," *Perspectives in Vernacular Architecture* 13, no. 1 (2006): 70–85, here 81; Laura J. Miller, "Family Togetherness and the Suburban Ideal," *Sociological Forum* 10, no. 3 (1995): 393–418, here 394.

[31] Hilda Schaffer, interview, May 29, 2012.

[32] Alan H. Rosenberg, *Mah Jongg Mavens and Memories*, VHS, 1997.

[33] Jenna Weissman Joselit, *The Wonders of America: Reinventing Jewish Culture 1880–1950* (New York: Hill and Wang, 1994), 5. 另参见 Riv-Ellen Prell, *Fighting to Become Americans: Jews, Gender, and the Anxiety of Assimilation* (Boston: Beacon Press, 1999).

[34] Rita Rappoport Greenstein, interview by author, Phone, February 3, 2010.

[35] Moore, *To the Golden Cities*, 1; Hasia Diner, *The Jews of the United States*, 2004, 241.

[36] Moore, *At Home in America*.

[37] Mary Dudziak, *Cold War Civil Rights: Race and the Image of American Democracy*, 2nd ed. (Princeton: Princeton University Press, 2011).

[38] Eric L. Goldstein, *The Price of Whiteness: Jews, Race, and American Identity* (Princeton: Princeton University Press, 2006), 190.

[39] Sklare and Vosk, *The Riverton Study*; Diner, *The Jews of the United States*, 2004, 161; Riv-Ellen Prell, "Triumph, Accommodation, and Resistance: American Jewish Life from the

End of World War II to the Six-Day War," in *The Columbia History of Jews and Judaism in America* (New York: Columbia University Press, 2008), 137.

[40] Prell, "Triumph, Accommodation, and Resistance," 126.

[41] Sklare and Greenblum, *Jewish Identity on the Suburban Frontier*.

[42] Prell, "American Jewish Life from the End of World War II to the Six-Day War," 119.

[43] Lizebeth Cohen, *A Consumers' Republic: The Politics of Mass Consumption in Postwar America* (New York: Random House, 2003), 216, 222. 自20世纪20年代以来,为了将"不受欢迎的人"(包括犹太人)拒之于社区之外而使用的住宅公约,于1948年被最高法院宣布为违宪。然而,针对多户家庭和低成本住房的新分区策略出现了,以设立阶层界限。到了六七十年代,大多数美国白人,不分阶层,都从市区迁往郊区。

[44] Ibid., 23. 在不断分散的过程中,犹太人的迁移模式依然清晰而独特。到20世纪60年代初,洛杉矶已取代芝加哥成为美国第二大城市,并成为世界上最大的犹太城市之一。洛杉矶的犹太人口规模位居世界第三,仅次于纽约和特拉维夫。特别是洛杉矶的总人口如雨后春笋般增长,犹太裔占新居民的10%以上。相比之下,全美人口中只有3%是犹太裔。*American Jewish Year Book* 1969 (American Jewish Committee, Jewish Publication Society, 1969); United States Census Bureau, "1960 Census," accessed July 30, 2014, https://www.census.gov.

[45] Moore, *At Home in America*; Jenna Weissman Joselit, "The Special Sphere of the Middle-Class American Jewish Woman: The Synagogue Sisterhood, 1890–1940," in *The American Synagogue: A Sanctuary Transformed*, ed. Jack Wertheimer (New York: Cambridge University Press, 1987), 206–30. Antler, *The Journey Home*; Joellyn Wallen Zollman, "Every Wise Woman Shoppeth for Her House: The Sisterhood Gift Shop and the American Jewish Home in the Mid-Twentieth Century," in *Jews at Home: The Domestication of Identity*, ed. Simon J. Bronner (Portland, OR: The Littman Library of Jewish Civilization, 2010), 75–106; Joselit, "The Special Sphere of the Middle-Class American Jewish Woman."

[46] Kevin Schultz, *Tri-Faith America: How Catholics and Jews Held Postwar America to Its Protestant Promise* (New York: Oxford University Press, 2011); Diner, *The Jews of the United States*, 252.

[47] Joselit, *The Wonders of America*. 犹太裔美国人中,有德国血统的人也打麻将,但其比例可能低于以东欧血统为主的犹太裔。参见有关阶级和教派区别的表述。这些区别大致对应了较早的德国移民后裔与较新的东欧移民后裔之间的不同模式。前者更有成就,也更融入美国社会;而后者作为一个群体比其德国同胞更贫穷,也更受歧视。

[48] Linda Kraus, interview by author, Lake Forest Park, WA, February 15, 2012. 讲话中强调的部分用斜体表示。

[49] Dorene Beller, interview by author, Manhattan, NY, May 23, 2012.

[50] Goldstein, *The Price of Whiteness*, 5; Hsu and Wu, "Smoke and Mirrors."

[51] Matthew Frye Jacobson, *Whiteness of a Different Color: European Immigrants and the Alchemy of Race* (Cambridge, MA: Harvard University Press, 1998), 176.

[52] Ringer, *The Edge of Friendliness*; Sklare and Greenblum, *Jewish Identity on the Suburban Frontier*. 这些焦虑源自 20 世纪 20 年代, 参见 Alexander, *Jazz Age Jews*。

[53] Antler, *The Journey Home*, 233.

[54] Goldstein, *The Price of Whiteness*; Lila Corwin Berman, "American Jews and the Ambivalence of Middle-Classness," *American Jewish History* 93, no. 4 (December 2007): 409–34; Karen Brodkin, *How Jews Became White Folks and What That Says about Race in America* (New Brunswick, NJ: Rutgers University Press, 1998).

[55] Diner, *The Jews of the United States*, 2004, 277–81; Prell, "American Jewish Life from the End of World War II to the Six-Day War," 120.

[56] Prell, "American Jewish Life from the End of World War II to the Six-Day War," 120; Cohen, *A Consumers' Republic*; Deborah Dash Moore, *To the Golden Cities: Pursuing the American Jewish Dream in Miami and LA* (New York: Free Press, 1994); Kenneth T. Jackson, *Crabgrass Frontier: The Suburbanization of the United States* (New York: Oxford University Press, 1985).

[57] Moore, *To the Golden Cities*, 26, 48.

[58] Prell, "American Jewish Life from the End of World War II to the Six-Day War," 119. 有关纽约背景下的 "郊区" 定义和 20 世纪 20 年代移民的更多信息, 参见 Moore, *At Home in America*; Daniel Horowitz, "Jewish Women Remaking American Feminism/Women Remaking American Judaism: Reflections on the Life of Betty Friedan," in *A Jewish Feminine Mystique? Jewish Women in Postwar America* (New Brunswick, NJ: Rutgers University Press, 2010), 235–256。

[59] "League's Contributions to Charity in 1959 Surpass Donations of Any Previous Year," *National Mah Jongg League News*, January 1960, National Mah Jongg League Private Collection; "League's Contributions Continue to Grow," *National Mah Jongg League News*, January 1965, National Mah Jongg League Private Collection.

[60] May Co., "Advertisement: New 1960 Mah Jongg Rules Just Released," *Los Angeles Times*, May 3, 1959.

[61] Cohen, *A Consumers' Republic*, Ch. 6.

[62] Moore, *To the Golden Cities*, 50.

[63] Phil Brown, "A Movable Community in the Catskills," in *The Other Promised Land: Vacationing, Identity, and the Jewish American Dream*, ed. Avi Y. Decter and Melissa Martens (Baltimore: The Jewish Museum of Maryland, 2005), 62–75.

[64] Brown, *Catskills Culture* Chs. 2–3.

[65] 其他音译包括 cochalein, kocheleyn 和 kuchalein. Ibid., 45。

[66] Silverman, interview, October 11, 2014; Rochelle "Shelley" Schreiber, interview by author, Phone, August 25, 2011.

[67] David Boroff, "The Catskills," 62. See also M. S., "A Bungalow in the Hills," *New York Times*, June 10, 1956.

[68] Brown, *Catskills Culture*, 43; David Boroff, "The Catskills," 56.

[69] M. S., "A Bungalow in the Hills."

[70] The Concord Hotel, "Advertisement: Hotels, Like People, Are Judged by the Company They Keep," *New York Times*, May 8, 1955; "Grossinger News Notes," *New York Times*, February 6, 1966.

[71] Brown, *Catskills Culture*, 43.

[72] David Boroff, "The Catskills," 61.

[73] Ibid., 62. 关于博罗夫对犹太女性造成堕落的文化影响的评论的更多内容，参见 Prell, *Fighting to Become Americans*, 152。

[74] Dellon, interview.

[75] Charles Kraus, interview.

[76] David Kaufman, *Shul with a Pool: The "Synagogue-Center" in American Jewish History* (Hanover, NH: Brandeis University Press, 1999).

[77] Barbara Dellon, interview by author, June 25, 2014.

[78] Shtetl 是意第绪语，指大屠杀和大屠杀之前东欧和中欧的犹太城镇。转引自 Brown, "A Movable Community in the Catskills," 72。

[79] Brown, *Catskills Culture*, 90; Dellon, interview; Charles Kraus, interview.

[80] Silverman, interview, October 11, 2014.

[81] Eva Rubel and Richard Rubel, interview by author, Riverdale, Bronx, NY, May 30, 2012; Brown, *Catskills Culture*, 44.

[82] David Boroff, "The Catskills," 63.

[83] Decter, "Foreword," 6.

[84] Margo Horn, "Email"; Dellon, interview; "Photograph: Mah Jong," 1957, Frieda Spieler Family Papers, The William Breman Jewish Heritage Museum; Judye Kanfer, interview by author, Phone, February 29, 2012; Hilda Schaffer, interview, May 29, 2012; Joan Mapou, "Email," October 23, 2014.

[85] "New Way of Life: The Beach Clubs," *New York Times*, August 19, 1959. Miller, "Family Togetherness and the Suburban Ideal"; Elaine Tyler May, *Homeward Bound: American Families in the Cold War Era* (New York: Basic Books, 1988).

[86] "New Way of Life: The Beach Clubs."

[87] Dellon, interview.

[88] Ruth Unger, interview by author, Phone, June 1, 2012.

[89] Herma Scheffer, "President's Message [1960]," *National Mah Jongg League News*, January 1960, National Mah Jongg League Private Collection.

[90] 关于战后多元主义，参见 Daryl Michael Scott, "Postwar Pluralism, *Brown* v. *Board of Education*, and the Origins of Multicultural Education," *Journal of American History* 91, no. 1 (June 2004): 69-82。

[91] Judye Kanfer, interview by author, Phone, February 29, 2012; Nancy Kraus, interview by author, Brooklyn, NY, May 22, 2012; Beth Lean, interview by author, Phone, June 17, 2014; "Mah Jongg, That's It! Facebook Group Discussion," January 13, 2020.

第十章 战后家庭生活的悖论

[1] 凯西·佩斯在分析20世纪初年轻职业女性文化时提出的"双重视野"概念在此也很有用。她认为，当时的女性"对风格、时尚、浪漫和男女混合的乐趣的追捧可能是自主和愉悦的源泉，也可能是她们持续遭受压迫的原因"。Kathy Peiss, *Cheap Amusements: Working Women and Leisure in Turn-of-the-Century New York* (Philadelphia: Temple University Press, 1986), 6.

[2] Elaine Tyler May, *Homeward Bound: American Families in the Cold War Era* (New York: Basic Books, 1988). 冷战文化并不能用寥寥数语概括，还有更多复杂的例子，参见 Joanne Meyerowitz, ed., *Not June Cleaver: Women and Gender in Postwar America*, 1945-1960 (Philadelphia: Temple University Press, 1994)。

[3] 有关早期将家庭作为分析对象的基础性研究的全面回顾，参见 Linda Kerber, "Separate Spheres, Female Worlds, Woman's Place: The Rhetoric of Women's History," *Journal of American History* 75, no. 1 (June 1988): 9-39. 有关家务劳动的分析，尤其可参见 Jeanne Boydston, *Home and Work: Housework, Wages, and the Ideology of Labor in the Early Republic* (New York: Oxford University Press, 1990); and Thavolia Glymph, *Out of the House of Bondage: The Transformation of the Plantation Household* (New York: Cambridge University Press, 2008)。有关美国家政史的更多内容，参见 Kathryn Kish Sklar, "Reconsidering Domesticity through the Lens of Empire and Settler Society in North America," *American Historical Review* 124, no. 4 (October 2019): 1249-1266。

[4] Kerber, "Separate Spheres, Female Worlds, Woman's Place."

[5] May, *Homeward Bound*, 138-41; Margaret Marsh, "Suburban Men and Masculine Domesticity, 1870-1915," *American Quarterly* 40, no. 2 (1988): 165-186.

[6] 然而，在44岁以上的犹太妇女中，有近40%的人重返工作岗位，因为许多人在孩子长大后重新就业。Riv-Ellen Prell, "Triumph, Accommodation, and Resistance: American Jewish Life from the End of World War II to the Six-Day War," in Marc Lee Raphael, ed., *The Columbia History of Jews and Judaism in America* (New York: Columbia University Press, 2008), 114-141, here 127. 有关全美妇女就业的数据，参见 M. Hartmann, "Women's

Employment and the Domestic Ideal in the Early Cold War Years," in Meyerowitz, *Not June Cleaver*, 84-100。

[7] Hasia Diner, Shira Kohn, and Rachel Kranson, "Introduction," in Diner, Kohn, and Kranson, *A Jewish Feminine Mystique? Jewish Women in Postwar America* (New Brunswick, NJ: Rutgers University Press, 2010), 1-12, here 3-4.

[8] Diner, Kohn, and Kranson, *A Jewish Feminine Mystique?*

[9] Steven M. Gelber, *Hobbies: Leisure and the Culture of Work in America* (New York: Columbia University Press, 1999); Cowan, *More Work for Mother*; Janice Brodsky, telephone interview by author, March 28, 2012.

[10] Natalie Cohen, Phone, May 15, 2013.

[11] Danny Davis, My Son the President: Mah Jong Tea, 12in LP (Strand, 1962), Dartmouth Jewish Sound Archive; Allan Sherman, My Son the Folk Singer: Shticks and Stones, 12in LP (Warner Brothers Records, 1962), Dartmouth Jewish Sound Archive; Joyce Antler, *You Never Call! You Never Write!: A History of the Jewish Mother* (New York: Oxford University Press, 2007); Dan Greenburg, *How to Be a Jewish Mother: A Very Lovely Training Manual* (Los Angeles: Price/ Stern/ Sloan Publishers, Inc., 1964).

[12] Beth Lean, interview by author, Phone, June 17, 2014. 关于一套儿童麻将牌的例子，参见 "Advertisement: Fortunoff's 3 Day Sale," New York Times, April 20, 1958。

[13] Beth Lean, interview by author, Phone, June 25, 2014; Allen Meyers, *The Jewish Community of West Philadelphia*, Images of America (Charleston SC: Arcadia Publishing, 2001), 8.

[14] Sylvia Leeds, interview.

[15] Arleen Winston Goldman, "Mah Jongg League Brought Ancient Game of China to Modern Jewish Community," *Jewish News*, April 6, 2000.

[16] 对于打麻将时的对话和游戏节奏的文学描写，参见 Christie, *The Murder of Roger Ackroyd*, Ch. 16; Gerstenberg, *Four Plays for Four Women*; Eileen Chang, *Lust, Caution*; Amy Tan, *The Joy Luck Club*。

[17] *Audio Piece by Timothy Nohe for "Project Mah Jongg" Exhibition*, n. d., Museum of Jewish Heritage— A Living Memorial to the Holocaust.

[18] Rita Rappoport Greenstein, interview, May 21, 2012; Sylvia Leeds, interview.

[19] Heller and Pearlman, *Mah-Jongg: The Tiles That Bind*.

[20] Donna R. Braden, *Leisure and Entertainment in America* (Dearborn, MI: Henry Ford Museum & Greenfield Village, 1988), 105; James A. Jacobs, "Social and Spatial Change in the Postwar Family Room," *Perspectives in Vernacular Architecture* 13, no. 1 (2006): 70-85.

[21] Laura J. Miller, "Family Togetherness and the Suburban Ideal," *Sociological Forum* 10, no. 3 (September 1995): 393-418; Elaine Tyler May, *Homeward Bound: American Families in the Cold War Era* (New York: Basic Books, 1988).

[22] Beth Lean, interview by author, Phone, June 25, 2014; Hilda Schaffer, interview by author, Hartsdale, NY, May 29, 2012; "Photograph [1940s]," 1940s n. d., Louis Silver Family Papers, The William Breman Jewish Heritage Museum.

[23] Geraldine S. Foster, "'Click, Click, Click': The Sound of Mah Jongg," *Rhode Island Jewish Historical Notes* 15, no. 1 (2008): 107-8.

[24] Alan H. Rosenberg, *Mah Jongg Mavens and Memories*, VHS, 1997; Toby Weiss, interview by author, Riverdale, Bronx, NY, May 30, 2012; David Unger, interview by author, Manhattan, NY, May 31, 2012.

[25] Dorene Beller, interview by author, Manhattan, NY, May 23, 2012. 着重号为原文所加。玛乔丽·梅耶尔森·特罗姆对此表示赞同, 参见 Marjorie Meyerson Troum, interview by author, Los Angeles, August 21, 2012。关于足不出户的移民祖母的回忆, 参见 Hilda Schaffer, interview by author, Phone, November 11, 2010。几乎所有受访者和对麻将团体的描述都反映了这一点。

[26] Lynn Spigel, *Make Room for TV: Television and the Family Ideal in Postwar America* (Chicago: University of Chicago Press, 1992), Ch. 3.

[27] Lisa McGirr, *Suburban Warriors: The Origins of the New American Right* (Princeton: Princeton University Press, 2001); Bennett M. Berger, *Working-Class Suburb: A Study of Auto Workers in Suburbia* (Berkeley: University of California Press 1960); Reva Salk, interview by author, Floral Park, Long Island, NY, May 22, 2012.

[28] Nancy Kraus interview, May 22, 2012; Dorene Beller interview, May 23, 2012; Zelda Lubart, interview by author, Manhattan, NY, May 23, 2012; Ethel Shapiro et al., interview by author, Brooklyn, NY, May 22, 2012; Hilda Schaffer, interview by author, Hartsdale, NY, May 29, 2012; Rita Rappoport Greenstein, telephone interview by author, February 3, 2010; Barbara Dellon interview, June 25, 2014; Natalie Cohen, telephone interview by author, May 15, 2013. Foster, "'Click, Click, Click': The Sound of Mah Jongg," 111.

[29] Eva Rubel and Richard Rubel, interview; Cohen, interview.

[30] Dorene Beller, "Email," January 16, 2020; Jill Shuman, "Mahjong Community Facebook Group Discussion," January 13, 2020.

[31] Charles Kraus, "Email," January 16, 2020; "Mah Jongg, That's It! Facebook Group Discussion," January 13, 2020; "Mahjong Memories Facebook Group Discussion," January 13, 2020; "Mahjong Community Facebook Group Discussion," January 13, 2020.

[32] Marjorie Meyerson Troum interview, August 21, 2012.

[33] Norris Leap, "Baby Sits with Papa When Mom Goes Out," *Los Angeles Times*, August 7, 1959, A1.

[34] Fortunoff's, "Advertisement: I Gave My Mommy $1.62 for Mother's Day!," *New York*

Times, May 4, 1958; Seymour Silverman and Edith Silverman, interview; Hilda Schaffer, interview, May 29, 2012.

[35] Marilyn Starr, interview.

[36] Dorothy Stern and Sarah Blustain, "Tiles and Tribulations," Lilith 35, no. 2 (Summer 2010): 21-23.

[37] Silverman, interview, October 11, 2014.

[38] Audio Piece by Timothy Nohe for "Project Mah Jongg" Exhibition.

[39] Sylvia Leeds, interview.

[40] Reva Salk, interview.

[41] National Mah Jongg League, "National Mah Jongg League News," January 1965, National Mah Jongg League Private Collection.

[42] Marjorie Sablow, interview by author, Hartsdale, NY, May 29, 2012.

[43] Sylvia Leeds, interview by author, Phone, August 8, 2014. Echoed by Boots Hersh, "Email," September 25, 2015.

[44] [*Tablecloth*], n. d., Toby Salk Personal Collection; [*Apron*], n. d., Toby Salk Personal Collection; [*Apron*], n. d., Project Mah Jongg, Museum of Jewish Heritage— A Living Memorial to the Holocaust.

[45] [*Dorothy S. Meyerson Teaching Mah Jongg on Television*, 1951], Photograph, 1951, Project Mah Jongg, Museum of Jewish Heritage— A Living Memorial to the Holocaust.

[46] Toby Weiss, interview; Pamela Gurock, interview by author, Riverdale, Bronx, NY, May 30, 2012; "Mah Jongg, That's It! Facebook Group Discussion"; Zelda Schoengold to author, November 2014.

[47] Renny Pritikin, "Email 1," June 25, 2014; Marjorie Meyerson Troum, interview; Rosenberg, *Mah Jongg Mavens and Memories*; Fern Bernstein, "Catskills Mah Jongg Memories," Mah Jongg Mondays, May 4, 2020.

[48] Beller, "Email," January 16, 2020.

[49] Linda Kraus, interview by author, Lake Forest Park, WA, February 15, 2012; Barbara Dellon, interview by author, Telephone, June 25, 2014.

[50] Hilda Schaffer, interview, May 29, 2012.

[51] Nancy Kraus, interview by author, Brooklyn, NY, May 22, 2012; Dorene Beller, interview; Zelda Lubart, interview by author, Manhattan, NY, May 23, 2012; Ethel Shapiro et al., interview by author, Brooklyn, New York, May 22, 2012; Hilda Schaffer, interview, May 29, 2012; Rita Rappoport Greenstein, interview by author, Phone, February 3, 2010; Dellon, interview; Cohen, interview.

[52] Ethel Shapiro et al., interview.

[53] Dorothy S. Meyerson, "*That's It*: *A New Way to Play Mah Jong*, 1937. 少数人打麻将时完

全不涉及任何金钱，但大多数人喜欢从游戏中获得一些利益所带来的额外动力。

[54] Dellon, interview; Ethel Shapiro et al., interview; Eva Rubel and Richard Rubel, interview by author, Riverdale, Bronx, NY, May 30, 2012; Foster, "'Click, Click, Click': The Sound of Mah Jongg," 112.

[55] Marion Banks, "Coin Purse," 1950, National Museum of American Jewish History; "The Ever- Popular Mah Jongg Purse," *National Mah Jongg League News*, January 1965, National Mah Jongg League Private Collection; "Letter to the Editor: Jane Civins- Mills."

[56] Arthur Tanney, "Vendors, Peddlers and Knishmen in the Summer," *In the Mountains Newsletter of the Catskills Institute*, March 1999, Catskills Institute Files, American Jewish Historical Society, New York.

[57] Dorothy S. Meyerson, "That's It:" *A New Way to Play Mah Jong*, 1937, 18. Foster, "'Click, Click, Click': The Sound of Mah Jongg," 109.

[58] Rolaine Hochstein, "Mah- Jongg Returns"; Ethel Shapiro et al., interview; Rita Rappoport Greenstein, interview, May 21, 2012.

[59] Lustbader, Revitz, and Revitz, interview.

[60] Ethel Shapiro et al., interview.

[61] Rosenberg, *Mah Jongg Mavens and Memories*.

[62] Sklare and Greenblum, *Jewish Identity on the Suburban Frontier*, 258.

[63] Silverman, interview, October 11, 2014.

[64] Prell, "American Jewish Life from the End of World War II to the Six- Day War"; Horowitz, "Jewish Women Remaking American Feminism/ Women Remaking American Judaism"; Moore, *B'nai B'rith and the Challenge of Ethnic Leadership*.

[65] Lustbader, Revitz, and Revitz, interview.

[66] Alexander Grinstein, "Profile of a 'Doll' — A Female Character Type," *Psychoanalytic Review* 50, no. 2 (Summer 1963): 161–74; Davis, *My Son the President: Mah Jong Tea*; Sherman, *Shticks and Stones*.

[67] Antler, *You Never Call! You Never Write!*; Riv- Ellen Prell, *Fighting to Become Americans: Jews, Gender, and the Anxiety of Assimilation* (Boston: Beacon Press, 1999).

[68] Rebecca Jo Plant, *Mom: The Transformation of Motherhood in Modern America* (Chicago: University of Chicago Press, 2010).

[69] Philip Roth, *Portnoy's Complaint* (New York: Random House, 1969), 98.

[70] Roth, 43.

[71] 确实，另一名年轻男子自杀身亡，他留下的遗言是他在母亲的麻将群组里给母亲的电话留言。Roth, 120.

[72] "The Mah- Jongg Craze," *Newsweek*, February 24, 1969, 15; Kingsley Amis, "Waxing Wroth," book review, *Harper's Magazine*, April 1, 1969, 104–107.

[73] Antler, *You Never Call! You Never Write!*, 8−9; Joyce Antler, "'We Were Ready to Turn the World Upside Down': Radical Feminism and Jewish Women," in Diner, Kohn, and Kranson, *A Jewish Feminine Mystique?*, 210−234.

[74] Stephanie Grossman, telephone interview by author, April 23, 2013.

[75] Gwen Gibson Schwartz and Barbara Wyden, *The Jewish Wife* (New York: Paperback Library, 1969), 211; Friedan, *The Second Stage*, 80. 罗伯特·斯沃德附和了弗里丹的观点，参见 Robert Sward, "Kaddish," *The Massachusetts Review*, Summer 1964。

[76] Rolaine Hochstein, "Mah-Jongg Returns—One Bam, Two Crack, How about a Little Snack?," *Ms. Magazine*, January 1977, 14−18; Civins-Mills, letter to the editor.

[77] Dorothy Stern, "Tiles and Tribulations," *Lilith* 35, no. 2 (Summer 2010): 20−23.

[78] Hasia Diner, *The Jews of the United States, 1654 to 2000* (Berkeley: University of California Press, 2004), 304; Juliet Schor, *The Overworked American: The Unexpected Decline of Leisure* (New York: Basic Books, 1991).

[79] Claire Cain Miller, "The Relentlessness of Modern Parenting," *New York Times*, December 25, 2018; Sharon Hays, *The Cultural Contradictions of Motherhood* (New Haven: Yale University Press, 1998); Philip Cohen, *Enduring Bonds: Inequality, Marriage, Parenting, and Everything Else That Makes Families Great and Terrible* (Oakland: University of California Press, 2018).

结语 解读麻将牌

[1] 引文来自 Rochelle "Shelley" Schreiber et al., Group observation, San Francisco, CA, October 3, 2011; Rochelle "Shelley" Schreiber, interview by author, Phone, August 25, 2011.

[2] Lucette Lagnado, "Dust Off Your Old Game Table: Mah-Jongg Is Making a Comeback," *Wall Street Journal*, October 18, 2010; Kara Baskin, "The New Age of Mahjong," *Boston Globe*, May 18, 2016; Lisa Keys, "Gen-X and Web Spurring a Revival of Mah-Jongg, the Game of Bubbes," *Forward*, October 19, 2001.

[3] "Julia Roberts Calms Down by Playing Mahjong," *The Late Show with Stephen Colbert*, December 5, 2018.

[4] Chinese American Women's Club, "A Humble Beginning," 2012, temporary exhibit, Pioneering the Valley: The Chinese American Legacy in Santa Clara Valley, Martin Luther King Jr. Library, San Jose; Emily Yue, "Email," February 27, 2012.

[5] Amy Tan, *The Joy Luck Club*; Wayne Wang, *The Joy Luck Club* (Buena Vista Pictures, 1993); Alan Patureau, "'The Joy Luck Club' Renews Interest in Age-Old Mah-Jongg," *Chicago Daily Tribune*, November 18, 1993. 在当时的其他流行媒体中，也有一些地方提到了麻将，包括1989年的电影《吃一碗茶》中唐人街的麻将玩家，以及1989年电影

《为黛茜小姐开车》中通过麻将来标示黛西·韦尔丹是犹太人的一幕。这些电影可能为《喜福会》产生更大影响奠定了文化基础。Bruce Beresford, *Driving Miss Daisy* (Warner Bros. Pictures, 1989); Wayne Wang, *Eat a Bowl of Tea* (Columbia Pictures, 1989).

[6] Beverly Beyette, "Hands (and Strategies) across the Mah-Jongg Table," *Los Angeles Times*, March 18, 1996, sec. Life & Style.

[7] Sonaiya Kelley, "'Crazy Rich Asians' Dominates the Box Office, Makes History for Representation," *Los Angeles Times*, August 19, 2018, sec. Movies. 最近另一部将麻将搬上银幕，但未引起广泛讨论的好莱坞作品，是李安在2007年根据张爱玲的《色·戒》改编的电影。Ang Lee, *Lust, Caution* (Focus Features, 2007).

[8] Jon Chu, *Crazy Rich Asians* (Warner Bros. Pictures, 2018); Kevin Kwan, *Crazy Rich Asians* (New York: Anchor Books, 2013). 导演朱浩伟在电影中加入了那场麻将戏；原书中没有该情节。

[9] Jeff Yang, "The Symbolism of Crazy Rich Asians' Pivotal Mahjong Scene, Explained," *Vox*, August 31, 2018.

[10] "Games Night at London Arms," *The Other Side*, July 1980, Series 9: Gay and Lesbian Community, Support, and Spirit, Gay, Lesbian, Bisexual and Transgender Historical Society; Ethan Mordden, "Beach Blanket Mah-Jongg," in *Everybody Loves You: Further Adventures in Gay Manhattan* (New York: St. Martin's Press, 1988), 155–173; "3 Crack, 2 Bam, Fan of Bridge Mix?," *Jewish Gaily Forward*, April 2001; Caryn Aviv, "Thank You and Goodbye," *Jewish Gaily Forward*, September 2003; Chiou-ling Yeh, *Making an American Festival: Chinese New Year in San Francisco's Chinatown* (Berkeley: University of California Press, 2008), 194, 197; Nan Alamilla Boyd, *Wide Open Town: A History of Queer San Francisco to 1965* (Berkeley: University of California Press, 2003). Amy Sueyoshi, *Discriminating Sex: White Leisure and the Making of the American "Oriental"* (Urbana: University of Illinois Press, 2018).

[11] Rachel Levin, "Jewish Summer Camp with Campfires, Crafts and No Lights Out," *New York Times*, September 18, 2019.

[12] Emily Burack, "The Best Jewish References in 'The Marvelous Mrs. Maisel' Season 2," *Kveller*, December 12, 2018, https://www.kveller.com.

[13] Nina Badzin, "Why I Love My Mah-Jongg Group," *TC Jewfolk*, May 5, 2015, http://tcjewfolk.com. 另请参见 Selah Maya Zighelboim, "Playing Mahjong with the Granddaughters," *Jewish Exponent*, November 24, 2019, https://www.jewishexponent.com; Lagnado, "Dust Off Your Old Game Table".

[14] Angelo Bautista, "Picking Up the Pieces of Mahjong," *To the Best of Our Knowledge* (Wisconsin Public Radio and PRX, November 30, 2019); Erika Lee, *The Making of Asian*

America: A History (New York: Simon and Schuster, 2015).

[15] Denice Wisniewski, Phone, August 6, 2014; Forth [pseud.], interview; Grace Chun and Amy Gwilliam, interview by author, Chinese-American Museum of Chicago, August 18, 2011

[16] "2019 Egg Rolls, Egg Creams & Empanadas Festival," Museum at Eldridge Street, accessed March 16, 2020, https://www.eldridgestreet.org/festival; Imin Yeh and Leah Rosenberg, "Jews for Dim Sum," Imin Yeh, accessed June 17, 2020, http://iminyeh.info/jews-for-dim-sum.

[17] Bethany Ao, "Philly's Mahjong Club Brings a Time-Honored Game to Bottle Shops, Board-Game Cafes," *Philadelphia Inquirer*, August 7, 2019. 有关对该影片的类似反应, 参见 Laurie Levy, "Learning to Play Mahjong," Still Advocating (blog), October 11, 2018, www.chicagonow.com/still-advocating/2018/10/learning-to-play-mahjong。

[18] Amy Jacobs, "Mah Jongg Unites People of All Ages, Places in the Bay Area," *Jewish News Weekly of Northern California*, November 17, 2000.

[19] Penny Schwartz, "It's Not Their Mother's Game: A New Generation of Women Embrace Mah Jongg," *Jewish Advocate*, October 16, 2003; Gloria Shukert Jones, "Getting to Know You Takes Precedence at Mah Jongg," *The Jewish Press*, April 3, 2009.

[20] Kelli Vernon Kirkham, interview by author, Dallas, TX, June 10, 2016.

[21] Toby Salk, interview by author, Berkeley, CA, April 20, 2012; Linda Feinstein, interview by author, Manhattan, NY, May 21, 2012.

[22] Xinyan Yu, "How Mahjong Shaped America," Inkstone, *South China Morning Post*, September 13, 2019; Keys, "Gen-X and Web Spurring a Revival of Mah-Jongg, the Game of Bubbes."

[23] Abacus, "Tesla Owners in China Can Soon Play Mahjong and Poker in Cars," *South China Morning Post*, December 20, 2019, sec. Tech.

[24] Elsie McCormick, "China's Ancient Dominoes Now Fascinate Foreigners," *China Press*, September 11, 1921, MJSC Scrapbook 1, PB.

[25] Marcia Biederman, "An Ancient Game with Fresh Appeal," *New York Times*, August 21, 2003.

[26] *Official National Mah Jongg League Internet Game*, n.d., https://www.nmjl.org/game/home.html.

[27] Fern Bernstein, "Game Interrupted: How the Coronavirus Is Affecting Mah Jongg," Mah Jongg Mondays, March 16, 2020.

[28] "Crisloid," accessed July 30, 2018, https://crisloid.com/product-category/mahjong. 有关克里斯罗伊德受历史启发而设计的产品, 参见 "Crisloid and Red Coin," accessed July 30, 2018, https://crisloid.com/product/the-dragon-mah-jong-set-by-red-coin-

and- crisloid。

[29] Natalie Cohen, Phone, May 15, 2013; Rochelle "Shelley" Schreiber, interview; Toby Salk, interview by author, Phone, February 6, 2020; Reva Salk, interview by author, Floral Park, Long Island, NY, May 22, 2012; Schwartz, "It's Not Their Mother's Game."

部分参考文献

档案与手稿专藏

American Jewish Historical Society, New York, New York
　　Catskills Institute Records
　　Kurt K. Field Film Collection
Brooklyn Museum, Brooklyn, New York
　　Stewart Culin Papers
Chicago History Museum
　　World's Columbian Exposition Collection
　　Olga H. Huncke Scrapbook
Christopher Berg Personal Collection, Columbia, South Carolina
　　Joseph and Norma Babcock Collection
Columbia University, New York, New York
　Butler Library, Rare Books & Manuscripts Library
　　　Leo Lerman Papers
Harvard University, Cambridge, Massachusetts
　　Peabody Library
　　　Janet Elliott Wulsin Papers
　　Radcliffe Institute for Advanced Study, Schlesinger Library
　　　Amy Richardson Holway Papers
　　　　Florence May Wyman Currier Papers
　　　　Julia Coolidge Deane Papers
　　　　Marion Angeline Howlett Papers
　　　　Mary M. Wilbur Papers
　　　　Thyra Pedersen Papers
Hasbro Factory, East Longmeadow, Massachusetts (now a Cartamundi factory)

Parker Brothers Archive (PB)
  Mah Jongg Sales Company of America Collection (MJSC)
Huntington Library, San Marino, California
  Chong Family Album
  Grace Nicholson Papers
  Hong Family Papers
Johni Levene Personal Collection, Berkeley, California
  Mahjong sets and ephemera
Library of Congress
  American Folklife Center
    StoryCorps Archive
    Veterans History Project
  Motion Pictures Division
    Copyright Descriptive Material
  Music Division
    Richard Rodgers Collection
    Vol Tilzer/ Gumm Collection
    George and Ira Gershwin Collection
  Prints and Photographs Division
    George Clark, Swann Collection
    Herbert Frank National Photo Company Collection
    New York World-Telegram & Sun Collection
    Pung Wo Company Collection
    Underwood & Underwood Collection
Marjorie Meyerson Troum Personal Collection, Pacific Palisades, California
  Dorothy Meyerson Scrapbook
Metroplitan Museum of Art, New York, New York
  Erté Collection
Museum of Jewish Heritage— A Living Memorial to the Holocaust, New York, New York
  Project Mah Jongg Exhibit
National Archives at San Francisco, San Bruno, California
  Equity Case #847
  Equity Case #848
National Mah Jongg League (NMJL), New York, New York
  NMJL Private Collection

National Museum of American History Archives Center, Washington, DC
    Warshaw Collection of Business Americana
New York Public Library, New York, New York
    Library for the Performing Arts, Billy Rose Theatre Division
    Otto Harbach Papers
San Francisco Public Library (SFPL), San Francisco, California
    San Francisco History Archives
        Square and Circle Club Collection
Scripps College, Claremont, California
    Denison Library
    Bess Hovey Games Collection
Stanford University, Stanford, California
    Green Library, Special Collections
        Alice Fong Yu Papers
        Chinese Immigration Pamphlets
        Emory M. Lee Collection
    Hoover Archive
        Pardee Lowe Collection
        Survey of Race Relations
Toby Salk Personal Collection, Berkeley, California
    Mahjong sets and ephemera
Tom Sloper Personal Collection, Los Angeles, California
    Interview with Herma Jacobs
    Mahjong sets
University of California, Berkeley, California
    Bancroft Library
        Chinese in California Collection
        Jesse Brown Cook Scrapbooks
        San Francisco News-Call Bulletin Newspaper Photograph Archive
        War Relocation Authority Collection
    Ethnic Studies Library
        Angel Island Oral History Project
        Chinese-American Business Miscellany
        Chinese American Citizens Alliance Organizational Materials
        Him Mark Lai Papers
        Kem Lee Collection

University of California, Los Angeles, California
  Southern California Chinese American Oral History Project
William Breman Jewish Heritage Museum, Atlanta, Georgia
  Louis Silver Family Papers
  Frieda Spieler Family Papers
Wright-Patterson Mah Jongg Group, Wright-Patterson Air Force Base, Ohio
  Wright-Patterson Mah Jongg Group Scrapbook

在线档案

Catskills Institute
  Mountain Memoirs and Historical Essays
Japanese American National Museum
    Walter Muramoto Photographs
Mah Jong Museum
  Mah Jong History and Collection
San Francisco Maritime National Historical Park
  American President Lines Records
University of California, Berkeley
  Japanese American Relocation Digital Archives
  The Japanese American Evacuation and Resettlement
Winterthur Library
  A. A. Vantine and Company Collection

部分进一步阅读书目

Antler, Joyce. *The Journey Home: Jewish Women and the American Century*. New York: Free Press, 1997.

Antler, Joyce. *You Never Call! You Never Write!: A History of the Jewish Mother*. New York: Oxford University Press, 2007.

Braden, Donna R. *Leisure and Entertainment in America*. Dearborn, MI: Henry Ford Museum & Greenfield Village, 1988.

Chang, Gordon H. *Fateful Ties: A History of America's Preoccupation with China*. Cambridge, MA: Harvard University Press, 2015.

Chen, Shehong. *Being Chinese, Becoming Chinese American*. Urbana: University of Illinois Press, 2002.

Chen, Yong. *Chinese San Francisco, 1850–1943: A Trans-Pacific Community*. Stanford, CA: Stanford

University Press, 2000.

Coe, Andrew. *Chop Suey: A Cultural History of Chinese Food in the United States.* New York: Oxford University Press, 2009.

Cohen, Lizabeth. *A Consumers' Republic: The Politics of Mass Consumption in Postwar America.* New York: Random House, 2003.

Daniels, Roger. *Prisoners without Trial: Japanese Americans in World War II.* New York: Hill and Wang, 1993.

Decter, Avi, and Melissa Martens, eds. *The Other Promised Land: Vacationing, Identity, and the Jewish American Dream.* Baltimore: The Jewish Museum of Maryland, Inc., 2005.

Deloria, Philip. *Playing Indian.* New Haven: Yale University Press, 1998.

Densho Encyclopedia. Accessed May 7, 2015. http://encyclopedia.densho.org.

Diner, Hasia. *The Jews of the United States, 1654 to 2000.* Berkeley: University of California Press, 2004.

Diner, Hasia, Shira Kohn, and Rachel Kranson, eds. *A Jewish Feminine Mystique? Jewish Women in Postwar America.* New Brunswick, NJ: Rutgers University Press, 2010.

Dumenil, Lynn. *The Modern Temper: American Culture and Society in the 1920s.* New York: Hill and Wang, 1995.

Edwards, Holly. "A Million and One Nights: Orientalism in America, 1870–1930." In *Noble Dreams, Wicked Pleasures: Orientalism in America, 1870–1930,* 11–58. Italy: Princeton University Press and Sterling and Francine Clark Art Institute, 2000.

Frank, Caroline. *Objectifying China, Imagining America: Chinese Commodities in Early America.* Chicago: University of Chicago Press, 2011.

Gelber, Steven. *Hobbies: Leisure and the Culture of Work in America.* New York: Columbia University Press, 1999.

Goldstein, Eric L. *The Price of Whiteness: Jews, Race, and American Identity.* Princeton: Princeton University Press, 2006.

Goodman, Bryna and David S. G. Goodman, eds. *Twentieth-Century Colonialism and China: Localities, the Everyday, and the World.* New York: Routledge, 2012.

Grover, Kathryn, ed. *Hard at Play: Leisure in America, 1840–1940.* Amherst: University of Massachusetts Press, 1992.

Gulliver, Katrina. "Finding the Pacific World." *Journal of World History* 22, no. 1 (March 2011): 83–100.

Heinze, Andrew R. *Adapting to Abundance: Jewish Immigrants, Mass Consumption, and the Search for American Identity.* New York: Columbia University Press, 1990.

Hershatter, Gail. *Dangerous Pleasures: Prostitution and Modernity in Twentieth-Century Shanghai.* Berkeley: University of California Press, 1997.

Hing, Bill Ong. *Making and Remaking Asian America through Immigration Policy, 1850−1990*. Stanford, CA: Stanford University Press, 1993.

Hoganson, Kristin. *Consumers' Imperium: The Global Production of American Domesticity*. Chapel Hill: University of North Carolina Press, 2007.

Hsu, Madeline Y. "From Chop Suey to Mandarin Cuisine: Fine Dining and the Refashioning of Chinese Ethnicity during the Cold War Era." In *Chinese Americans and the Politics of Race and Culture*, 173−94. Philadelphia: Temple University Press, 2008.

Huskey, James. "Americans in Shanghai: Community Formation and Response to Revolution, 1919−1928." PhD diss., University of North Carolina, 1985.

Jackson, Kenneth T. *Crabgrass Frontier: The Suburbanization of the United States*. New York: Oxford University Press, 1985.

Jacobs, Meg. *Pocketbook Politics: Economic Citizenship in Twentieth-Century America*. Princeton: Princeton University Press, 2005.

Jacobson, Matthew Frye. *Whiteness of a Different Color: European Immigrants and the Alchemy of Race*. Cambridge, MA: Harvard University Press, 1998.

Jorae, Wendy Rouse. *The Children of Chinatown: Growing Up Chinese American in San Francisco, 1850−1920*. Chapel Hill: University of North Carolina Press, 2009.

Joselit, Jenna Weissman. *The Wonders of America: Reinventing Jewish Culture 1880−1950*. New York: Hill and Wang, 1994.

Kanfer, Stefan. *A Summer World: The Attempt to Build a Jewish Eden in the Catskills, from the Days of the Ghetto to the Rise and Decline of the Borscht Belt*. New York: Farrar, Straus & Giroux, 1989.

Klein, Christina. *Cold War Orientalism: Asia in the Middlebrow Imagination, 1945−1961*. Berkeley: University of California Press, 2003.

Larson, Louise Leung. *Sweet Bamboo: A Memoir of a Chinese American Family*. Berkeley: University of California Press, 1989.

Leach, William. *Land of Desire: Merchants, Power, and the Rise of a New American Culture*. New York: Vintage Books, 1994.

Lears, T. J. Jackson. *No Place of Grace: Antimodernism and the Transformation of American Culture, 1880−1920*. Chicago: University of Chicago Press, 1994.

Lears, T. J. Jackson. *Something for Nothing: Luck in America*. New York: Viking Penguin, 2003.

Lee, Anthony W. *Picturing Chinatown: Art and Orientalism in San Francisco*. Berkeley: University of California Press, 2001.

Lee, Erika, and Judy Yung. *Angel Island: Immigrant Gateway to America*. New York: Oxford University Press, 2010.

Leong, Karen J. *The China Mystique: Pearl S. Buck, Anna May Wong, Mayling Soong, and the Transformation of American Orientalism*. Berkeley: University of California Press, 2005.

Levine, Lawrence W. *The Unpredictable Past*. New York: Oxford University Press, 1993.

Lim, Shirley Jennifer. *A Feeling of Belonging: Asian American Women's Public Culture, 1930–1960*. New York: New York University Press, 2006.

Liu, Haiming. *From Canton Restaurant to Panda Express: A History of Chinese Food in the United States*. New Brunswick, NJ: Rutgers University Press, 2015.

Lo, Andrew. "China's Passion for Pai: Playing Cards, Dominoes, and Mahjong." In *Asian Games: The Art of Contest*, edited by Irving Finkel and Colin Mackenzie, 216–31. [New York]: Asia Society, 2004.

Lowe, Lisa. *Immigrant Acts: On Asian American Cultural Politics*. Durham, NC: Duke University Press, 1996.

Lui, Mary Ting Yi. *The Chinatown Trunk Mystery: Murder, Miscegenation, and Other Dangerous Encounters in Turn-of-the-Century New York City*. Princeton: Princeton University Press, 2005.

Marchand, Roland. *Advertising the American Dream: Making Way for Modernity, 1920–1940*. Berkeley: University of California Press, 1986.

Marchetti, Gina. "American Orientalism." *Pacific Historical Review* 73, no. 2 (May 2004): 299–304.

Marchetti, Gina. *Romance and the "Yellow Peril": Race, Sex, and Discursive Strategies in Hollywood Fiction*. Berkeley: University of California Press, 1993.

Martens, Melissa J. "The Game of a Thousand Wonders." In *Mah Jongg: Crak Bam Dot*, 8–21. New York: 2wiceBooks, 2010.

Matsumoto, Valerie. *City Girls: The Nisei Social World in Los Angeles, 1920–1950*. New York: Oxford University Press, 2014.

May, Elaine Tyler. *Homeward Bound: American Families in the Cold War Era*. New York: Basic Books, Inc., 1988.

McKeown, Adam. "Ritualization of Regulation: The Enforcement of Chinese Exclusion in the United States and China." *American Historical Review* 108, no. 2 (April 2003): 377–403.

Meikle, Jeffrey. *American Plastic: A Cultural History*. New Brunswick, NJ: Rutgers University Press, 1995.

Meyerowitz, Joanne, ed. *Not June Cleaver: Women and Gender in Postwar America, 1945–1960*. Philadelphia: Temple University Press, 1994.

Miller, Hanna. "Identity Takeout: How American Jews Made Chinese Food Their Ethnic Cuisine." *Journal of Popular Culture* 39, no. 3 (2006): 430–65.

Moon, Krystyn R. *Yellowface: Creating the Chinese in American Popular Music and Performance, 1850s–1920s*. New Brunswick, NJ Rutgers University Press, 2005.

Moore, Deborah Dash. *At Home in America: Second Generation New York Jews*. New York: Columbia University Press, 1981.

Moore, Deborah Dash. *To the Golden Cities: Pursuing the American Jewish Dream in Miami and LA*.

New York: Free Press, 1994.

Nee, Victor G., and Brett de Bary Nee. *Longtime Californ': A Documentary Study of an American Chinatown*. New York: Pantheon Books, 1972.

Ngai, Mae M. *Impossible Subjects: Illegal Aliens and the Making of Modern America*. Princeton: Princeton University Press, 2004.

Okihiro, Gary Y. *Whispered Silences: Japanese Americans and World War II*. Seattle: University of Washington Press, 1996.

Orbanes, Philip. *The Game Makers: The Story of Parker Brothers from Tiddledy Winks to Trivial Pursuit*. Boston: Harvard Business School Press, 2004.

Perry, Elizabeth. *Shanghai on Strike: The Politics of Chinese Labor*. Stanford, CA: Stanford University Press, 1993.

Plant, Rebecca Jo. *Mom: The Transformation of Motherhood in Modern America*. Chicago: University of Chicago Press, 2010.

Prell, Riv-Ellen. *Fighting to Become Americans: Jews, Gender, and the Anxiety of Assimilation*. Boston: Beacon Press, 1999.

Richman, Irwin. *Borscht Belt Bungalows: Memories of Catskill Summers*. Philadelphia: Temple University Press, 1998.

Ringer, Benjamin B. *The Edge of Friendliness: A Study of Jewish-Gentile Relations*. New York: Basic Books, 1967.

Robinson, Greg. *After Camp: Portraits in Midcentury Japanese American Life and Politics*. Berkeley: University of California Press, 2012.

Roediger, David. *The Wages of Whiteness: Race and the Making of the American Working Class*. New York: Verso, New Left Books, 1991.

Rutherford, Janice Williams. *Selling Mrs. Consumer: Christine Frederick and the Rise of Household Efficiency*. Athens: University of Georgia Press, 2003.

Said, Edward. *Orientalism*. New York: Vintage Books, 1978.

Schwarcz, Vera. *Bridge across Broken Time: Chinese and Jewish Cultural Memory*. New Haven: Yale University Press, 1998.

Schwartz, David G. *Roll the Bones: The History of Gambling*. New York: Gotham Books, 2006.

Shah, Nayan. *Contagious Divides: Epidemics and Race in San Francisco's Chinatown*. Berkeley: University of California Press, 2001.

Sklare, Marshall, and Joseph Greenblum. *Jewish Identity on the Suburban Frontier: A Study of Group Survival in the Open Society*. New York: Basic Books, 1967.

Sklare, Marshall, and Mark Vosk. *The Riverton Study: How Jews Look at Themselves and Their Neighbors*. New York: The American Jewish Committee, 1957.

Sloper, Tom. *The Red Dragon & The West Wind: The Winning Guide to Official Chinese & American*

Mah-Jongg. New York: HarperCollins Publishers, 2007.

Stanwick, Michael. "Mahjong (g) before Mahjong (g): Part 1." *The Playing-Card* 32, no. 4 (2004): 153-62.

Stanwick, Michael. "Mahjong (g) before Mahjong (g): Part 2." *The Playing-Card* 32, no. 5 (2004): 206-15.

Tchen, John Kuo Wei. *New York before Chinatown: Orientalism and the Shaping of American Culture, 1776-1882*. Baltimore: Johns Hopkins University Press, 1999.

The Modern Girl around the World Research Group, ed. *The Modern Girl around the World: Consumption, Modernity, and Globalization*. Durham, NC: Duke University Press, 2008.

Wasserstrom, Jeffrey. *Global Shanghai, 1850-2010*. New York: Routledge, 2009.

Yeh, Chiou-ling. *Making an American Festival: Chinese New Year in San Francisco's Chinatown*. Berkeley: University of California Press, 2008.

Yokota, Kariann. *Unbecoming British: How Revolutionary America Became a Postcolonial Nation*. New York: Oxford University Press, 2011.

Yoshihara, Mari. *Embracing the East: White Women and American Orientalism*. New York: Oxford University Press, 2003.

Yu, Connie Young. *Chinatown San Jose, USA*. San Jose, CA: History San Jose, 1991.

Yung, Judy. *Unbound Feet: A Social History of Chinese Women in San Francisco*. Berkeley: University of California Press, 1995.

Yung, Judy, Gordon H. Chang, and Him Mark Lai, eds. *Chinese American Voices: From the Gold Rush to the Present*. Berkeley: University of California Press, 2006.

图书在版编目（CIP）数据

麻将：从东方到西方/（美）安妮莉丝·海因茨著；
马奏旦译. —上海：上海大学出版社，2025.3.
ISBN 978-7-5671-5203-8

Ⅰ.G892.2

中国国家版本图书馆 CIP 数据核字第 2025DST501 号

责任编辑　贺俊逸
封面设计　柠　檬
技术编辑　金　鑫　钱宇坤

麻将：从东方到西方

（美）安妮莉丝·海因茨　著
马奏旦　译
上海大学出版社出版发行
（上海市上大路 99 号　邮政编码 200444）
(http://www.shupress.com　发行热线 021-66135112)
出版人：余　洋

*

上海三联读者服务合作公司排版
上海光扬印务有限公司印刷　各地新华书店经销
开本 890mm×1240mm　1/32　印张 11.75　字数 303 千
2025 年 6 月第 1 版　2025 年 6 月第 1 次印刷
ISBN 978-7-5671-5203-8/G·3685　定价：78.00 元

版权所有　侵权必究
如发现本书有印装质量问题请与印刷厂质量科联系
联系电话：021-61230114

MAHJONG: A CHINESE GAME AND THE MAKING OF MODERN AMERICAN CULTURE, FIRST EDITION

by Annelise Heinz

Copyright© Oxford University Press 2021

Simplified Chinese translation copyright © Shanghai Univesity Press 2025

ALL RIGHTS RESERVED

上海市版权局著作权合同登记号：国字 09-2024-0973